浙江大學中國語文研究中心

中國語言學前沿叢書

10

# 文獻語言學論集

華學誠　主編

游　帥　梁慧婧　魏兆惠　副主編

創于1897 商務印書館 The Commercial Press

图书在版编目（CIP）数据

文献语言学论集 / 华学诚主编；游帅，梁慧婧，魏兆惠副主编. -- 北京：商务印书馆，2024. -- (中国语言学前沿丛书). -- ISBN 978-7-100-24388-9

Ⅰ. G256-53；H0-53

中国国家版本馆 CIP 数据核字第 20245JS268 号



中國語言學前沿叢書

**文獻語言學論集**

華學誠　主编

游帥　梁慧婧　魏兆惠　副主編

商　務　印　書　館　出　版

（北京王府井大街 36 號　郵政編碼 100710）

商　務　印　書　館　發　行

北京虎彩文化傳播有限公司印刷

ISBN 978-7-100-24388-9

2024 年 10 月第 1 版　　開本 880×1240 1/32

2024 年 10 月第 1 次印刷　　印張 16¾

定價：118.00 元

本書受浙江大學校長專項經費、
浙江大學教育基金會鐘子逸基金資助

# 總　序

王雲路

“中國語言學前沿叢書”是浙江大學中國語文研究中心近期的重要工作。中心的前身是浙江大學周有光語言文字學研究中心，於 2015 年 5 月成立，經過六年的建設，基本完成了以“周有光語言文字學”整理與研究爲主題的使命。爲了適應新形勢和中長期可持續發展的需要，實現向語言文字學相關領域拓展和縱深發展的目標，2020 年 12 月，中心正式更名爲“浙江大學中國語文研究中心”。

語言文字是一個國家、一個民族的靈魂。考察中華文明發展與演變的歷史，我們會清楚地看到語言文字研究所起到的巨大的、基礎性的作用。語言文字不僅僅是情感交流的工具，更是文化傳承的載體，是國家繁榮發展的根基，是民族身份的象徵和標志。現在是研究語言文字的大好時機，近年召開的全國語言文字工作會議體現了國家對語言文字工作的高度重視。我們漢語研究者應該更多地立足和回應社會需求，更加積極有爲地投身語言文字研究和文化建設。

有鑒於此，我們中心新的發展目標是：響應國家以語言文字凝聚文化自信、增進民族認同的號召，充分發揮浙江大學語言學研究重鎮的影響力，匯聚全國語言學研究力量，强化語言學全方位的學術研究、交流與合作，着力構建具有中國特色和國際視野的語言學理論體系，打造具有前沿性、權威性、引領性的語言學研究品牌。爲此,中心决定啓動以學術傳承爲基調的“浙大學派語言學叢書”和以學術發展爲基調的“中國語言學前沿叢書”兩個項目。現在出版的“中國語言學前沿叢書”第一輯,正是這一規劃的首批成果。

中國語言學是一門古老的學科。傳統的中國語言學根據漢語漢字是形音義結合體的特點,形成了訓詁學、文字學和音韻學三個學科,統稱爲“小學”。正如馬提索夫所説:“世界上没有别的語言像漢語研究得這麽深,研究的時間有那麽長。”(《藏緬語研究對漢語史研究的貢獻》)可以説,系統總結、反思漢語言文字一直是中國傳統語言學研究的優良傳統。19 世紀末 20 世紀初,西方語言學思想傳入中國,與傳統語言學發生碰撞,有識之士便在比較的視野下,開始對中國傳統語言學進行反思與總結。比如章太炎先生在《論語言文字之學》中認爲,“小學”這一古稱應當改爲“語言文字之學”:“此語言文字之學,古稱小學。……合此三種,乃成語言文字之學。此固非兒童占畢所能盡者,然猶名爲小學,則以襲用古稱,便於指示,其實當名語言文字之學,方爲塙切。”這種觀念體現出當時學者對傳統語言學現代化的思考與嘗試,也標志着中國語言學開始走上現代化的道路。

近二三十年來,語言學研究觀念不斷拓展、理論不斷創新、内涵與外延不斷豐富,這些都是我們編纂這套叢書的基礎。秉承着梳理、總結與審視學術歷史發展的傳統,我們也需要回顧這一階段,總結我國語言學研究又有哪些新的起點、新的成果。推出“中國語言學前沿叢書”正是基於這樣的考慮:展現當代中國語言學諸領域專家學者的經典論文,讓我們重温經典;集中呈現某個領域的進展,讓我們深化對學科本質的認識;引入新思想、新觀念,甚至新的學科,讓我們視野更開闊。我們的做法是:邀請在自己的研究領域精耕細作、有獨到見解的專家,挑選并匯總一批在本領域、本選題研究中具有代表性的學術論文。這既是對既往研究的回顧總結,也是爲新開端揚帆蓄力,正所謂承前啓後、繼往開來。同時,通過集中呈現前沿成果,讀者能够瞭解、掌握該研究方向的最新動態和代表性成果,"辨章學術,考鏡源流",得參考借鑒之利。

本叢書編選有三個標準:創新性、前沿性、專題性。這三點同時也是我們編纂這套叢書的目的,更是我們編纂此叢書的難點。編選之難,首先在於鑒别是否具有創新性。陳寅恪先生在陳垣《敦煌劫余録·序》中説:"一時代之學術,必有其新材料與新問題。"研究成果必須具備相當的深度和水準,可以代表這一領域的最新進展。學術研究貴在有所創造,周有光先生曾説:"學問有兩種,一種是把現在的學問傳授給别人,像許多大學教授做的就是販賣學問;第二種是創造新的學問。現在國際上看重的是創造學問的人,不是販賣學問的人。販賣學問是好的,但是不够,國際上評論一個學者,要看他有没有創造。"創造絶非無源之水、向壁虚構。創造之可貴,正在於它使得人類已有認知的邊界再向前拓展了一步。

編選之難,其次在於如何鑒别前沿性。前沿代表了先進性,是最新的經典研究。時至今日,各學科的知識總量呈指數級增長,更兼網絡技術飛速發展,人們獲取信息的途徑日益便利,使人應接不暇。清人袁枚已經感嘆:"我所見之書,人亦能見;我所考之典,人亦能考。"如今掌握學術動態的難點主要不在於占有具體的資料,而在於如何穿越海量信息的迷霧,辨别、洞察出真正前沿之所在。我們請專業研究者挑選自己本色當行的研究領域的經典成果,自然可以判斷是否具有前沿性。

編選之難,最後在於如何把握專題性。當前國内的語言學研究正處在信息爆炸的階段。僅以古代漢語的研究爲例,近幾十年來,無論在研究材料上還是研究方法上均取得了長足的發展。從材料來説:其一,各種地下材料如簡帛、璽印、碑刻等相繼出土和公布,這一批"同時資料"由於未經校刻竄亂,即便只有一些斷簡殘篇,也足以掀開歷史文獻千年層纍的帷幕,使人略窺古代文獻的本來面目;其二,許多舊日的"邊緣"材料被重新審視,尤其是可以反映古代日常生活的農業、醫藥、法律、宗教、經濟、檔案、博物等文獻受到了普遍關注,因而研究結論會更接近語言事實;其三,還有學者將目光投向域外,從日本、韓國、越南、印度,乃至近代歐美的文獻記載觀察本土,使得漢語史研究不再是一座孤島,而是與世界各民族的語言密切聯繫在了一起。從方法和工具上看:其一,由於方法和手段的先進,從田野調查中獲得的材料變得豐富和精準,也成爲研究漢語的鮮活證據:其二,隨着認識的加深,學者對於材料可靠性的甄别日趨嚴謹,對於語料的辨僞、校勘、考訂時代等工作逐漸成爲語言研究中的"規範流程";其三,由於計算機技術的發達,研究者掌握大數據的能力更加强大,接受國際語言學界的新理論更及時、更便捷,交叉融合不同學科的能力也越來越强,藉助認知語言學、計算語言學等新興領域的方法也流行開來。由此,鑒别專題性的工作就變得紛繁複雜了。

曾國藩説得有道理:"用功譬若掘井,與其多掘數井而皆不及泉,何若老守一井,力求及泉,而用之不竭乎?"只有强調專題性,才能够鮮明突出,集中呈現某一專題的最新見解。

學術是相通的,凡是希望有所創見的研究者,不但要熟悉過去已有的學問,對於學界的最新動態也要足够敏鋭,要不斷地拓展思想的疆界和研究的視野。同時,在日新月异的信息浪潮之中,學術的"前沿"似乎也在一刻不停地向前推進,作爲研究者個人,或許更便捷的門徑是精讀、吃透一些專門的經典成果,以此作爲自身研究的路標和導航。這也是我們叢書編纂的目的之一。

這是一套開放性、連續性叢書,歡迎中國語言學各領域的學者參與編纂。第一輯我們首先邀請浙江大學中國語文研究中心的專家,讓他們從各自的研究領域出發,以獨特視角和精心闡釋來編輯叢書,每個專題獨立成卷。以後會逐步邀請更多學者根據自己的研究專長確定專題,分批出版。各卷内容主要分三部分:一爲學術性導言,梳理本研究領域的發展歷程,聚焦其研究内容與特點,并簡要説明選文規則;二爲主體部分,選編代表性文章;三爲相關主題的論文索引。最後一部分不是必選項,看實際需求取捨。我們選編文章時將儘可能保持歷史原貌,也許與今日的要求不盡相同,但保留原貌更有助於讀者瞭解當時的觀點。而且,更加真實地再現作者的研究歷程和語言研究的發展軌迹,對於歷史文獻的存留也有特殊的意義。

這就是浙江大學中國語文研究中心編纂這套"中國語言學前沿叢書"的緣起與思考,也是我們的努力方向。希望本叢書能够兼具"博學"與"精研",使讀者儘可能把握特定領域、範疇的最新進展,并對學界的熱點前沿形成初步印象。

2022 年 7 月 22 日於杭州紫金西苑

# 目　録

## 下　編　文獻語言學之研究實踐

# 前　言

華學誠

如果説《文獻語言學》集刊是第一種以文獻語言學爲主題的學術刊物，那麽本書就毫無疑問是第一部以文獻語言學爲主題的論文結集。

文獻語言學被作爲一個學科概念提出來，是著名語言文字學家陸宗達先生及其弟子王寧先生的功績；文獻語言學被作爲一個學科建設的理念提出來并予以全力推進，則是我們學科團隊多年來的努力。2015 年我們學科團隊開創了三項具有重要歷史影響的工作：創設“文獻語言學國際學術論壇”、創辦《文獻語言學》集刊、舉辦“文獻語言學系列講座”。如今論壇已經成功舉辦了七届，并衍生出“文獻語言學青年論壇”，第八届論壇今年將在中南民族大學舉辦；《文獻語言學》已經連續出版 17 輯，今年上半年出版第 18 輯，2021 年開始進入 CSSCI 行列、2022 年被評爲首批 AMI 核心集刊；系列講座得到海内外老一輩學者和一流中青年專家的支持，迄今已經舉辦了 119 場。上面這些枯燥數字的背後，是整個團隊不懈的努力和無私的奉獻。這些年來大家能够一直堅持并願意默默地做出努力和奉獻，原因無他，就是爲了共同的學術理念：建設并發展文獻語言學學科。2023 年我們在北京語言大學創辦了以文獻語言學爲特色的中國古典文獻學本科專業并正式招生，2024 年我們自設“文獻語言學”二級學科獲得教育部核准正式招收碩士、博士研究生，文獻語言學學科建設與發展迎來了多年努力奮鬥的初步成果，令人十分欣慰。

王雲路教授主持編纂大型“中國語言學前沿叢書”，邀約我主編一種，於是便有了編選這本《文獻語言學論集》的構想，并邀游帥、梁慧婧、魏兆惠幾位門生一起完成。現在這個集子編出來了，按照叢書的要求，每種論集的主編需要在集子前面説幾句話，我也有話想説，除了上面關於推動文獻語言學學科建設與發展的簡單回顧之外，我想重點説一説我所理解的文獻語言學，最後簡單説明一下這本論集編選的思路。

關於文獻語言學，我和張猛教授合作的論文《“文獻語言學”學科論綱》曾經給出了一個較爲詳細的定義：“文獻語言學是立足於海内外傳世文獻、出土文獻，綜合運用文獻學、傳統小學、現代語言學的理論與方法，旨在解决文獻中的語言文字問題、研究語言文字的結構規律和演變發展規律的一門中國歷史語言學科。”爲了更加簡明，這個定義曾概括如下：“文獻語言學是以文獻爲主要資源，綜合運用中外語言文字學理論與方法，研究中國語言文字及其歷史和内在發展規律的科學。”這個定義基本闡明了學科屬性、研究對象、研究方法、研究目標等，近幾年也被很多作者所引用。但是，文獻語言學學科理論的系統建構則是個十分重大且極爲繁重的任務，并不是一兩篇論文所能解决，也不是一兩人所能完成的，而需要學界同仁共同努力，期望早日見到《文獻語言學引論》《文獻語言學概論》《文獻語言學通論》之類的學術專著問世。根據我們的瞭解，現在大家最關心也最迫切希望解决的是，如何劃定文獻語言學的學科邊界，特别希望能够解釋清楚它與傳統語言文字學、漢語史學科的關係。就這一問題，下面我從三個方面來談談自己的理解，敬請學界朋友和其他讀者展開討論、批評，甚至批判。

# 一、新學科提出的主要背景

古代語言，包括記載它們的甲骨文以及各種古文字，是中華文明的活化石，也是中華文化得以傳承與發揚的歷史瑰寶。重視語言文字研究，把語言文字置於崇高地位，是中華民族的優秀傳統。早在先秦時期，古人就已經知道語言文字是發展的，任何新時代的來臨都“必將有循於舊名，有作於新名”，漢代人就認識到前人能够“垂後”、後人可以“識古”的文字是“經藝之本，王政之始”，圍繞經典闡釋，聚焦於文字分析、訓詁考據、語音研究的中國傳統語言文字學，綿延不斷2000多年，成果豐碩無比。但理論探索，特别是系統的理論建構，則始終是它的短板。

衆所周知，100年前中國的語言文字研究走上了西方語言學主導下前進的道路，雖然取得了不少成果，特别是語法研究取得了空前的成就，但在這一模式下，中國語言文字，主要是漢語言文字内在規律的探索和理論體系的建構，仍然存在許多無解的難題。實踐證明，將中國的語言文字研究納入西方語言學的分析體系之中，終究是方枘圓鑿、治絲益棼。即使是語法研究，一味“儀型西方”也是没有出路的，語言學家們早已洞察到這一點。著名語言學家王力先生於20世紀30年代就敏鋭地發現了這一問題，并“論證了依附西方語法來建立漢語語法體系是流弊甚多而走不通的絶路”；著名語言學家羅常培先生於20世紀50年代初也曾指出，《馬氏文通》“以後的五十年來，還不免停滯在‘拉丁文法漢證’或‘拉丁文法今證’的階段”。遺憾的是，這種學術反省被歷史打斷了，“改革開放”之後引進西學成爲時尚，幾乎所有學科不問青紅皂白均唯西學馬首是瞻，王力、羅常培式的反省被視爲抱殘守缺而被邊緣化了。

西風儘管日盛，西學畢竟局限，對於中國古籍中最基本的文獻問題和語言文字的釋讀、闡釋問題，它們都無能爲力，遑論基於這種精細研究的理論建構。我國一代代學者默默耕耘，潛心古學，不斷探索立足於中國實際而又能吸收融合西學精華的學科之路。20 世紀 60 年代初至 80 年代，陸宗達先生和他的弟子王寧先生吸收黄侃先生的思想精華提出了“文獻語言學”，卓識絶倫。這一重要觀點在新世紀以來，特别是在近些年來，引起了學界的廣泛關注，開始得到推闡并發揚光大。劉君惠先生亦曾談道：民族文化根本的載體是民族語言、民族文字、民族歷史；語言文字是民族特徵的本質要素，語言文字之學具有特殊的民族風格、特殊的研究方法和特殊的歷史發展道路。誠哉此言！繼承傳統，融合現代，結合中國古代文獻實際而提出的文獻語言學，正是這樣一種具有中國特質的學科，也是研究我國古代文獻語言的正確道路。

## 二、文獻語言學的學科邊界

文獻語言學是一門具有中國特色的歷史語言科學。這門學科既是中國歷史學各分支學科的基礎學科，也是中國語言文字學的基礎學科，前者的基礎性主要體現在應用層面，後者的基礎性主要體現在理論層面。文獻語言學以文字記載的古代文獻作爲主要研究資源，包括傳世文獻和出土文獻，也包括漢字記載的歷史文獻和民族文字記載的歷史文獻。文獻語言學的研究方法是綜合的，既要運用文獻學中的版本、目録、校勘、輯佚、考據等方法處理文獻以使文獻能够成爲可靠的語言研究資源，又要運用文字、音韻、訓詁等傳統科學方法解讀文獻并研究文字、詞彙、語法、修辭等現象，還要運用包括歷史比較語言學在内的現代語言學方法研究語言文字的衍變發展及其規律。基於上述理解，文獻語言學的理論建構主要圍繞文獻詞彙學、文獻語法學、文獻語音學、文獻文字學、文獻方言學等五個主要方向來進行，其學科邊界也可以從這幾個方向加以描述。

**文獻詞彙學**以歷代古文獻中的詞彙及其發展爲研究對象，既要考索古文獻中的詞及其意義，也要描寫各階段古文獻的詞彙面貌，還要揭示各階段文獻詞彙的發展及其規律。詞彙學是現代語言學的一部分，側重從共時的角度討論詞彙系統及其子系統，詞的結構類型、詞義的理據、詞彙的構成以及詞際關係等等，都是它的研究對象。詞彙史關注的焦點是詞彙的發展，包括詞的發展與詞義的發展，舉凡這類新現象、新問題、新規律，都是它的研究内容。文獻詞彙學吸收詞彙學、詞彙史的理論與方法，但又不同於詞彙學與詞彙史，它把整個古代文獻語言的詞彙作爲研究對象，即研究每個時代文獻語言的詞彙面貌及其發展，也關注醫藥文獻、法律文獻等各種專類文獻的詞彙特徵，而不是僅僅盯住疑難詞語，也不會只限於研究新詞新義及其演變。

**文獻語法學**以歷代古文獻中的語法現象及其發展規律爲研究對象，既要考索古文獻中具體的語言結構現象，也要描寫各階段古文獻的語法規則面貌；既要關注醫藥文獻、法律文獻等各種專類文獻的語法特徵，還要揭示各階段文獻語法的發展規律。語法學是現代語言學的一部分，側重從共時的角度討論語法系統，詞法、句法等是它的研究對象。語法史關注的重點是詞法和句法的發展，新現象、新問題、新規律更是它的研究焦點。文獻語法學吸收當代語法學的理論與方法，包括歷史語法學、比較語法學、描寫語法學等學科的理論與方法，全面描寫各個時代文獻語言的語法面貌，揭示貯存於各時代文獻語言中的語法現象、結構規則、變化規律等，從而建構出文獻語言的語法面貌及其歷史發展。

**文獻語音學**以各個時代文獻語言的聲、韻、調系統作爲自己的描寫對象，探討不同時代文獻語言的語音變化及其規律，研究歷代韻書等專門語音文獻。在研究方法上，除借鑒傳統音韻學繫聯、類推、統計和比較等方法外，還要適當融合吸收現代語音學的描寫方法、理論和術語。語音學側重於對自然語言的語音進行客觀描寫，有時還利用各種實驗方法來描述語音的生理屬性和物理屬性，它對發音器官作用、各種語音構成等方面的研究具有一定的普適性。語音史則側重於語音發展演變情形及其規律的研究。文獻語音學立足於文獻，把各個階段的文獻語音和不同階段的文獻語音演變作爲研究重點，不僅重視古人記録的語音材料和韻書，而且重視文獻中隱含的語音資料，根本目的即在於描寫不同時期文獻語言的語音特徵、面貌和歷代文獻語言的語音發展演變。

**文獻文字學**以文獻語言的用字爲研究對象，它始終結合文獻語言來研究文字的形、音、義，研究歷代文獻的用字特點和用字規律。一般文字學和文字史主要研究文字的起源、文字的演變、文字的結構、文字的發展、文字的形體演變等。文獻文字學雖然也離不開這些内容，但它研究的重點則是文獻語言中的用字情況及其規律。文獻文字學研究不同時期文獻的用字情況、特點、規律，也研究不同時期文獻語言在用字上的不同特點和變化原因，還研究歷代字書。這些字書所收的字，尤其是所收新字或者舊字新形，都反映了文獻語言用字的發展與變化，字書還能反映不同時代的字學水準。文獻文字學還要研究不同文獻載體的用字特點，甲骨、範鑄、竹簡、帛書、陶罐、印璽、磚雕、石刻以及寫本、雕版、刻本、活字印刷等所載文獻語言，其用字都有自己的特點，這些特點的形成有些屬於正俗，有些屬於書體，還有不少屬於字構，不同時期文獻用字的特點都有它形成的原因和規律。

**文獻方言學**以文獻中可剥離的方言材料和歷代方言研究成果爲研究對象。方言和通語自古存在，至少在先秦文獻語言中已經存在，并很早就引起了關注。現代方言學與通語（普通話）研究成爲現代漢語研究的兩輪，但古代文獻語言研究長期以來只有文獻通語研究一途，也就是把古代文獻語言作爲同質的通語語料，混同在一起研究，這當然是很不科學的。文獻方言學認爲，古代雖然没有把方言完整地保存在文獻中，但文獻語言中必然有方言成分，因此應當把文獻語言視爲一個通語與方言混雜的系統，要努力把其中的方言成分離析并區分出來，通語的歸通語，方言的歸方言。由於文獻語料的限制，這項研究雖難建構出各個時代的方言系統，更難完整描述出歷代方言的發展變化，但各個時代的方言特點和一些重要方言的歷史演變特點還是可以探求的。與此同時，收集歷代方言研究著作，輯録散佚方言研究資料，不僅有助於研究方言學史，也有助於研究歷史方言。文獻方言研究成果更能補充、豐富文獻語言學史，意義十分重大。

總的來講，與傳統語言文字學相比，文獻語言學不僅致力於解决經學文獻及文史哲藝等歷史文獻語言中的具體問題、疑難問題，它還要研究政治、經濟、軍事以及醫、工、農、技等科技方面的專類文獻語言，特别是它自覺地把基於古代文獻語言的學科理論構建當作自己的首要任務，目標是建設符合中國古代文獻語言實際而又具有中國特色的歷史語言學科。與舶來的漢語史相比，它不僅關注歷史文獻語言中新要素的産生、發展、變化，而且致力於描寫文獻語言即古代書面語言（包括文言和白話）各階段的面貌及其發展，注重書面各類語體，注重離析方言，也關注古代翻譯語言；也就是説，它與漢語史最大的區别就在於始終關注歷史文獻語言整體面貌及其發展，而不限於語言的各個新要素的出現和變化。

## 三、文獻語言學的學科意義

文獻語言學當前和今後一段時間内的主要任務有三大方面：第一是基於特色交叉學科的理論探索，第二是基於中國古籍的語言文字研究，第三是基於文化傳承與發展的古籍整理。這些工作的學科意義十分重大。

**首先，有利於中國特色學術體系的建構。**文獻語言學的理論建構，是“加快構建中國特色哲學社會科學”的一項重要探索；以古爲鑒，用之於今，有助於促進“冷門絶學”的當代重生。我國現行哲學社會科學學科體系過分强調了來自西方的所謂“科學主義”，而在不知不覺中消解了中國歷史學科的“人文主義”傳統。西方語言學在中國的百年實踐之所以一直水土不服，根本原因就在於它無法適應中國語言文字深厚的人文性特點。中國的語言文字之學具有鮮明的民族風格，也因而具有特殊的歷史發展軌迹和特殊的研究方法。具有中國特色的文獻語言學是真正與之相適應的一條中國道路，它主張立足於事實分析語文現象、依據文獻研究漢語歷史、貫通古今探索演變規律、融匯中外構建學科理論、凝聚隊伍成就學術流派。立足於古代文獻和漢語漢字事實，體現了“繼承性、民族性”；研究漢語歷史、探索演變規律，體現了“原創性、時代性”；構建學科理論、創建中國學派，則體現了“系統性、專業性”。推動文獻語言學的理論建構與研究實踐，提出基於中國文獻語言的理論創見，將不斷豐富發展普通語言學理論寶庫，從而與世界語言學進行積極對話，讓“冷門”發熱，讓“絶學”焕發出現代學術的理論生機。

**其次，有利於中華優秀傳統文化的闡釋**。文獻語言學的研究實踐，將促進中華優秀傳統文化的傳承與闡釋；傳承歷史，服務當代，則將有利於實現“冷門絶學”的創造性轉化、創新性發展。汗牛充棟的歷史文獻，不管來自歷史傳承，還是來自考古發掘，都是語言文字歷史研究的資糧，這些文獻中系統保存下來的中華文明和中華文化中的優秀成分，不僅具有獨特的民族性，而且能通過研究、傳播而得到科學繼承與發揚。中華優秀傳統文化，積澱着中華民族最深沉的精神追求，代表着中華民族獨特的精神標識。爲了科學傳承中華優秀傳統文化，首先要讓源源不斷的出土文獻和數千年綿延不絶的古代文獻“活起來”，因爲這些汗牛充棟的文獻正是中華優秀傳統文化最主要、最全面、最系統的載體。古籍文獻整理和研究的水準與質量需要很多專業條件來保障，而最基本的則是文獻語言的科學解讀。文獻語言學既是中國古老的學問，也是新興科學，具有鮮明中國特色；中華優秀傳統文化的繼承與發展，需要文獻語言學學科的科學闡釋，它是中華優秀傳統文化的闡釋之學、傳承之學，也是古籍整理的根柢之學。建設并發展文獻語言學，緊密服務於國家文化戰略，意義重大。

**再次，有利於冷門絶學傳承人才的培養**。文獻語言學是一個綜合性、交叉性學科，是在時代需求下對中國傳統語言學的科學繼承與創新。文獻語言學的宗旨决定了其在“新文科”建設背景下可以實現多學科之間界限的有效突破，讓這門“絶學”在更爲寬廣的學術格局中充分對話、吸取營養，實現自身的歷史跨越，促進中國語言文學一級學科的内涵和外延更趨完備，從而實現人才培養的寬口徑、厚基礎。文獻語言學學科培養的人才，既可以做古代通用語言文字研究，也可以做各類專門文獻語言的研究，如中醫藥文獻語言、經濟史文獻語言、軍事史文獻語言、科技史文獻語言等等，還可以從事古籍整理與出版等相關工作。

最後簡要談談本書的編選原則。這是一部專題論文集，整體設計爲兩部分。第一部分是理論探索。這部分收載論文的原則是：把最近十年來發表的論文儘量收全，以集中展示文獻語言學理論探索的成果，爲學界的後續研究提供參考資料。第二部分是研究實踐。體現文獻語言學理念和方法的論文很多，無法做到應收盡收。這部分收載論文的原則是：第一，在最近十年發表的論文中選收，目的是展示文獻語言學在主要分支學科研究中的特色；第二，收録的論文在内容上包括詞彙訓詁、語音音韻、歷史語法三個方面，文字和方言的内容也包含在有關論文中；第三，優先選用《文獻語言學》集刊發表的論文和本書編者的論文，以體現編者的主體性。由於全書篇幅的限制，第二部分的論文既不敢説最好的論文都選出來了，也不能説選進來的都是最好的，只能説入選的論文都能够體現文獻語言學特色。

2024年2月8日於故鄉誠廬

# 上　編

## 文獻語言學之理論探索

# 簡論“文獻語言學”*

魯國堯

## 一

“文獻”兩字，據傳世文獻的記載，始見於《論語》。《論語·八佾》云：“子曰：‘夏禮，吾能言之，杞不足徵也。殷禮，吾能言之，宋不足徵也。文獻不足故也，足，則吾能徵之矣。’”玆摘引後世注釋幾條於下：

《論語集解義疏》何晏注：“鄭玄曰：‘獻猶賢也。’我能不以其禮成之者，以此二國之君文章賢才不足故也。”皇侃疏：“文，文章也；獻，賢也。言杞宋二君無文章賢才故我不足與成之。”

朱熹《論孟精義》：“伊川[①]解曰：‘夏商之禮未盡亡也，而杞宋之文籍法度不足藉也，故夫子不能成之。’”

朱熹《四書章句集注》：“文，典籍也。獻，賢也。”[②]

張栻《癸巳論語解》：“文謂典章，獻謂故老之賢者。”

---

* 本文原載華學誠主編：《文獻語言學》第1輯，中華書局2015年，第10—17頁。

① 伊川乃程頤。

② 鄭汝諧更有具體化的申述，其《論語意原》：“若魯則不然，以文則有典籍，以獻則有夫子。”

“文獻”之義，縱觀以上詮解，朱熹（1130—1200）、張栻（1133—1180）最爲清楚。然於“獻”字，張釋更勝一籌，能够提供有關前代史料信息的，自然以“故老”更甚。中國老話裏有個慣用語“故老相傳”，與張栻的釋義頗相合。如陶宗儀《南村詩集》“赤脚雪”：“雪停五日未全消，雲净天清氣泬寥。故老相傳名赤脚，來年山岳要枯焦。”陶振《汾湖賦》：“故老相傳，信而不誣。”①

《論語》裏的“文獻”，顯然是并列結構，由兩個詞構成：一指物，即典籍，可以提供從前的有關資料；一指人，也可以提供從前的有關資料。②

現代的“文獻”則是一個詞，是“偏義複詞”，其義爲“有歷史價值或參考價值的圖書資料”（中國社會科學院語言研究所詞典編輯室，2019：1373）。現代文獻資料的載體形式很多，目前還是以紙本爲主要形式。

## 二

筆者2003年提出過一個“文史語言學”，後不久下了個定義：“藉助確鑿可靠的文史方面的資料以探究歷代語言的狀况及其衍變，這就是‘文史語言學’。”（魯國堯，2003：10；2005：186）③ 如今華學誠提出“文獻語言學”，顯然他的這一術語的外延比我的“文史語

① 以上引文均據文淵閣《四庫全書》。

② 鄙見現代的“口述史”的“述者”即爲《論語》的“獻”。吴宗濟（1909—2010）的口述史《我的百年人生——吴宗濟口述史》，其尊人吴永（1865—1936）口述的《庚子西狩叢談》，皆爲“故老之賢者”提供的近100多年的珍貴史料。

③ 我的“文史語言學”説曾不幸遭到批判。

言學”還要大，作爲附議者，不揣譾陋，我顧名思義，妄爲詮釋：利用文獻資料以研究語言的學問謂之文獻語言學。一般人會不假思索地以爲這裏的“文獻”即傳世文獻，其實不然，傳世文獻誠然是“文獻”的大宗，但還有其他種類的“文獻”。出土的文獻，無論是殷周彝器銘文、秦漢簡帛文書還是歷代碑刻等當然都是“文獻”；域外的無論用漢字書寫的“文獻”，或用非漢字書寫的“文獻”自然也是“文獻”。人們的認識需要與時俱進，近年的非紙本的音像資料應當也是一種新形式的“文獻”。

研究語言爲什麽必須利用文獻資料？回答可以如下：人，“一要生存，二要温飽，三要發展”（魯迅，1973：35）。無論生存、温飽、發展，都需要依靠資源。資源從何而得？俗語説：“靠山吃山，靠水吃水。”獵人樵夫靠山間的動植物生活，漁民疍户以河海的魚蝦爲生；同理，語言學人研究語言也離不開資源，其主要資源之一即是文獻。

人類怎樣從野蠻社會進入文明社會的？中國杰出的考古學家夏鼐先生（1985：92、81、85）認爲，有三個標志：都市、文字和青銅器。夏鼐先生强調：“文明的這些標志中以文字最爲重要。”隨後他又指出，中國殷商文明的“重要的標志之一，便是有了文字制度”。有了文字，也就爲文獻資料的産生準備好了條件，利用文字記録物與事，其成品最主要的就是書籍、典籍。可以説，人類進入文明社會，發明文字以後産生的大量文獻均是人類對自然與對社會的認識、應對、鬥争、協調的記録，文獻惠及時人，特别是後人多矣，對社會的發展貢獻巨大，所以文獻是人類十分珍貴的物質遺産。

完全可以這樣認爲：在有文字的語言社會裏，就必然有用文字記載的文獻資料，研究這種語言的學人必然要依靠、利用文獻資料以研究語言的現狀及歷史，從而產生文獻語言學。①

要着重指出的是，在我們中國，文獻語言學特别發達。2000 年來成千上萬的學人前赴後繼，撰著、編纂了海量有關文字學、音韻學、訓詁學的書籍、圖表，只要看看歷代史書裏的“藝文志”、“經籍志”、公私目録書與近年出版的《中國古籍善本總目》《中國古籍總目》，即可知矣。其體量之大，成語“汗牛充棟”不足以形容，“浩如烟海”方足以近之。②

必有人提問：爲什麽“文獻語言學”在中國特别發達？顯然這是在深究其理。筆者擬引用魏晋哲學家王弼的名言回答：“物無妄然，必由其理。”(《周易注》)“理”在何處？在這兒，我要節外生枝，插一段話，即每當我們閲讀語言學史的著作時，其中必定有描述西洋的比較語言學在 19 世紀如何昌盛、如何繁榮的章節，這使得我們不由生出歆羡之情，腦中的問題也隨之産生：“爲什麽比較語言學是在歐洲發生、發達？爲什麽不在中國産生？”這個問題筆者也一直鬱結於胸。後來讀到了著名的比較語言學家郝爾格·裴特生（Holger Pedersen，1867—1953）的名著《十九世紀歐洲語言學史》，這本書説道：“這塊土地比任何其他地方都更適宜於語言學的培植。談到語言的年齡，傳播領域的廣闊和花樣的繁多，以及語言之間深奥而并不是無法識别的區分，那麽印歐語系該是獨一無二的。更因爲這一語系中的語言，曾經是，現在也還是文化與學術發展較高的許多民族的語言，所以所有關於它的問題很容易引起一般人的興趣。於是在這個領域内，比較語言學就毫無阻礙地迅速邁進了。”（裴特生，2010：223—224）看，語言本身的因素講到了，當時的人文因素也講到了，

① 有些語言没有文字，自然無所謂文獻語言學。
② 在中國，近 100 多年來，語法學論著异軍突起，文獻數量日益增多。

無不“得天獨厚”，裴特生的釋“理”堪稱鞭辟入裏。筆者現在模仿他的表述：“文獻語言學”之所以在中國特別發達，就是因爲資源特別豐厚，中國的文獻品種和數量都特別多。

任繼愈先生説：“中國歷史在世界史上有很特殊的地位，没有哪一個國家的歷史文化像我們中國這樣長，由古至今五千年一脉相承、延綿不絶。其他國家不是這樣，古埃及、古希臘、古羅馬曾經是中心，那些地方的國家却是有古無今。唯有黄河和長江流域孕育的中華民族在世界舞臺上没有中斷過。所以講歷史，只有我們有這樣得天獨厚的條件。”（夏欣，2002）季羨林先生説：“在世界所有古代語言中，梵語文獻的數量僅次於漢語，遠遠超過希臘語和拉丁語。”（中國大百科全書出版社編輯部，1988：75）李學勤（2003：25）説：“我們中國的古書是非常了不起的，中國傳世古書數量最大，在16世紀以前的世界上所能保存的古書，中國一國比其他國家的總和恐怕還要多。”在這兒，當然不可不論及人文因素，在中國漫長的歷史中，像“文化大革命”那樣人爲地毁壞圖書是很少見的，相反，重視文獻成了優良的傳統。2000年來占思想主流地位的儒家十分重視文化、重視典籍，《論語·述而》：“子曰：‘我非生而知之者，好古，敏以求之者也。’”《史記·孔子世家》：“孔子不仕，退而修詩書禮樂。”《漢書·藝文志》言武帝時“建藏書之策，置寫書之官，下及諸子傳説皆充秘府”。連入主中原的北方少數民族統治者也懂得收藏文獻、保護文獻，如南宋初年的洪邁所著《容齋續筆》（1996：398）卷十五“書籍之厄”條：“（宋）宣和殿、太清樓、龍圖閣御府所儲，靖康蕩析之餘，盡歸於燕，置之秘書省，乃有幸而得存者焉。”這段文字指的是金滅北宋，擄走汴京的皇家藏書“盡歸於燕”而珍藏之。

梁啓超的一段話值得我們研讀、銘記，他在《清代學術概論》

裏説："中國積數千年文明，其古籍實有研究之大價值，如金之蘊於礦者至豐也，而又非研究之後，加以整理，則不能享其用，如在礦之金，非開采磨冶焉不得也。"（梁啓超，2010：43）文獻語言學就是開采磨冶極其豐富的文獻資源以研究語言的歷史與現狀的一門學問，其所得者爲"金"，中國的文獻語言學的成果碩果纍纍，是中國人的驕傲。

然而命運多舛，百年來，特别是近 30 年來利用文獻進行研究的語言學却遭到貶損，甚至被喻作"初等數學"，而與"高等數學"相對待。原因是有些人將以文獻材料爲資源的語言研究與以口頭資料爲資源的語言研究人爲地對立起來，并抑彼揚此，形成了一股思潮。前者即中國的以文獻爲資源研究語言的學問，如今由華學誠命名爲"文獻語言學"；後者則被某些學人認爲源自西洋的語言學，即"比較語言學"；兩者對立，且有高下之分。如此舉措，其深層根源爲王力一語道破。王力先生《中國語言學史》（1981：173）説："自從公元 1840 年鴉片戰争失敗以後，許多知識分子都以爲要救國，只有維新；要維新，只有學外國。這種政治思想反映在學術觀點上，就是把西洋的學術搬到中國來。具體到語言學上，也是把西洋語言學搬到中國來。" 20 世紀後半葉，"文化大革命"結束，國門打開，爲外界的五光十色所震懾，各個學科都存在崇洋的思潮，這是毋庸諱言的，於是在語言學科，以文獻爲資源的語言研究得不到應有的評價。我們應該勇於面對各種不正確的觀點，堅持真理。

## 三

實事求是，這是我們治學的宗旨。我們應該考察一下以文獻爲資源的語言研究與以口頭資料爲資源的語言研究兩者各自的長處和短處，然後思考可否做價值判斷，即可否評判其優劣。

筆者認爲，以田野調查而得的口頭資料作爲語言研究的資源，確實爲語言學開闢了另一條康衢，豐富了中國語言學。中國古代語言學家，也有很重視方言口語的，例如揚雄的《輶軒使者絶代語釋别國方言》便是世界第一部比較方言詞彙集，明末李實的《蜀語》記録了當時的四川方言的詞彙并注音。但是總的來説，古代對口語、對方言重視程度不够，也欠缺系統的、有效的研究方法。而中國近 80 多年來的方言學則堪稱論著泉涌。以口頭材料爲資源的語言學，其優勢主要體現在現當代語言，特别是方言研究方面。較之擁有較多書面文獻的通語，大多數方言的典籍稀少，因此豐贍的口頭資料得以“乘虚而入”，大起作用。活的口頭資料，對於歷時語言的研究，也起到相當重要的作用，“禮失而求諸野”，現代活資料裹面或多或少藴含着若干古代語言的殘迹，誠如趙元任（1980：104）所言：“原則上大概地理上看得見的差别往往也代表歷史上演變的階段。所以横裹頭的差别就代表竪裹頭的差别。”一般而言，這些資料對建構歷史自然起到了充實的作用。

不應諱言，以口頭語言資料爲資源的語言學也有其局限和缺點。我在這裹只做一點申述，口語資料的來源是活人，能够提供比較有價值的語言史史料的當是“老”的“活人”爲多，即張栻所言的“故老之賢者”。但是大自然賦予人的生命幾乎不超過百歲，即使“故老”能根據記憶與“相傳”提供父祖時代的一些比較古老的語言信息，往前的延伸也頗受限制，因爲不捨晝夜的歷史長河無情地、持續不斷地冲刷走了一批又一批的語言信息。馬克思 1853 年在《中國革命和歐洲革命》一文中説：“與外界完全隔絶曾是保存舊中國的首要條件，而當這種隔絶狀態在英國的努力之下被暴力所打破的時候，接踵而來的必然是解體的過程，正如小心保存在密閉棺木裏的木乃伊一接觸新鮮空氣便必然要解體一樣。”（中共中央馬克思恩格斯列寧斯大林著作編譯局，1961：111—112）同理，“與外界完全隔絶”的語言或方言保存的古老信息多，可是看看近幾十年來的中國——迅速工業化、現代化，人潮涌動，已不再是波瀾不起或死水微瀾了；能提供從前信息的“故老之賢者”，不斷在淡出、在死亡。因此研究語言史，特别是較古的古代、很古的古代的語言史，還得主要依靠古文獻（含傳世文獻與出土文獻）。口頭資料對近代語言史的研究可以提供一定量的信息，但是越往古代越是“心有餘而力不足”。可以説，在語言歷時的研究中，主角還是文獻語言學。

順帶説個問題，曾經有一度“考證”一詞也遭到不幸，跟“舊”“落後”沾了邊。其實這是一種戴了有色眼鏡後的偏見。20世紀英國大哲學家羅素（2010：86）説：“證明一個命題的過程包括建立各種論證。”“論證”即考證，考證就是在做某種研究時，儘可能地甚至是窮盡地占有有關的材料，正確地利用邏輯做出推理的一種方法，而這“有關的材料”可以源於文獻，也可以采自口頭，或兼而有之。在這裏，文獻語言學與口語語言學并無二致，只是材料的來源有别罷了。從搜集到的口頭材料利用邏輯推理得出結論，絶對也是考證，豈有他哉？

不論是以文獻爲資源的語言研究，還是以口頭資料爲資源的語言研究，在使用材料時都應該求“真”、求“全”，在邏輯推理過程中應該求“善”。

筆者認爲，以文獻爲資源的文獻語言學，前面應該加個“主要”；以口頭資料爲資源的比較語言學，前面也應該加個“主要”，何以如此？因爲實際上“你中有我，我中有你”。例如郝爾格·裴特生在其《十九世紀歐洲語言學史》（2010：54—55）一書中叙述凱爾特語的比較語言學的時候説道：“醫治克爾特狂的靈藥莫過於根據一些最古的文獻來做有系統的凱爾特語群的比較研究。”裴特生特别贊揚德國巴伐利亞的專家柴烏氏（Johann Kaspar Zeuss），“（他）研究大陸上各圖書館收藏的中古時期早年足迹遍天下的愛爾蘭學者們留下來的遺物”，“他拿這些抄本同一些更稀罕的古不列吞語的材料作比較，同威爾士、康瓦爾和不列塔尼的最古文獻作比較，又同高盧語的人名地名，以及其他不多的高盧語的殘留片段作比較”，1853 年出版了《凱爾特語法》。請看這一小段引文中出現了多少個“文獻”“古文獻”“抄本”等詞！裴特生的這部經典著作，在述及諸多比較語言學名家的名著時，經常提到文獻、古抄本、碑銘。須知印歐語系也有相當豐富的文獻，19 世紀的歐洲學者并非白癡，絶不會對這一重要資源弃之如敝屣而不加利用。遺憾的是，近 30 年，若干國内外人士述及歐洲 19 世紀繁榮的比較語言學時，有意無意地掩蓋這一事實，而耳食者人云亦云，於是給學界造成了比較語言學純認口頭資料的印象。

文獻語言學的論著中何嘗没有利用口語資料？例如錢大昕（1728—1804），其《古無輕唇音》可是文獻語言學的成功之作、典範之作。他爲了論證“古無輕唇音”這一命題，臚陳了數以百計的古書載籍的資料，亦即《論語》所説“文獻”中的“文”。但是錢大昕（1983：103—110）也利用了口頭資源，現覓尋、移録於下：

（1）古稱老嫗爲“負”，若今稱“婆”，皆重唇，非輕唇。

（2）今人呼鰒魚曰鮑魚，此方音之存古也。

(3) 吴音則“亡”“忘”“望”亦讀重唇。

(4) 古音“晚”重唇，今吴音猶然。

(5) 古讀“文”如“門”。《水經注·漢水篇》：“文水即門水也。”(今吴人呼“蚊”如“門”。)

(6) 今江西、湖南方音讀“無”如“冒”，即“毛”之去聲。

(7) 釋氏書多用“南無”字，讀如“曩謨”。梵書入中國，繹譯多在東晋時，音猶近古，沙門守其舊音不改，所謂“禮失而求諸野”也。①

竟然有人説，《古無輕唇音》的例證全據古書、錢大昕不懂方言，這是厚誣古人。② 又如明清易代之際的傅山（1607—1684），其《霜紅龕集》記載了一則口語資料：“太原人語多不正，最鄙陋惱人。吾少時聽人語不過百人中一二人耳，今盡爾矣，如‘酒’爲‘九’，‘九’爲‘酒’，‘見’爲‘箭’，‘箭’爲‘見’之類，不可勝與辯。”(傅山，2007：1121）可見太原話原分尖團，但在傅山之時越發不能分了。須知傅山不是語言學家，而是思想家、書畫家、醫學家。這一則資料是口語？還是文獻？没有記録下來是口語，記録下來即是文獻。

我們主張，不應將以口頭材料爲資源的語言學與以文獻爲資源的語言學對立起來，因學術思潮、意識形態而妄評優劣。我們認爲，二元相對，各有千秋。不妨瞭解一下古希臘哲學家赫拉克利特的觀點：“真實世界在平衡調節中包含了對立的傾向。根據不同的量度，在對

① 這一例講的是18世紀佛教徒的音讀，至今依然。

② 拙文《錢大昕〈十駕齋養新録〉與方言》列30條證據，參見魯國堯（2012）。

立雙方衝突的背後，世界存在着一種潛在的和諧。”（羅素，2010：19）我們應該追求這種和諧。王國維 1924 年在《古史新證》中提出了“二重證據法”，即以“紙上之材料”與考古發掘的“地下之新材料”相結合以研究古史，從而取得了空前的成就，這是學術史上的光輝範例。步武前修，我們提倡主要以文獻爲資源的語言研究與主要以口語爲資源的語言研究相結合，熔之於一爐，旨在自主創新，創造出我們的中國語言學，以此屹立於世界語言學之林，這是中國語言學人的奮鬥目標，有志者應若是，有爲者應若是。至於由於師承、學養、興趣等多種原因，有些學人偏重前者，有些學人致力後者，我們認爲，多元存在，無可厚非，提倡彼此尊重，互補相濟。

我們應該發揚“不崇洋、不排外”的優良學風，尊重以文獻爲主要資源的文獻語言學。誠然有若干西洋學人鄙視傳統，但也有許多有識之士反其道，十分尊重傳統。如英國大哲羅素在其名著《西方的智慧》“序言”中說：“目前知識的專門化已成風尚，對於祖先的智慧已接近遺忘。本書的目的就是要挑戰這種數典忘祖的現象。嚴格説來，西方的哲學就是希臘哲學，任何試圖割斷我們與往昔的這些偉大的思想家之間的血脉的思考都是不明智的。”中國語言學的主源還是 2000 年來的數以千百計的語言文字學家所鑄造的金色的文獻語言學，貶抑是不明智的。對以口頭資料爲資源的語言學，應該予以同樣充分的尊重，因爲中國古代的學者也重視口語資源，如揚雄、郭璞、邵雍、李實、錢大昕等等，更何况西洋的比較語言學傳入中國，近百年來，化出成千的專著，成就璀璨，顯示了這確是一種很有效的方法，排斥是不明智的。

《論語·八佾》第九章關於“文獻”的語録體現了孔子爲了考史，既珍視典籍藴藏的寶貴材料，也注重故老相傳提供的信息，我們應該回到孔子的原義去。我們絶不“割斷我們與往昔的這些偉大的思想家之間的血脉”。

時已至 21 世紀，我們治學，都應該具有清醒的頭腦、寬大的胸懷。

“不畏浮雲遮望眼，自緣身在最高層。”

## 参考文獻

裴特生，2010，《十九世紀歐洲語言學史》（校訂本），錢晋華譯，世界圖書出版公司北京公司。

傅山，2007，《陳批霜紅龕集》，陳監先批注，山西古籍出版社。

洪邁，1996，《容齋隨筆》，上海古籍出版社。

李學勤，2003，《夏商周斷代工程與古代文明研究》，《天津師範大學學報》（社會科學版）第 1 期。

梁啓超，2010，《清代學術概論》，朱維錚校注，中華書局。

魯國堯，2003，《魯國堯語言學論文集》，江蘇教育出版社。

魯國堯，2005，《學思録：“‘X 語’‘X 方言’”和“説‘文史語言學’”》，南京大學漢語文字學學科《南大語言學》編委會（編）《南大語言學》第 2 編，商務印書館。

魯國堯，2012，《錢江學思録（六則）：爲慶賀祝鴻熹學長八秩壽辰而作》，浙江大學漢語史研究中心（編）《漢語史學報》第 12 輯，上海教育出版社。

魯迅，1973，《忽然想到（五至六）》，《華蓋集》，人民文學出版社。

羅素，2010，《西方的智慧》，亞北譯，中央編譯出版社。

錢大昕，1983，《十駕齋養新録》，上海書店。

王力，1981，《中國語言學史》，山西人民出版社。

夏鼐，1985，《中國文明的起源》，文物出版社。

夏欣，2002，《任繼愈：重學史纔能强“立志”》，《光明日報》1月29日。

趙元任，1980，《語言問題》，商務印書館。

中國大百科全書出版社編輯部（編），1988，《中國大百科全書·語言文字》，中國大百科全書出版社。

中國社會科學院語言研究所詞典編輯室（編），2019，《現代漢語詞典》（第7版），商務印書館。

中共中央馬克思恩格斯列寧斯大林著作編譯局（譯），1961，《馬克思恩格斯全集》第9卷，人民出版社。

# 文獻語言學*

## ——陸宗達先生秉承章黄的學術精華

馮勝利

## 一

考“文獻”一詞，原出《論語》，其《八佾》曰：“文獻不足故也。”鄭注：“獻猶賢也。”太炎《國故論衡·原儒》曰：“晚有古文家出，實事求是，徵於文不徵於獻。”又，《明解故》曰：“古文家依準明文，不依準家法。”是“文”爲物、“獻”爲人；後世用爲偏義複詞，則專指“文”矣。而“文獻語言學”者，乃“文字所記録之語言”之學。

當代語言學之理論體系，肇自索緒爾。索氏之後則“歷時”“共時”判若天壤。在中國，訓詁、小學因以古代漢語爲研究對象，故不足與於當代語言學之科，亦不足與於西方之“歷史比較語言學”。然而，自陸宗達先生“文獻語言學”概念提出後，傳統的小學纔得以突破索氏“唯今是求”之當代語言學的藩籬。陸先生在《訓詁簡論》中指出：

---

* 本文原載北京師範大學民俗典籍文字研究中心編：《民俗典籍文字研究》第 17 輯，商務印書館 2016 年，第 51—60 頁。

訓詁學曾經一度是文獻語言學的總稱……訓詁學絶不簡單地等於語義學，它其實包括了古代漢語研究的各方面的内容。（陸宗達，1980：168）

陸先生在《説文解字通論》中更明確地强調：

漢民族語言學的一個主要學科是“文獻語言學”，它研究的對象是周秦的書面語言，研究的内容是文字、聲音、訓詁，所以又稱爲“文字聲音訓詁之學”（此説始見於晁公武《郡齋讀書志》）。《説文》就是文獻語言學的奠基之作。（陸宗達，1981：6）

注意，先生這裏説的“書面語言”，和現在學界討論的“書面語”不是一回事。前者是語言，後者是語體（見下）；前者包括後者，但後者不含前者。自陸先生創造“文獻語言學”這一術語之後，其他討論者也紛紛而出。羅邦柱就是其中之一，他曾談道：

文獻語言學亦稱“語文學”、“傳統語言文字學”，我國古代又稱爲“小學”。漢文獻語言學包括文字、音韻、訓詁三大部門，研究内容因時代不同而各有所側重：先秦側重考證事物的名稱。兩漢以研究文字、詞彙爲主。《爾雅》、許慎的《説文解字》、揚雄的《方言》、劉熙的《釋名》的出現，奠定了我國文獻語言學的基礎。魏晋興起了對漢語語音的專門研究，同時詞義研究也得到了進一步發展。隋唐宋研究漢語語音趨向穩固、統一。元明則把語音研究引向實際。清代是古代語言學大總結的時期，上古音的研究取得了重大突破，建立了一個較爲完整、較爲科學的古音系統，促進了文字學、訓詁學的發展，引起了整個語言學的變革。漢文獻語言學源遠流長，資料宏富，成就顯著，是我國文化寶庫中的重要遺産。現在一般將文獻語言學包括在語言學範圍内。(羅邦柱，1988：2)

文中把“文獻語言學”和“語文學”“傳統語言文字學”等而同之，但作者没有看到“文獻語言學”和後面兩個領域的根本不同：“語文學”與“傳統語言文字學”是“用語言學來研究書面文字”(古代典籍中的文、史、哲）的學問，而“文獻語言學”則不同，它是“以書面文字爲材料來研究語言的學問”。這一點很重要，分辨不清則無法理解陸先生創造這一學科的本質和目的所在。弄清楚這一術語的實質所指之後，就可看出一般人對其理解的不足。譬如，如果説“漢文獻語言學包括文字、音韻、訓詁三大部門”，那麼就等於把文獻語言學限於三者之内；如果説“漢文獻語言學源遠流長”，那麼也泯滅了陸宗達先生“文獻語言學”劃時代的突破與貢獻。

什麽是陸氏的“文獻語言學”？本文指出：文獻語言學是陸宗達提出的一個劃時代的概念，它是先生從章黄學術的精華裏提煉而出，結合當代語言學的根本精神發展而成的。然而至今其本質核心是什麽，尚未得到世人的充分理解和應有的重視。本文拋磚引玉，以求同門、同寅的指教。

## 二

文獻語言學與傳統學術不盡相同。它超越傳統的精藴之處，至少有如下數耑：

1. 古代文獻反映當時活的語言，即“文章與語言本同一物”(《文心雕龍札記·章句》)；

2. 古文獻中的詞法、句法等語法現象，與當代同類的語法現象具有同等的價值和地位；

3. 系統與結構的分析方法；

4. 其最高境界是用演繹法考證出“一串一串的同源詞”。

下面就本着上述基本原則，討論文獻語言學蘊含的原則與其中的分支學科。

## (一) 結構主義的原則

陸先生提出的“文獻語言學”的基本原則，在我看來，就是“結構”主義的科學思想。他早在1964年就指出：“古代和現代語法，總的説起來，雖然差异比較小，但是古代的語言結構和現代的語言結構究竟是不一樣的。”今天上古漢語是綜合型語言、兩漢以後是分析型語言的發現，證實了先生的結論。因此，先生告誡我們：“對於古代的語言結構，我們必須認真地去分析，不能用現代漢語的語法現象去籠統地附會它。”(陸宗達，1964：52)

陸先生以《詩經》中的語氣詞“其”爲例：

> 其雨其雨，杲杲出日。
> 朝隮於西，崇朝其雨。
> 夜如何其，夜未央。

這裏同一語氣詞“其”占據了三個不同的句法位置，反映出古今結構之不同。

又如《紅樓夢》：

> 這園子却是象畫兒一般，山石樹木，樓閣房屋，遠近疏密，也不多，也不少，恰恰的是這樣。你若照這樣兒往紙上一畫，是必不能討好的。

陸先生説“這就是一個複合句的結構”。

再如，對《左傳·昭公十九年》“私族於謀而立長親”一句，杜預注：“於私族之謀，宜立親之長者。”對同書裏“諺所謂室於怒，市於色者，楚之謂矣”這句話，杜預注説：“言靈武王怒吴子而執其弟，猶人忿於室家而作色於市人。”陸先生説：

> 這兩處的“注”都是解釋古代語言結構特點——介詞的賓語提前形式。前一句裏的“長親”就是“親之長”，原句是中心語在前，定語在後。……後一句裏的“室於怒，市於色”，則是“怒於室，色於市”的句型。（陸宗達，1964：50—51）

這是典型的句法結構分析。再如，《孟子·梁惠王》“若殺其父兄，係累其子弟，毁其宗廟，遷其重器。如之，何其可也？”一句，趙岐的《章句》説：“若此，安可哉？”陸先生説：

> 他（引者按：指趙岐）用“若此”解釋“如之”，用“安”解釋“何其”，也是語言結構的一種分析。以上這些例子，就都是通過語言結構的分析來説明詞義、句意的。（陸宗達，1964：51）

“結構”是索緒爾當代語言學的核心，文獻語言學是從結構的角度來解釋詞義和句意，從結構的高度來整合和發展傳統語言學中文字、音韻、訓詁等學科，使之發展爲“結構語言學”之分科學術的。我認爲，這纔是陸先生“文獻語言學”的真諦之所在，而其所以如此者，即本之季剛先生“瞭於成句之理者，未有不能辨字位之所處者也”的“字位成句”思想（=詞的位置/結構）。

## （二）文獻語義學

陸先生文獻語言學的一個重要貢獻就是對訓詁學的發展：文獻語義學。其中同源詞的溯源、同源詞詞義之間語義引申的綫索爬梳以及同源詞繫聯，均離不開文獻語義學的方法。這裏介紹一種由先生發明、但至今没有引起重視的義變現象：同律引申法。請看：

去　　　“孟子去齊”(《孟子・公孫丑》)

1. 躲避　“公賦《南山有臺》，武子去所。曰：臣不堪也。”(《左傳・襄公二十年》)

2. 拿掉　“衛侯不去其旗，是以甚敗。”(《左傳・閔公二年》)

3. 殺掉　“不去慶父，魯難未已。”(《左傳・閔公元年》)

4. 寬恕　“叔黨命去之。”(《左傳・宣公十二年》)

除

1. 躲避　“逃奔有虞，爲之庖正，以除其害。”(《左傳・哀公元年》)

2. 拿掉　“天假之年而除其害。”(《左傳・閔公元年》)

3. 殺掉　“欲除不忠者以説於越。吴人殺之。”(《左傳・襄公二十年》)

4. 寬恕　“請以除死。”(《左傳·昭公二十年》)

陸先生說：

從“去”和“除”的對應的意義上，同樣可以引申出“拿掉”、“殺死”、“寬恕”、“躲避”這些意義。（陸宗達，1964：48）

就是說，“去”和“除”是遵循同一條“義軌”發展的，亦即：

去　1. 躲避　2. 拿掉　3. 殺掉　4. 寬恕
除　1. 躲避　2. 拿掉　3. 殺掉　4. 寬恕

後來訓詁界出現的“同律互證法”“同步引申”“平行發展”等多種名目，其實都是“對應義的平行發展”這一基本思想的發展和延伸。

## （三）文獻語音學（音韻學）

陸先生曾諄諄教誨從學弟子們：

打基礎是要先過古音韻這一關。我當年就是死記硬背過來的，其實也就用了半年時間。不過那半年可真苦，過來以後，一輩子受益。

先生早期的語音學著作有《中國聲韻學》（庚辰年荷月），而先生文獻語音學的一大特點就是“語音的文獻證據”。我們登門受業伊始，便學習了“因聲求義”的理論。因聲求義之説肇自漢代訓詁的“聲訓”與“音借”。《詩經・東山》“烝在栗薪”，《鄭箋》：“古者聲栗、裂同。”即是其例。先生本人對古代音韻訓詁的發明，亦卓絶一時。難解之字，難明之義，一經先生的以音發覆，則豁然而解，怡然理順。如：

《莊子・逍遥游》：“野馬也，塵埃也，生物之以息相吹也。”“野馬”何謂？先生破字曰：野馬者，野塺也。《九嘆・惜賢》王逸注：“塺，塵也。”一舉而解千古之訟。

《戰國策・齊策》：“美人充下陳。”何謂”陳”？先生考證爲：陳=墀，墀，堂途也。

凡此種種，不煩枚舉。没有語音，不是語言；没有語音，不是文獻語言學！

## （四）文獻句法學

《訓詁淺談》專闢一節討論句法結構與訓詁的關係（陸宗達，1964：24—29），足見句法乃文獻語言學之重要領域。季剛先生《文心雕龍札記・章句》曰：“然則瞭於成句之理者，未有不能辨字位之所處者也。”其中“字位”即今之句法結構之所本。譬如《詩經・小雅・棠棣》：“原隰裒矣，兄弟求矣。”《毛傳》：“求矣，言求兄弟也。”陸先生指出，這裏毛亨的目的就是要指出：“兄弟”是“求”的賓語。不要因爲“兄弟”放在“求”的前面，就錯認爲它是“求”的主語（誤以爲和“原隰裒矣”平行：“原隰”是主語，“裒”是謂語，所以誤以爲“兄弟求矣”也是主謂結構）。

在句法分析上，陸先生非常重視表層結構相似但深層結構不同的區分。譬如《詩經・小雅・吉日》：“漆沮之從，天子之所。”《毛傳》：“漆沮之水，麀鹿所生也。從漆沮驅禽而致天子之所。”陸先生指出：

> 這兩句詩表面上是平列的，而語法結構并不相同。……“漆沮”是“從”的賓語，這是賓語提前的句式，“之”字是賓語提前後加的字，實質上表示了“漆沮的麀鹿”的意思。……用“從漆沮”三個字來解釋，這就説明了這句話不是和“天子之所”成對偶的句子。

這種韻律對偶、句法异構的現象，即使是今天的句法學家，也很難避免不誤判。毋庸置疑，句法學（包括構詞學）是文獻語言學裏面的一個核心學科。

## （五）文獻字法學（文字學）

什麽是文獻字法或構形學？這是章黄學派所主張的、陸宗達與王寧先生在文獻語言學裏繼承和發展出的一個重要領域：傳世文獻中的漢字構形的結構系統，不同於業内大家常説的一般的文字學或古文字學（金文甲骨）。這一點不僅一直爲人所誤解，而且至今也没有引起足够的重視，尤其在地下發掘材料紛紛出土的今天，文獻構形學就更没有機會得到它應有的重視。但是它自有不息的生命力，因爲它深深根植於文獻的基礎之上，不僅字形結構的分析要本着“一點一畫皆有意義焉”的文獻原則，更重要的是，文字的點畫之“意”有歷時構意“重新分析”的觀念，而歷時構意的重新分析必須要有文獻的證據（馮勝利，2014；2015）。舉例而言，《左傳》有“野人與之塊”之語，歷來解者均取“農民給公子重耳一塊土”這種不近人情的附會之説。陸先生從文獻構形學上考出：塊＝土筐。爲什麽呢？這就是文獻構形學的用途所在：《説文》“塊”的古文作“凷”，陸先生據此得出下面的結論：

> 這個字形結構很像是土裝在∪形的器物中，也就是説“塊”本來是一種裝土的器物。（陸宗達，1964：42）

於是，“野人與之塊”在陸先生那裏是“農民把食物放在盛土的草筐裹給了重耳”。這自然可以成説，但仍需文獻證據。文獻構形學的“構形分析”不是要“可備一説”，而是要“重構”當時的“語言”。我們要問：“與之塊”在當時的語言裏究竟是什麼意思？怎麽纔能知道呢？這就是文獻語言學裏面的“文獻”證據。陸先生用了兩條文獻證據説明上面的解釋有當時人語爲證。

> （1）《禮記·禮運篇》注：“蕢（筐），讀爲塊。”
>
> （2）《史記·晋世家》：“飢而從野人乞食，野人盛土器中進之。”

由此可見，“野人與之塊”的“塊”是土筐的意思，這不僅有字形上的證據，而且有司馬遷的語言（=文獻語言）證據，更有當時人的讀音證據。綜合古人的語音、語感和字形結構分析，嚴絲合縫，彼此咬合，這纔是章黄派的“文獻構形學”的最高境界與真諦所在。如果按照“文獻”二字的初義來理解（文是文字，獻是熟悉掌故的人），那麽文獻語言學的“文獻證據”就不僅要有物證（文字證據），而且要有人證（語感證據）。

## （六）文獻韻律語法學

文獻語言學的根本目的是重建古代的語言、發掘古語的規律。語言離不開聲音，聲音不能没有節律。章黄學派的一大特點就是從韻律上來發掘和構建古代語言的語法規律。注意：文獻中的文字雖然是詞語的記録，但唯有加之韻律，詞語的記録纔能變成活的語言。現代漢語裏，無論是單詞還是雙語，加上語調纔是句子。因此，没有節律，不是語言。故曰：韻律乃文獻語言學之魂。

我們知道，《學記》有言："離經辨志。"陸先生解曰："離經就是斷文句的句讀；辨志就是審辨經義的内容。"然而"句讀有係於音節與係於文意之异"(《文心雕龍札記·章句》)。爲什麽要將"音節句讀"與"文意句讀"二分呢？因爲"文章與語言本同一物。語言而以吟咏出之，則爲詩歌。凡人語言聲度不得過長，過長則不便於喉吻。……故文中句讀，亦有時據詞氣之便而爲節奏，不盡關於文意"。所以"文章之句讀隨乎語言，或長或短，取其適於聲氣"(《文心雕龍札記·章句》)。正因如此，《詩經》曰："王命卿士，南仲太祖。"《毛傳》曰："王命南仲於太祖。"陸先生説："這就無异告訴我們説，這兩句詩的八個字雖然在音節上要在中間一頓，但是文意却上下直注，不能分開來停頓的。"(陸宗達，1964：24）不僅如此，陸先生還特别鄭重地指出：

> 這種分析句讀的方法和作用，不但是爲了辨明詩句的意義，而且指出了研究詩歌句讀的一個很重要的原則，就是文意的句讀和音節的句讀應有不同的斷法。……它告訴我們，必須認識音節和文意兩種不同性質的句讀，不能陷入音節裏去講文意，也不能專靠文意去分析句讀，否則就會産生錯誤。(陸宗達，1964：25)

文意句讀和音節句讀的對立，雖是季剛先生提出的，而其性質之不同則是穎明先生明確的；陸先生把它提升爲一種訓詁的原理和方法。馮友蘭在《三松堂文集》“自序”中談道：

> 黄侃善於念詩念文章，他講完一篇文章或一首詩，就高聲念一遍，聽起來抑揚頓挫，很好聽。他念的時候，下邊的聽衆都高聲跟着念，當時稱爲“黄調”。

賦古文以“調”，正是構建古代韻律語感的必經之路。從季剛先生到穎明先生，凡言訓詁無不論及“聲度”與“節奏”，其所以樂此而不疲者，蓋在於韻律乃語感之必需也。乾嘉學者發明“以聲音通訓詁”的破解方法，而章黄則進而發明“以聲音通句讀”的語言要諦。毫無疑問，今天我們建立的“韻律句法學”正是這一思路的當代延伸——“以聲音通語法”。這樣看來，“聲度”“節奏”和“韻律”，同樣是檢驗“文獻語言學”體系化與否的一塊試金石。

## （七）文獻語體語法學

文獻語言學的另一領域是語體語法。《大戴禮記·小辨》：“爾雅以觀於古，可以辨言矣。”陸先生説：“這裏的‘爾’當‘依據’講；‘雅’是‘雅言’，就是標準語的意思。”據此，《禮記》的這句話的意思是：根據標準語來觀察古語，就可以明辨語言（的語體）了。關於語體的不同，用陸先生的例子來説，《書經·堯典》最爲顯著：

> 協和萬邦。……欽若昊天。歷象日月星辰。……宅嵎夷。……寅賓出日。……厥民析。……允釐百工。庶績咸熙。……共工方鳩僝功。……有能俾乂。……方命圮族。……師錫帝曰。……帝曰：俞。……克諧以孝。……不格奸。……釐降二女於嬀汭。

《史記・五帝本紀》：

> 合和萬國。……敬順昊天。數法日月星辰。……居郁夷。……敬道日出。……其民析。……信飭百官。衆功皆興。……共工旁聚布功。……有能使治者。……負命毁族。……衆皆言於堯曰。……堯曰：然。……能和以孝。……不至奸。……飭下二女於嬀汭。

這是文獻語言中古今體對應的範例。事實上，語體機制的發明，肇自太炎先生。他在《文學論略》裏説：

> 或曰：子謂不辯雅俗，則工拙可以不論。前者已云，以便俗致用爲要者，公牘是也。彼公牘者，復何雅之足言乎？答曰：所謂雅者，謂其文能合格。公牘既以便俗，則上準格令，下適時語，無屈奇之稱號，無表象之言詞，斯爲雅矣。《漢書・藝文志》曰：書者古之號令，號令於衆，其言不立具，則聽受施行者弗曉。古文讀應爾雅，故解古今語而可知也。是則，古之公牘，以用古語爲雅，今之公牘，以用今語爲雅。

季剛先生對古代文學極富天性，其所發明雅俗代降者，更具現代意義。在《黄侃日記》中我們看到：

> 宋詞出於唐詩，元曲出於宋詞，正如子之肖父，雖性情形體酷似，遭逢既异，行事亦殊。又雅俗有代降，其初盡雅，以雅雜俗，久而純俗，此變而下也。雅俗有易形，其初盡俗，文之以

雅，久而畢雅，此變而上也。由前之説，則高文可流爲俳體；由後之説，則輿頌可變爲麗詞。然二者實兩行於人間，故一代必有應時之俗文，亦必有沿古之詞制。（黄侃，2001：214）

言辭修潤即成文章，而文與言訖於分乖者亦有。……常語趨新，文章循舊，方圓异德，故雅俗殊形矣。……語言以隨世而俗，文章以師古而雅，此又無足怪矣。嘗聞化聲之道，從地從時。從地則殊境不相通，從時則易代如异國。……綜上所説，文與言判……非苟而已也。（黄侃，2001：199）

陸先生秉承章黄的語體思想，在《訓詁淺談》及其他著作中深加闡發。譬如《詩經·邶風·緑衣》“心之憂矣，曷維其已”，《毛傳》説：“憂雖欲止，何時能止也。”就是用串講的方式告訴我們當時的口語語體（憂=憂、曷=何時、已=止）。

語體的構建，不僅“高文可流爲俳體”，而且“輿頌可變爲麗詞”。如前文所述，《左傳·昭公十九年》“諺所謂室於怒，市於色者，楚之謂矣”這句話，是當時的古諺，杜預注曰：“猶人忿於室家而作色於市人。”陸先生説：“（這）是解釋古代語言結構特點——介詞的賓語提前形式。……是“怒於室，色於市”的句型。”（陸宗達，1964：50—51）顯然，當時（春秋時代）的詞序已經是［介+賓］，而［賓+介］的上古句型幾乎消失殆盡。《左傳》的作者用句法結構不同的古諺語來譏諷楚王，其語氣涵義當從古今詞序的不同上來分析和理解。這一點，非深知語體時空變异之律者，不得其解也。《典論·論文》有云：“奏議宜雅，書論宜理。”説的就是這個道理。陸先生的文獻語言學在這方面不僅繼承了章黄的語體思想，而且把它直接應用到具體的文獻分析中。最明顯的就是先生對繇辭的解釋。《左傳·哀公十七年》："衛侯貞卜。其繇曰：'如魚竀尾，衡流而方羊。裔焉大國，滅之將亡。'"陸先生説古人所以如此斷句者，是因爲"繇辭是韻文，句讀齊正是這類文體的特點"，用"文體訓詁"糾正了古人（如賈逵、劉炫）"没有看到這一點"的"盲體"錯誤（陸宗達，1964：54）。陸先生的文獻語言學正是在這種"文體訓詁"的實踐中，爲後代有原理、有體系的語體理論奠定了基礎。

## 三

陸先生常常對我們説：

> 我這門學問，看似枯燥無味，整天就來回擺弄幾個字兒。而你要是入進去了，用這個字串那個字，用那個字串這個字，像用繩串螞蚱似的，那就有意思了。

陸先生用非常形象的語言道出了章黄學術的底藴：中華學術旨在發明，"用這個字串那個字，用那個字串這個字"，不僅"字串"要創新，其方法本身也是一種創新。陸先生説"那就有意思了"，這是這類創新驅使的結果。著名邏輯學家蔡曙山教授（2015）指出：

> 科學發現和發明，是人類特有的認知活動，它也是建立在人類語言和思維的基礎之上的。我們用語言來表徵對世界的認知，我們用語言來思維，我們通過語言和思維來建構事物發生、發展和變化的規律，我們通過語言和思維來建構科學理論和科學認知的模型。所以，科學是發明，而不是發現。

“學術在發明，而不在發現”，這正是章黄科學思想的精華所在。吉川幸次郎在他的《我的留學記》（1999：79—80）裏面回憶説：

> 黄侃説過的話中有一句是……“中國之學，不在於發現，而在於發明。”……人們認爲考證學是只用歸納法的，在日本事實上也是這樣的。但我知道實際上并不完全是這樣。不只是歸納，也用演繹。演繹是非常有難度的，必須對全體有通觀的把握。絶不是誰都有能力這樣做的，於是，就認識到中國學問確實是需要功底的。

季剛先生把用新材料做學問叫作“發現”，把“用原有材料做學問”叫作“發明”。因爲“發現”是靠别人不知道的材料説話，而“發明”則是靠别人熟悉的材料但不知道的“奥秘和規律”説話，這就需要有更深厚的功力和更有力的邏輯。這就是爲什麽吉川幸次郎説：“演繹是非常有難度的，必須對全體有通觀的把握。絶不是誰都有能力這樣做的，於是，就認識到中國學問確實是需要功底的。”

“學重發明”是有很深的的哲學與科學的背景的。當年顧頡剛先生剛剛從歐洲回來，受西方影響，認爲一切事物都要重實證，只有親眼看見的纔能坐實。當他把這個道理説給老師章太炎先生聽時，太炎先生反問道：“你有曾祖父嗎？”顧頡剛笑道：“當然。”章太炎説：“那你見過他嗎？”太炎先生對顧頡剛的責難是基於他對科學演繹邏輯的深刻認識的：

> （蘇）軾也使人跌逷而無主，設兩可之辨，仗無窮之辭……難乎有恒矣！……幸有顧炎武、戴震以形名求實之道約之，然猶幾

> 不能勝。何者？……來者雖賢，衆寡有數矣。不知新聖哲人，持名實以遍詔國民者，將何道也？又不知齊州之學，終已不得齒比於西鄰耶？（《訄書·學蠱》）

“以形名求實之道約之”，用今天的話來説，就是用科學演繹和科學實驗爲原則來指導我們的研究。如上所示，陸宗達先生的“漢語文獻語言學”正是在這樣的基礎之上建立起來的。

## 參考文獻

蔡曙山，2015，《語言、邏輯與科學發現》，馮勝利、李旭（主編）《語言學中的科學》，人民出版社。

馮勝利，2014，《論漢字形體的本質不在象形二字别异》，黄翊（主編）《簡繁並用、相映成輝——兩岸漢字使用情况學術研討會論文集萃》，中華書局。

馮勝利，2015，《古文字構形中的句法信息》，北京師範大學民俗典籍文字研究中心（編）《民俗典籍文字研究》第15輯，商務印書館。

黄侃，2001，《黄侃日記》，江蘇教育出版社。

吉川幸次郎，1999，《我的留學記》，錢婉約譯，光明日報出版社。

陸宗達，1964，《訓詁淺談》，北京出版社。

陸宗達，1980，《訓詁簡論》，北京出版社。

陸宗達，1981，《説文解字通論》，北京出版社。

羅邦柱（主編），1988，《古漢語知識辭典》，武漢大學出版社。

# “文獻語言學”學科論綱*

華學誠　張　猛

本文把“文獻語言學”置於學科體系概念下討論，即使涉及學術史、學術研究等屬於學術體系的具體内容，出發點和目標仍然是爲了論述“文獻語言學”的學科特點與地位，仍然是爲了論述“文獻語言學”這一概念的内涵與外延。

## 一、語言文字學在中國歷代學科體系中的位置

孔子整理古代文獻時，歸納出“六藝”，即《詩》《書》《禮》《樂》《易》《春秋》，可以稱之爲中國學科分類的萌芽。而中國學科體系的系統建構則肇自漢代，那時語言文字學已經被納入了這一體系。

西漢劉歆在其父劉向所撰《别録》的基礎上完成了《七略》，它是中國學科體系建立的標志。除了總論《輯略》之外，《七略》將已經著録的書分爲“六藝略”“諸子略”“詩賦略”“兵書略”“術數略”“方技略”六大部分，也叫六分法。《七略》雖已亡佚，但因《漢書・藝文志》（以下簡稱《漢志》）是以《七略》爲基礎編纂的，所以據此可以瞭解《七略》的具體分類和每類之下所包括的著作。

* 本文原載華學誠主編：《文獻語言學》第4輯，中華書局2017年，第4—12頁。

《漢志》有六略38類，其中“六藝略”之下分爲“易”“詩”“書”“禮”“樂”“春秋”“論語”“孝經”“小學”等9類。根據“小學”書目之後的“小序”可知，《七略》《漢志》的“小學”主要指文字之學。另外在第八類“孝經”中還收入了三種語言文字學類著作：“《爾雅》三卷二十篇，《小爾雅》一篇，《古今字》一卷。”《爾雅》《小爾雅》重在解釋詞語意義，應屬訓詁類。《古今字》已亡佚，參閱劉歆所論可知：“古字”當指西漢初年民間“書師”整理李斯等人所作三種字書合編而成的《倉頡篇》中所收字，所謂“《倉頡》多古字”；“今字”或指元始（漢平帝年號，公元1—5年）以後，揚雄《訓纂篇》和劉歆續揚雄所作十三章所收字。因此，《古今字》當屬字書。

中國學科體系至西晋發生了變化，改六分法爲四分法。爲了適應文獻不斷增多的需要，晋武帝時秘書監荀勖與中書令張華仿依《魏中經簿》編成《中經新簿》，開始采用“甲”“乙”“丙”“丁”四部分類，至《隋書·經籍志》（以下簡稱《隋志》）改用“經”“史”“子”“集”四部之名，自此沿用1300多年。

《隋志》是我國現存正史中第二部史志目録，在“經”“史”“子”“集”四部之後附入道、佛二家。《隋志》經部之下有“易”“書”“詩”“禮”“樂”“春秋”“孝經”“論語”“緯書”“小學”10個大類，比《漢志》增加了一類“緯書”。第十類“小學”總共收入“一百零八部，四百四十七卷。通計亡書，合一百三十五部，五百六十九卷”。《隋志》編者認爲，《爾雅》《廣雅》《小爾雅》《方言》《釋名》等著作是“解古今之意”，它們加上“五經總義”，都被歸入了“論語”類，這與《漢志》的歸類不同，但《漢志》《隋志》均未將雅書系列歸入“小學”類。《隋志》“小學”分爲“訓詁”“體勢”“音韻”三類，所收著作除了數量上有大幅度增加之外，内容上也有重要擴展，其“小序”對此有特别説明：

> 魏世又有八分書，其字義訓讀有《史籀篇》《蒼頡篇》《三蒼》《埤蒼》《廣蒼》等諸篇章，訓詁、《説文》、《字林》、音義、聲韻、體勢等諸書。自後漢佛法行於中國，又得西域胡書，能以十四字貫一切音，文省而義廣，謂之婆羅門書，與八體六文之義殊别，今取以附體勢之下。又後魏初定中原，軍容號令，皆以夷語，後染華俗，多不能通，故録其本言，相傳教習，謂之“國語”，今取以附音韻之末。又後漢鐫刻七經，著於石碑，皆蔡邕所書。魏正始中，又立一字石經，相承以爲七經正字。後魏之末，齊神武執政，自洛陽徙於鄴都，行至河陽，值岸崩，遂没於水。其得至鄴者，不盈太半。至隋開皇六年，又自鄴京載入長安，置於秘書内省，議欲補緝，立於國學。尋屬隋亂，事遂寢廢，營造之司，因用爲柱礎。貞觀初，秘書監臣魏徵，始收聚之，十不存一。其相承傳拓之本，猶在秘府，并秦帝刻石，附於此篇，以備小學。(魏徵等，1986：3367)

由此可見，《隋志》的“小學”主要包括文字學、訓詁學、音韻學和民族語言。宋代晁公武（2011：145—146）的論述應該是本此而來：“文字之學凡三：其一體制，謂點畫有衡縱曲直之殊；其二訓詁，謂稱謂有古今雜俗之异；其三音韻，謂呼吸有清濁高下之不同。論體制之書，《説文》之類是也；論訓詁之書，《爾雅》《方言》之類是也；論音韻之書，沈約《四聲譜》及西域反切之學是也。三者雖各一家，其實皆小學之類。”

《隋志》的分類和晁公武的闡述表明，“小學”至遲從此已經走向獨立發展的道路。四部分類法形成之後就基本定型，但其内部的小類同中有异。例如《舊唐書·經籍志》甲部（即經部）劃分爲12類，其中“十一曰詁訓，以紀六經讖候。十二曰小學，以紀字體聲韻”，好像把“訓詁”和“小學”分置於并列的兩類之中。其實《舊唐書》作者是將“訓詁”理解爲闡釋經義而非詞語考釋，所以收入的主要是讖緯書和經義雜解類著作。“小學”類中實際收録了“《爾雅》《廣雅》十八家，偏旁音韻雜字八十六家”（劉昫等，1986：3713），即今日所言文字、音韻、訓詁類著作。

學術史研究者一般認爲，作爲語言文字學的“小學”在古代中國是經學的附庸，换言之，他們認爲“小學”在古代中國并没有取得獨立學科的地位。各家表述的具體理由雖不盡一致，但下述幾點是共同的：“小學”從漢代建構學科體系時就綴於後來稱之爲“經學”的“六藝略”之末；此後内容雖不斷增益，歸類上也有所調整，但是這一地位直至《四庫全書》都没有根本變化。“小學”的産生就是爲了讀經，漢代“小學”的系統之所以能够建立，也是“經今古文”之争直接影響的結果，其後輔助讀經而不涉義理仍然是“小學”的基本任務。《爾雅》在很長時間内都没有被列入“小學”類中，其地位高於“小學”，漢代曾爲之設立博士，唐宋時期甚至進入經書行列。這是因爲《爾雅》中的詞語及其解釋基本上都是從上古文獻典籍中直接輯録出來的，“出身”於經書；所收的詞語都是文獻詞彙中的核心部分，相關的解釋則反映了這些詞語的典型用法。這些詞語及其解釋，不僅不同於後世的注疏，而且其文本身就需要解釋。然而，從書的性質上來看，《爾雅》可謂目前所見最古老的注疏彙編，是“小學”的奠基之作。

由傳統目録學反映出的古代中國學科體系所顯示的“小學”，看上去確實只不過是附屬於經書、服務於讀經的文獻。但是，語言學史的研究發現，史實與此并不完全吻合。語言學史昭示，古代中國語言文字學學科萌芽於先秦，建立於漢代，隨着東漢魏晋時期音韻學的興起，以文字學、訓詁學、音韻學爲基本學科内涵的獨立學科就已經形成。這一學科雖然一直把解釋經典文獻作爲自已的基本任務之一，但這并不是它的全部任務，在語言文字學科建立的漢晋時期就已經出現了不少真正的語言文字學研究專著，如揚雄《方言》描寫解釋的是方言口語，許慎《説文》分析探求的是漢字及其本義，劉熙《釋名》致力追尋的是日常用語的得名原由，吕静《韻集》藉助反切把漢字按讀音進行了系統分類，這些著作都不爲特定經典文獻服務，毫無疑問，它們都已經具有了語言文字學研究的性質。歷代中國語言文字學既有專門研究具體文獻中語言文字問題的注疏著作，又有基於經典文獻而又超越某一文獻專書去探究語言文字自身問題的專門著作，這兩個方面相互支撑、相互促進，在不斷纍積、不斷變革、不斷發展的過程中達到了清代的輝煌。

關於清代“小學”的成就及其在中國語言學史上的地位，研究者已有基本一致的定評。21 世紀初雖有异議（如梅祖麟教授等），但因提出异議的學者缺乏對清代學術的瞭解，更因爲他們對中國學術懷有偏見，因此在材料不完整、分析未到位、推理失嚴謹的情况下，所立諸論皆站不住脚（《音韻學方法論討論集》編輯組，2009）。對於清代學術的成就，在美國學界本有客觀公正的評述，如普林斯頓大學教授艾爾曼（Benjamin A. Elman）在其備受西方漢學界推崇的著作《從理學到樸學》（*From Philosophy to Philology*，亦可譯成《從哲學到小學》）中就曾中肯地指出：“18 世紀晚期的中國歷史，實際上是 17 世紀以來政治、學術變革的延續及其發展的極致，其影響甚至播及

19世紀乃至20世紀。”艾爾曼論述道：“如同西方一樣，中國語言學歷史呈現出與自然科學實驗方法論發展有趣的相似之處。語言學的發展，歷史語言學、比較語言學的形成并不完全是西方學者的功勞。清代學者奠定了中國現代語言學的基礎。我們在當代中國語言學研究中，仍可看到清代小學影響的痕迹。”（艾爾曼，1995：3、153）

章太炎先生是在中國古代語言文字學走向現代語言文字學這一歷史進程中發揮承上啓下作用的偉大學者。馮勝利（2013：127）説：“章黄重功力，這自然不錯；但章黄更重‘發明’，其要諦在‘演繹’。”“事實上，章黄‘文獻語言學’中的‘演繹之法’并非憑空而來，它是乾嘉‘理必之學’的傳承和發展。”如果單純從學科發展而不是傳承的視角來看，章太炎先生的貢獻至少有兩條：一是透徹地論述了作爲獨立學科的語言文字學（章太炎，1906；2008：1—30），從理論上完成了語言文字學學科的現代轉型；二是着力培養了一支杰出的學者隊伍，從而形成了綿延至今并將不斷發揮積極影響力的章黄學派。

西方學科體系的全面引入是百年來中國學科建設的不争事實，這種引入在促進當代中國科學研究事業高速發展的同時，也全面解構了中國古代學科體系。應該肯定，自然科學、社會科學在這種接軌中確實獲得了前所未有的發展；但是也應該看到，中國傳統的人文學科體系在其内涵與外延未被充分認識的情况下，遭遇倉促“并軌”，結果在“接軌”過程中被無端“肢解”而造成了削足適履的情形，由此影響了相關學科的良性發展，這是值得仔細反省并深入檢討的。在國家學科體系的重建上，無論是中國古代語言文字學，還是繼往開來的章黄學派，都没能獲得機會發揮應有的作用，具有濃郁文史傳統和文獻考據傳統的文字、音韻、訓詁等歷史悠久、積纍豐厚、意義重大、學術生命力旺盛且最具有中國特色的學科，儘管在現實生活中和數學、物理、哲學一樣，幾乎時時處處都在發揮作用，但在現行學科分類體系中却找不到應有的獨立的位置，得不到應有的重視。

下面簡要介紹一下語言文字類學科在當代中國所使用的幾個國家級學科體系中的分布。

**1. 中華人民共和國國家標準·學科分類與代碼（GB/T 13745—2009）**

國家標準的學科體系主要使用在科研領域，包括政府課題申報學科體系的制定，如國家自然科學基金、國家社會科學基金等，與學位授予和本科辦學的學科目録差距較大。這一學科體系共設 5 個門類、62 個一級學科、748 個二級學科。第五個學科門類爲“人文社會科學類”，其下包括 19 個一級學科，“語言學、文學”并列作爲一級學科。在這一學科體系中，整個中國語言文字類學科被壓縮在“漢語研究”和“中國少數民族語言研究”兩個二級學科之中，僅占整個語言學諸多二級學科中的十分之二：

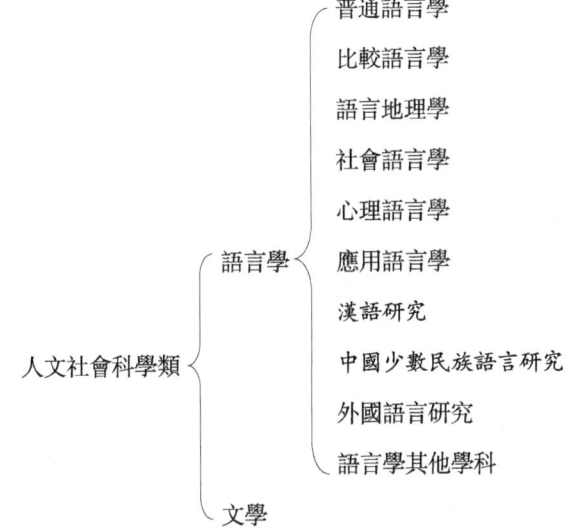

- 人文社會科學類
  - 語言學
    - 普通語言學
    - 比較語言學
    - 語言地理學
    - 社會語言學
    - 心理語言學
    - 應用語言學
    - 漢語研究
    - 中國少數民族語言研究
    - 外國語言研究
    - 語言學其他學科
  - 文學

**2. 國務院學位委員會《授予博士、碩士學位和培養研究生的學科、專業目録》（2008 年）**

這一學科體系是國務院學位委員會學科評議組審核授予學位的學科、專業範圍劃分的依據。同時，學位授予單位按該目録中各學科、專業所歸屬的學科門類，授予相應的學位。因此，這個學科體系對高校和科研院所的學科建設、研究生培養具有很强的影響力，這裏介紹的是 2008 年版。這個目録有學科門類 12 個，一級學科 89 個。“中國語言文學”之下劃分爲 8 個二級學科，其中語言類有兩個；外國語言文學之下劃分爲 11 個二級學科，其中 10 個按照語種劃出，如“英語語言文學”等，有一個是普通語言學學科。

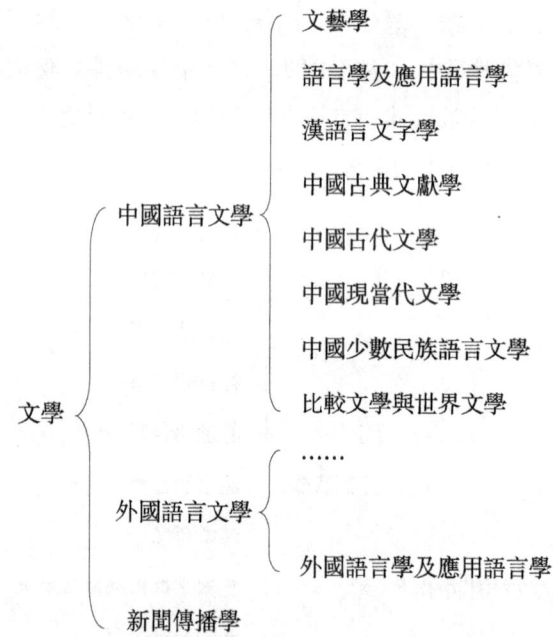

- 文學
  - 中國語言文學
    - 文藝學
    - 語言學及應用語言學
    - 漢語言文字學
    - 中國古典文獻學
    - 中國古代文學
    - 中國現當代文學
    - 中國少數民族語言文學
    - 比較文學與世界文學
  - 外國語言文學
    - ……
    - 外國語言學及應用語言學
  - 新聞傳播學

**3. 教育部《普通高等學校本科專業目録》（2012 年）**

這一學科體系規定專業劃分、名稱及所屬門類，是設置和調整專業、實施人才培養、安排招生、授予學位、指導就業、進行教育統計和人才需求預測等工作的重要依據，因此，也是非常有影響的學科專業目録，這裏介紹的是 2012 年版。這個體系的學科門類與國務院學位委員會、教育部 2011 年印發的《學位授予和人才培養學科目録（2011 年）》的學科門類基本一致，分設 12 個學科門類，藝術學上升爲學科門類是最大的變化。專業類由修訂前的 73 個增加到 92 個，專業由修訂前的 635 種調減到 506 種。文學門類下設專業類 3 個，即“中國語言文學”“外國語言文學”和“新聞傳播學”，共有 70 多個具體專業，其中中國語言文學類專業 5 個，外國語言文學類專業按語種分爲 62 個，新聞傳播學類專業 5 個。“漢語言文學”就是俗稱的中文專業，“漢語言”特指外國留學生來華學習漢語的專業，“漢語國際教育”則特指中國學生學習教授外國人漢語的專業。

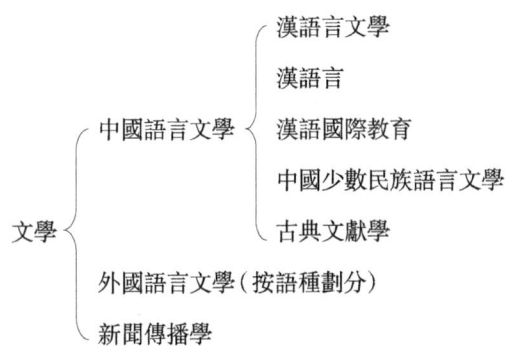

- 文學
  - 中國語言文學
    - 漢語言文學
    - 漢語言
    - 漢語國際教育
    - 中國少數民族語言文學
    - 古典文獻學
  - 外國語言文學（按語種劃分）
  - 新聞傳播學

國標學科體系的影響主要在科學研究領域，特別是課題申請及其成果驗收等。而對學科建設和高校本科專業建設影響最直接也最大的是國務院學位委員會《授予博士、碩士學位和培養研究生的學科、專業目録》和教育部《普通高等學校本科專業目録》，這兩個學科體系在學科門類和一級學科（後者叫“專業類”）的劃分上是基本一致的，但是學位系統的學科體系在一級學科下劃分出的是二級學科，而專業體系在一級學科（專業類）下劃分出的是具體專業。所以國務院學位委員會和教育部在2011年又聯合印發了《學位授予和人才培養學科目録》，這個目録只分學科門類和一級學科，目的是作爲國家進行學位授權審核與學科管理、學位授予單位開展學位授予與人才培養工作的基本依據。比如“文學”門類下的一級學科與本科專業目録中的專業類就完全對應，即規範爲“中國語言文學”“外國語言文學”和“新聞傳播學”這三個。

以下在討論“文獻語言學”學科問題中提及國家學科體系時，只指《授予博士、碩士學位和培養研究生的學科、專業目録》(2008年)。

## 二、文獻語言學作爲學科名稱的提出及論述

我們所見到的“文獻語言學”及其相關概念的最早論述，都出自陸宗達之手，包括他與王寧的合作。爲了客觀而完整地呈現陸宗達的意見，現按其論著發表的時間先後，把相關論述臚列如下：

1980年：

> 早在漢代，就開始有了以掃除古代文獻中語言文字障礙爲實用目的的一種工具性的專門工作，叫作訓詁。在這個基礎上，發展出後來所説的文獻語言學。(陸宗達，1980：2)
>
> 訓詁學曾經一度是文獻語言學的總稱，而古代語言的面貌必須通過大量的文獻纔能被如實地描寫出來。所以，古代漢語和漢語史的研究，是離不開訓詁學的。(陸宗達，1980：168)

1981 年：

它[①]創立了漢民族風格的語言學。漢民族語言學的一個主要學科是“文獻語言學”，它研究的對象是周秦的書面語言，研究的内容是文字、聲音、訓詁，所以又稱爲“文字聲音訓詁之學”[②]。《説文》就是文獻語言學的奠基之作。（陸宗達，1981a：6）

季剛先生在文字、音韻、訓詁上均有很深的造詣……作爲文獻語言學一個重要學派的奠基人……（陸宗達，1981b；轉引自陸宗達，1996：634）

中國的傳統語言文字學，也就是文獻語言學，是與經學、考據學等學問關係至爲密切的。……現代科學的發展很需要從古代繼承有用的東西，因而很多社會科學和自然科學部門，如中國古代史、各門類的科學史、考古學、中醫學、地理學、古生物學……存在着閲讀古代文獻的問題，需要藉助文獻語言學的幫助。同時，現代語言科學的發展也需要從自己本民族的研究成果中接受資料、吸取經驗、尋求方法和繼承一切已被實踐證明了是正確的結論。因此，文獻語言學不但没有“終結”，相反還有很寬廣的發展前途。今天紀念季剛先生，我想，應當使文獻語言學的整理、介紹、普及、應用工作得到推廣，讓它在祖國四個現代化的建設中發揮應有的作用。（陸宗達，1981c；轉引自陸宗達，1996：622）

黄季剛先生的學術成就很多，而且有他的特點，這裏，僅就他在傳統語言文字學方面的成就略作介紹：第一，……他在金

① 此處“它”指《説文解字》。
② 原注：“此説始見於晁公武《郡齋讀書志》。”

文、甲骨的對照下，對《説文》所記載的形、音、義統一的文字系統作了駁正和更深入的研究，使這部文獻語言學的名著發揮了更大的作用。……第二，他對傳統語言學的研究是以訓詁爲中心的。文字和音韻僅是他研究訓詁的工具。詞義的發展是語言發展的一個内在的主要推動力，詞義也是文獻語言學研究的落脚點；所以以訓詁爲中心來帶動其他兩個部門的研究是抓住了要害的。季剛先生把訓詁學的原理科學化，并且準備形成一個從傳統訓詁學中總結出的系統的文獻詞義學……（陸宗達，1981c；轉引自陸宗達，1996：627—628）

季剛先生的學術成就很多。……作爲近代文獻語言學的一個重要學派的代表人物，他的功績却是不可磨滅的。（陸宗達，1981c；轉引自陸宗達，1996：629）

今天紀念黄季剛先生，我特别提到我國的傳統語言文字學，也就是文獻語言學，希望能有更多的人來重視它、介紹它、整理它、發展它。（陸宗達，1981c；轉引自陸宗達，1996：629）

1983 年：

從漢代發展起來的“小學”，是解釋經典的語義的，當時是經學的附庸。後來，它被分爲“體制”、“訓詁”、“音韻”三個部門，逐漸脱離經學而獨立，統稱“文字學”。晚近的章太炎先生在日本時開始講授“小學”，他把這門學問定名爲語言文字學，分爲音韻學、文字學、訓詁學三個部門。在現代科學語言學和漢字學没有發展起來之前，這種語言文字學被稱爲傳統語言文字學，由於它以古代文獻語言爲研究對象，所以又稱文獻語言

學。（陸宗達、王寧，1983：176）

1986年：

我在近年來試着對自己的學術研究做一點不成熟的總結，我以爲，自己的研究狀況可以歸納爲以下五點：

……

（四）我主張批判地繼承古代文獻語言學的材料、理論和方法，從中發展適合漢語情況的語言科學。當代語言學以引進爲主，傳統語言學只被看作歷史，很多人以爲不再有發展的必要和可能了。我認爲，要研究漢語的現在，首先要研究它的過去；要研究古代的漢語，必須同時研究漢字。漢語的特點加上記録它的漢字的特點，都决定了漢語的研究必須吸取傳統的文獻語言學的材料、理論和方法。借鑒國外語言學的研究成果是非常必要的，但這種借鑒不是搬用，而要在考慮到漢語和漢字本身的特點和規律的情況下進行，要把是否適合漢語的實際情況作爲標準來加以取捨。重要的是把傳統的漢語言文字學發展爲更先進的語言科學，以豐富世界語言科學的寶庫；而不是切斷歷史、拋弃和排斥傳統的東西而沿着從別種語言中總結出的規律來爲漢語的研究另闢蹊徑。

……

以上這五點：從文獻語言材料出發；以探討詞義爲落脚點；以《説文解字》爲中心；重視繼承，建立適合漢語特點的漢語語言學；面向現代社會，重視普及和應用。這便是我研究文獻語言學的指導思想。（陸宗達，1986；轉引自陸宗達，1996：669—671）

1987 年：

> 我認爲，漢語的特點加上記録它的漢字的特點，決定了只有批判地繼承古代文獻語言學的材料、理論和方法，纔能發展出適合漢語情况的語言科學。……總之，從文獻語言材料出發；以《説文》爲中心；以探討詞義爲落脚點；重視繼承，建立適合漢語特點的漢語語言學；面向現代社會，重視普及和應用。這是我學習、研究、運用《説文》的指導思想。（陸宗達，1987；轉引自陸宗達，1996：614）

綜合閱讀上述論述，我們首先體會到，“文獻語言學”是陸宗達在吸收黄季剛思想精華的基礎上提出來的科學概念，他把黄季剛視爲文獻語言學一個重要的學派“奠基人、代表人物”。我們還看到，“文獻語言學”在陸宗達的表述裏是有變化、有發展的，先後分别指廣義訓詁學、傳統語言文字學、當代漢民族語言學的一個學科。

陸先生在《訓詁簡論》裏説，在訓詁的基礎上“發展出後來所説的文獻語言學”，“訓詁學曾經一度是文獻語言學的總稱”。這些表述裏的“文獻語言學”應該是廣義訓詁學。在陸先生心中，除了把訓詁學當作與文字學、音韻學平行的學科之外，還有一個更爲廣義的理解。陸先生早在 1957 年就曾這樣論述道：“一般談到訓詁學，認爲不過只是講些字義和詞義，這種瞭解是不够全面的。訓詁學固然主要的要講字義和詞義，但是一究其全部内容，决不僅僅是字義和詞義的問題。從歷史來看，訓詁學本是對於整個具體的語言作出分析解釋。例如《詩·大雅·烝民》：‘古訓是式。’鄭玄箋：‘故訓，先王之遺典也。’是‘古訓’即‘故訓’，也就是‘訓詁’。既然故訓包括了整個的‘先王遺典’，當然就不會僅限於字義或詞義的解釋了。又如《大戴禮記·小辨》上説：‘爾雅以觀於古，可以辨言矣。’‘古’就是‘訓詁’，‘爾雅’倒不一定是書名，意思是依靠‘雅言’用訓詁學來觀察，可以瞭解其語言的全部内容。這裏談到‘雅言’，談到明辨整個的語言，當然訓詁學就不僅僅是限於字義或詞義的範圍了。”（陸宗達，1957；轉引自陸宗達，1996：115—116）

以文字而兼音韻訓詁的《説文解字》，陸先生譽之爲“文獻語言學的奠基之作”“文獻語言學的專著”（陸宗達，1981a：6），這是因爲陸先生的“文獻語言學”又指“文字聲音訓詁之學”，即“傳統的漢語語言學”“中國傳統的語言學”。在 20 世紀 60 年代初出版的《訓詁淺談》裏，陸先生指出：“我國傳統的漢語語言學叫做‘文字、訓詁、音韻之學’。”“中國傳統的語言學主要研究古代的書面語言，所以它把三個部門聯繫起來，作爲語言研究的全部内容，這是漢語語言學科的特殊的民族風格。”（陸宗達，1964；轉引自陸宗達，1996：141—142）陸先生多次明確指出，傳統語言文字學就是“文獻語言學”，特別加以區別就稱之爲“古代文獻語言學”或“傳統的文獻語言學”（陸宗達，1986）。也就是説，陸先生指稱文字、音韻、訓詁之學的“文獻語言學”，實質上等於他後來所説的“古代文獻語言學”“傳統的文獻語言學”。

在“文獻語言學”之前加上“古代”“傳統的”這類限定，至少表明兩點：以文字音韻訓詁爲主要内容的傳統語言文字學，在陸先生心中也是“文獻語言學”，但這個“文獻語言學”是“古代”的、“傳統的”；與此相對的還有一個當代的、新的“文獻語言學”，這個“文獻語言學”纔是陸先生所要追求、所要建設的“更先進的語言學科”。這個“更先進的語言學科”在陸先生看來應該具有兩方面的特點：一方面，“漢語的特點加上記録它的漢字的特點，都决定了漢語的研究必須吸取傳統的文獻語言學的材料、理論和方法”；另一方面，要“借鑒國外語言學的研究成果”，“但這種借鑒不是搬用，而要在考慮到漢語和漢字本身的特點和規律的情况下進行，要把是否適合漢語的實際情況作爲標準來加以取捨”。陸先生十分明確地總結道：“從文獻語言材料出發；以探討詞義爲落脚點；以《説文解字》爲中心；重視繼承，建立適合漢語特點的漢語語言學；面向現代社會，重視普及和應用。這便是我研究文獻語言學的指導思想。”（陸宗達，1986）

其後有不少人提到過這一概念。比如吴孟復（1983：1、16）説：“訓詁學就是研究語義的。由於它研究的是古書上的語義，所以又屬於文獻語言學。”“古今相較，可以看出：我國傳統的訓詁學約與語義學相當。由於它是研究古代語義的，所以又屬於文獻語言學的範圍。”郭在貽（1986：2）説：“陸宗達先生把訓詁學叫做文獻語言學，也是頗能得訓詁二字之精髓的。”在提及“文獻語言學”這一概念的諸多論者中，羅邦柱（1988：2）説得最爲詳細，也最具代表性：

> 文獻語言學亦稱“語文學”“傳統語言文字學”，我國古代又稱爲“小學”。漢文獻語言學包括文字、音韻、訓詁三大部門，研究内容因時代不同而各有所側重：先秦側重考證事物的名稱。兩漢以研究文字、詞彙爲主。《爾雅》、許慎的《説文解字》、揚雄的《方言》、劉熙的《釋名》的出現，奠定了我國文獻語言學的基礎。魏晋興起了對漢語語音的專門研究，同時詞義研究也得到了進一步發展。隋唐宋研究漢語語音趨向穩固、統一。元明則把語音研究引向實際。清代是古代語言學大總結的時

期，上古音的研究取得了重大突破，建立了一個較爲完整、較爲科學的古音系統，促進了文字學、訓詁學的發展，引起了整個語言學的變革。漢文獻語言學源遠流長，資料宏富，成就顯著，是我國文化寶庫中的重要遺産。現在一般將文獻語言學包括在語言學範圍内。

羅氏的“文獻語言學、漢文獻語言學”是“語文學、傳統語言文字學”和“小學”的别稱，相當於陸先生“文獻語言學”的第二種解釋，即“古代文獻語言學”。最關鍵的是，羅氏的“文獻語言學”只是對傳統語言文字學的一種概括稱謂，它與陸宗達視“文獻語言學”爲“更先進的語言科學”并且要進行五個方面的建設這一思想是不能相提并論的。

馮勝利近幾年發表過兩篇論文論及“文獻語言學”。2012 年 11 月，他在中國社會科學院語言研究所召開的“國學研究論壇・出土文獻與漢語史研究”會上宣讀了一篇題爲《新材料與新理論的綜合運用——兼談文獻語言學與章黄演繹論》[①] 的論文，但并未具體討論“文獻語言學”的内涵與外延。2015 年 8 月，他在北京師範大學召開的“章黄學術思想研討會暨陸宗達先生誕辰 110 周年紀念會”上報告過題爲《文獻語言學——陸宗達先生秉承章黄的學術精華》[②] 的論文，這篇論文正面闡述了陸先生的“文獻語言學”。現將該文的提要抄録如下：

① 此文後來發表在中國社會科學院語言研究所《歷史語言學研究》編輯部編：《歷史語言學研究》第 6 輯，商務印書館 2013 年。

② 此文後來發表在北京師範大學民俗典籍文字研究中心編：《民俗典籍文字研究》第 17 輯，商務印書館 2016 年。下引馮文，均據此。編者按：此文此次亦收録於本書之中。

本文試從當代語言學的角度，理解和詮釋陸宗達先生在繼承和發展章黄學術精華時提出的“文獻語言學”的概念及内涵。文章首先以作者從先生受業十數年之所學爲基礎，體會和總結先生何以反復强調“文獻語言學”之意義及原理所在。然後，分門别類對比索緒爾以來當代語言學分科的理論體系，討論“文獻語言學”與“歷時/共時語言學”之間的相互關係，以及文獻語言學所藴含當代語言學所有及所無而需發展的内容和領域，包括并不限於：結構主義原則（見《訓詁淺談》《訓詁簡論》《説文通論》）、文獻語義學（首創同律引申）、文獻語音學/音韻學（《中國聲韻學》庚辰年荷月）、文獻句法學（“瞭成句之理，辨字位所處”）、文獻字法學/文字學（如“野人與之塊”之“𠙹”，從字形［盛土於凵］、字音［蕢讀爲塊］及文獻用例［《史記》“野人盛土器中進之”］的三維角度來證明）、文獻韻律語法學（提出“音節句讀≠句法句讀”）、文獻語體語法學（對季剛先生“文與言乖”“雅俗殊形”的繼承與闡發）以及“中國之學，不在於發現，而在於發明”學術原則。

總之，由陸先生的文獻語言學更可看出：章黄學派的文獻語言學孕育了今天的韻律語法和語體語法，藴含着發展當代語言學的新視角和新要素，是後代學者和未來學術取之不盡的思想寶庫。

關於陸先生提出“文獻語言學”的意義，馮勝利論述道：“在中國，訓詁、小學因以古代漢語爲研究對象，故不足與於當代語言學之科，亦不足與於西方之‘歷史比較語言學’。然而，自陸宗達先生‘文獻語言學’概念提出後，傳統的小學纔得以突破索氏‘唯今是求’之當代語言學的藩籬。”“文獻語言學是陸宗達先生提出的一個劃時代的概念，它是先生從章黄學術的精華裹提煉而出，結合當代語言學的根本精神發展而成的。”關於陸先生“文獻語言學”的原理，馮勝利説：“陸先生提出的‘文獻語言學’的基本原則，在我看來，就是‘結構’主義的科學思想。”“‘結構’是索緒爾當代語言學的核心，文獻語言學是從結構的角度來解釋詞義和句意，從結構的高度來整合和發展傳統語言學中文字、音韻、訓詁等學科，使之發展爲‘結構語言學’之分科學術。我認爲，這纔是陸先生‘文獻語言學’的真諦之所在。”關於陸先生“文獻語言學”所包含的内容，馮勝利論列了六個分支學科，上引馮文提要裏已有介紹。

馮勝利的論述比我們從陸宗達先生論著中讀到的内容更加豐富。作爲師從陸先生問學十餘年的及門弟子，比起一般人來，馮勝利對陸宗達先生論著之外的想法自然要瞭解得更多，因此，馮勝利的論述非常值得重視。當然，我們也應注意到馮勝利在他的文章中確實表達了不少屬於他個人的理解、引申與闡發。

2003年魯國堯先生（2003：10；2005：186）曾經提出過“文史語言學”的概念，[①] 這在下文引述魯先生論“文獻語言學”時會提到，此不贅述。

## 三、文獻語言學作爲學科名稱的定義及解釋

我們很早就注意到國家學科體系所存在的、因西方學科體系的影響而造成的嚴重缺陷，長期以來一直在思考中國歷史語言學科在國家

---

① 如果從方法論角度看，魯先生在1998年所寫的《談“主要從文獻語言研究語音史”》已經論及并指出文獻語言研究方法有四個特點。詳見魯國堯（2003）。

學科體系中的定位問題。在研究了中國古代語言學與西方歷史語言學的性質、特點和在現行學科體系指導下建設中國歷史語言學科可能存在的利弊之後，我們認爲，陸宗達先生所提出的“文獻語言學”是對中國歷史語言學最好的概括。因此，從 2014 年開始，我們籌備舉辦了一系列“文獻語言學”學科建設的學術活動，得到了學術界積極回應和支持。學術活動初步確定了三種形式，即：舉辦“文獻語言學”國際學術論壇，組織并推動“文獻語言學”的學術研究與學術交流；創辦《文獻語言學》集刊，及時報導“文獻語言學”學科的研究成果，探討“文獻語言學”學科的理論與實踐問題；開設“文獻語言學”系列講座，把“文獻語言學”的理論、方法和研究成果及時介紹給年輕朋友，培養“文獻語言學”學科生生不息的梯隊。

爲了在 2015 年 11 月召開“首届文獻語言學國際學術論壇”時能够同時舉行《文獻語言學》集刊的創刊號首發式，我們特約了一部分稿件，其中魯國堯先生完成於 2015 年 5 月的《簡論“文獻語言學”》就是應約爲創刊號撰寫的壓卷之作。魯先生這篇論文是在没有注意到陸先生“文獻語言學”和馮勝利論文的情况下撰寫的，也就是説，這篇文章所闡述的是魯先生關於“文獻語言學”的獨立見解。現把魯先生的觀點摘要如下[①]：

> 《論語》裏的“文獻”，顯然是并列結構，由兩個詞構成：一指物，即典籍，可以提供從前的有關資料；一指人，也可以提供從前的有關資料。現代的“文獻”則是一個詞，是“偏義複詞”，其義爲“有歷史價值或參考價值的圖書資料”。現代文獻

---

① 摘要如果不符合魯先生原意，則責任在本文作者。編者按：魯國堯先生該文此次亦收録於本書之中。

資料的載體形式很多，目前還是以紙本爲主要形式。

……

筆者2003年提出過一個“文史語言學”，後不久下了個定義：“藉助確鑿可靠的文史方面的資料以探究歷史語言的狀況及其衍變，這就是‘文史語言學’。”……“文獻語言學”……這一術語的外延比我的“文史語言學”還要大，作爲附議者，……我顧名思義，妄爲詮釋：利用文獻資料以研究語言的學問謂之文獻語言學。

……

完全可以這樣認爲：在有文字的語言社會裏，就必然有用文字記載的文獻資料，研究這種語言的學人必然要依靠、利用文獻資料以研究語言的現狀及歷史，從而產生文獻語言學。要着重指出的是，在我們中國，文獻語言學特別發達。

……

實事求是，這是我們治學的宗旨。……以口頭材料爲資源的語言學，其優勢主要體現在現當代語言，特别是方言研究方面。……在語言歷時的研究中，主角還是文獻語言學。……不論是以文獻爲資源的語言研究，還是以口頭資料爲資源的語言研究，在使用材料時都應該求“真”、求“全”，在邏輯推理過程中應該求“善”。……以文獻爲資源的文獻語言學，前面應該加個“主要”；以口頭資料爲資源的比較語言學，前面也應該加個“主要”，何以如此？因爲實際上“你中有我，我中有你”。……我們主張，不應將以口頭材料爲資源的語言學與以文獻爲資源的語言學對立起來，因學術思潮、意識形態而妄評優劣。……尊重以文獻爲主要資源的文獻語言學……對以口頭資料爲資源的語言學，應該予以同樣充分的尊重。（魯國堯，2015）

索緒爾（1980：51）曾經説過這樣一句話："對漢人來説，表意字和口説的詞都是觀念的符號；在他們看來，文字就是第二語言。"這句話略微有些費解："表意字"涉及書面語，"口説的詞"涉及口語，二者"都是觀念的符號"；因此，"對漢人來説"，口語作爲一種觀念的符號體系，是一種語言，而表意字作爲一種觀念的符號體系，也是一種語言。這兩種語言同爲"漢人"所用，本來具有同等的地位，但索緒爾（1980：51）站在他的普通語言學的立場上認爲："我們的研究將只限於表音體系，特别是只限於今天使用的以希臘字母爲原始型的體系。"因此，索緒爾雖然承認漢語的口語和書面語都是語言，但因爲不屬於"表音體系"并且不是"以希臘字母爲原始型的體系"，所以没有將漢語列爲他的普通語言學的研究對象。這就爲我們今天的漢語研究留下了一個廣闊的空間。

我們認爲：對中國人而言，在共時的日常生活環境裏，第一語言是與"口説的詞"相關的、表音體系的漢語口語；在歷時的傳統文化環境裏，第一語言是與"表意字"相關的、文字體系的漢語書面語。二者都是"觀念的符號"，共同構成了"漢人"的語言，忽略其中任何一個，都不能構成關於漢語的科學的、完整的認識。因此，我們認爲陸宗達先生提出的"文獻語言學"是一個科學概念，"文獻語言學"完全可以成爲一個學科，因爲以此可與重視研究"口説的詞"、重視研究表音體系的現代漢語語言學相互映帶，共同完善關於"漢人的語言"的科學理論體系。

參考索緒爾的觀點，綜合考察中國語言文字學科和中國學科體系的形成與發展，比較西方語言學科及學科體系的特點和中國現行學科體系的局限，吸收陸宗達先生以來關於"文獻語言學"的意見，包括魯國堯、馮勝利的論述，我們對"文獻語言學"定義如下：文獻語言學是立足於海内外傳世文獻、出土文獻，綜合運用文獻學、傳統小學、現代語言學的理論與方法，旨在解决文獻中的語言文字問題、研究語言文字的結構規律和演變發展規律的一門中國歷史語言學科。這個定義還可以進一步概括如下：文獻語言學是以文獻爲主要資源，綜合運用中外語言文字學理論與方法，研究中國語言文字及其歷史和内在發展規律的科學。

依據這個定義，我們對"文獻語言學"的性質、内涵、外延、特色等略作説明：

"文獻語言學"是一門歷史科學，是一門具有中國特色的歷史語言科學。這門學科既是中國歷史學各分支學科的基礎學科，也是中國語言文字學的基礎學科，前者的基礎性主要體現在應用層面，後者的基礎性主要體現在理論層面。

"文獻語言學"以文字記載的古代文獻作爲主要研究資源，包括傳世文獻和出土文獻，也包括漢字記載的歷史文獻和民族文字記載的歷史文獻。比如朝鮮、蒙古、藏、維吾爾、哈薩克、柯爾克孜、彝、傣、拉祜、景頗、錫伯、俄羅斯等民族都有自己的文字，而且這些文字大多有較長的歷史，因此用民族文字記載的歷史文獻同樣是"文獻語言學"的珍貴資源。

"文獻語言學"的研究方法是綜合的，既要運用文獻學中的版本、目録、校勘、輯佚、考據等方法處理文獻，以使文獻能够成爲可靠的語言研究資源，又要運用文字、音韻、訓詁等傳統科學方法解讀文獻并研究文字、詞彙、語法、修辭等現象，還要運用包括歷史比較語言學在内的現代語言學方法研究語言文字的衍變發展及其規律。

“文獻語言學”的目標有兩個：一是應用性目標，即解決歷史文獻中的語言文字問題；一是理論性目標，即共時研究語言文字的結構規律，歷時研究語言文字的演變發展。

“文獻語言學”的分支學科包括但不限於：文獻語言學理論、文獻文字學（主要有漢字理論、古漢字、漢字史、歷代漢字學文獻等）、文獻語音學（主要有音韻學、語音史、歷代語音學文獻等）、文獻詞彙學（主要包括訓詁、歷史詞彙、詞彙史、歷代詞彙學文獻等）、文獻語法學（主要有歷史語法、語法史、歷代語法學文獻等）、文獻方言學（主要有古代方言、方言史、歷代方言學文獻等）。

“文獻語言學”的特色在於，研究材料以文獻爲主，研究方法綜合了文獻學、小學和現代語言學，研究對象是語言與文字并重，研究目標是應用與理論并重。

那麽應該如何理解“文獻語言學”與相關學科的關係呢？

現行國務院學位委員會學科體系中的“外國語言文學”一級學科下有二級學科“外國語言學及應用語言學”，“中國語言文學”一級學科下有“語言學及應用語言學”，這兩個二級學科中均包括理論語言學。“文獻語言學”既要吸收融合外國語言學理論，也要承繼并發展中國語言學理論，因此，在理論支持、理論建設方面，“文獻語言學”與上述兩個學科産生交叉。但區别也很明顯：首先，應用語言學的相關成果與技術在“文獻語言學”的研究中會得到應用，但這只是學術研究層面的關係，并不屬於學科層面的關係；其次，作爲外語一級學科下的外國語言學及應用語言學學科，其理論語言學研究的對象是國外語言學，作爲中文一級學科下的語言學及應用語言學學科，其理論語言學研究的對象是包括中國境内全部語言的語言學，與

“文獻語言學”的研究對象不同。

中文一級學科下有二級學科“漢語言文字學”。這個學科是由之前的“現代漢語（含方言）”、“漢語史”、“文字學”(考古學中有古文字學）三個二級學科合并而成，換言之，之前的三個二級學科是現行二級學科“漢語言文字學”下的三個三級學科。這三個三級學科中的現代漢語不屬於“文獻語言學”，文字學中的現代漢字也不屬於“文獻語言學”，也就是説，“文獻語言學”包括其中的“漢語史”和“文字學”中的古文字與漢字史。

中文一級學科下有二級學科“中國少數民族語言文學”。這個學科如果從所涉的民族語言角度劃分，則有數十上百個研究方向；如從所涉内容角度劃分，則包括民族語言文字和民族文學兩個方面，其中古代民族語言文字是“文獻語言學”的研究對象。

中文一級學科下有二級學科“中國古典文獻學”。文獻從形態上劃分有傳世文獻和出土文獻，從來源上劃分有本土文獻和海外文獻，從内容上劃分則有多少學科就有多少文獻，如文學文獻、史學文獻、經學文獻、科技文獻等等，但作爲學科的中國古典文獻學，其分支學科主要是版本學、目録學、校勘學、輯佚學、辨僞學、考據學、注釋學等。凡“文獻語言學”所依據之文獻、解决文獻中的語言文字問題或研究語言文字的結構規律和演變發展規律，都需要運用文獻和文獻學方法，因此，中國古典文獻學的理論與方法也是“文獻語言學”理論方法的有機組成部分，但是“文獻語言學”并不把版本學、目録學等作爲自己的專門研究對象，“文獻語言學”的研究對象始終是語言與文字。

根據以上描述，我們把“文獻語言學”與國務院學位委員會學科體系的關係列表如下：

| | | |
|---|---|---|
| 本學科知識背景包括中國哲學、史學、文學等學科在内的廣義文化史 | | |
| 文學門類 | | |
| 外國語言文學 | | |
| 外國語言學及應用語言學 | | |
| 外國理論語言學 | → | 文 |
| 應用語言學 | | |
| 中國語言文學 | | |
| 語言學及應用語言學 | | |
| 理論語言學 | → | 獻 |
| 應用語言學 | | |
| 漢語言文字學 | | |
| 現代漢語（含方言） | | |
| 漢語史 | → | |
| 語音史 | → | 語 |
| 詞彙史 | → | |
| 語法史 | → | |
| 漢字學 | | |
| 現代漢字 | | |
| 古漢字 | → | 言 |
| 漢字史 | → | |
| 中國少數民族語言文學 | | |
| 民族語文 | → | |
| 民族語言 | → | |
| 民族文字 | → | 學 |
| 民族文學 | | |
| 中國古典文獻學 | → | |

依據“文獻語言學”的内涵外延和上文所述關係，要確立“文獻語言學”在現行學科體系中的位置，或者經過微調之後就能準確定位，依然异常艱難，因爲學科位置問題本質上是學科體系問題，牽涉面很廣，而且極爲複雜，當另行撰文予以討論。

## 參考文獻

《音韻學方法論討論集》編輯組（編），2009，《音韻學方法論討論集》，商務印書館。

艾爾曼，1995，《從理學到樸學——中華帝國晚期思想與社會變化面面觀》，趙剛譯，江蘇人民出版社。

晁公武，2011，《郡齋讀書志校證》，孫猛校證，上海古籍出版社。

馮勝利，2013，《新材料與新理論的綜合運用——兼談文獻語言學與章黃演繹論》，中國社會科學院語言研究所《歷史語言學研究》編輯部（編）《歷史語言學研究》第 6 輯，商務印書館。

郭在貽，1986，《訓詁學》，湖南人民出版社。

劉昫等，1986，《舊唐書・經籍志》，《二十五史》第 5 册，上海古籍出版社、上海書店。

魯國堯，2003，《魯國堯語言學論文集》，江蘇教育出版社。

魯國堯，2005，《學思録："'X 語' 'X 方言'"和"説'文史語言學'"》，南京大學漢語言文字學學科《南大語言學》編委會（編）《南大語言學》第 2 編，商務印書館。

魯國堯，2015，《簡論"文獻語言學"》，華學誠（主編）《文獻語言學》第 1 輯，中華書局。

陸宗達，1957，《談一談訓詁學》，《中國語文》第 4 期。

陸宗達，1964，《訓詁淺談》，北京出版社。

陸宗達，1980，《訓詁簡論》，北京出版社。

陸宗達，1981a，《説文解字通論》，北京出版社。

陸宗達，1981b，《季剛先生二三事》，《新華文摘》第 3 期轉自《中央盟訊》。

陸宗達，1981c，《我所見到的黄季剛先生》，陸宗達（主編）《訓詁研究》第 1 輯，北京師範大學出版社。

陸宗達，1986，《我的學、教與研究工作生涯》，《文獻》第 3 期。

陸宗達，1987，《我與〈說文〉》，《書品》第2期。
陸宗達，1996，《陸宗達語言學論文集》，北京師範大學出版社。
陸宗達、王寧，1983，《訓詁方法論》，中國社會科學出版社。
羅邦柱（主編），1988，《古漢語知識辭典》，武漢大學出版社。
索緒爾，1980，《普通語言學教程》，高名凱譯，商務印書館。
魏徵等，1986，《隋書·經籍志》，《二十五史》第5册，上海古籍出版社、上海書店。
吴孟復，1983，《訓詁通論》，安徽教育出版社。
章太炎，1906，《論語言文字之學》，《國粹學報》第24—25期。
章太炎，2008，《小學略説》，《國故論衡疏證》，中華書局。

# 語文學的功底　語言學的眼光[*]

## ——研治漢語詞彙史的一點心得

汪維輝

研治漢語詞彙史二十年，對於“語文學的功底，語言學的眼光”這兩句話有一點體會，不揣淺陋，寫出來與同道們分享，期盼得到指教。

## 一、語文學的功底

研究漢語詞彙史需要有語文學的功底，因爲研究所依據的是古代的文獻語言材料，科學的漢語詞彙史研究首先應該在材料的運用上做到正確、充分、有效。如果缺乏傳統語文學（包括文字學、音韻學、訓詁學、文獻學等）的基本訓練，就難以駕馭複雜的文獻材料（有時甚至連文意都無法讀懂），不能準確地描寫詞彙演變的史實，想要進行高水平的詞彙史研究當然無從談起。這是一個基本功問題。在目前的相關研究中，研究者，尤其是青年學者語文學功底不足的問題相當突出，而且輕語言事實、重理論解釋的傾向日趨嚴重，應該引起重視（參見汪維輝，2007a）。試以“卵—蛋”的歷時替換研究爲例做

* 本文原載華學誠主編：《文獻語言學》第 1 輯，中華書局 2015 年，第 18—24 頁。

一説明（參見劉君敬，2011，第二章“蛋”節）。

“蛋”(egg）是人類語言的一個核心詞，斯瓦迪士（Morris Swadesh）將其列入“一百核心詞表”。范常喜《“卵”和“蛋”的歷時替换》(2006）一文對漢語史上從“卵”到“蛋”的歷時替换做了考察，選題很有意義，認爲“蛋”替换“卵”可能是源於避諱，解釋也正確，但是文章在材料的運用上却存在不少問題，[①] 主要有以下三點：

一是雖然作者指出“蛋”在明代大都寫作“彈”，但是却忽略了其實“彈”就是“蛋”的最初寫法，早在宋代就已經出現，元明時期的白話文獻中多見。《漢語大詞典》引了如下三例：宋周密《齊東野語·文莊公滑稽》：“其法乃以鳧彈數十，黄、白各聚一器。”元楊瑀《山居新話》：“余家藏石子一塊，色青而質麄，大如鵝彈。”《明會曲（典）·精膳清吏司·殿試酒飯》：“粳米三斗，火熏三腿，雞彈一百個，豆腐五十連。”范文認爲“到了宋代‘蛋’開始出現”，并引了三個寫作“蛋”的宋代例子——《太平聖惠方》卷十四、《仁齋直指》卷十六和《夢粱録》卷二十。其實這三個例子寫作“蛋”都值得懷疑，其中四庫全書本《仁齋直指》卷十六的“鴨蛋”，較早的明嘉靖新安黄鍍刻本却作“鴨彈”，可見作“鴨蛋”是四庫館臣所改。其餘兩例可以類推。要之，“蛋”在宋代應該都是寫作“彈”的，[②] 作“蛋”是明代以後的事。作者説：“明代可能出於‘蛋’是簡俗字的考慮，而又選用了‘彈’。”(范常喜，2006：200，附注 11)

① 范文所用語料大多采自臺灣“中央研究院”歷史語言研究所漢籍電子文獻庫，個别未收文獻采自《四庫全書》電子檢索版。在同類文章中，這篇文章寫得還是不錯的，問題并不算太多，之所以選擇此文來討論，是因爲筆者正好也對這個問題感興趣，有一些不同的看法。

② 其實學者們對這一事實早已做出過正確的論述。許政揚（1979）“彈”條指出：明代以後，“蛋”字漸漸流行，代替了“彈”字。王學奇（1984）指出宋元時期以“彈”指禽卵。李榮（1987：34）也指出：“雞蛋的蛋本作彈。”

這是將本末倒置了。

二是作者不知道該字又可寫作“鴠”，如元張鳴善《金蕉葉·怨別》套曲：“拚死在連理樹兒邊，願生在鴛鴦鴠兒裹。”（《漢語大字典》和《漢語大詞典》均僅引此例）朝鮮時代漢語教科書多寫作此形，如《朴通事》《訓世評話》《華音啓蒙》等。“蛋（彈、鴠）”替換“卵”的時間，應該不會晚於明代前期，因爲作於1473年的《訓世評話》第五十六則故事，文言部分作：“有娠七年，乃生大卵。王曰：‘人而生卵不祥，宜弃之。’”白話翻譯爲：“懷身直到七年，纔生下一個大鴠。王妖怪説道：‘人而生鴠，不祥莫甚，合當彫了。’”兩個“卵”都譯成了“鴠”。此外語言年代差不多同時的《朴通事諺解》兩處説到“雞鴠”，一處説到“鴿子彈”，全書没有“卵”字。崔世珍所作《單字解》“彈”字注：“俗呼雞子曰雞彈，通作鴠。”這些都可以證明在當時的通語裹“蛋”已經取代了“卵”。范文主要依據《三遂平妖傳》《型世言》《金瓶梅》等明代後期的小説，認爲“‘蛋’全面取代‘卵’的‘禽卵’義不會晚於明代”（范常喜，2006：196），實際上早在明代前期替换就已經完成了。

三是范文認爲稱“卵”爲“蛋”跟宋代“蛋（蜑）人”的主要職責是向朝廷進貢珍珠有關，所以元代“蛋户”又被稱作“珠户”，“‘蛋’和圓球狀且高貴的‘珍珠’聯繫起來，那麽人們自然可以將其用來表示‘卵’的‘禽卵’義”（范常喜，2006：198）。案：范文對“蛋”得義之由的解釋是牽强附會的，其實正如清陳作霖《養龢軒隨筆》所説：“雞鴨卵謂之彈，取其如彈丸也。”（《漢語大字典》引）[①]

① 范文所引明王世貞《宛委餘編》的解釋其實是正確的：“通海内名鳥卵曰彈，何也？案此當作彈丸之彈，因其形似而名之。”不過案語實際上是清胡鳴玉《訂譌雜録》所加的，并非王世貞的話。參見劉君敬（2011）。

因此寫作“彈”正是它的本字，“蛋”只是一個記音字。由於“彈”是個多義字，而且很常用，容易產生歧義，民間就采用形聲的方式造了個俗字“鴠”，[①] 看來在明清時期曾經通行過。也許是“鴠”字筆畫太繁，後來又被另一個民間俗字“蛋”所取代了，并且一直用到今天。“蛋”完全是一個記音字，跟它的詞義扯不上關係。

以上三點導致范文結論不够準確。文章還有一些其他問題，就不一一細説了。

這只是一個例子，類似的問題普遍存在，可見在當前强調“語文學的功底”是很有必要的，否則我們的漢語詞彙史（也包括整個漢語史）研究只能停留在較低的水平上。[②]

## 二、語言學的眼光

研究漢語詞彙史更需要有語言學的眼光，因爲詞彙史研究古代詞彙，從研究對象、研究旨趣到研究方法和所用材料等都與傳統語文學（主要是訓詁學）有很大的不同（參見張永言、汪維輝，1995；汪維輝，2000：4—5）。下面分三點略作説明。

### （一）研究對象

從理論上説，詞彙史的研究對象是漢語的整個詞彙，包括基本詞彙和一般詞彙、疑難詞語和普通詞語，所以範圍要大於訓詁學。有些問題在訓詁學看來没有研究價值，但是在詞彙史裏却是很重要的問

① 雖然“鴠”字《説文》已收，釋作“渴鴠也”，即寒號鳥，但是元明時期表示“蛋”的俗字“鴠”未必跟它有關係，很可能是民間新造的一個形聲字。

② 關於語言事實的重要性，可參見邢福義（2014）。

題，反之亦然。比如，核心詞的歷史演變在詞彙史領域是頭等重要的課題，但是在訓詁學看來其中許多詞并没有研究價值，像斯瓦迪士“一百核心詞表”中的絶大部分詞，詞義明白，無須考釋，訓詁學一般不會把它們作爲研究對象，而詞彙史却最關心這樣一批核心詞。近二十年來，詞彙史研究在這方面已經發表了大量成果，讀者自可參看。本人2010年前的論著見《著名中年語言學家自選集·汪維輝卷》附録二《主要論著目録》（汪維輝，2011），近幾年發表的論文則有《説“住”的“站立”義》《説“鳥”》《漢語“聞/嗅”義詞的現狀與歷史》《説“日”“月”》等。可以預見，在詞彙史領域裏此類研究成果今後仍將源源不斷地涌現。

### （二）研究旨趣

有些問題訓詁學和詞彙史都研究，但是研究旨趣不同。訓詁學關心的是一個詞的確詁和理據，即這個詞的確切含義是什麽，這個詞義是怎麽來的；詞彙史關心的則是這個詞在歷史上是如何發展演變的，在當代方言中是否還活着，縱向的歷時演變和横向的共時分布有着什麽樣的内在聯繫，這個詞在詞彙系統中如何定位，等等。當然兩者也有交集，比如詞彙史研究首先也要科學地確定詞義，這時就離不開訓詁的工作。

下面試以“住”有“站立”義的訓詁學視角和詞彙史視角爲例來看看兩者的區别。[①]

在中古時期的口語中，“住”字可以表示“站立”義，尤以翻譯佛經爲多見，例如：

① 詳細的論述請參汪維輝（2012），這裏只是撮述該文的要點。

（1）譬如住人觀坐人，坐人觀卧人。（安世高譯《長阿含十報法經》卷上，1/234c）

（2）中有住聽經者，身不知罷極；中有坐聽經者，身亦不知罷極。（支婁迦讖譯《阿閦佛國經》卷上，11/757c）

（3）我有是意，寧當復與人共諍耶？住立當如聾羊，諸惡悉當忍。（支婁迦讖譯《道行般若經》卷八，8/464b）

（4）養一白雁，衣被飲食、行住坐卧，而常共俱。（東漢失譯《大方便佛報恩經》卷四，3/146b）

日本中村元編的《佛教語大辭典》“住”字條第二個義項就是“站立”，這是正確的，而《漢語大字典》和《漢語大詞典》“住”字條却都失收此義。國内最早提到此義的大概是李維琦，其《佛經釋詞》“住”字條（1993：176）説：“‘住’又有站立、竪立的意思。”舉了佛經中的一些例子。此後汪維輝（2000：290—291）和顔洽茂（2003）也都舉例證明了這一義項的存在，汪維輝《説“住”的“站立”義》（2012）對此有更詳盡的論證，并且解釋了“住”當“站立”講的得義之由：“住”本爲“停止；停留”義，“站立”就是“停止不動”，引申軌迹是很清楚的。至此，“住”有“站立”義及其理據都已清楚，這一考釋結論可以豐富人們的詞彙知識，對於閲讀古籍和編纂語文辭書都有直接的作用。從訓詁學的角度看，這個問題就算解决了。

可是從詞彙史的眼光來看，却還有問題要問：這個“住”是從哪裏來的？它又到哪裏去了？今天的方言中還有它的遺踪嗎？在“站立”語義場中，它處於一個什麽樣的位置？汪維輝《説“住”的“站立”義》（2012）對此做了初步探討，指出以下幾點：（1）表

“站立”義的“住”是中古時期常用的一個口語詞，它曾經是“站立”語義場中一個比較重要的成員；（2）這種詞的書寫形式往往紛繁多變，下面這些字形可能都跟這個詞有關係：住、駐、侸、逗、佇、竚、邌、跓，不過這些字形相互之間的關係頗爲複雜，前人的看法也不盡一致，全面梳理它們的音、形、義及相互關係尚需時日；（3）現代方言中表示“站立”義的詞約有十幾個：站、立、徛、竪、直、撑、拉、隑、敦、戳、杵等，没有發現跟中古的“住”有對應關係的説法，看來這個“住”在唐以後就消失了，没有傳承到今天。雖然對這個“住”的來龍去脉目前還不能完全説清楚，但是我們相信這樣的研究視角是詞彙史研究所必需的。

## （三）研究方法

詞彙史和訓詁學的研究方法有一些是共同的，比如最基本的方法都是文獻考據法；但是也有不同之處，詞彙史更强調宏觀的視野、歷史的觀念和系統的方法。下面試以“聞”的詞義爲例略作申説。[①]

“聞”的詞義問題曾經引起很多學者的討論，但是意見很不一致。一般認爲，“聞”的最初意義是指“聽到聲音”，後來轉指“聞到氣味”。張永言（1962）則認爲：“聞”的意義本來是“感知（聲音、氣味），（聲音、氣味）爲……所感知”，引申爲“（聲音、氣味）傳播或擴散（到）”；往後詞義轉化爲“感知（氣味）”，相當於今語“聞到，嗅到”，最後演變爲現代口語的“（用鼻子）嗅”一義。但是有些學者始終不承認“聞”的最初意義是兼指“聽到聲音”和“聞到氣味”，認爲張先生所舉的《尚書・酒誥》“弗惟德馨香祀，登

① 詳細的論述請參汪維輝、秋谷裕幸（2014）。

聞于天，誕惟民怨，庶群自酒，腥聞在上”一例中的“聞”不是指聞到氣味，而是由聽覺義轉用爲知道的意義，用現代漢語來説，就是“讓上帝知道”的意思。那麽究竟哪一種解釋符合語言事實呢？我們認同張永言先生的看法——“‘聞’的意義最初是兼包聽覺和嗅覺兩方面”，“在近代以前，‘聞’的聽覺義和嗅覺義的關係乃是一種共時的交替而非歷時的演變”，[①] 理由有三點。

第一，這種現象在人類語言中具有一定的共性。張先生引用房德里耶斯（Joseph Vendryes）在《語言》（*Le langage*）中的論斷“感官活動的名稱也是容易移動的。表示觸覺、聽覺、嗅覺、味覺的詞常常彼此替代着用”來證明這一點，認爲“這種現象也就是心理學和語言學上所説的‘感覺挪移’或‘通感’（synaesthesia），帶有一定的普遍性”，“看來古漢語動詞‘聞’在這方面與《語言》中提到的希臘語、威爾斯語和愛爾蘭語（特別是希臘語）的情形正相一致”。我們可以給張先生補充的是，非洲的多數語言也不分“to hear”和“to smell”。

第二，在漢語内部就可以找到内證。因爲這種現象不僅上古漢語存在，現代漢語方言中同樣存在，比如北京平谷，山東牟平、乳山、榮成，河北香河、昌黎、豐潤、唐海，安徽休寧、太湖，江西瑞金，湖南邵東、邵陽縣、邵陽市、新寧、瀘溪（鄉話、湘語）和粵語勾漏片等，“用鼻子聞”和“用耳朵聽”都説“聽”，而且這些方言點（片）呈零散分布，可見是各地獨立産生的，這説明在漢語中“用耳朵聽（到）”和“用鼻子聞（到）”用同一個詞表達的現象并不

① 實際上張舜徽和洪成玉也持類似的看法。

鮮見。

第三，從人類接受信息的途徑來看，視覺是最重要的渠道，其次是聽覺，嗅覺所占的比重則極小。調查文獻可知，在實際語用中，説到“聽—聞（聽到）”的概率要遠高於“嗅—聞（嗅到）”，所以上古和中古典籍中絶大多數的“聞”都是指“聽到”，當“嗅到”講的只是偶見，這是不難理解的。我們不能因爲上古早期“聞”當“聞到氣味”講的例子少而否定這一意義的存在。事實上如果我們不帶先入之見，那麼除了張先生所引的《尚書・酒誥》一例外，《尚書・吕刑》“上帝監民，罔有馨香德刑，發聞惟腥”中的“聞”也可以理解爲“嗅到”（洪成玉即如此理解）。至於《韓非子》中已有表嗅覺義的“聞”，且不止一見，則是大家一致公認的，如《十過》，又《飾邪》：“共王駕而自往，入其幄中，聞酒臭而還。”《内儲説下》：“王謂夫人曰：‘新人見寡人常掩鼻，何也？’對曰：‘不知也。’王强問之，對曰：‘頃嘗言惡聞王臭。’王怒曰：‘劓之！’”

通過上述的論證，我們對“聞”的最初意義的認識，應該比僅僅依靠傳統訓詁學方法所得到的要深刻準確。

以上論證詞彙史和訓詁學的區别，絶無貶低訓詁學之意，只是想説明兩者性質和目標不同，功能各异，誰也代替不了誰。事實上筆者碩士階段的研究方向就是訓詁學，這也是我近三十年來始終致力的一個領域，已經發表論文三十餘篇，至今興趣不減，只要有合適的題目，還是會撰寫一些詞語考釋類論文。①

可見只有用語言學的眼光去觀察歷史上的語言現象，纔能使研究更具科學性和當代性，也纔能逐步建立起科學的漢語詞彙史。

---

① 讀者可參看《著名中年語言學家自選集・汪維輝卷》（汪維輝，2011）卷首“作者學術簡歷”的結尾部分。

## 參考文獻

范常喜，2006，《“卵”和“蛋”的歷時替换》，浙江大學漢語史研究中心（編）《漢語史學報》第6輯，上海教育出版社。
洪成玉，1996，《“聞”的初義及其用法》，《古漢語研究》編輯部（編）《古漢語研究》第1輯，中華書局。
李榮，1987，《文字問題》，商務印書館。
李維琦，1993，《佛經釋詞》，岳麓書社。
劉君敬，2011，《唐以後俗語詞用字研究》，南京大學博士學位論文。
汪維輝，2000，《東漢—隋常用詞演變研究》，南京大學出版社。
汪維輝，2007a，《漢語常用詞演變研究的若干問題》，《南開語言學刊》第1期。
汪維輝，2007b，《漢語詞彙史新探》，上海人民出版社。
汪維輝，2011，《著名中年語言學家自選集・汪維輝卷》，上海教育出版社。
汪維輝，2012，《説“住”的“站立”義》，程邦雄、尉遲治平（主編）《圓融内外 綜貫梵唐——第五届漢文佛典語言國際學術研討會論文集》，花木蘭文化出版社。
汪維輝，2013，《説“鳥”》，中國語言學論集刊行會（編）《太田斎・古屋昭弘両教授還暦記念中國語學論集》，《中國語學研究開篇》單刊No. 15，好文出版社。
汪維輝，2014，《説“日”“月”》，中國語言學會編委會（編）《中國語言學報》第16期，商務印書館。
汪維輝、秋谷裕幸，2014，《漢語“聞/嗅”義詞的現狀與歷史》，《語言暨語言學》（*Language and Linguistics*）第15卷第5期。
王學奇，1984，《釋“彈”》，《中國語文》第5期。
邢福義，2014，《漢語事實在論證中的有效描述》，《語文研究》第4期。
許政揚，1979，《宋元小説戲曲語釋（續）》，《南開大學學報》第1期。

顏洽茂，2003，《説“逸義”》，《古漢語研究》第 4 期。
張舜徽，2009，《説文解字約注》，華中師範大學出版社。
張永言，1962，《再談“聞”的詞義問題》，《中國語文》第 5 期；後收入《語文學論集》（增訂本），復旦大學出版社 2015 年。
張永言、汪維輝，1995，《關於漢語詞彙史研究的一點思考》，《中國語文》第 6 期。

# 文獻詞彙學的幾個基本問題*

魏德勝

## 一、關於“文獻詞彙學”的定義

文獻詞彙學是文獻語言學的一個分支學科，與文獻文字學、文獻語音學、文獻語法學等并列，構成文獻語言學的整體。華學誠、張猛（2017）初步勾勒了文獻語言學的理論框架，并就諸分支學科做了初步描述，認爲文獻詞彙學主要包括訓詁、歷史詞彙、詞彙史、歷代詞彙學文獻等。這爲文獻詞彙學確立了大致的範圍，指明了學科發展方向。文獻詞彙學跟已有的詞彙研究諸學科相關，當然并不是這些學科的簡單相加，否則它就没有存在的必要。作爲一個新興學科，需要進一步細化文獻詞彙學的學科定位及其内涵、外延，給出一個科學、明確的定義，還需要梳理它與相關學科的關係，從研究對象、研究方法等方面分析這些學科之間的聯繫和區别。

陸宗達、王寧（1982）曾提出“文獻語義學”的概念：“我國古代的傳統訓詁學，是以研究古代文獻詞義爲中心的，所以又稱文獻語義學。”二位先生把傳統的訓詁學稱爲文獻語義學，這與他們提出的“文獻語言學”是一脉相承的。傳統的語言文字學包括訓詁學、音韻學、文字學，其中訓詁學以解決古代文獻中的語義問題爲核心，是傳

* 本文原載《文獻語言學》第16輯，中華書局2023年，第32—58頁。

統語言文字學的主體。宋永培先生（1994：73）秉承陸宗達先生“文獻語言學”“文獻語義學”的理念，論述了“文獻詞義學”的概念：“文獻詞義學是以先秦文獻詞義爲研究對象，探求與説明先秦文獻詞義的存在形式、原理、規律、理論體系和研究方法的一門科學。”認爲“文獻詞義學是傳統語言學的發展與科學化”，“文獻詞義學的理論、原理、方法主要是在《説文》總結的先秦詞義材料的基礎上，主要是在獲取《説文》科學研究的滋養中抽繹出來的”。與文獻詞彙學相關聯的“文獻語義學”“文獻詞義學”都是基於傳統語言文字學，主要是訓詁學提出來的。

傳統的訓詁學如何與現代語言學諸學科接軌，或是説，在現代語言學的學科體系中，訓詁學的位置在哪？王力、陸宗達、王寧等都曾就此做過深入探索。王力先生（2015：315）所提出的“新訓詁學”，從研究内容到研究方法，都跟傳統的訓詁學不同，可謂源於傳統訓詁學，又不同於傳統訓詁學。陸宗達、王寧（1983）致力於訓詁學理論總結，并引進了現代語言學的方法，旨在使之系統化、科學化。在現代訓詁學的學科建設進程中，齊佩瑢、洪誠、徐復、郭在貽、趙振鐸等學者，也都做出了積極貢獻。一方面，蘊藏在傳統注疏、字書詞書等訓詁資料中的豐富成果需要不斷批判繼承；另一方面，海量傳世文獻中還存在大量語言文字疑難問題需要研究，甲骨、金石、簡帛等不斷涌現的出土文獻更是有很多難題需要解決，富有特點的佛教典籍、敦煌文獻等也存在不少字詞現象值得深入研究，而基於傳世文獻、出土文獻的漢字和漢語演變發展規律則是最爲重大的課題。這些任務并不是傳統訓詁學或者現代詞彙學、詞彙史等學科所能涵蓋的。

文獻詞彙學秉承了陸先生、王先生提出的文獻語義學思想，充分繼承傳統訓詁學的研究方法和理念，植根於中國古代文獻之中，來源於文獻，服務於文獻，并在此基礎上吸收現代語言學的理論與方法，發展成爲區别於文獻學、普通詞彙學、詞彙史等而具有鮮明中國特色的語言學學科。

融合、吸收、消化現代語言學、詞彙學、語義學的理論和研究方法，是文獻詞彙學學科建設與發展的題中應有之義。衆所周知，文獻詞彙學面對的是文獻語言，而文獻語言的詞彙是一個有機而龐大的系統。文獻詞彙的每個成員都是在相互的關係中體現出其價值與意義的，這種關係既有組合關係，也有聚合關係。訓詁學在發展過程中，已經注意到詞彙的系統性對詞義發展的作用，所謂同步引申、詞義沾染等，就是對組合關係、聚合關係相互影響下詞義發展變化情形的概括。從語言文字研究的歷史來看，至少清代的訓詁學家已經在運用類似的方法來探討一組組詞義引申，這些科學方法也一直傳承了下來，陸宗達先生的訓詁實踐就是典型代表（參見馮勝利，2016）①。今天提出建設與發展文獻詞彙學，在繼承傳統訓詁學的同時，自覺借鑒現代語言學的理論也是必然的選擇。

文獻詞彙學不等於訓詁學，也不等於詞彙學，但訓詁學、詞彙學是文獻詞彙學學科内涵的兩大來源。訓詁學源於對古代文獻的注疏，偏重於疑難字詞，現代訓詁學在詞義引申規律的探索、詞源研究以及詞際關係的討論等方面都有新的發展。文獻詞彙學充分繼承古今訓詁學探求詞義的傳統，把對字詞的詮釋和詞彙詞義的研究作爲基本内涵，同時還要研究詞彙發展演變規律，但并不把訓詁術語、訓詁條例、訓詁歷史等作爲自己的研究對象。詞彙學是現代語言學的一部

① 編者按：該文此次亦收録於本書之中。

分，側重從共時的角度討論詞彙系統及其子系統，詞的結構類型、詞義的理據、詞彙的構成以及詞際關係等等，都是它的研究對象。文獻詞彙學吸收詞彙學的理論與方法，把每個時代的文獻詞彙而不僅是新詞新義作爲共時研究語料，努力建構出各時代的文獻詞彙系統。

漢語詞彙史作爲漢語史的分支，主要研究漢語詞彙發展歷史及其演變規律，文獻詞彙學吸收它的理論，但與之也不盡相同。出於研究目標的需要，漢語詞彙史的研究語料必須儘量選用古白話等文獻，因爲這類文獻口語特徵更爲顯著，能够反映詞彙包括舊詞新義的發展。詞彙史重視歷時性，把詞產生的時間、詞義產生的時間等作爲研究内容，探求各種詞彙現象的發生、發展及其規律。而文獻詞彙學的研究對象是古代文獻語言的詞彙，它要實現的研究目標不僅包括解決文獻中的詞彙疑難問題，而且包括呈現古代各個階段文獻詞彙的面貌及其發展演變，因此它的語料是所有古代文獻。

簡明地説，文獻詞彙學就是探討古文獻中詞彙的學問。若要給它下個定義，可嘗試表述如下：文獻詞彙學是文獻語言學的一個分支學科，它以歷代古文獻中的詞彙爲研究對象，既要考索古文獻中的詞及其意義，也要描寫各階段古文獻的詞彙面貌，還要揭示各階段文獻詞彙的發展及其規律。

文獻詞彙學的建立是文獻語言學學科建設的需要，也是時代的需要。陸宗達、王寧兩位先生提出文獻語言學的概念，馮勝利教授做了進一步闡釋，華學誠教授則致力於推動將文獻語言學建設成中國語言學中的獨立學科。文獻語言學立足於傳統語言文字學，融合現代語言學的新理念，構建出有中國特色而又完全適合於漢語語言文字，特别是古代漢語語言文字的一套研究方法與理論體系，這是中國學派建設的重大實踐。作爲文獻語言學的一個分支學科，文獻詞彙學的建設是文獻語言學學科體系建設的重要内容，不可或缺。近年來，文獻語言學得到學界的大力支持，除了華學誠、張猛（2017）提出了學科論綱，王寧、郭錫良、魯國堯、汪維輝等也從不同方面對這一學科的建設提出了很好的意見，文獻語言學的未來令人十分期待。文獻語言學，包括文獻詞彙學的提出及其建設，也正逢其時。黨中央、國務院十分重視中華優秀傳統文化的傳承與發展，曾發布了一系列文件，并采取了許多重大舉措，2022 年 4 月又特别印發了《關於推進新時代古籍工作的意見》，使得傳承中華優秀文化再一次成爲人們關注的熱點，極大地激發了中國人尋根的熱情。在經濟社會不斷發展的今天，中國人需要一個强有力的精神支柱，中國五千年延續不斷的文明與文化血脉是我們的根基，因此把目光投向汗牛充棟的古代文獻，從中找尋我們今天能够利用的資源，就成爲時代的重大需求。文獻錯綜紛繁，古今語言隔閡，爲大衆解決古文獻的閲讀障礙，探尋古代哲人思想的真諦，而不至於陷入郢書燕説、望文生義的迷途，自然就成爲文獻語言學（包括文獻詞彙學）的時代任務。换言之，當今時代也需要我們在總結傳統語言文字學學科的基礎上，吸收融合現代語言學理論與方法，發展出現代的、有中國特色的、能切實解決我們自己的語言文字問題的新型學科。建立并發展文獻詞彙學，并不是要取代訓詁學、漢語詞彙史等學科——訓詁學、詞彙史等學科都有特定的研究任務和目標，因而都有其不可取代的重要價值，更有無限的發展空間，但是也應該看到，這些學科都無法承擔文獻詞彙學的任務。而要超越訓詁學、詞彙史等學科，就要從學科基礎理論、研究方法、研究目標上去構建一個中國特色的嶄新學科，以適應古代文獻語言文字研究的需要、中華優秀傳統文化繼承與發展的需要，這就是文獻語言學（包括文獻詞彙學）應運而生的根本原因所在。

## 二、文獻詞彙學與相似學科

與文獻詞彙學相關或相似的學科，主要有這樣幾類：文獻語言學諸分支學科、傳統語言文字學、現代語言文字學。

漢語文字學與漢語語言學是平行的，學科分類時包含在漢語言文字學中，是20世紀90年代學科合并之後形成的格局。但文獻語言學則明確把文獻文字學作爲其分支學科，并且把它看成是其基礎學科。這是從中國古代文獻的實際出發，而不是從西方語言學理論出發的學術定位。這一定位是對傳統"小學"包含文字學這一學科精神的科學繼承，既有中國特色，又有學理依據。文獻詞彙學與文獻語音學、文獻語法學關係也很密切，詞彙的語法環境和詞義的語音條件都常常緊密聯繫在一起，但它們的研究對象不同，則是二者最主要的也是最顯著的區别。

文獻詞彙學與文獻文字學既有交叉之處，也有不同的地方。文獻詞彙學研究文獻詞彙，文獻詞彙的存在方式是文字，特别是單音詞爲主的上古時期，研究詞彙與研究文字大多是重合的，研究了文字，實際上也就研究了詞。但是從研究對象、研究方法、研究目標上看，文獻詞彙學與文獻文字學則有鮮明的區别：文獻詞彙學研究古文獻中的詞，而文獻文字學則研究文獻中的用字。文獻詞彙學對文獻詞彙的研究，并不孤立地局限於某一個詞，也不限於一個專門文獻的詞、一個斷代文獻的詞、一個專題文獻的詞。考釋詞義針對的既可以是生僻疑難詞語，也可以是字面普通而意義特殊的詞，描寫斷代文獻詞彙面貌更是要包括一個時段的文獻詞彙。在研究方法上，文獻詞彙學十分重視文獻語境，一個孤立的詞可能是多義的，而處於具體文獻語境中的詞則是單義的；既重視歷時研究，也重視共時研究；研究内容包括文獻詞彙的發展、文獻詞義的演變、詞際關係以及詞彙與文獻中其他語言要素的關係，如字詞關係、詞與語素、詞與詞組、詞與固定結構、詞與固定格式、詞與句子等等。文獻文字學有獨特個性，它不同於一般文字學，文字的起源、文字的演變、文字的結構、文字的發展等，都是典型的文字學研究内容，文獻文字學關注這些内容，但研究的重點則是文獻中的用字情況及其規律，包括各類文獻（如寫本、雕版、刻本、活字印刷本等）的用字特點、各個時期文獻的用字特點、歷代文獻用字的變化等等。這些與文獻共生共存的文字現象是正確解讀古文獻的基礎與前提，文獻文字學所要重點研究的就是這樣的内容。

訓詁學，作爲傳統語言文字學，即“小學”的一個分支學科，經過了20世紀以來的“現代化”，已經成長爲有别於傳統訓詁學的現代訓詁學。研究對象上已經擺脱了傳統“經學附庸”的狀況，擴展到面對全部古代文獻，像中古以後的白話材料、出土文獻，甚至翻譯的佛典。研究方法上也充分借鑒了現代語言學的新思路、新角度。這些與文獻詞彙學有相通之處，但二者也存在明顯的區分。

傳統訓詁學以訓釋儒家經典爲核心，從《漢書·藝文志》到《四庫全書總目》，其著作都隸屬於“六藝略/經部”。現代訓詁學在範圍上早已突破經書之限，舉凡古代各類文獻中的疑難詞語和字面普通而意義難解的問題都是其研究對象，而且要概括現象、探索規律、建構系統。黄季剛先生有一句經典表述：“真正之訓詁學，即以語言解釋語言。初無時地之限域；且論其法式，明其義例，以求語言文字之系統與根源是也。”（黄侃，1983：181）可見，現代訓詁學要研究詞彙詞義，要研究訓詁名著，要揭示訓詁術語的内涵，要總結訓詁的條例，要研究訓詁的歷史，等等。文獻詞彙學直接面對文獻語言，它只是以文獻詞彙爲研究對象，訓詁的成果自然應該參考，其理論與方法也要積極吸收消化，但文獻詞彙學的本質始終只是關於文獻詞彙的學問，這是它與訓詁學的根本不同之所在。

總之，訓詁學與文獻詞彙學分别隸屬於中國傳統語言學與文獻語言學，是在不同的學科框架下的分支。它們的研究對象、研究内容雖有交叉，但并不重合，因爲它們的出發點和落脚點是不相同的。

文獻詞彙學與漢語詞彙學、古漢語詞彙學密切相關，但也不盡相同。詞彙學是現代語言學的一個分支，總結諸語言詞彙的規律；漢語詞彙學、古漢語詞彙學源自這種理論架構，討論漢語或古漢語的詞彙規律。漢語詞彙學，包括古漢語詞彙學，都是共時層面的，即把漢語（包括古漢語）作爲一個共時層面的語言，研究詞彙的規律。這個古漢語的概念是狹義的，王力先生在其主編的《古代漢語》“序”中指出，狹義的古代漢語就是通常所謂的文言，即“以先秦口語爲基礎而形成的上古漢語書面語言以及後來歷代作家仿古的作品中的語言”。共時層面的古漢語詞彙學研究詞的構成、詞義、詞的聚合關係、詞彙與漢字、詞彙與語法等。可見，基於現代詞彙學理論指導下的古漢語詞彙學，把古漢語詞彙看成一個獨立的、封閉的系統，這樣的特點是由其理論框架决定的。而文獻詞彙學則時刻强調文獻語言，强調詞彙的文獻屬性。一般語文詞彙當然是它的研究對象，但方言俗語文獻、佛經文獻、哲學文獻、經濟文獻、法律文獻、軍事文獻、醫學文獻、科技文獻等中的文獻詞彙也是它的研究對象，而這些由文獻屬性所規定的詞彙在一般詞彙學理論中是完全没有位置的，即使偶有涉及，也是一筆帶過。文獻詞彙學研究的始終是古代文獻中的詞彙，而絶不離開文獻去把詞彙作爲獨立的系統來討論。所以，文獻詞彙學與古漢語詞彙學在研究内容上也是不盡相同的。

當然，作爲文獻詞彙學的理論來源之一，古漢語詞彙學也給文獻詞彙學提供了重要支持。詞的確定、詞義的認識、詞與字的關係、詞彙與語音語法的關係、詞與詞的組合關係及聚合關係等，文獻詞彙學都積極予以吸收。從這個意義上説，它們之間的關係又是密切的，相互促進、相互影響的。

與文獻詞彙學密切相關的學科還有詞彙史，主要是漢語詞彙史、漢語歷史詞彙學。漢語詞彙史或是漢語歷史詞彙學，是現代語言學中的歷史學科，它的基本任務是探討漢語詞彙從古到今歷史發展演變情形及其規律，上位概念是漢語史。汪維輝（2013）曾説："我們所要研究的漢語史就是口語發展史，所以據以得出結論的材料理應是口語性語料。"漢語詞彙史對語料是有選擇的，其原則就是儘可能反映各個時期漢語口語的實際。而文獻詞彙學研究的對象是文獻詞彙，研究資料包括全部古代文獻，不管是接近口語的，還是仿古的書面材料，甚至是方言俗語、譯自其他語言的譯文、受其他語言影響形成的混合語等，研究目標是解決文獻中的詞彙問題，呈現不同時期的文獻詞彙面貌以及各個時期詞彙面貌的嬗變及其規律。因此，無論是研究對象、研究資料，還是研究目標，文獻詞彙學與漢語詞彙史都是不盡相同的。

## 三、文獻詞彙學的對象與任務

文獻詞彙學的研究對象就是文獻詞彙。研究文獻詞彙首先面對的一個基本問題就是如何確定文獻中的"詞"。由於古漢語，特別是上古漢語以單音詞爲主，雖然字和詞在理論上的區別是清楚的，但在實際文獻中却是很難區分的。複音詞與詞組的區分也是難題，特別是有些複音詞是經過詞彙化而來的，詞彙化又是一個連續統，所以到底在什麼情形下纔能判斷爲詞，這個問題也一直困擾學界。解決這類基本問題，就要吸收消化現代詞彙學理論，特別是詞彙語義學理論，單純依靠傳統訓詁學是很難得到科學答案的。

詞是文獻語言研究的基本單位，也是文獻語言中可以獨立運用的最小單位。

上古漢語的單音詞存在形態變化，一個詞可以通過内部語音屈折而造出另一個語義相關而有别的新詞，即一般説的“語音造詞”，這是詞衍生的一種方式。如“衣”，讀平聲，衣服，名詞；讀去聲，穿（衣服），動詞。這種現象從發生説是音變構詞，從結果説則可以稱“因聲别義”。“衣”的名詞義和動詞義，相互的引申關係是明顯的，記録詞的字形也一致，但音、義都不同。從詞義引申關係看，二者是一個詞，傳統的字書都是置於一個字頭之下，但從音義關係看，宜分爲兩個詞。古漢語中有所謂“急言、緩言”的問題，其實也是形態變化問題。“筆”，緩言之爲“不律”，由此造出一個新詞，雖然其詞義與原詞一致，但語音形式不同，在文獻上的表達也不一樣，那就是一個新詞。

古漢語單音詞常見所謂“同形詞”，雖然詞的語音形式一樣，但詞義之間不存在引申關係，只是在文獻上使用同一個漢字。如“石頭”的“石”與作量詞用的“石”，它們是兩個詞，《説文》有“柘”，解釋爲“百二十斤”，量詞，但文獻中一般寫作“石”。

一方面，文獻上的一個字可能表示兩個及以上的詞；另一方面，也有文獻上若干個字，其實表示的只是一個詞。

所謂“异形詞”就是常見的一個詞在文獻上有幾個字形。西北漢代屯戍簡牘中，“臿”，指一種類似鍬的工具，因爲主體是木質的，所以可以寫作“梄”；因爲臿頭是金屬的，所以也有寫“鍤”的。在文獻上的寫法不同，但音義完全一樣，表示的還是一個詞。

有時一個詞在不同的歷史時期、不同的地域，在文獻上的書寫形式也不同。如表示應答的“答”，在先秦寫作“合”。對於古文字中“合”這一字形的分析，主要有兩種不同的看法。余永梁《殷墟文字考》：“合象器蓋相合之形。”但季旭昇《説文新證》認爲甲骨文中的字形“會上下兩口相對答之意”，即認爲“合”即“答”，這種觀點很早就有。清代桂馥《札樸》卷五：“古無荅字，合即荅也。”劉心源《奇觚室吉金文述》卷四：“合即荅，翁説是也……俗以合爲合同專字，乃以小尗之荅爲荅應字，而又誤艸爲竹。今字書以答爲正，荅爲俗，何不考之甚。”吴闓生《吉金文録》、高鴻縉《中國字例》等也都認爲“合”是應答之“答”的本字。睡虎地秦墓竹簡中即以“合”用爲應答義。戰國楚簡寫作“⿱合曰”，在“合”的基礎上添加形符“曰”。《説文通訓定聲》：“合，即今所用之答字，古或作畣。”《爾雅·釋言》：“俞，畣，然也。”疑“畣”字乃楚簡中的“⿱合曰”字之譌。目前“⿱合曰”字在上古文獻中僅見於楚簡，如河南信陽長臺關楚簡、湖北江陵望山楚簡、清華簡等。漢代的出土文獻作“合”“荅”的都有，如武威漢簡《儀禮》中，表應答義除用“荅”外，還有多例仍用“合”。《儀禮》甲本第三簡有：“賓合拜。”陳夢家云：“合，今本及熹平石經俱作荅，簡本通作合，間亦作荅。”臨沂銀雀山漢簡《孫臏兵法》也用“合”字表應答義。據《漢魏六朝碑刻异體字典》，魏晋時期表應答義只作“荅”，已不見寫作“合”。而作“答”大約是唐宋以後的事。《廣韻》合韻：“答，當也。亦作荅。都合切。”《集韻》合韻：“答、畣、畗，德合切。當也。古作畣、畗，通作荅。”《類篇》同。由出土文獻可知，表應答義，上古多作“合”，戰國楚簡作“⿱合曰”，漢代開始寫作“荅”，與“合”混用，到魏晋時只寫作“荅”。《五經文字》：“荅本小豆之一名，對荅之荅本作盒，經典及人間行此荅已久，故不可改變。”唐宋以後出現“答”，“答”“荅”混用一直持續到現在，約明代開始，字書以“答”爲正字。《字彙》：“答，膺也，然也。”《正字通》：“答，應辭也。”與此類似，表豆子義，文獻上先後用過“尗”“叔”“敊”“荅”“豆”等字。魏晉之前的傳世文獻中出現的表應答義的“答”字當是傳抄過程中後人所改，不足憑信。

通假字與本字的關係，是文獻文字學的研究對象，從文獻詞彙的角度來看，這也是一個詞的兩種不同的寫法。例如“早”與“蚤”，如果“蚤”通假表“早”義，那麼這兩個字所表示的音義相同，是一個詞在文獻上的兩種寫法。

漢字是記録漢語的符號，同時漢字對漢語具有反作用，漢字因素會影響漢語詞的認定。文獻在流傳的過程中會産生譌誤，有因文字的譌誤而産生新詞新義的情況。如《左傳》中“行李”一詞指外交官，原當作“行使”，因“使”的一種寫法與“李”形近，故在傳抄過程中誤爲“行李”，由此産生了新詞“行李”，讀音也與原詞不同（參見曾良，2006，第十章；2008）。

漢字的分化客觀上也能促使詞的分化，産生新詞。如戰國文字中，楚系文字“少”“小”尚未分化，都寫作“少”，也就是説楚簡中“少”有“少”“小”兩個義項，這兩個義項的引申關係也是明顯的；但在秦系文字中，“少”“小”已經完成分化，這樣秦簡中“少”“小”就是兩個詞。這個例子可以明顯看出漢字分化對漢語詞的影響。名詞“衣”“雨”引申出動詞義“衣”“雨”（都讀去聲），但一直没有爲引申義造新字，因此傳統的看法認爲“衣”“雨”的名詞義、動詞義屬一個詞的本義和引申義；當然因爲名詞義與動詞義的發音不同，我們傾向於分爲兩個詞。那麽，更常見的引申義與本義發音相同的詞，就不會被認爲表示本義和引申義的是兩個詞。即使本義和引申義的發音相同，但如果後來造了新字來表達引申義，就當然會認爲它們是兩個詞。如"受"原可以表示"接受、授予"等義項，後來爲"授予"義新造了"授"字，"受"與"授"在文獻中同時出現，這就成了兩個詞。從漢語漢字發展歷史看，由這種文字分化而産生的新詞很常見。如"兩"做車的量詞，後來寫作"輛"；"大""太""泰"的分化；"賞""償"的分化；"責""債"的分化；"家""嫁"的分化；"賈""價"的分化；等等。

判定複合詞的問題，馬真、程湘清、伍宗文等都有專門的論述。一般可以歸結爲形式標準、意義標準、詞頻等。總的原則是"堅持標準，適度放寬"。所謂"標準"，簡單地説，就是在句法分析時，處於同一個語法層次上的，不能分開；語義上表達一個概念。這可以説是最低標準，二者需同時具備。

(1) ☐次傳，别書相報，不報者重追之，書到言。(居延新簡 EPT48：56)

(2)廷以郵行，詣如署。(長沙東牌樓東漢簡牘 2)

這兩例中的"次傳""郵行"都不能認定爲詞。"郵"是介詞"以"的賓語，和"行"不在一個層次上。"次傳"前有缺文，而在居延簡中常見"以次傳"的説法，如"廣田以次傳行至望遠隧止"(居延漢簡 273. 29A)，它的結構與"以郵行"一樣，"以次""以郵"，都是介賓結構做狀語。所以"次傳""郵行"都不是複音詞。

(3) ☑乃爰書不職等辭縣、爵、年、里、姓各如牒。不職等辭曰：敞實劍庭自刺傷，皆證。所置辭審，它如。（居延漢簡 3.35B）

這一例中的“辭審”也不是複音詞，“所置辭”是句子的主語，“審”是謂語，“辭”和“審”在文獻句子成分分析時也不處於同一層次上。

處在文獻語言句法關係同一層次的成分容易發展爲詞，所以上古文獻語言中複音詞多是聯合、偏正這兩種結構，而支配式、補充式、主謂式的結構容易出現在不同的層次中，所以凝固成詞的就較少。一直到現代漢語中，也還有這種傾向。在文獻語言發展過程中，也存在跨層級的兩個成分逐漸凝固成詞的現象，如“可以、足以”等。一些典故在文獻語言中凝固成詞的情況比跨層結構還要特殊，如《論語》有“三十而立”的説法，後世就用“而立”代指三十歲，“而立”的兩個構詞成分是什麼關係無法言説，因爲它是從文獻語言中直接截取的。判斷這些跨層結構和這類截取的成分是否成詞，同樣要看它在文獻語言中是否位於語法分析的同一層次上。比如在“三十而立”這樣的結構中，“而”是連詞，它與“立”不在同一層次上，因此在“三十而立”中的“而立”并不是詞；但在“而立之年”這樣的結構中，“而立”作“年”的定語，“而立”就在一個結構層次上了，意義也不能分開來解釋，那它就是詞了。

從表達的角度看，句子是叙述性、描述性的，而詞是指稱性的。崔應賢（2019：161）稱：“正像人們看得很清楚的，補充式、動賓式和主謂式這三種組合，不管是什麼時間都不能够與并列式和偏正式相抗衡，其原因何在？説穿了，就在於它們體現着真正的句法結構關係，與詞法的根本屬性在於指稱存在矛盾。”

結構關係中，并列、偏正與主謂、動賓、補充不在一個層次上，後三者的基本屬性是句法，前二者則是詞法。與之相關聯的，句法表達的是敘述、描述，詞法表達的是指稱。這一點，前輩學者已做過很多探討。同樣的偏正關係，“大狗”與“大的狗”就存在不同的表達傾向，前者更傾向於指稱，接近於詞法；後者則傾向於描述，近於句法。

句法和詞法，是兩個層面的概念。同樣是主謂結構，“孟嘗君至關，關法雞鳴而出客，孟嘗君恐追至，客之居下坐者有能爲雞鳴，而雞齊鳴，遂發傳出”(《史記·孟嘗君列傳》)。其中“雞鳴”是敘述，是句法。“五日雞鳴，良往，父又先在。”(《史記·留侯世家》)“雞鳴”是指早上的時刻，是指稱，是詞法。語義上，指稱是構成詞的基本要求。

判斷一個組合是否是一個詞，語義上要求意義集中、凝固。這一點在實際判斷時難免有一定的主觀性，因此在具體處理時，我們主張“堅持標準、適度放寬”的原則。上古文獻語言正處在複音化的初始時期，複音詞有它不穩定的特點。如并列關係複合詞詞序不定，AB、BA 這兩種形式可能并存，我們不能因此就把它們排除在複音詞之外。甚至有的已經成爲并列關係複合詞，而同時在它的中間又能插入連詞，如“父母”成詞了，但同時也有“父與母”的例子①。在這種情況下，我們建議借鑒現代漢語離合詞的處理辦法，離時是詞組，合時是詞。也就是説，“父與母”是三個詞，“父母”是一個詞。當然，到底能不能夠確定爲一個詞，最可靠的方法還是要將其放在文獻語言

① 如《論衡·四諱》：“四曰諱舉正月五月子，以爲正月五月子殺父與母。”

裏去考察詞義。如：

(4) 卯東南有得，西北凶；辰東大吉，南有得；西北凶，巳東毋行；南大吉，西凶，北有得；午東北有☐（額濟納漢簡2002ESCSF1：5A）

“東南”“西北”“東北”等有可能是詞，但在上面這個文獻語言環境中，它們并不是詞，因爲它們的意思是“東和南”“西和北”“東和北”，指稱的是兩個方向，語義并没有凝固。結合文獻語言，分析清楚語義，這對於複音詞的判定至關重要。

文獻語言中詞的語義凝固，常説到轉義、比喻義，因爲這時候的詞義就已不再是兩個組成成分的意義的簡單組合，而是整體轉指某個意義。比如《左傳·僖公二十六年》：“公以楚師伐齊，取穀。凡師能左右之曰以。”這一句中的“左右”表示支配、控制的意思，語義很凝固，是一個複音詞，不能簡單地從它的組成成分中分析出語義。把它與《左傳·成公二年》“從左右，皆肘之”比較一下，就能清楚地看出，後一句中的“左右”就是左邊和右邊，指稱的是兩個方向，顯然不是一個複音詞。可見，要根據文獻語言的語境來確定一個組合形式的語義，文獻語言的語境會使得詞義單一化、具體化。

在文獻語言中，複音詞同樣存在同形詞和异形詞。

關於複音單純詞，一般指聯綿詞、疊音詞、音譯複音詞等。這本來是没有什麼争議的問題，但近年來沈懷興（2013）等學者對大部分聯綿詞提出質疑，認爲這些聯綿詞實際上都是複合詞，甚至因此否定聯綿詞的存在，故有必要對複音單純詞做些分析。首先，聯綿詞、連語等概念與聯綿詞本身是兩個問題。對清人的“連語”等概念，過去學界有誤解，認爲等同於聯綿詞（參見許惟賢，1988；李運富，1991），其實清人的“連語”概念中包含了同義連用等複合詞的情况，《辭通》《聯綿字典》中也有複合詞，這些都是事實，需要澄清。但這并不能否定聯綿詞的存在。第一，複音音譯詞，因不具備分析其構詞理據的基礎，不管在原文中是不是可分析的，音譯并出現在文獻語言之中，就成爲封裝的整體，是一個聯綿詞。這一點否定聯綿詞論者也是認可的，如葡萄、箜篌、佛陀等。上古文獻語言中也存在多語言融合的現象，只不過多數已經無考。《左傳》記載：“楚人謂乳穀，謂虎於菟。”“於菟”就是聯綿詞，《漢書・叙傳上》作“於檡”，是一個詞的不同寫法。《左傳》中楚官名“莫敖”等，也不明其語源。第二，擬音複音詞，包括疊音詞、聯綿詞，如關關、嗚呼等，自然擬音的複音詞也是不可拆開分析的，就如“關關”與單音的“關”没有意義上的關聯，“嗚呼”與“嗚”“呼”兩個詞之間也没有意義上的關聯，“嗚呼”是一種擬音，“嗚嗚”“呼呼”也各是不同的擬音，互相之間都不存在意義上的關係。第三，所謂衍聲，即由單音詞緩言而產生的複音詞，也是單純詞。“筆”變爲“不律”，“孔”變成“窟窿”，語言中的衍聲是自然存在的現象，不難理解。

聯綿詞在文獻語言中選用的字形可能會用與意義相關聯的字，這是造成其被誤解爲複合詞的原因之一，“窟窿”是“孔”的緩言，與“窟”没有語源上的關聯。還有一種語言現象值得關注，聯綿詞并非絶對不可單用，一定條件下在文獻語言中就能單用：一是修辭的需要，如《老子》中有“恍兮惚兮”；二是聯綿詞的單音節語素化，受文獻語言單音節優勢的影響，部分聯綿詞省略爲單音節語素，如“駝”“蝶”等，一些音譯複音詞甚至簡省爲單音詞，如“佛陀”變成“佛”，“塔剎”變成“塔”。不能用演變後的單音語素、單音詞，來否定前面的複音單純詞。孫景濤（2008）通過語音分析，認爲聯綿詞實際上是單音詞的不完全重疊。這種從語音上探討聯綿詞來源的研究是很有意義的，但同樣，這也不能作爲否定複音單純詞存在的理由。研究中引入的大量方言材料確實有一定説服力，但仍然不是理解分析古代文獻語言的直接證據。作爲實際口語中的詞，其結構分析不能如此複雜；作爲這種語言的使用者，絶大部分人都没有這樣的分析能力。

文獻詞彙學的任務是多方面的，上文僅舉例性地做了些討論。中國有悠久的文明史，留下了豐富的古代文化遺産，古代文明與文化主要通過文獻形式記載并傳承下來。從殷商甲骨文算起，中國的文獻史至少有 3500 多年。要利用這些文獻，必須首先掌握古代文獻的語言；而掌握文獻語言，首先得懂文字詞彙。古人云，通經學，需先通"小學"，説的正是這個道理。讀懂古文獻，準確理解古人的思想，實現跨越數千年的"對話"，當然不是一件容易的事。古代文獻在載體、書寫方式、版式、字體、句讀等方面都與我們今天熟悉的圖書有極大差异，這些文獻外在的特點我們暫且不涉及，本文着重討論古代文獻的語言，特别是其中的詞彙問題，這些是文獻詞彙學關心的問題。閲讀文獻、讀懂古文獻，就需理解詞義、句義、篇章之義，而詞義是古文獻最核心、最基礎的意義。

詞義是什麽？諸多學者探討過這個問題。我們這裏引用張永言（1982：43）的説法，詞義"就是概念通過某種語言的手段而得到的體現，同時帶有反映某些伴隨觀念的補充特點以及某種感情色彩和風格特徵"。

文獻詞彙學的基本任務之一就是探求詞義。文獻詞義的確定不能只是孤立地從這個詞本身來探求，而是要依據這個詞在文獻中的語境，或是説根據"辭例"來判斷。黎錦熙先生有過一個著名的論斷：

“依句辨品，離句無品。”這雖是就詞性而言的，但對理解詞義也有啓發。黎先生的這一論斷對我們最大的啓發就在於，詞的使用狀態與貯存狀態是存在差异的。一個詞的義位（義項）在詞典中都有詳明的解釋，而在實際使用中，即在文獻語言環境中，其所表示的意義則是單一的，而且會有各種各樣的具體變化，有語法上的作用，有修辭上的效果，也有詞義上的凸顯，還有文字上的换用（如文字通假），等等。即使是同一個意義，也存在詞典釋義的概括性和文獻語言詞義的語境性的差异，所以詞典釋義與文獻詞義既有聯繫又有區别。傳統訓詁中的隨文釋義，其實解釋的就是文獻語言中的詞義，這種釋義有助於觀察到詞義發生的種種細微偏轉，有助於揭示出詞義引申變化的軌迹與原因。詞在文獻使用中的意義與貯存狀態中詞義的矛盾，正是促進詞義發展變化的動力。詞義的貯存狀態與使用狀態正是這樣相互作用并相互影響的：文獻中的使用義是在原詞義基礎上變化發展來的，而文獻中變化發展出的新詞義逐漸爲使用者所接受并被廣泛使用，此後又會被作爲這個詞的引申義載入工具書，成爲可供選擇使用的貯存狀態詞義。

正是基於如上認識，文獻詞彙學首先關注文獻語言中的詞義。

第一，探討文獻詞義要從詞本身出發，從詞的立場出發。段玉裁《廣雅疏證》“序”曾説：“有古形有今形，有古音有今音，有古義有今義，六者互相求，舉一可得其五。”這是段氏對古代訓詁實踐的總結，既有理論價值，也有實踐指導價值。從記録詞的字來説，希望單純依賴字形獲得意義是比較困難的。黄德寬、常森（1994）分析了漢字形義關係中的不確定性，即無法直接由字形獲取其意義，需要觀照者用已有的經驗加以彌合。釋讀古文字往往是由已知音義的今字形，通過《説文》等橋梁，與未知的古文字建立字形上的聯繫，即段玉裁所謂的

“古形今形”，在確認了同一關係之後，就可以確定未知的古文字的音義。這是一個推理過程，論證就是爲了建立古今字形上的聯繫。通過這樣的類比并釋讀出古文字之後，再回過頭來，據已知的音義分析字形與音義的關係。從某種意義上説，字形分析像是“事後諸葛亮”。用段玉裁所説的“六者互相求”的方法，可以分析一個未知字形的音義，但是是否能“舉一可得其五”，那倒未必。漢字系統也是一個符號系統，而符號系統的能指與所指的關係，從根本上説是任意的，即所謂字根或基礎字符，與其所表達的意義間是約定俗成的關係；或者説，是由使用這種文字的群體强制規定的，具有任意性。而要解讀字形與意義間的聯繫，就需要還原、重建使用者的規定。探究字符間的關係也是探求這些字符表達意義的途徑之一，文字發展過程中，已有字符孳乳分化出新的字符，它們之間的關係是可以探求的。

出土文獻釋文的考訂、詞義的考釋，過去一般都不納入詞彙學、詞彙史的研究範圍，相關考據類的研究被歸入語文學的範疇，但文獻詞彙學把這些視爲本學科當然的内容。釋文考訂是綜合字形、音韻、辭例等各種語言文字因素確定文獻語言真實面貌，保證文獻詞義考釋、文獻内容解讀在正確的基礎上開展，所以它被視爲文獻詞彙研究的基礎性工作。

第二，探討文獻詞義要從語素或詞之間的關係來着手。現代語言學理論認爲，詞義是在詞之間的關係中體現出來的。構成複音詞各語素之間的關係、文獻語言中詞與詞之間的組合關係和聚合關係，十分有助於探求詞義。

古人已經發現了不少文獻語言中蘊藏的詞義規律，比如清代學者揭示的上古漢語中同義語素、反義語素連用的規律就是顯著例證。王引之《經義述聞・通説下》指出：“古人訓詁，不避重複，往往有平列二字、上下同義者。解者分爲二義，反失其指。”“《隨·象傳》‘君子以嚮晦入宴息’，解者以爲退入宴寢而休息，不知‘宴’之言安，‘安’與‘息’同義也。”吸收這些成果，可以解决一些疑難問題。如居延新簡EPT4：13：“物色年，追捕之。令候長、丞、尉數推索，有無□。”《集釋》注：“物色年，即所携帶物品、膚色和年齡。”這個注釋顯然是把“物色年”當作三個詞來解釋的，其實“物色”是一個詞，同義語素連用。“物”即有“色”義。《説文通訓定聲》：“疑物字本訓牛色，轉注爲凡色，凡有形者皆有色，又轉注爲形質，爲事類也。”《周禮·春官·保章氏》：“以五雲之物，辨吉凶水旱降豐荒之祲象。”鄭玄注：“物，色也。視日旁雲氣之色。降，下也。知水旱所下之國。”可見，“物”“色”單用時都可引申指外貌、樣子，“物色”是同義連用，也是表外貌、形象、膚色。“物色”這個意義的用例，也可以在後來的文獻中見到。《後漢書·嚴光傳》：“及光武即位，乃變名姓，隱身不見。帝思其賢，乃令以物色訪之。”李賢注：“以其形貌求之。”

所謂詞的組合關係，就是指詞在文獻語言中的句法關係。一個詞在句中的位置對判斷其詞義也有重要作用。上古文獻語言中實詞活用現象很常見，結合組合關係就可以判斷。例如《淮南子·本經訓》：“昔者倉頡作書，而天雨粟，鬼夜哭。”由“天雨粟”可以判斷，“雨”是動詞，降下的意思。探求詞義也常常需要藉助於詞的組合關係，例如：

（5）澤居苦水者，買傭而决竇。（《韓非子·五蠹》）

（6）夫以有盡之地，而逆無已之求，此所謂市怨而買禍者也。（《戰國策·韓一》）

上面兩例中的“買傭”“買禍”，根據文獻語言中的組合關係就能清楚地做出分析。“傭”是受雇於人而幫人勞作的人，“買”從一般買賣的意思引申出“雇”的意思。後一例是蘇秦游説韓王的話：以地事秦，只會得到禍患。人們都是買想要的東西，而“禍”是沒有人想要的。《辭源》根據此例列出一個新義項，解釋爲“招禍，引起”，意思是某件事情引起某種不良後果。細究起來，此句中的“買”并未脱離“以錢易物”的基本意義，“買”在這個句子中的用法有一定的修辭色彩，是否能據此認爲已經形成獨立的義位，還需討論。

詞的聚合關係，是指按一定的標準類聚起來的一組詞之間的關係，比如同義詞就是一種重要的類聚。對能類聚起來的同義詞進行分析、排比，就可以對詞義有更深入的認識，這樣的分析、排比是探求詞義的一種有效手段。對同義詞的分析，過去有過很多精彩的論述，如清人所説的“對文則异，散文則通”，“析言有异，統言則不别”，就是這樣的例子。《説文》“藺”字下釋曰：“未發爲菡藺，已發爲夫容。”段注：“此就華析言之也。陳風：‘有蒲菡萏。’《爾雅》《毛傳》皆曰：‘其華菡萏。’此統言之，不論其未發已發也。屈原、宋玉言芙蓉不言菡萏，亦猶是也。許意菡之言含也，夫之言敷也，故分别之。高誘曰：‘其華曰夫容，其秀曰菡萏。’與許意合。華與秀散文則同，對文則别。”“華”與“秀”，相對而言，已開爲華，未開爲秀；而一般都指花朵，爲同義詞。《説文》“萌”段注：“萌芽析言則有别。《尚書大傳》‘周以至動，殷以萌，夏以牙’是也。統言則不别，故曰‘萌，艸木芽也’。《月令》：‘句者畢出，萌者盡達。’注：‘句，屈生者；芒而直曰萌。’《樂記》作‘區萌’。”“萌”與“芽”，統言則不别；析言之，則殷曰萌，夏曰芽。《説文》“行”段注：“步，行也。趨，走也。二者一徐一疾，皆謂之行，統言之也。《爾雅》：‘室中謂之時，堂上謂之行，堂下謂之步，門外謂之趨，中庭謂之走，大路謂之奔。’析言之也。”“步”與“趨”，析言之，一慢一快；統言之，都是行走。通過同義詞的對比分析，對詞義的理解會更加準確、深刻。

第三，文獻詞義的探討還需要緊密結合文獻語境以及相關背景知識。語言也好，詞彙也好，都會迅速反映社會生活的發展變化，或者説，反映人的意識對社會生活的認識。探求文獻詞義的時候，必須深入一個詞的語言環境，甚至是更深廣的文化社會背景。例如在《左傳》中，“王”指天子，“君”“公”指諸侯，鮮有錯亂，這就是社會制度的反映；而到了戰國時期，諸侯紛紛稱“王”，“君”“公”就降格稱諸大臣，甚至是普通人，詞義於是也就發生了明顯的變化。《韓非子・難一》：“文公曰：此非君所知也。”這裏的“君”是對人的尊稱。《韓非子集解》引顧廣圻曰：“君當作若。”《韓非子集釋》《韓非子校注》都認同顧校，其實顧校不妥。這一校改并無證據，是所謂“理校”，而顧氏的所謂“理”是不成立的。戰國時期，“君”作爲一般人的尊稱已經普遍使用，《戰國策・楚一》：“楚王曰：‘今君欲一天下，安諸侯，存危國，寡人謹奉社稷以從。’”“君”是楚王稱蘇秦。又《趙四》：“諾，恣君之所使之。”這是趙太后稱觸龍。所以《韓非子》此句作“君”没有疑問，各個版本都相同。這段話雖是晉文公對群臣説的，但後世的記載并不能作爲當時的實録，且《韓非子》多寓言，這段話編故事的可能性更大，不能當真。我們只能把它看成《韓非子》時代的語言，即戰國末期的漢語。

第四，文獻詞義的探求還常常需要藉助於工具書。現有語詞類工具書數量大、種類多，基本能够滿足閱讀古文獻的需求。閱讀古文獻遇到詞義不確定的時候，可以求助於工具書，不管是普通讀者，還是專業研究者，這都是基本的選擇。現有語詞類工具書中，一類是專門的語詞類工具書，如虚詞詞典、古漢語字典、斷代語言詞典、方言詞典，以及分文體的如《詩詞曲語辭匯釋》等。這類專門的工具書針對性强，對於解决普通的閲讀障礙是不錯的選擇。如《戰國策·齊四》："君家所寡有者以義耳。"王力《古代漢語》："以，疑是衍文。"用"以"的一般意義無法解釋這個句子，所以《古代漢語》懷疑是衍文。那麽這個"以"字是否可以解釋呢？查裴學海《古書虚字集釋》："'以'猶'惟'也。"解釋爲"惟"，即"只是"，這個句子應該"怡然理順"了，或至少提供了一種新的值得參考的解釋。另一類是大型綜合性語詞工具書，像《漢語大詞典》《漢語大字典》《辭海》《辭源》等。這些工具書收詞廣泛，兼及古今，在解决古文獻疑難字詞方面可以提供幫助。如居延漢簡 498. 9A："今餘鍳二百五。其百五十破傷不可用。五十五完。""鍳"字罕見，但查閲工具書就可以知道，《説文》："鍳，河内謂臿頭金。"即臿尖端所裝金屬刃口。

在探求文獻詞義時，往往需要多種方法綜合運用，一方面是爲了增加結論的可信度，另一方面也是因爲這些方法并不是孤立的，各種方法之間都有聯繫。如有時工具書并不能直接給出答案，但諸如字形、用例、相關考證成果等會提供一些綫索，利用這些綫索，就可能從詞際關係、字形與音義之間的關係等角度，找到令人滿意的結果。探求詞義的過程有時會比較曲折，甚至非常艱難，這也正是這一工作的意義與價值之所在。由已知探尋未知，是科學研究的真諦。

古人云：時有古今，地有南北；字有更革，音有轉移。古代文獻詞彙除了有古今的差异外，還存在空間差异，方言、俗語等就是這種差异的體現。《説文》就常見對各地方言的記載："脉，齊人謂臞脉也。""相，臿也。從木㠯聲。一曰徙土輂，齊人語也。""霣，雨也。齊人謂靁爲霣。""綾，東齊謂布帛之細曰綾。從糸夌聲。""喑，宋齊謂兒泣不止曰喑。從口音聲。""蹠，楚人謂跳躍曰蹠。""閶，天門也。從門昌聲。楚人名門曰閶闔。""媦，楚人謂女弟曰媦。""姐，蜀謂母曰姐，淮南謂之社。"而西漢的揚雄更是編纂了曠世名作《方言》，調查并記録了一個概念在各地不同的説法，如"黨，曉，哲，知也。楚謂之黨，或曰曉，齊、宋之間謂之哲"。此後，包括晋郭璞《方言注》等在内，歷代出現了一些記述各地方言的著作。這些著作成爲我們研究歷代漢語方言詞彙的重要依據。古代文獻中也存在大量方言俗語，需要我們藉助《方言》一類著作加以分辨訓釋。所以，至少我們需要做兩方面的工作：一是收集整理歷代文獻中記載的方言俗語詞彙，二是利用這些明確是方言俗語的詞彙來訓釋其他古文獻中出現的方言詞。如《荀子·非相篇》："法先王，順禮義，黨學者。"俞樾《諸子平議》："黨學者，猶言曉學者。"俞樾把"黨"解釋爲"曉"，依據的就是《方言》。

近百年來，考古工作者發掘出土了大量戰國、秦、漢時期的簡帛文獻，總量已經超過30萬件，這些簡帛文獻爲漢語方言詞彙研究帶來了新的機遇。簡帛文獻中有大量公私文書，是當時人記當時事，即所謂"同時文獻"，是難得的第一手材料。簡帛文獻時代、地域都比較明確，避免了傳世文獻傳抄、增補、篡改的可能。近年來利用簡帛文獻研究周秦漢晋的方言俗語取得了不少成果。如西北出土的大量漢代屯戍簡是目前所見"箭"的用例最豐富的漢代文獻，計敦煌漢簡4例，居延漢簡24例，居延新簡12例，共40例。史光輝（2004）從東漢時期的漢譯佛典中發現了14例，説明漢代

“箭”在口語中用得逐漸多起來。西北簡中“箭”的用例如此之多，也一定程度上印證了揚雄《方言》“關西曰箭”的説法（參見魏德勝，2014）。此外，大量戰國楚簡的發現，爲古楚語的研究打開了新路，學者運用出土簡帛文獻與傳世文獻相結合的方法，證明了“芠、棘、陵、湩”等詞是古楚方言詞（邵則遂，2011；李小璠，2013）。

## 四、文獻詞彙學的材料與方法

### （一）文獻語言學的材料——古文獻

除了民族語言文獻之外，漢語古文獻歷來就有文言、白話的差异，二者也各有特點。其實單純的文言或白話文獻是不存在的，混雜是常態；如果一定要説差异，也只有文言成分更多或白話成分更多的差异；具體到某一種文獻，有時就難以判斷整體是文言還是白話。研究漢語詞彙史就需要綜合多種證據來判斷某個詞在當時屬文言還是白話，而文獻詞彙學總體來説并不需要做出這樣的判斷；因爲研究詞彙史需要能够反映詞彙發展歷史的語料，而文獻詞彙學則是以文獻中的詞作爲研究對象。比如文獻中存在疑難詞語需要疏通、詞書中的條目需要證明、一組同義詞需要辨析、一個時代的文獻詞彙面貌需要描寫、不同時代的文獻詞彙具有什麽樣的特點與區别等等，這類問題就需要文獻詞彙學來解决。文獻詞彙學面對的是文獻詞彙而不是文言、白話的對立，舉凡需要研究的文獻詞彙都是文獻詞彙學的任務。文獻詞彙學不會捨弃文言而只選擇白話語料，因爲文獻詞彙學認爲，文獻詞彙不管是來自承傳，還是新近出現，只要出現在一個時代的文獻之中，它們就是這個時代詞彙的有機組成部分，如同今日所謂現代漢語，它的詞彙系統也一定包括自古而來的傳承詞彙和現代出現的詞彙，任何時代的詞彙系統都是古今方俗混雜的系統，不可能是只有當代詞彙，甚至只有當代通語詞彙的純粹系統。

我們應該對詞彙系統的混雜性有清醒的認識，即使是古代的一部專書，它的詞彙系統也是混雜的，因爲純粹的單一的詞彙系統是不可能存在的。比如成書於漢武帝時期的《史記》，這部書是漢語詞彙史研究最重視的斷代語料，因爲它是個人專書，而且口語性比較强，即便如此，《史記》的詞彙系統仍然是古今方俗混雜的系統。如“璽”，先秦指一般官印，在秦始皇以後專用於帝王，但《史記》中這兩種意義都在使用。如《楚世家》：“懷王大悦，乃置相璽於張儀，日與置酒，宣言‘吾復得吾商於之地’。”《魏世家》：“太子之自相，是三人者皆以太子爲非常相也，皆將務以其國事魏，欲得丞相璽也。”《淮南衡山列傳》：“於是王乃令官奴入宫，作皇帝璽，丞相、御史、大將軍、軍吏、中二千石、都官令、丞印，及旁近郡太守、都尉印，漢使節法冠，欲如伍被計。”仔細分析上述幾例的語境，可能是所言之事涉及不同時代，所以意義出現的小語境并不完全相同，但是不可否認，這個詞的古今兩個意義司馬遷時代都在使用，《史記》中都實際存在。大量的基本詞彙、常用詞彙、名物詞彙等，同樣會出現在不同時代的文獻之中，參與構成那個時代的文獻詞彙系統，這是毋庸置疑的。

文獻詞彙學關心的是文獻詞彙本身，包括因爲文獻的特點而帶來的詞彙特點。比如在出土文獻、傳世文獻中，有大量的官私文書，這些資料看似是當時人記當時事，可以真實反映當時漢語的詞彙，其實也不盡然。古代的公文中發現了一種叫“式”的材料，簡單地説就是“樣板”，官吏寫公文時都是按照“式”的格式照抄，只改换其中的人名、事由等内容，其詞彙就很有特點：西北漢代屯戍簡牘中，表人的身高用“長”，表馬的身高用“高”，没有例外。如：

(7) 馬一匹，白，牡，齒七歲，高六尺。(居延漢簡 65.12)

(8) 魏郡繁陽高忘里大夫謝牧，年卌，長七尺二寸，黑色。(居延漢簡 15.14)

是不是當時的口語詞彙系統就具有這樣的特點，不能肯定，但全部西北漢代屯戍簡牘文獻中確實都是如此。而在時代稍早的睡虎地秦墓竹簡中，“高”則常見用來表人的身高：“子小男子某，高六尺五寸。”(《封診式》)西漢早期的張家山漢墓竹簡也是如此的：“當傅，高不盈六尺二寸以下，及天烏者，以爲罷瘁（癃）。”(《二年律令》)至於實際口語中的情形如何，詞彙史需要使用另外不同的方法去證明，包括語料的選擇，而文獻詞彙學却能據此認定不同文獻的詞彙特點。

又如翻譯類文獻，特别是早期的佛典譯文，就有自己鮮明的文獻詞彙特點。現在能看到的東漢末年以來的大量翻譯佛經，其詞彙深受佛典原文的影響，很多詞在當時的漢語中并不存在，不管是音譯詞，還是意譯詞。朱慶之（2001）曾指出，佛典譯文不是文言，也不是當時的口語，許多是翻譯時生造的詞，其中有不少後來融入了漢語詞彙系統，成了漢語詞彙，甚至是常用詞。但是，即便早期佛經譯文是這樣的文獻，文獻詞彙學研究的對象依然是它的全部詞彙，并不因爲某些詞漢語口語中不存在而不去關心它，否則就無法實現讀懂、讀通佛經譯文的任務。佛教文化影響深遠，漢語中吸收了不少詞彙，以至於後世文獻中也有不少需要專門研究纔能弄懂。例如唐代李賀詩中“生色”一詞就很費解，即使有學者根據《玄應音義》正確解釋爲“金、金色”，但也未能得其理據。朱冠明（2019）通過梵漢對勘，認爲“生色”一詞來源於對梵文的仿譯，本來的意思是“金”，後來“生色”又引申出“金色”的意思。至此，“生色”這個詞的理據纔得到解決。“生色”是“生硬”的仿譯，不是漢語詞，在唐代也罕見，但直到明清時期的文獻裏都還能看到它的踪影，詞彙史不用關心，文獻詞彙學却必須給出答案。

古文獻中有大量的學科專業文獻，其詞彙的特殊性更是顯而易見。如哲學、政治、經濟、藝術、農業、軍事、中醫藥、數學、法律等學科都有自己的古文獻，這些專業學科文獻中都包含了很多專業名詞術語，運用語言文字學知識和相關的專業學科知識，纔能對它們進行準確訓釋。如：

(9) ☐□里上造張熹，萬歲隧長居延沙陰里上造郭始，不知犢蓬火，兵弩不檠持。憙當☐（《居延新簡集釋》EPT59：162）

《居延新簡集釋》：“檠持，愛護兵器。”薛英群等《居延新簡釋粹》認爲：“檠，即謹之假借字，不檠持，不愛護武器。”（甘肅省文物考古研究所，1988：58）

這是漢代居延新簡中涉及軍事内容的例句，《居延新簡釋粹》對“檠”的解釋值得商榷。居延新簡中“檠”字多見，再如：

(10) 署第十七部候長，主亭隧七所，兵弩扁戾，不檠持，毋鞍馬。（《居延新簡集釋》EPF22：399）

簡文中“檠”常與弓弩一類兵器同時出現，這一例説“兵弩扁戾”，即弩扭曲變形。簡文中的“檠持”，意思就是對變形的弓弩予以矯正。檠，也寫作“檄”。《説文》：“檄，榜也。”“榜，所以輔弓弩。”《廣韻》梗韻：“檄，亦作檠。”《廣韻》庚韻：“檠，所以正弓。”《漢書・蘇武傳》“檠弓弩”，顔師古注：“檠，謂輔正弓弩也。”《淮南子・修務》：“故弓待檠而後調也。”榜，義同檠。古文獻中“榜”“檠”常連用。《韓非子・外儲説右下》：“是以説在椎鍛平夷，榜檠矯直。”檠，本指矯正弓弩的一種器械。作動詞用，意思是矯正弓弩。

近些年陸續有學者關注到了域外漢籍資料，如朝鮮半島、日本等地在元明之後編撰的漢語教科書，還有古代日本學者編撰或注釋的漢文書籍。從目前披露的情況看，數量不少，值得挖掘。這些資料多是外國人使用漢文編寫的書籍，有時夾雜着外文的標注。這些文獻的詞彙可以對國内傳世文獻起到補充作用。其中有中國已經失傳的文獻，也有根據中國原有著作進行改編的文獻。認識到其特殊性，文獻詞彙學就能科學利用。

## （二）文獻詞彙學的研究方法

華學誠、張猛《“文獻語言學”學科論綱》（2017）提出，文獻語言學“綜合運用文獻學、傳統小學、現代語言學的理論與方法”。具體到文獻詞彙學，重點是要結合文獻與詞彙兩方面的特點，并進一步細化、具體化，從而提煉出適合文獻詞彙研究而又具有文獻語言學特點的研究方法。下文從比較宏觀的層面，嘗試提出一些文獻詞彙學的研究方法，供讀者參考。

第一，文獻自身及文獻間的排比、比較。這是訓詁學、詞彙學都

經常使用的研究方法。錢熙祚《經傳釋詞跋》:

> 其釋詞之法亦有六:有舉同文以互證者,如據隱六年《左傳》"晋、鄭焉依",《周語》作"晋、鄭是依",證"焉"之猶"是";據莊二十八年《左傳》"則可以威民而懼戎",《晋語》作"乃可以威民而懼戎",證"乃"之猶"則"。有舉兩文以比例者,如據《趙策》"與秦城何如不與",以證《齊策》"救趙孰與勿救","孰與"之猶"何如"。有因互文而知其同訓者,如據《檀弓》"古者冠縮縫,今也衡縫",《孟子》"無不知愛其親者,無不知敬其兄也",證"也"之猶"者"。有即别本以見例者,如據《莊子》"莫然有間",《釋文》本亦作"爲間",證"爲"之猶"有"。有因古注以互推者,如據宣六年《公羊傳》何注"焉者於也",證《孟子》"人莫大焉,無親戚君臣上下"之"焉"亦當訓"於";據《孟子》"將爲君子焉,將爲小人焉"趙注"爲,有也",證《左傳》"何福之爲""何臣之爲""何衛之爲""何國之爲""何免之爲",諸"爲"字皆當訓"有"。有采後人所引以相證者,如據《莊子》引《老子》"故貴以身於天下,則可以托天下;愛以身於天下,則可以寄天下",證"以"之猶"爲";據顔師古引"鄙夫可以事君也與哉",李善引"鄙夫不可以事君",證《論語》"與"之當訓"以"。

今人齊佩瑢在《訓詁學概論》(2004)中又補充了四種條例:對文、連文、聲轉、字通。這些概括都深得王氏研究方法之精髓。王引之研究虚詞的方法就是傳統訓詁學的方法,《經義述聞》《廣雅疏證》《讀書雜志》等著作考證詞義時,也常見文獻本身及文獻間的比較互證的方法。文獻中的對文、連文、异文、互文等同類型句式的排比，不同版本异文的比較，原文與引文的對比等，都可以推定詞語的意義。

20世紀以後，甲骨文、簡帛、敦煌吐魯番文書等出土文獻給學術界帶來了大量新材料，出土文獻與傳世文獻的互證，即王國維所説的"二重證據法"，也爲大家廣泛采用。東漢許慎在《説文解字叙》中已經提到運用出土的鐘鼎文字印證漢代所見的文字的問題，宋代以後的金石學更是直接明確提出運用出土的金石文字對傳世的史籍進行糾謬補缺的方法。肇端於金石學的出土資料與傳世資料互證的方法，經王國維的提倡而大行其道，既可以用出土文獻論證傳世文獻、用傳世文獻論證出土文獻，也可以用出土文獻論證出土文獻，《流沙墜簡》中就常見運用金石文獻論證簡牘文獻的例子。如今出土資料不斷增加，特别是戰國秦漢的簡帛文獻的大量出土，讓我們可以直接看到那個時期的手書文獻。大量一手資料的涌現，極大地推動了史學、哲學、文學、語言學、醫學、科技史等一系列學科的發展。如通過出土戰國竹簡本《老子》、西漢帛書本《老子》、漢代竹簡本《老子》與傳世本《老子》對讀，就可以發現《老子》從先秦到魏晋的變化，可以識讀出原本不認識的戰國楚文字，可以糾正過去對一些字句的理解，可以看到《老子》思想的嬗變。"二重證據法"也可以有效地勘正文獻的譌誤，有助於準確理解詞義。如《鹽鐵論·復古篇》中有"扇水都尉"，根據居延漢簡，可以確定此處當作"肩水都尉"，是當時設置在河西張掖郡的都尉。《墨子》《韓非子》中的"有方"，過去一直不得其解，居延漢簡出土後，勞榦考證認爲是一種有刃的戟狀的兵器。像這樣根據出土簡帛文獻而解决的上古文獻中疑難字詞釋讀的例子還有很多。

文獻間的互證，當然也包括外族語言的原文與漢文譯文間的比較互證，比較典型的就是漢文佛典與印度梵文原文的對照互證，即所謂“梵漢對勘”。這種研究方法近年來頗受重視，并且取得了不錯的成績，解決了諸多漢譯詞語的釋讀，糾正了不少多年來的誤讀。此外，不同版本間的异文研究，原文與注疏間的比較，也都屬於文獻間的比較互證研究，相關内容有較多成果可以參考。

漢藏語系中其他民族語言的文獻也是很有價值的材料，可以參考。關於早期漢藏語系諸語言的關係還缺乏堅實的論證和闡述，同源詞繫聯的研究雖值得嘗試但還遠遠没有成熟，至於整個漢藏語系的建構還僅僅是少數人的設想，在這方面，已有成果中能够對上古漢語詞彙研究有所促進的例證還没有見到多少。當然，按照歷史比較語言學理論，漢藏語系諸語言的研究應該有助於古代漢語，特别是上古漢語詞彙衍生發展的研究，只是迄今還没有取得很好的進展，因此，立足於文獻詞彙本身展開研究，依然是文獻詞彙學的主要努力方向。不過，由於漢文化及漢語很早就對周邊的其他國家産生了很大的影響，非漢藏語系語言如日語、朝鮮語等，也存在大量來自漢語的借詞，這些材料非常有助於我們認識古代漢語。

第二，綜合分析語言文字各要素以及各要素間的關係。每一種語言與文字自身都是一個系統，包含着構成單位和一定的結構規律，處在不同層次的構成成分又是相互制約、相互依存的。每一個獨立的要素，字或詞、詞組、句子、段落，都是系統的構成單位，也都存在於具有層級性的系統之中，處在系統中的語言文字要素和系統的結構規律就可以被利用來揭示詞彙的各種信息。段玉裁著名的“六者互相求”理論，以及詞義引申理論、同義詞反義詞的分析、同源詞的繫聯等等，都是利用文獻語言系統的内部規律，實現由已知求未知的目的。從詞的聚合關係和組合關係來解釋一些詞義的引申，則是近三四十年來漢語詞義研究的熱點之一，先後有相因生義説、詞義滲透説、聚合類推説、同步引申説、横向聯繫説、類同引申説、相應引申説、詞義感染（或詞義沾染）説、詞義浸潤説、組合同化説等十多種提法被提出（宋亞雲，2005）。儘管這些論説都還存在一定的爭議，但這些科學探索和理論提煉大多基於文獻詞彙詞義的事實，相信在進一步討論中會無限接近客觀事實，因而是有意義的。如“亡”從逃亡義引申出死亡義，其中一個很重要的原因就是“死亡”經常連用，從而促使“亡”有了死亡義（魏德勝，1995）。也有人認爲“亡”的死亡義産生在“死亡”連用之前，所舉的例子主要是《尚書·湯誓》“是日曷喪，予及汝皆亡”(丁喜霞，2003)。《漢語大詞典》“亡”下死亡義的首見例就是這一條。其實這一例中的“亡”是滅亡的意思，并不是死亡的意思。“亡”用爲死亡義最早出現在戰國末期到西漢，《漢語大字典》所用《公羊傳·桓公十五年》“曷爲末言爾？祭仲亡矣”，是比較早的典型例證，此例何休注“亡，死亡也”可以證明，《韓非子·十過》“行僻自用，無禮諸侯，則亡身之至也”一例中的“亡”也是這一意義。

第三，文獻與非文獻材料相結合的研究。無論是出土文獻，還是傳世文獻，都是指使用文字寫成的材料，這是文獻詞彙學研究文獻詞彙的資料來源。爲了更好地研究文獻詞彙，非文獻類的資料也應該積極利用，因爲這些資料很可能有助於對文獻内容的理解。例如，考古發掘會伴隨大量歷史遺存被發現，這些遺存對於文獻理解，特別是上古文獻解讀極有參考價值。西漢早期的馬王堆一號漢墓，保存完好，十分難得。其中出土了多達 312 枚遣册簡牘，即隨葬物品的清單，而遣册中記録的物品基本與出土的器物相吻合。這些隨葬品形象地展示了西漢初期貴族日常生活的諸多實際場景，隨葬的物品基本上都能在遣册中找到對應的名稱，這就避免了過去很多文物只能根據其形狀、功用來擬定名稱的尷尬。再比如，出土文物中漢畫像石數量巨大，應當很好地予以利用。臺灣“中央研究院”歷史語言研究所邢義田先生多年來重視圖像資料與文獻的互證研究，取得了豐碩成果，他以漢畫像石資料爲據，認定漢代人們是伏几案而書寫的，這就是很有説服力的研究（邢義田，2019：576）。有學者在“二重證據法”之外，提出了“三重證據法”，或“多重證據法”。從方法論的角度看，這些提法都是有道理的。考古資料作爲非文獻材料，用以佐證上古文獻的釋讀，是一個很重要的研究方法，但總體上説，目前對此重視得還很不够。

第四，藉助計算機技術進行語料庫、數據庫建設并據此進行輔助研究。隨着計算機技術被引入人文社科研究，一個最顯著的現象就是，語料庫、數據庫建設日新月异，直接服務於科學研究的各種專題資料庫、數據庫也在不斷完善，因此人文社科研究的手段、方式技術化的傾向越來越明顯。文獻語言學研究，包括文獻詞彙學研究也在不斷跟上這一步伐。比如一個最顯著的例證是，隨着大型語料庫、數據庫的引入，定量統計分析的方法已經廣泛應用於漢語和漢字的研究，文獻詞彙研究也不例外。過去古漢語詞彙研究多使用手寫卡片的方法，費時費力，效率低，誤差大。如編寫第一版《漢語大詞典》《漢語大字典》時，還没有可以使用的古文獻語料庫，只能依靠有限的卡片。編寫者雖然盡了最大的努力，但遺憾仍然很多。字、詞的首見例常常偏晚，就是一個最突出的遺憾。甚至先秦、兩漢已有用例的，《漢語大字典》《漢語大詞典》的首見例却是現代的，如“鼻腔”可以在睡虎地秦墓竹簡中見到，“長袍”可以在居延漢簡中見到，而《漢語大詞典》都只有現代的用例。現在修訂大型工具書，完全可以利用大型古文獻語料庫，相信新版的《漢語大字典》《漢語大詞典》一定會在首見例問題上有全面改進。這個實例説明，大型語料庫在漢語詞彙研究方面可以大顯身手，搜尋語例已經不再困難。但使用語料庫，特别是古文獻語料庫，還有一些需要注意的問題。首先是核對原文，避免語料庫文本録入錯誤的影響。更重要的是，古籍版本不同，都有可能存在文字上的差异，所以利用善本核對，甚至進行必要的文本校勘，這些都是利用語料庫收集資料在使用之前所必須完成的工作。其次，要清醒地認識到目前電腦字庫還無法滿足全部古籍用字的需要。古文獻中的生僻字，特别是出土文獻中的生僻字，還不能在一般的電腦中正確顯示，這就給語料庫的建設、使用帶來了難題。現在有些語料庫在綫提供了新的字庫，以便更準確地顯示一些生僻字，解決了部分問題，但并没有從根本上解決問題，這還有賴於計算機技術在漢字顯示上的進一步改進。最後，古文獻中同詞异字、一字多詞的現象普遍存在，我們在使用語料庫時要充分認識到异體字的干擾，尤其需要研究清楚一個詞有多少種寫法，特别是俗字，充分認識古文獻中字、詞關係的複雜性，那些使用簡體字録入的古文獻數據庫，問題更是成堆。

鑒於古代文獻的複雜性，在運用定量統計的方法時要注意不同質的文獻不要混在一起統計，研究目標不同時還需要確定不同的專題文獻，甚至自己動手建設適合於研究需要的、標注詳明的專題語料庫。有學者指出，像《史記》這樣的文獻，要區分來源於前代文獻的部分與司馬遷創作的部分，還有後人補寫的部分，根據研究的需要甚至要區分叙述部分與對話部分。從詞本身來説，要區分詞、構詞語素、詞組等不同情況；進行斷代研究時，上述詞彙要素還要框定在相關時段的文獻範圍之内。現在進行數量統計時，習慣使用大型語料庫，在目前缺乏大型古漢語標注語料庫的情況下，不能只根據粗語料得出的數據來進行統計，而要對得到的語料做進一步分析。如果數據量較大，無法一一分析，就不能草率做出結論，更何况古文獻的電子數據還存在版本問題、句讀問題、録入的譌誤問題等。

## 五、文獻詞彙學的内容與特點

文獻詞彙學的研究内容，從大的方面説，一是聚焦於古文獻的詞彙現象及其規律，二是總結古文獻詞彙研究的歷史。前者是研究文獻詞彙本體，後者屬於學科的研究史。

古文獻詞彙研究的内容：一是考釋詞義，這是我們閲讀理解古文獻的必由之途，是開展古文獻研究的基礎。從漢代開始的訓詁實踐就以探求詞義爲核心，古人説的由小學以通經學就是這個道理。二是探求詞義關係，即所謂本義、引申義、假借義等的關係。三是辨析詞際關係，如同義詞、反義詞等，從義類上分出來的親屬稱謂詞、顔色詞等。從歷時的層面上，有舊詞、舊義的消失，新詞、新義的産生，詞義的發展演變，詞的前後更替，詞彙的複音化及其規律，等等。還有探求語源、繫聯詞族、探討詞的理據等。文獻詞彙學研究的内容，與詞彙學、詞彙史、訓詁學等有廣泛交叉，但又與它們不盡相同，這在上文已經做過闡述。

在文獻詞彙學學科框架内，即使與詞彙學、詞彙史、訓詁學等學科交叉的内容，也有不同的學科定位。比如文獻詞彙學認爲，詞依托於具體的文獻環境，研究詞彙（包括詞義）不能脱離文獻環境。文獻詞彙學既可以以斷代爲限域，也可以以文獻類型作專題。如果以文獻類型作專題來研究不同類型的文獻在詞彙上的表現，就可以對文獻進行逐層分類。大框架先區分爲典籍類文獻詞彙、文書類文獻詞彙。典籍類可以分成傳世典籍、出土典籍，也可以分成本土典籍、翻譯典籍；按照學科内容，還可以分爲農業類、中醫藥類、軍事類、數學類、天文曆法類等等。全部文書類文獻，也有出土文書、傳世文書的不同，内容上還可以區分爲經濟類文書、法律類文書、官府文書、私人文書等。按照文獻的時代與文獻的製作年代的關係，可以分爲同時文獻、準同時文獻及後時文獻。每一類文獻中的詞彙都有一般詞彙和特殊詞彙，針對不同的詞彙，研究方法上也會有所不同。

研究史的考察要在文獻史和中國語言學史、中國小學史等學科研究的基礎上進行，突出展現各個時代文獻詞彙研究的成就、理論與方法。比如先秦文獻中零星的詞語詮釋、詞彙理論，漢代的文字研究、訓詁詞彙研究、文獻傳注、詞彙研究專著及其文本流傳、文獻詞彙理論等，漢晋對出土簡帛、鐘鼎文字的整理，漢魏六朝文獻注疏與文獻音義研究、詞彙音義研究以及文獻的文本存佚與輯考，等等。包括各個時期之間的發展及其規律，都屬於文獻詞彙學研究史的内容。在學科史的研究中，總結學科歷史成就，探索學科發展規律，提煉學科研究理論，豐富充實文獻詞彙學，并推動它的建設與發展。

文獻詞彙學的首要特點是，古代各類文獻都是材料，這些材料中的詞彙都是研究對象。所有文獻中的詞，所有與詞有關的問題，都納入研究範圍，這是既不同於訓詁學也不同於詞彙史的主要特點。傳統訓詁學重視九經三傳等經典文獻的詞彙研究，現代訓詁學把六朝以後的口語詞、俗語詞也納入了研究範圍，但主要還是其中的疑難詞語，包括生僻詞語和表面普通而意義不普通的詞語。詞彙史也不關心文獻中的全部詞彙，它基於口語發展，只關注文獻中能體現口語發展的新詞、新義以及詞彙系統的演變。文獻語言是書面語，文獻詞彙學研究文獻詞彙，文獻詞彙是書面語詞彙。口語詞與書面語詞的關係錯綜複雜，書面語詞從根本上說也來源於口語，但言、文逐漸分開之後就形成了兩個系統，這兩個系統，包括它的詞彙，對於漢人來說“都是觀念的符號”（索緒爾，1980：51）。早期的文獻應該接近當時的口語，一般認爲先秦文獻以及大部分西漢文獻都可以作爲口語語料來使用。但有些文獻需要具體分析，如《史記》中就大量使用了前代的文獻資料，像《尚書》一類，因過於古奧，司馬遷就做了改寫，讓西漢人能讀懂，時代接近戰國後期的文獻就直接使用了。所以《史記》并不完全代表漢武帝時期的漢語口語，把它與其他文獻比較就可以清楚地看出。書面語對口語的加工改造也是明顯的，最突出的就是删減了口語中重複、拖沓的部分，包括可有可無的虚詞。比如傳世本的《老子》《論語》與出土的戰國竹簡、帛書本相比，一個顯著的不同就是，傳世本删掉了大量的句末語氣詞，《老子》“道可道，非常道。名可名，非常名”，馬王堆漢墓帛書本作“道可道也，非恒道也。名可名也，非恒名也”，除了“常”與“恒”的不同外，就是句末的四個“也”字今本都删掉了。《論語·先進》“非曰能之，願學焉”，定州漢簡本作“非曰能之也，願學焉”。東漢以後大量佛典中翻譯出來的詞，有一些因爲佛經的傳播而進入了人們的口語中，成了漢語詞彙系統的成員，因而又反映到後世一般文獻之中，這也是衆所周知的。歷代文獻本身也因爲類型不同而在詞彙上各具特點。如明清時期的官府文書，有其固定的程式，使用的詞語既不同於文言，與口語也有差别。而中醫藥文獻、科技文獻、數術文獻等，更是都有自己特有的一套名詞術語。文獻詞彙學就是要從這些紛繁複雜的文獻中解釋疑難詞語、探尋詞彙面貌以及文獻詞彙的發展，書面語詞、口語詞、專門用語等都是它的研究對象。

文獻詞彙學的第二個特點就是它的應用性。文獻詞彙學有理論基礎，有學科理論體系，同時也有廣闊的應用領域。除了傳世典籍中的詞彙問題外，出土文獻中的詞彙也有很多新問題需要研究。出土文獻中存在的大量新詞新義，可以補充傳世文獻的不足，自然是研究的重點。出土文獻中還有不少輔助性符號需要解讀，這些符號雖不是漢字，但與漢字一樣具有表義的作用，例如合文號、重文號、界隔號、章節號等。其中重文號最複雜，有單字重文、多字重文等（暨慧琳、劉釗，2021），有些問題還需進一步討論，如“是=”讀作“是是”還是“是謂”，還不能確定。出土文獻中不少字形多漫漶殘損，同一字又异體紛繁。從釋讀原則上來説，模糊不清、殘缺不全的字不强做解釋，新的异體字形要謹慎釋讀，搞不清楚的字詞不要草率破讀。但在實際研究中，既要貫徹原則又要靈活處理。如居延新簡 EPT59：3：

（11）河平元年九月戊戌朔丙辰，不侵守候長、士吏猛敢言之，將軍行塞舉駟望隧長杜未央所帶劍刃生，狗少一。未央貧急羸弱，毋以塞舉。請。

《居延新簡集釋》：“刃生，刀刃生銹。于豪亮《居延漢簡叢釋》（頁一九五）認爲，生字讀若皇。在漢簡中‘刃生’的‘生’字則讀爲荒……荒訓爲奄，訓爲蒙，訓爲覆，則生字也是此義。故‘刃生’乃是刀刃上有覆蓋物，結合簡文‘昨天陰恐劍刃生’考察，則刃生必是指刀刃上生銹。”此釋值得商榷。首先，所引于豪亮先生釋居延漢簡 244.3A 的意見并没有多少人贊同。《居延漢簡甲乙編》《居延漢簡釋文合校》《中國簡牘集成（七）》《居延漢簡（叁）》都釋爲“生”，原簡雖有些扭曲變形，但可以看出釋爲“生”是對的。其次，意義解釋爲“生銹”是正確的。《集成》注：“刃生，刀劍刃部生銹。”“生”可直接釋爲生銹，不必讀爲“㞷”。“生”，通“鉎”，《玉篇》：“鉎，鏉也。”《集韻》：“鐵衣也。”《説文通訓定聲》：“俗曰鐵銹。”把“㞷”釋爲生銹太迂曲，也没有文獻上的證據。居延新簡 EPT59：3 這例確實有其特殊性，《居延新簡》《中國簡牘集成》《居延新簡釋校》等都釋爲“㞷”，原因就是這個字有四横，作。從詞例看，屯戍簡牘中有多例“刃生”，如果此處釋爲“㞷”，那麼“刃㞷”就只此一例。從字形看，其寫法確實與屯戍簡中其他“生”的寫法不同，但我們認爲此例仍當釋爲“生”，不能增加“刃㞷”這樣一個孤例。“生”的這種寫法或是書寫者的譌誤，或是當時確實有這種寫法。《清華大學藏戰國竹簡（貳）》之《繫年》中“生”字有作的，據《古文四聲韻》，古本《老子》中“生”字有作的，這類字形都有發展成四横的可能。基於這些旁證材料，我們認爲居延新簡此例不釋爲“㞷”。此例可見，出土文獻字形的的釋讀常常直接決定詞的認定。

文獻詞彙學劃分共時與歷時是以文獻語言爲依據。這一特點是由文獻詞彙學的材料和研究對象決定的。文獻産生具有時代性，文獻當然是可以分期的；文獻語言學研究的對象是文獻語言，所以文獻的分期依據就應當是文獻語言的階段性特點。文獻詞彙學與此同理，也是可以分期的。對一個時期文獻詞彙進行研究，不管是個别詞語詞義的考釋，還是對這一時期文獻詞彙面貌的全面描寫，這種研究都是共時的；對不同時期文獻詞彙進行研究，不管是個别詞語與詞義分析，還是對不同時期文獻詞彙面貌的比較，這種研究都是歷時的。

文獻語言學（包括文獻詞彙學），如何進行歷史分期，這是個全新的課題。文獻語言的階段性特點是分期的根本標準，這是毫無异議的，問題是文獻語言的哪些内容可以作爲階段性特點，用什麽樣的具體分期標準劃分出來的歷史分期纔能最有助於呈現文獻語言的面貌，并有利於文獻語言的共時與歷時研究。我們還没有成熟的意見，現在作爲問題提出來，希望與各位專家學者共同思考、研究。

## 參考文獻


程湘清，2008，《漢語史專書複音詞研究》（增訂本），商務印書館。

崔應賢，2019，《漢語構詞的歷史考察與闡釋》，新華出版社。

丁喜霞，2003，《“死亡”非偏義複詞説》，《語言研究》第3期。

董志翹，2020，《文獻語言新探》，廣陵書社。

馮勝利，2016，《文獻語言學——陸宗達先生秉承章黄的學術精華》，北京師範大學民俗典籍文字研究中心（編）《民俗典籍文字研究》第17輯，商務印書館。

甘肅省文物考古研究所，1988，《居延新簡釋粹》，薛英群等注，蘭州大學出版社。

郭在貽，2005，《訓詁學》（修訂本），中華書局。

華學誠等，2006，《揚雄方言校釋匯證》，中華書局。

華學誠、張猛，2017，《“文獻語言學”學科論綱》，華學誠（主編）《文獻語言學》第4輯，中華書局。

黄德寬、常森，1994，《漢字形義關係的疏離與彌合》，《語文建設》第12期。

黄侃，1964/1980，《黄侃論學雜著》，中華書局。

黄侃，1983，《文字音韻訓詁筆記》，上海古籍出版社。

黄樹先，2012，《比較詞義與歷史比較》，《民族語文》第4期。

暨慧琳、劉釗，2021，《先秦多重重文表達法及相關問題探略》，《古漢語研究》第3期。
蔣紹愚，2015，《漢語歷史詞彙學概要》，商務印書館。
李小璠，2013，《楚簡帛文獻中的楚方言詞研究》，中南民族大學碩士學位論文。
李運富，1991，《是誤解不是“挪用”》，《中國語文》第5期。
陸宗達，1980，《訓詁簡論》，北京出版社。
陸宗達、王寧，1982，《文獻語義學與辭書編纂——古代文獻詞義的探求》，《辭書研究》第2期。
陸宗達、王寧，1983，《訓詁方法論》，中國社會科學出版社。
齊佩瑢，2004，《訓詁學概論》，中華書局。
錢鍾書，1979，《管錐編》，中華書局。
裘錫圭，2012，《裘錫圭學術文集》，復旦大學出版社。
邵則遂，2011，《古楚方言詞歷時研究》，武漢大學博士學位論文。
沈懷興，2013，《聯綿字理論問題研究》，商務印書館。
史光輝，2004，《常用詞“矢、箭”的歷時替换考》，浙江大學漢語史研究中心（編）《漢語史學報》第4輯，上海教育出版社。
宋亞雲，2005，《古漢語詞義衍生途徑新説綜論》，《語言研究》第1期。
宋永培，1994，《〈説文解字〉與文獻詞義學》，河南人民出版社。
孫景濤，2008，《古漢語重疊構詞法研究》，上海教育出版社。
孫玉文，2007，《漢語變調構詞研究》（增訂本），商務印書館。
索緒爾，1980，《普通語言學教程》，高名凱譯，商務印書館。
汪維輝，2007，《漢語詞彙史新探》，上海人民出版社。
汪維輝，2013，《漢語史研究中的語料使用問題——兼論繫詞“是”發展成熟的時代》，《中國語文》第4期。
汪維輝，2018，《漢語詞彙史新探續集》，浙江大學出版社。
王力，2013—2015，《王力全集》，中華書局。
王力，2015，《新訓詁學》，《龍蟲並雕齋文集》，中華書局。
王念孫，2000a，《廣雅疏證》，江蘇古籍出版社。

王念孫，2000b，《讀書雜志》，江蘇古籍出版社。
王寧，1988，《試論訓詁學在當代的發展及其舊質的終結》，《中國社會科學》第2期。
王寧，1996，《訓詁學原理》，中國國際廣播出版社。
王引之，2000a，《經義述聞》，江蘇古籍出版社。
王引之，2000b，《經傳釋詞》，江蘇古籍出版社。
魏德勝，1995，《韓非子語言研究》，北京語言學院出版社。
魏德勝，2014，《以西北屯戍簡牘證揚雄〈方言〉中若干"關西"詞語》，四川大學中國俗文化研究所、四川大學漢語史研究所（編）《漢語史研究集刊》第18輯，巴蜀書社。
伍宗文，2001，《先秦漢語複音詞研究》，巴蜀書社。
邢義田，2019，《今塵集——秦漢時代的簡牘、畫像與文化流播》，中西書局。
徐時儀，2000，《古白話詞彙研究論稿》，上海教育出版社。
徐時儀，2015，《漢語白話史》（第2版），北京大學出版社。
許惟賢，1988，《論聯綿字》，《南京大學學報》第2期。
俞樾等，1956，《古書疑義舉例五種》，中華書局。
曾良，2006，《俗字及古籍文字通例研究》，百花洲文藝出版社。
曾良，2008，《略論漢字對詞音、詞義的影響》，"漢語與漢字關係"國際學術研討會論文，北京師範大學民俗典籍文字研究中心等。
章太炎，1982，《章太炎全集》，上海人民出版社。
張世禄，2020，《張世禄全集》，中國出版集團東方出版中心。
張永言，1982，《詞彙學簡論》，華中工學院出版社。
朱冠明，2019，《李賀〈秦宮〉詩"生色"考》，北京大學中國語言學研究中心《語言學論叢》編委會（編）《語言學論叢》第59輯，商務印書館。
朱慶之，2001，《佛教混合漢語初論》，北京大學中文系《語言學論叢》編委會（編）《語言學論叢》第24輯，商務印書館。

# 文獻語言學與中華優秀傳統文化*

華學誠

中華優秀傳統文化，積澱着中華民族最深沉的精神追求，代表着中華民族獨特的精神標識。習近平總書記指出，要保護好、傳承好、利用好中華優秀傳統文化，挖掘其豐富内涵，以利於更好堅定文化自信、凝聚民族精神。文獻語言學是研究中國歷史、傳統文化、語言文字的基礎學科，大力發展文獻語言學，對於挖掘、闡發中華優秀傳統文化，推動中華優秀傳統文化創造性轉化、創新性發展具有重要意義。

## 古代文獻是中華優秀傳統文化的主要載體

中華文化源遠流長、燦爛輝煌。在5000多年文明發展中孕育的中華優秀傳統文化，是中華民族生生不息、發展壯大的豐厚滋養，是中國特色社會主義植根的文化沃土，對延續和發展中華文明、促進人類文明進步，發揮着重要作用。

中華優秀傳統文化的載體豐富多樣，傳承發展中華優秀傳統文化首先就要從保護和研究這些載體入手。岩畫、雕塑、建築、器物、詩詞歌賦、琴棋書畫等都是這樣的載體，而數千年綿延不絕的古代文獻

* 本文原載《紅旗文稿》2021年第19期，第45—47頁。

則是最主要、最全面、最系統的載體。無論是出土文獻，還是傳世文獻，都是特定時代的文化產物，這些文獻記録着用特定時代文字書寫的特定時期的語言，真實地保存着一代代華夏子民創造的絢爛民族文化。

要順利有效地利用這些古代文獻，從而傳承發展中華優秀傳統文化，首先就必須讀懂它們，而讀懂它們就必須研究歷朝歷代的語言文字。這種基於古代文獻來研究語言文字的學問，就是文獻語言學。在大力傳承發展中華優秀傳統文化的今天，這一學科理應得到更多的重視、更大的發展。

## 文獻語言學是中華優秀傳統文化的傳承之學

古代語言，包括記載它們的甲骨文以及其他各種古文字，是中華文化得以傳承與發揚的歷史瑰寶。重視語言文字研究，把語言文字置於重要地位，是中華民族的優秀傳統。早在先秦時期，古人就已經意識到語言文字是隨時代發展的，任何新時代的來臨都“必將有循於舊名，有作於新名”。漢代人認爲，前人能够“垂後”、後人可以“識古”的文字，是“經藝之本，王政之始”。所以中國自古以來就是語言文字研究大國，傳承綿延不斷，成果豐碩無比。繼承傳統，融合現代，結合古代文獻實際而提出的文獻語言學，正是這樣一種具有中國特質的學科，更是中華優秀傳統文化的傳承之學。

古代中國的語言研究，早在春秋戰國時期就已經出現了諸如“正名”理論這樣的精彩論述。自漢代興起對經典文獻的注釋之後，文字分析、訓詁考據、語音研究等主要圍繞經典進行，以幫助人們閱讀、理解經典，因此内容上的人文性和目的上的應用性成爲中國傳統語言文字學的重要特性。這種研究模式主要聚焦於考證文獻資料和尋求故訓，語言的整體性、系統性及其歷史演變并没有被自覺納入研究視野。古代中國的語言文字研究在基本理論探索上也頗多建樹。比如，漢代揚雄、劉熙等學者從經學盛行的氛圍中把目光投向語言本身，撰寫出《方言》《釋名》這樣偉大的著作。再如，清代乾嘉時期的古音古義研究取得輝煌的成就，在《説文解字注》《廣雅疏證》等名著中蘊含着精彩的理論原理和研究方法論。

廣泛應用於印歐語系研究的歷史比較語言學和索緒爾的現代語言學理論在 19 世紀末與 20 世紀初相繼傳入中國，中國的語言文字歷史研究從此越來越深地打上了西方語言學的烙印。100 多年來，中國的語言文字歷史研究取得了豐碩的成果，但也一直面臨着内在規律探索和理論體系建構方面存在的一些難題。西方語言學是基於西方語言的理論概括，而中國語言文字則有自己的文化傳統，將中國的語言文字歷史研究納入西方語言學的分析體系之中終究是方枘圓鑿、治絲益棼。進入 21 世紀的今天，尋找一條符合我國語言文字歷史實際的研究道路，爲傳承發展中華優秀傳統文化服務，已經成爲一項極爲緊迫的任務。

## 文獻語言學是中華優秀傳統文化的闡釋之學

文獻語言學主張立足海内外傳世文獻、出土文獻，綜合運用文獻學、傳統語言文字學、現代語言學的理論與方法，去解決古代文獻中的語言文字問題，去研究古代語言文字的結構規律和演變發展規律。出土文獻和傳世文獻的正確解讀有賴於文獻語言學，文獻語言學是中華優秀傳統文化的闡釋之學。

出土文獻，特别是先秦兩漢的出土文獻，用甲骨文、金文、簡帛文字等古文字書寫而成，文字的形體怪异、構意古奥，需要經過文獻語言學專家，特别是古文字專家的辨認和考釋，纔能認識并讀懂它們。出土文獻中一個個難題的不斷破解，正是一代代文獻語言學專家和古文字專家不懈努力的結果。他們的卓越研究工作使得生活在兩三千年之後的我們，仍然能够直接受到中華古代文明和歷史文化的熏陶。同樣，傳世文獻即歷代古籍，也需要文獻語言學的專門學問家付出不懈努力；否則浩瀚的典籍只能作爲圖書館、博物館的藏品，而無法活在當下、服務當下。

可見，文獻語言學這門中華優秀傳統文化闡釋之學，不僅是中國歷史文化的基礎學科，也是中國語言文字學的基礎學科。前者的基礎性體現在應用層面，諸如思想史、政治史、經濟史、文化史、軍事史、音樂史、農業史、中醫史等諸多歷史學科，都需要依賴文獻語言學去解决文獻史料中的語言文字問題。後者的基礎性主要體現在理論層面，文字、詞彙、語音、語法等語言文字諸要素都是不斷發展變化的，其中隱含着精微的發展規律，探索并總結出這些規律，不僅能解釋複雜的歷史語言文字現象，而且可以爲世界語言文字學的豐富與發展做出我們的貢獻。

## 構建具有中國特色的文獻語言學

習近平總書記指出，要加快構建中國特色哲學社會科學。這一重要論斷不僅具有科學性，而且具有針對性和前瞻性。我國現行哲學社會科學學科體系建設存在過分依賴“西學漢證”理念的現象，在片面强調來自西方的所謂科學理性的同時，不知不覺地削弱甚至消解了中國歷史學科的人文傳統，最終無法抽繹出中國特色哲學社會科學的分析方法和認知邏輯。習近平總書記的相關論斷對於校正現行學科體系所存在的這一根本性缺陷具有重大理論指導意義。

文獻語言學是一門具有鮮明中國特色的哲學社會科學學科。文獻語言學提倡借鑒、吸收、消化世界上一切先進的語言學理論與方法，但其根柢始終在於立足本土、專注文獻、重視人文。理念上特別强調發揚中國古代重綜合的傳統，尤其重視藉助多學科的支撑對材料做精微的科學分析，正確理解材料中的語言事實，繼而探索其發展規律。對於語言文字歷史研究而言，語言文字事實永遠是第一性的，語言文字理論是第二性的；語言文字歷史研究的材料是古代文獻，所以爲了弄清語言文字事實必須首先研究古代文獻。在材料、方法、研究目標上，文獻語言學都體現着鮮明的中國特色。

習近平總書記指出，中國特色哲學社會科學應該具有繼承性、民族性，原創性、時代性，系統性、專業性。這一概括不僅把中國特色的要求精準體現出來，還把哲學社會科學的科學性和人文性高度融合在一起。西方語言學在中國的百年實踐，之所以一直水土不服，根本原因就是它無法適應中國語言文字深厚的人文性特質。

文獻語言學力求立足事實分析語文現象，依據文獻研究語言歷史，貫通古今探索演變規律，融匯中外構建學科理論，凝聚隊伍成就學術流派。它强調立足文獻和語言文字事實，體現了“繼承性、民族性”。汗牛充棟的歷史文獻，不論來自歷史傳承還是考古挖掘，都是語言文字歷史研究的資料，語言文獻學不僅揭示了這些古代文獻保存下來的中華文明獨具的民族性，而且通過研究、傳播，使中華文化中的優秀成分得到科學繼承與發揚。文獻語言學的學術目標是研究語言文字歷史、探索演變規律，這體現了“原創性、時代性”。中國語言文字豐富多彩，有歷史文獻記載的語言也很多，充分掌握這些特有的文獻語言，利用這些資源開展共時與歷時研究，揭示語言文字的結構法則，探索演變發展規律，提出基於中國文獻語言的理論創見，將不斷豐富發展普通語言學理論寶庫。文獻語言學的根本目標是構建學科理論、創建中國學派，這體現了“系統性、專業性”。古代中國的語言文字歷史研究遭受詬病最多的一點，就是缺乏系統理論和學科構建。文獻語言學要科學揭示語言文字規律，努力構建中國特色的學科理論，體現系統性；要培養出一支高水準且年齡梯度合理的學科隊伍，真正形成有對話能力和對話分量的中國學派，做到專業性。

爲此，中國語言文字工作者應當一起積極努力，抓住重點并卓有成效地開展下述工作。第一，確立文獻語言學在中國哲學社會科學學術體系中的合理地位，在學科體系和體制機制上保障文獻語言學的良性發展。第二，科學規劃文獻語言學建設藍圖和重大研究課題，指導文獻語言學有序高效地科學發展。第三，致力於文獻語言學學科理論的探索，深入總結幾千年來中國的歷史經驗，吸收借鑒國外語言學理論研究成果，系統構建富有中國特色的歷史語言文字學科理論。第四，全力支持文獻語言學人才隊伍建設，以保障中國特色的文獻語言學研究生生不息，成果代代迭出。

# 古籍整理與文獻語言學*

華學誠

傳承中華優秀傳統文化，就要使源源不斷的出土文獻和數千年綿延不絕的古代文獻“活起來”，因爲這些汗牛充棟的文獻正是中華優秀傳統文化最主要、最全面、最系統的載體。古籍整理是讓古代文獻“活起來”的基本方式，而古籍整理的水平與質量，需要很多專業條件來保障，其中最基本的則是文獻語言學。文獻語言學既是中國古老的學問，也是一門新興科學，具有鮮明的中國特色。文獻語言學是中華優秀傳統文化的闡釋之學、傳承之學，也是古籍整理的根柢之學。大力發展、建設文獻語言學，是古籍整理事業不斷發展的學科保障。建設并發展文獻語言學意義重大，值得大力支持。

## 古籍整理：成就與問題

我國現存古文獻包括出土文獻和傳世文獻。出土文獻主要指甲骨文、金文、戰國盟書、璽印、簡牘、帛書、敦煌文獻等。這些經由考古發掘而獲得的文獻，時代確定，没有經過後人改動，十分珍貴。根據《中國古籍總目》和國家古籍保護中心的統計，我國現存古籍有20萬種，總字量約200億字以上。

---

* 本文原載《中國社會科學報》2022年8月2日，A03版。

新中國成立以來，我們在古籍整理方面完成了不少大型工程。1958年開始，全國上百位文史專家先後匯聚北京，歷經20年時間，完成了4700多萬字的"二十四史"及《清史稿》的點校出版工作。此後，近億字的《中華大藏經》、超2億字的《中華大藏經續編》、近2億字的《道藏》、收入4萬多片甲骨的《甲骨文合集》，以及《中國古籍總目》、《續修四庫全書》、《古逸叢書三編》、"七全一海"等，無不是體量龐大、規模宏富的巨製，充分顯示出新中國古籍整理和出版業的氣概與實力。其中，《續修四庫全書》是新中國編纂規模最大的一套古籍叢書，收書達5213種。

目前，我國古籍整理的學術力量主要來自高校培養，古籍整理與古籍保護從業人員分布在高校、出版社、圖書館等單位，而從古籍出版力量方面看則專兼結合。古籍整理與古籍出版需要着力解決以下主要問題。

第一，形成合理學科體系。古籍整理的下游是古籍圖書出版、古籍數字化等，而古籍整理的上游則是人才培養。古籍整理人才培養涉及很多學科，其中最關鍵的基礎學科是文獻語言學，主體學科是古典文獻學，關涉學科則是中國史及其各專門史學科。目前，只在"文獻學"專業培養古籍整理人才，這種歷史形成的格局已不能很好滿足古籍整理的實際需要。

第二，提升古籍整理、出版力量的有效供給。如果按照每年完成學術性古籍整理圖書出版800種計算，單是沒有經過任何形式整理的16萬種古籍（不包括出土文獻）的整理，不談重複整理，就需要200年。即使從16萬種古籍圖書中優選出三分之一優先整理出版，也需要70年左右，何況還有不斷產生的出土文獻。顯然，這樣的進度，與出土文獻、傳世文獻"活起來"的要求是極不相稱的。所以，古籍整理、古籍出版力量都亟待增强，迫切需要增加人才的有效供給。

第三，改進規劃方式與思路。制定古籍整理圖書出版規劃，這個制度能够保證古籍整理出版的有序和質量。現在制定規劃的基本方式是，由國家古籍整理出版規劃小組主導，依托各地古籍出版機構，邀集各方專家研討，在分地區召集會議徵求意見的基礎上形成草案，再進一步徵求專家意見，最後形成規劃。基於這一方式，列入規劃的古籍整理圖書容易缺乏學科整體意識，從而不能從全國範圍内把古籍整理出版圖書納入學科需求的科學軌道，導致重複出版，浪費出版資源。對此，可按照學科大類召集專家提出古籍整理圖書規劃意見，作爲現有規劃制定方式的補充。

第四，加大古籍“活起來”的幅度和速度。按照現代古籍整理規範并運用文獻語言學知識進行深加工的古籍出版物不是很多，經典、大型的古籍圖書多爲影印出版。而符合現代科學研究和人民群衆閱讀需要的現代整理本，則需要具備文獻語言學專門知識的各科專家投入精力，進行精細整理，這纔是古籍“活起來”的有效形式。

## 文獻語言學是古籍整理的根柢之學

無論是出土文獻，還是傳世文獻，都是特定時代的文化産物。這些文獻用特定時代的文字書寫出特定時期的語言，真實保存着一代代文化。傳承與發展中華優秀傳統文化，就要研究發掘這些寶藏。首先必須讀懂它們，這就需要研究歷朝歷代的語言和文字。這種基於古代文獻來研究語言文字的學問，就是文獻語言學。

出土文獻，特别是先秦兩漢的出土文獻，文字形體豐富多彩，構形歧异、構意古奥，只有經過文獻語言學專家，特别是古文字專家的辨認和考釋，纔能認識并讀懂這些用甲骨文、金文、簡帛文字等古文字書寫的文獻。出土文獻中一個個難題的不斷破解，正是一代代文獻語言學專家和古文字專家不懈努力的結果。如同出土文獻、古文字需要專家去做專門的研究一樣，數量更爲龐大的傳世文獻（即歷代古籍），同樣需要文獻語言學學科的專家付出不懈努力加以研究。

以漢語裏最簡單的"一"爲例，作爲漢字，自然不需要考釋，即使在甲骨文、金文等古文字書寫的文獻裏也能一眼認出，但這不等於説古文獻裏的"一"就真的人人都懂。其實，如果不經過文獻語言學家的努力闡釋，還真不能準確瞭解古書中很多"一"的意義。陸機《嘆逝賦》："顧舊要於遺存，得十一於千百。"這句話中的"十一"如果當作"11"來理解就大錯特錯了。這篇賦是陸機感慨於"懿親戚屬，亡多存寡；昵交密友，亦不半在"而撰寫，這句話的意思是：回頭看看還活着的至親老友，已經在千百人中十不存一了。所以，這句話中的"十一"指的是"十分之一"。很多時候，"一"在古文獻中的意義已完全看不出與數字有什麽關係，而這種發現也是來自文獻語言學家。《晏子春秋・問上十八》："古者百里而异習，千里而殊俗，故明王修道，一民同俗。"這句話是談治國理政問題的，其中的"一"并不表示數字。"明王修道，一民同俗"的意思是：聖明的君主整飭王道，要使老百姓齊心、讓風俗相同。可見，其中的"一"與"同"的意義很相近，當動詞使用，是使動用法。

再看《論語》這部書中的"道"字。道路，是"道"的本義，如"任重而道遠"；但"不以其道得之"之"道"是指途徑、方法；"雖小道，必有可觀焉"之"道"則是指技術、技藝；"朝聞道，夕死可矣"之"道"指的是道理、規律；"吾道一以貫之"之"道"則指的是思想、學説、主張；"夫子自道"之"道"的意思是述説；

“君子道者三”之“道”的意思是循行；“道千乘之國”之“道”的意思是治理；“天下有道”之“道”的意思則是指好的政治局面；“三年無改於父之道”中“道”指的是合理的行爲；“就有道而正焉”之“道”則是指道德……一部古書中的一個字詞，就有這麼豐富複雜的意義，如果不能一一考辨清楚，自然就無法準確理解原文的意思。

貌似簡單的“一”和“道”，已如此不簡單，何況古文獻中還存在着大量的生僻字詞和複雜詞義、語義。對此類字詞的正確解讀，則要依賴文獻語言學。文獻語言學在中華典籍闡釋與傳承上發揮着不可替代的作用，是古籍整理的根柢之學。

## 文獻語言學具有鮮明的中國特色

古代語言，包括記載它們的甲骨文以及各種古文字，是中華文明的活化石，也是中華文化得以傳承與發揚的歷史瑰寶。重視語言文字研究，把語言文字置於崇高地位，是中華民族的優秀傳統。早在先秦時期，古人就已知道語言文字是發展的，任何新時代的來臨都“必將有循於舊名，有作於新名”；漢代人就認識到前人能够“垂後”、後人可以“識古”的文字是“經藝之本，王政之始”。圍繞經典闡釋，聚焦於文字分析、訓詁考據、語音研究的中國傳統語言文字學，綿延不斷2000多年，成果豐碩無比。

100年前，中國的語言文字研究走上了西方語言學主導下前進的道路，雖然取得了不少成果，特别是語法研究取得了不少成就，但在中國語言文字，包括漢語言文字内在規律的探索和理論體系的建構等領域内，一直存在無解的難題。西學可鑒，但畢竟存在其局限性。對於中國古籍中的文獻問題和語言文字的釋讀、闡釋問題，它們終究無能爲力。實踐證明，將中國的語言文字研究納入西方語言學的分析體系之中，終究是方枘圓鑿、治絲益棼。即使是語法研究，一味“儀刑西方”也是没有出路的。

語言學家們早已洞察到這一點。王力先生於20世紀30年代就敏鋭地發現了這一問題，并“論證了依附西方語法來建立漢語語法體系是流弊甚多而走不通的絶路”；羅常培先生於20世紀50年代初也曾指出，《馬氏文通》“以後的五十年來，還不免停滯在‘拉丁文法漢證’或‘拉丁文法今證’的階段”。并且，我國一代代學者默默耕耘，潛心古學，不斷探索立足於中國實際而又能吸收融合西學精華的學科之路。20世紀60年代初至80年代，陸宗達先生和他的弟子王寧先生，吸收黄季剛先生的思想精華，提出了“文獻語言學”。這一重要主張在近年來引起了學界的廣泛關注，開始得到推闡并發揚光大。

劉君惠先生曾告誡門生：民族文化根本的載體是民族語言、民族文字、民族歷史；語言文字是民族特徵的本質要素，語言文字之學具有特殊的民族風格、特殊的研究方法和特殊的歷史發展道路。繼承傳統，融合現代，結合古代文獻實際而提出的文獻語言學，正是這樣一種具有中國特質的學科，更是中華優秀傳統文化的闡釋之學、傳承之學，也是古籍整理的根柢之學。西方語言學在中國的百年實踐之所以一直水土不服，根本原因在於其無法適應中國語言文字深厚的人文性特點。文獻語言學提倡借鑒、吸收、消化世界上一切先進的語言學理論與方法，其根柢始終在於立足本土、專注文獻、重視人文；理念上特別强調發揚中國古代重綜合的傳統，尤其重視藉助多學科的支撑對材料做精微的科學分析，正確理解材料中的語言事實，繼而探索規律。這是文獻語言學鮮明的中國特色。

# 大力建設與發展文獻語言學

無論是通用文獻學專業，還是專門史文獻專業，共同的基礎學科就是文獻語言學。除了單純影印，其他形式的現代古籍整理都離不開對文獻語言文字的科學解讀。因此，需要在現行學科體系中明確文獻語言學的學科地位，并將其納入古籍整理人才培養體系之中。

文獻語言學具有鮮明的中國特色，但在西化傾向深刻影響下的現行學科分類體系中，無論是國標學科分類體系，還是學位授予學科分類體系，都没有文獻語言學的位置，這個古老而有中國特色的學科被消解在“語言學及應用語言學”“漢語言文字學”“中國古典文獻學”“中國少數民族語言文學”“古文字學”“考古學”等學科之中。這從根本上制約了文獻語言學的理論建構和科學應用，也從根本上阻礙了其發展。在人才培養上，這一問題顯得尤爲突出。

2020 年 1 月 13 日，《教育部關於在部分高校開展基礎學科招生改革試點工作的意見》印發，決定自 2020 年起在部分高校開展基礎學科招生改革試點，其中同古籍整理、中華優秀文化傳承與發展密切相關的是“古文字”强基班。目前招生的有：北京大學、清華大學的中國語言文學類（古文字學方向），中國人民大學、復旦大學、華東師範大學、南京大學、浙江大學、山東大學、武漢大學、華中科技大學、中山大學、四川大學、蘭州大學的漢語言文學類（古文字學方向），中央民族大學的中國少數民族語言文學類（古文字學方向）等。

古文字學是一門交叉學科，涉及語言文字學、考古學、古文獻學、歷史學等多個學科，它以古文字和各種古文字資料爲研究對象，對探索中國古代歷史文化發揮着重要作用。古文字資料的發掘、整理和保護工作，需要依靠現代考古學；古文字的辨識和解讀，需要立足於對先秦語言文字發展歷史和規律的整體認識，也就是古漢語知識和文字學基礎；古文字資料的整理和研究，涉及古代文獻學的理論和方法；古文字資料與傳世文獻的結合，爲歷史研究開闢了新的領域和前景。但是，這一名稱畢竟有其特定的内涵和外延。比如，在文字形態上限於古文字，而習慣上主要指隸變之前的文字，所以文獻主體資料就必然限定在出土文獻上，浩如烟海的傳世文獻反而没有得到應有的重視。因此，需要合理整合，適度擴大包括古文字在内的内涵和外延，從而使之能够包含我國的所有古文獻，這樣既能實現人才培養的寬口徑，又能爲碩博研究生培養提供厚重而足够的人才基礎。如果將古文字學擴展爲文獻語言學，這樣既能解决古文字學口徑太窄的不足，又能整合古典文獻學，進而滿足高校科研院所、出版社、圖書館、博物館以及各種古籍數字化公司等在古籍整理事業中對有關人才的需求。

# 文獻語言學：理論、方法與未來*

## ——文獻語言學系列講座第 100 期演講録

華學誠主持

馮勝利　王立軍　董志翹　孫玉文主講

**華學誠（北京語言大學教授）：**

各位老師、各位同學，大家下午好！

經過多年的醖釀，北京語言大學的同仁們决定要辦一件大事，這就是從學科層面推動文獻語言學的建設與發展。爲此，自 2015 年開始，在趙振鐸先生、郭錫良先生、王寧先生、魯國堯先生、江藍生先生等前輩學者的支持下，在學界衆多朋友的幫助下，由我校學科同仁齊心協力展開了三項影響巨大的工作：一是舉辦“文獻語言學”國際學術論壇，這個論壇至今已經連續舉辦了 7 屆，專爲年輕學人提供機會的青年論壇也舉辦了 4 届，每届參會人數都在 150 人左右，今年綫上參會人數竟有三四百人；一是創辦《文獻語言學》集刊，該刊每年兩輯，至今已經出版了 14 輯，第 15 輯即將出版，這一刊物 2021 年初進入 C 刊行列；再一個就是設立了“文獻語言學”系列講座，這個講座在魏德勝教授主持下，廣邀海内外老中青一流學者，圍繞文

* 本文原載華學誠主編：《文獻語言學》第 16 輯，中華書局 2023 年，第 1—31 頁。

獻語言學主題，自定講題，自由發揮，今天應邀在座的諸位先生都曾多次支持這個講座。

這個講座今天是第 100 期，值得紀念。因爲防疫政策的限制，無法組織大規模的綫下慶祝活動，所以我們特邀馮勝利先生、王立軍先生、董志翹先生、孫玉文先生舉辦一場文獻語言學理論、方法與未來展望的學術演講，以表達慶賀之意，也是促進這一學科發展之舉。因爲孫玉文先生得下課之後纔能趕到現場，所以四位先生原定的演講順序略作調整。讓我們以熱烈的掌聲歡迎并感謝這幾位先生！

從學科發生的角度看，中國古代的語言文字研究源自於識字教育、經典閱讀，在初步建構起“小學”這一學科體系的漢代，中國的語言文字學就形成了兩個非常重要的傳統，一是服務於經典文獻的闡釋，一是致力於語言文字本身的研究。經過 2000 多年的發展，“小學”取得了輝煌的成就；20 世紀初，太炎先生高屋建瓴，洞悉古今中西，基於傳統，融合西學，明確提出了“語言文字學”概念，促進了“小學”向現代的轉型；黄季剛先生繼承太炎先生的衣鉢，對古代漢語言文字研究有着深入的理論建構思考，他是文獻語言學的“奠基人”；陸宗達先生在吸收黄季剛先生思想精華的基礎上提出了“文獻語言學”這一概念，并和他的弟子王寧先生深入詮釋了這一概念。讓我們首先有請陸宗達先生的高足、著名語言學家馮勝利先生談談陸宗達先生與文獻語言學，大家歡迎！

**馮勝利（北京語言大學教授）：**

## 陸宗達先生與文獻語言學

今天我要講的題目是一個命題作文：華學誠教授讓我講一下

“陸宗達先生和文獻語言學”。我首先感謝華教授給我這個機會，讓我跟大家分享我對文獻語言學的一些體會和想法。我想，華教授的這個題目有兩個意思：一是關於陸先生，二是關於文獻語言學。二者是有關係的——沒有前者，就没有後者。

陸宗達先生是章黄嫡傳的訓詁大師，弟子遍天下。區區晚學，豈敢雌黄，這裏只從個人的角度談一點自己跟陸先生學習的體會。有不對的地方，還望同門及各位師友批評指正。

## 一、穎明先生——我的“外公”

首先説一下我是怎麽認識陸先生的。1973 年的時候，我在北京市宣武區的和平門中學（當時是一八〇中學）教數學。我喜歡寫古詩，[①] 結果讓當時的教務主任陸敞老師知道了，她就對我説：你可不要隨便給人看，這些古代的東西是“破四舊”的内容。如果你真想學的話，我可以讓我父親教你，但不要聲張。過了幾天，她就帶我去見陸先生。見面前她跟我説：你就叫我父親“外公”吧。就這樣，我認識了我的“外公”。

陸先生給我上的第一課講的就是杜甫的《曲江》：“一片花飛減却春，風飄萬點正愁人。且看欲盡花經眼，莫厭傷多酒入唇。江上小堂巢翡翠，苑邊高冢卧麒麟。細推物理須行樂，何用浮名絆此身。”先生説，學古典文學要以三本書爲基礎：一《史記》，二《昭明文選》，三《唐詩三百首》。讀古書，要學會句讀，這是基礎；其次是

① 這裏不妨拈出一首，想見當時情景：“峰拔江海謂離群，慣慕秋霜何勝春？緑酒紅風不速客，東籬菊蕾淡薄人。毋道瑟瑟春易逝，餘芳盈盈有清新。何期南陽魂歸去，日日猶作梁甫吟。”（1974 年《和友人》）

層次（就是我們説的章句）；第三是音詞。後來我纔知道，第三點很要緊。他説的音詞含義頗深：讀古文不懂音律，永遠是門外漢。而讀唐詩，首先要分清層次。一種辦法就是分析詩聯的結構。杜甫《曲江》的前兩聯講的是一回事，是景色；第三聯和第四聯一定要甩開前面兩聯，講的是人和事；其中第四聯必須統而觀之，把前面的内容攏括起來，再收尾。這就是古詩結構。學古詩，要精通它的層次結構。陸先生還講了第二種辦法、第三種辦法，這裏暫不多説了。

從那以後，陸先生就每周讓我到他家聽他講書，也就是家塾的私授。注意：那是"文化大革命"時期，學古代的東西一定得保密；否則不僅會影響陸敞老師，還會給當時被社會看作反動學術權威的"外公"帶來災難。所以當時跟我一起聽課的人（記得還有鄭天挺先生的孫子）都保守秘密，不聲張、不外傳。

長話短説，先生講完唐詩後，也許是因我的興趣在古典文學，先生就開始講《左傳》。講了近一年，《左傳》講完就開始講《説文》。我那時不喜歡《説文》，因爲跟文學没關係。但又没人教我文學，於是就姑且聽之。

後來我發現，陸先生是在引你入門：先從文學入手，然後用《左傳》的字詞分析，把你的興趣吊起來，最後稍微轉移，一下子把你帶入小學。他先從我的名字的字形分析入手，講完"馮、勝、利"三個字後，就從《説文》的"一部"開始講，一個字一個字地講。在跟陸先生學了相當一段時間以後，打下了一些語文基礎。恢復高考後，1977 年我一下就考入北京師範大學歷史系。一年半後又考上了陸先生的碩士生，到中文系專攻《説文》。在我 1986 年赴美讀博之前，我跟陸先生學了十多年。其間故事很多，但今天主要跟大家講文獻語言學的陸先生。"文獻語言學"這個概念和術語是陸先生創造的。先生創造"文獻語言學"頗有深意，我就把我覺得其中最重要的方面列出來與大家分享。先從"師訓"説起。

第一，在跟陸先生讀書的時候，先生説你要真想學小學的話，就要先讀段注。於是我就到中國書店買了一部段注，問先生怎麽讀。他告訴我："不能讀斷頭書！"意思是不能只看開頭，一定要從第一個字看到最後一個字。他馬上補充道："這是季剛先生的讀書規矩。"所以，跟陸先生學《説文》的時候有一個原則：《説文》9353個字，要一個字一個字讀完。可以説這是陸門的讀書規矩："不讀斷頭書！"陸先生有一個比喻，他説你看天安門的兩個城門，上面的鉚釘缺了一個，城門就殘損了。我們讀《説文》中的每個字，就像城門上的每一個鉚釘，一個都不能少。這是文獻語言學打基礎的第一要則。

第二，要敬師説。在先生講課時，他常常談到的一句話就是："一知半解，皆先生所授；一酌一飲，皆先生所給（jǐ）。"他説的"先生"是季剛先生。先生對自己的老師非常敬重。對陸先生來説，這句話的分量相當重，不僅常誦不已，而且終身以之。這絶不僅僅是"尊師"，不僅僅是俗常理解的"師恩難忘"，這是"敬學"！没有敬學之心、之情，談何尊師？這就是他在被打成反動學術權威的時候，仍然私塾講學的深層原因。其實，陸先生的敬學恐怕還有别於他人（所通常理解）之更深者：這就是先生對承襲章黄之學的中國"根柢文化"傳統的情懷和理念。季剛先生曾説："余於中國學術，猶蜂腰也。其屑微已甚，然不可斷。斷，學術其亡乎。"弟子只知"敬師"，還是人情上的品格；而弟子"敬學"，則直關學理文化。這一點，似乎今人還没有充分認識到，但這應該是先生創造"文獻語言學"的精義所在：一息尚存，師學必傳！其本身就是中華文化之精萃。這種精神今天是否也成了“蜂腰”呢？值得思考。

## 二、文獻語言學的基礎

陸先生在他的講課和談話中，常常在你下意識的時候，把他的思想潛移默化地傳授給你（尤其是先生看中的對象）。有的時候看似輕易，隨便帶出“我講的這些東西叫文獻語言學”。聽者（我自己就如此）根本不知道文獻語言學是什麽——耳熟而不能詳。反正我們學的是《説文》、是《左傳》，其他就不大關心，也不理解。但就在潛移默化之中，得到了熏陶和訓練。首先，文獻語言的基礎是《説文解字》。《説文》要從點讀段注開始。這是“自家功夫”。其次，是老師的精讀示範，陸先生親自講。先生用了將近一年的時間，從城濮之戰、鞌之戰、殽之戰、邲之戰，講到鄢陵之戰。這五大戰役，一字一句地講。所以，文獻語言學的基礎，離開講書難爲功。這個“講書傳統”需不需要繼承？我覺得也非常值得思考。“講書”説到底是文化傳承的大問題。現在很少看到我們還有講書的教授，講書本身也成了“絶學”，成了能不能傳的大問題。其實，“講書”在我看來是“繼絶學”中的一種“絶活”，絶活失傳，談何“繼絶”？

陸先生的文獻語言訓練不僅要“講書”，而且要“點書”，從點讀段注開始。穎明先生和季剛先生一樣，你不點，他不教。我的切身體會是，當我點完段注後，陸先生似乎一反常態，鄭重其事地在講書中加入了構字原理和古韻通轉的内容。比如他講“惟初太始，道立於一，造分天地，化成萬物”(《説文》“一”字解）時，説這都是道家的説法，現在一般把它看成儒家説法是錯誤的。“道立於一”説的不是“字”、不是“數”。最近我在一篇“寡人考”的文章裏分析漢語的數字（如“一”“二”“三”“四”等）時指出，絶對不能把它們理解爲簡單的數字，這一觀點就是根據老師的傳授而來。先生在講“六”字時説，六從“八”，怎麽能先有“八”後有“六”呢？可見不是數字。再如“元”和“兀”這兩個字，都從“二”，其實也可以從“一”。“一”和“二”絶對不是“數”。這在“兀”字可以“讀若敻”上能够發現綫索。“兀”其實不能讀“敻”，其讀音應該近似於“元”，音在痕寒部。《説文》玉部“瓊”异文作“琁”，聲符互换，説明“敻”和“旋”亦音通。《詩經》“洵兮”，《韓詩》作“敻兮”，可見“敻”可讀“洵”。於是知道“兀”和“元”上古音通。這就是爲什麽“元”從“兀”聲（參段注“元”字解）。陸先生用這樣的方法給我們傳授了什麽叫文獻的證據、什麽叫語音的基礎。

學習了一段時間之後，我問先生：“您總説這個字在歌部，那個是咍部，我怎麽學呀？”先生生問：“你真想學嗎？那就把《説文》所有的聲母（諧聲字的聲符）和聲母互换字找出來、記住。”比方説“盍”，説文又作“盍”，説明“有”和“右”同音。再如“枱”，《説文》或作“梩”，可證“目”和“里”古代是一個音，故可聲符互换。都找出來後，下一步要把“讀若”也同樣找出，抄在“大徐本”每個字下。通常，一部“大徐本”没多久就翻爛了，然後再買一部做。

這就是陸先生説的文獻語言學的功夫之學。但當時只覺得文獻語言學和文字、音韻、訓詁是一回事，未悟其旨；要旨何在，并不知道。陸先生的《説文解字通論》出版後，他簽名送我一本，并寫上“勝利世講”。我讀了以後，慢慢體會到：他説的文獻語言學，既不是“文獻學”，也不是一般説的“語言學”，而是“以古代文獻語言爲研究對象的語言學”。這與我的美國老師拉波夫（W. Labov）教授

（社會語言學創始人）的社會語言學一樣，他强調“社會語言學”不是“語言社會學”，而是“從社會的角度研究的語言學”。正因如此，陸先生特别强調“用聲音通訓詁”，因爲没有聲音就不是語言。這是文獻語言學的核心。事實正是如此，清人的聲音通訓詁，到季剛先生手裏發展成了聲音通句讀：發明了“聲氣句讀説”[①]。我們今天進行的“韻律語法”也是“聲音通訓詁、通句讀”的發展，不過是“用聲音通句法”而已。

## 三、文獻語言學的精藴

上面的話題自然而然地就引發出陸先生的文獻語言學的精藴爲何的重要話題。我認爲下面的幾點不容忽視。

第一點是上面提到的“以音通語”的核心——通過聲音來發掘和發明文獻語言中掩藏的語言規律。

第二點是“以意爲心”的研究目標。在陸先生的“文獻語言理論”裏，“意”和“義”是兩個概念，簡言之即“以意表義”。譬如“髯=鬍鬚”“姌=美女”“毦=垂毛茸茸”，雖然各有所指，但都均從“冄=垂毛柔弱”取意成義。再如“錢、盞、淺、箋、賤、餞”，都是從 dzan 聲，皆從“淺小”之取意而得名。我有一篇文章討論“命意”的問題——取什麽意來指稱或表示何種物件，是有根據、有規律的（參見馮勝利，2015；華學誠、曾曉雲，1988）。把取意規則梳理出來就可以看出語義通轉之“義軌”，如同音變之“音軌”一樣，既可以用來預測，也可由用來證僞（馮勝利，2022）。用這些規則來建立詞

---

① 黄侃（1927：116）云：“夫文之句讀隨乎語言，或長或短，取其適於聲氣。”

彙的派生系統，這就是《文始》創建的“同源”體系。雖然“取意派生”的機制，在文獻語言學史上，乾嘉學者已有意識地使用和發掘（如段玉裁和王念孫的訓詁實踐），但直至《文始》纔自覺地把它當作同源詞的語義生成機制。在一個國際會議上，有位蘇黎世漢學家對我説，《文始》是章太炎看了國外的著作受到影響纔作的，不能説是原創。我説：你説這話要小心。爲什麼？季剛先生没有讀過國外的書，他在《國故論衡》“序”中説：“曾因侍論，有所陳獻，既見稱許，規爲《文始》。”可見，《文始》的變异、孳乳的思想，是季剛先生在和太炎先生的問學中，碰撞出來的。怎麼能説是襲取外國而非原創呢？這是文獻語言學上的一個巨大突破；陸先生的《同源字新證》可以説是他文獻語言學研究成果的結晶。《文始》和《同源字新證》是用一個系統建立的，這個系統的一個重要組成部分就是“以意表義”的語義系統。

第三點是研究方法，亦即“以學理爲基礎，以結構爲依據，以邏輯爲原則”。比如季剛先生的“聲韻相挾”論。他首先從等韻中發現“變紐”都出現在二三等。因爲這些“變紐”絶大多數是錢大昕（如非敷奉紐）、章炳麟（如娘日紐）所證明的古聲之變，於是他推出：一四等的聲母屬古本紐。再而推出：没有“變紐”的一四等韻是古本韻。最後得出上古音28部19紐“聲韻相挾而變”的理論。聲韻相挾是原理，本音與變音是結構，互補分布是邏輯。後人不懂“互補推理”的演繹邏輯而誤以爲他的做法是“循環論證”，“就引出了很不合理的結論”（王力，1982）。可見，從學理的角度，以結構爲基礎，按照邏輯分析的原則進行研究的話，你就會發現新的結構。就此我想，什麼是真正的學術突破？無論古代還是當代，無論文字學還是音韻學，没有<u>結構的發明</u>，很難説突破了什麼。

## 四、文獻語言學的學術範式

那麼怎樣發明新結構呢？我覺得文獻語言學背後還有自己的一套學理範式，這是“結構發明”的策源地。分而言之，即：1. 章氏（太炎先生）的學術圭臬；2. 黄氏（季剛先生）的發明之學；3. 陸氏（穎明先生）的文獻語言學；4. 王氏（王寧先生）的理論與方法。前後一脉相承，而奠基於太炎先生：“學問之事，終以貴鄉東原先生爲圭臬耳。”（吴承仕，1982）僅此一句就標識出學術範式的淵源所自：中國的文獻語言學是以戴震“綜刑名、任裁斷”的科學“理必”爲機理建立的；如若不然，就要偏離文獻語言學的根本方向。季剛先生針對當時全盤西化的風氣，進而將太炎先生的學理範式標識爲“發明之學”，使之對峙於受西方影響而宣導起來的“發現之學”：“中國之學，不在於發現，而在於發明。”（吉川幸次郎，1999）“今發見之學興，而發明之學替矣。”（吉川幸次郎，2006）我想，最後一句，應該是季剛先生感到傳統文化精華面臨斷絶，含泪而言的。可惜的是，“發明”和“發現”這兩個概念今人仍不甚理解，也不甚明瞭。但這確是中國文字音韻訓詁之學，亦即文獻語言學的科學傳統之核心。做學問，材料固不可缺、文獻必不可少，但絕不是“資料主義”（如胡適和傅斯年宣導的“一分材料説一分話”“上天入地找材料”），也絕不只是“文獻考據的唯古是求”（如吴派學者顧千里）。文獻語言學是踏踏實實地用功細讀原著，發覆文獻中蘊藏的“語言規律”（如戴震、段、王之所發明），這纔是季剛先生説的中國學問之精髓，纔是陸先生腦子裹的文獻語言學要旨之所在。早在1957年他就提出文獻語言學的概念：

> 《説文》研究的對象，是周秦的<u>書面語言</u>（≠書面語），研究的内容是文字、聲音、訓詁；所以被稱爲“文字聲音訓詁之學”，成爲文獻語言學的奠基之作。(《陸宗達文字學講義》郁亚馨等 1957 年筆記)

和季剛先生一樣，陸先生的“文獻語言學”是針對當時“全盤蘇化”、取消古代漢語和訓詁學教學的風氣下提出來的。他要繼承！他繼承的是古文獻研究中的語言學的傳統精華。他説：“《説文》研究的對象，是周秦的書面語言。”注意：“書面語言”不等於今天的“書面語”，二者概念不同；前者聚焦的是“語言”，後者的内容則很叢雜（參趙元任《中國話的讀物》［*Sayable Chinese*］中“只能看而不能説”的書面語）。傳統小學中的諸多科目（包括《説文》學）如何爲“語言學”的研究服務，使之成爲文獻語言學的材料？這是現代的角度！這個角度的小學研究，顯然和通常所謂文字、音韻、訓詁的研究不一樣：小學一定要和活的語言結合起來，這纔是陸先生的思想。這是他 20 世紀 50 年代提出來的，是我發現的陸先生提出“文獻語言學”思想和概念最早的記載。如果大家能找出比這更早的出處來，我一定虚心求教。

接續陸先生文獻語言學發展的是王寧先生。她説：“一切寶貴的遺産，如果要想傳播下去，都必須適應當代人，因而必須在理論方法上與現代接軌。”其《訓詁學原理》含藴着對陸先生思想、理論、方法和要點的融會貫通，并用今天的話闡釋出來。我本人理解的陸先生的文獻語言學仍不够全面，讀者應該看王先生的《陸宗達先生與 20 世紀國學的傳播》，纔可對此有深入的理解和全面的把握。王先生的工作，從今天來看正是承前啓後的橋梁。季剛先生曾經説：“余於中國學術，猶蜂腰也……斷，學術其亡乎？”有了陸先生的“文獻語言學”和王先生的“理論和方法”，中國學術就能一脉相承地傳下去。其承傳經脉和要點，可粗臚如下：

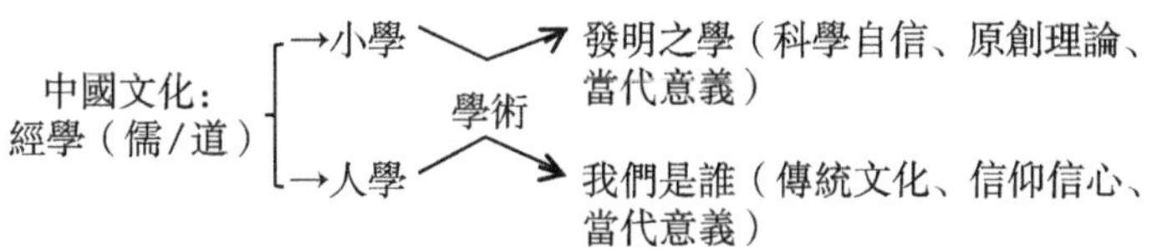


## 五、結語——“蜂腰”（=絶學）之繼的文獻語言學（承襲、開拓與發展）

前文所説範式雖已曉暢，但今天面臨的如何把“蜂腰”成功地過渡到“蜂體”而不使中斷，亦即如何承襲、開拓與發展，仍然是一個大問題。在結束這篇命題作文之前，我想再補充説明一下如何從當代語言學的角度，理解和闡釋陸先生在繼承發展章黄精華時提出的文獻語言學的概念和内涵，爲傳承事業提供一點個人的體會。就我的理解，以下幾點庶可作爲繼往開來需要認真思考的内容和角度：

1. 結構原則的繼承（《訓詁淺談》《訓詁簡論》《説文解字通論》）；

2. 文獻語義學的方法（如同律引申的創發）；

3. 文獻語音學/音韻學（《中國聲韻學》［1940］）；

4. 文獻句法學（“瞭成句之理，辨字位所處”）；

5. 文獻字法學/文字學（如“野人與之塊”之“凷”，從字形［盛土於∪］、字音［蕢讀爲塊］及文獻例證［《史記》“野人盛土器中進之”］的三維角度來證明）；

6. 文獻韻律語法觀（提出“聲氣句讀≠句法句讀”）；

7. 文獻語體語法説（對季剛先生“文與言乖、雅俗殊形”的繼承與闡發）；

8. “中國之學，不在於發現，而在於發明”的切身實踐——發明“文獻語言學”的當代理念和所含内容。

首先是“結構原則”。蒙陸先生親炙十餘年（1974—1986 年），我的感受是要有 5—10 年的文獻功夫纔能體會先生的學術心路：一個民族没有自己的學術，很難發展她的文化；而不從邏輯結構去思考，很難構建“經久不坍”的學説。[①] 這是第一點。

第二點可以從《訓詁淺談》《訓詁簡論》《説文解字通論》裏看出來，亦即文獻語義學的方法論。《訓詁淺談》中分析了兩個字：“去”和“除”。“去”有 4 個意義：離開、躲避、拿掉和殺掉；“除”和“去”義相近（今天還説“除去”），因此“除”也有同樣的 4 個引申義（陸宗達，1964：47—48）。這是同律引申造成的同步發展的結果。我的碩士論文用“同律互證”的原理説明和概括這種同步發展，是王寧先生啓發和指導的結果，而陸先生的《訓詁簡論》則是這條規律的首發出處。後來談同律引申、同步引申或類似現象和概念者，恐怕没有一個看到：這條當代文獻語義學的内在規律，是陸先生把段玉裁、王念孫等的語義研究吃透後，首先發明的。我們説訓詁學的核心在語義，道理即寓於斯。

第三點就是文獻語言的音韻學（historical phonology）。陸先生在上古語音學方面的早期成果是對王念孫音韻學的整理以及他的《中國聲韻學》。文獻俱在，兹不贅。

---

① 季剛先生説“新發見之物，只可增加新材料，斷不能推倒舊學説”（黄侃，2006：3）的道理就在“舊學”有其“邏輯結構”的“必然性”。

第四點是文獻句法的研究。傳統所謂的“瞭成句之理”，就是從造句的原理上“辨字位所處”；關注的是“句理”和“字位”，這就是今天的“句法”。注意：我們不要因爲前人没用“主謂賓”，就説他們没有主謂賓的意識和理念。古人講究字詞在句中的位置——句法位置，這需要我們用今天的句法理論去發掘、整理和研究。

第五點就是字法，即文字學。文獻語言學的文字學（或文獻語言文字學）與“考古文字學”不同。陸先生對“野人與之塊”中“塊”的解釋，堪爲“文獻語言文字學”的研究範式。有的學者説陸先生的解釋是别出心裁，殊不知這裏發明和揭舉的是“三合考證法”：一是字形（《説文》作“凷”），二是古音（“蕢”讀爲“塊”），三是書證語義，《史記》“野人盛土器中進之”就是《左傳》“野人與之塊”最好的語義解讀——“塊”是“土器（筐）”。有文獻的證據，有字形的證據，有語音的證據，這是陸先生給“文獻語言文字學”創造的標準，是“文獻語言考核法”的一個範例。

文獻語言學的要旨在語言，語言除了“字音”還有“句音”，這就是文獻語言的句讀法。從當代語言學的角度看，就是韻律語法。陸先生秉承季剛先生“聲氣句讀（≠句法句讀）”，實即他的“韻律語法觀”。前文所引杜甫《曲江》“莫厭傷多酒入唇”的句法斷句雖然是“莫厭/傷$_{=甚}$多酒/入唇”，但韻律句讀必須根據詩律讀成“莫厭/傷多/酒入唇”。韻律征服句法的思想早在“文獻語言韻讀法”裏埋下了種子。

人一開口就有對象。既有聽者則必有語體。文獻語言語體學可以説是章黄學理中的一大發明，是尚未開發的處女地（參見劉麗媛、馮勝利，2020）。季剛先生在《黄侃日記》中説的“文與言乖，非苟而已”，實導當代語體學之先路。後來朱德熙先生説現代漢語的研究要區分口語和書面語，可以説是季剛先生的“承脉”之作——現代漢語的口語和書面語是兩套語法系統。這與季剛先生早年指出的“雅俗殊形”“雅俗有代降”實出一轍，只是季剛先生的語體語法還包括了雅俗之間的互動及其促變語體的動力。

凡上種種，其最重要的就是第八點，即文獻語言學背後的學理：“中國之學，不在於發現，而在於發明。”可以説，文獻語言學是陸先生切身實踐的、給自己時代做出貢獻的一大“發明”——章黄之學“蜂腰史”上的富有當代語言學思想理論方法的發明。

總之，陸先生的文獻語言學可視爲富有當代語言學的學科思想、理論和方法的一個新的階段，其中藴含着繼承傳統、開闢新學的重要思想、視角和要素，是後代承學之士取之不盡的學術寶庫。而今天由華學誠先生主持的文獻語言學研究中心，無疑任重而道遠——重望所期，共襄盛舉！謹祝文獻語言學蓬勃發展！

**華學誠：**

謝謝馮先生！馮先生深情地回憶了跟隨陸先生學習的過程，介紹了自己在陸先生指導下一步步領悟文獻語言學的過程，并言簡意賅地闡述了陸宗達先生所提出的文獻語言學。聽了馮先生的演講，不僅讓我們知道了陸先生提出文獻語言學概念的學術背景，讓我們清晰地理解了文獻語言學的概念及其内涵，特别是它的意藴與範式，也讓我們懂得了學習文獻語言學的要求和路徑，還讓我們更加明白了這個學科建構的重要意義。

中國古代産生了很多語言文字學著作，但只有東漢許慎的《説文解字》被陸宗達先生稱之爲“文獻語言學的奠基之作”，馮先生剛纔的演講也强調了陸先生如何重視《説文》，這是爲什麽？下面有請陸宗達先生的再傳弟子、文字訓詁學家王立軍先生談談《説文解字》與文獻語言學，大家歡迎！

**王立軍（北京師範大學教授）：**

## 《説文解字》與文獻語言學

感謝華學誠老師和基地的邀請，讓我有機會參與這麽重要的學術活動，見證文獻語言學系列講座百期盛典。按照基地的安排，今天就"《説文解字》與文獻語言學"這個題目談點兒心得體會。

剛纔馮勝利老師談了我的太老師陸宗達先生在文獻語言學方面做出的開創性貢獻，談得非常深刻，我聽後受益匪淺。關於《説文解字》與文獻語言學的關係，陸先生有過明確的論述："《説文》……創立了漢民族風格的語言學。漢民族語言學的一個主要學科是'文獻語言學'，它研究的對象是周秦的書面語言，研究的内容是文字、聲音、訓詁，所以又稱爲'文字聲音訓詁之學'。《説文》就是文獻語言學的奠基之作。"（陸宗達，1983：6）陸先生還以大量的研究實踐，嘗試從《説文》出發建構"文獻文字學"。這正如王寧先生（2002）所説："他以《説文》學爲主要研究方向，遵照章太炎建立'中國語言文字學'的提倡，賦予《説文》學以全新的面貌——1981年，他出版了《説文解字通論》，把自60年代初所講的《説文》學加以整理，打破了把《説文》研究僅僅看成'字書研究'的學術成見，從《説文》研究中産生了文獻文字學的新體系。"

在陸先生之後，王寧先生繼續沿着這條路子深度耕耘，進一步推進傳統語言學的現代化和理論化，取得了一系列重大成果。總體上講，王寧先生對訓詁學理論和方法的總結和發展，以及對漢字構形學理論體系的創造性建構，都有一個共同的根基，即“説文學”。王先生曾回憶她跟着陸先生讀書時的情形：“1962 年 4 月，我把點讀過的《説文解字注》拿去給陸先生看，陸先生一邊翻一邊笑，没批没改，只對我説：‘再去買一部重點吧！’連着點了三遍《説文解字注》，還同時把《説文》大徐本和小徐本仔細對校了三遍。”後來，她又用這種經驗來指導自己的學生：“陸宗達先生去世已經二十多年，我仍堅决沿着這條道路走下去。爲了有效地保持傳統，打好基本功，我一如陸先生當初帶我們那樣親自帶讀古書，要求學生點讀《説文》和《十三經注疏》，引導學生養成逐字逐句將一本書連同注疏一起從頭讀到底的良好讀書習慣。”（王寧，2013）王先生之所以强調《説文》和《十三經注疏》要同時點讀，正是基於《説文》和文獻之間的互通關係。

“説文學”爲什麽能够成爲文獻語言學的核心内容？爲什麽能够成爲現代漢字構形學的核心基礎？這在於《説文》本身藴含的豐富的語言文字學思想。我們平時只將《説文》當作字典，其實是貶低了它的地位。實際上，《説文》是以字書的形式呈現許慎的傳統語言學、傳統文字學的思想體系。如果我們不從這個高度認識《説文》，就不可能真正理解《説文》。

就“説文學”和文獻語言學的關係這個問題，我想可以從以下幾個層面去理解。

## 一、傳統小學是以服務經學爲目標的

《説文》與文獻語言學的密切關係，需要從傳統小學的大背景來認識。從傳統小學的特點來看，它是爲經學服務的。小學與經學的關係，决定了早期的字書一定與經學文獻有着密切的淵源。小學源於并服務於經學，經學也同樣離不開小學。張之洞（2001：258）曾説："由小學入經學者，其經學可信；由經學入史學者，其史學可信。"他還説："凡學之根柢必在經史。讀群書之根柢在通經，讀史之根柢亦在通經，通經之根柢在通小學，此萬古不廢之理也。"（張之洞，2008：369）這是關於小學對於經學的重要作用的很好概括。小學不僅服務於經學，也是研讀其他文獻的必備鈐鍵。正如黄侃先生（1983：10）所説："小學之於群籍，由經史以至詞曲，皆不能離之。"

事實也正是如此，我們研究文字，目的是什麽？研究文字，不是爲研究而研究，因爲文字是記録語言的，是第二性的。研究文字是爲了更好地理解一個字所擔負的記録語言的職能，只有這樣，我們纔能看到文字的真正價值。特别是文字産生之後，文字與語言就成了你中有我、我中有你的關係，二者無法分離。王寧先生曾經談到漢語詞彙發展的三大階段，即原生階段、派生階段與合成階段。其中"派生階段是漢語詞彙積纍最重要的階段。在原生階段的晚期，就已經産生了少量的派生造詞。而當詞彙的原始積纍接近完成時，派生造詞逐漸成爲占主導地位的造詞方式。這一階段，漢語由已有的舊詞大量派生出單音節的新詞，并促進了漢字的迅速纍增"（王寧，1995）。在詞彙的派生階段，文字高度介入詞彙的發展過程，促進并固化了詞的派生，使詞的派生形式視覺化，對詞彙的發展産生了積極推動作用。所以，字與詞在發展的過程中是密切互動的，我們如果僅僅將字看作一個形體符號是遠遠不够的，而是要從字與詞的關係視角，也就是從文獻語言的視角觀察文字。因爲當我們提到字的時候，它一定是和書面語對應的。有了字，纔有書面語；有了書面語，纔有文獻語言和文獻語言學。因此，字詞關係的密切程度，决定了研究文字一定是基於文獻語言的。

## 二、傳統文字學是以《説文》爲中心的

無論是與傳統小學範圍相同的傳統文字學，還是屬於中國語言文字學下位概念的文字學，都是以《説文》爲研究中心的。特别是在清代文獻考據學高潮的帶動下，"説文學"已然成爲中國文字學的代稱。翻閲幾十年前的漢字學講義，大部分的内容都是有關《説文》的。到了當代，隨着漢字學學科體系的完善，雖然"説文學"在形式上所占的比重没有以前大了，但"説文學"的根基作用仍是無法忽視的。王寧先生（2003：3）在評價陸先生的傳統文字學研究時，就特别强調了陸先生以《説文》爲中心的治學路徑："他在講授傳統文字學時，遵循章太炎、黄季剛先生的師承，是以《説文解字》爲中心的。"

隨着古文字學的興起，《説文》并未因其部分字形説解與古文字不合而降低地位，反而更加凸顯其作爲古今文字橋梁的重要價值。《説文》是打開古文字之門的鑰匙，是學習古文字的基礎；古文字的識别與驗證，離了《説文》也是辦不到的。這正如李守奎（2022）所説："離開《説文》的古文字研究没有根基。"隨着近些年古文字材料的大量出土，一些學者往往過度夸大《説文》中存在的問題，對此李守奎（2022）提出了批評："《説文》之後文字學發展了近兩千年，無論是材料上，還是理論上、方法上都有重大發展，比許慎進步是理所當然的，不能脚踩在巨人的肩膀上就自我感覺比巨人更高。從古文字學的角度，對《説文》的過度指責并無太大益處。

我們要充分利用大部分正確的内容識讀和學習古文字，利用其中有價值的信息解決疑難問題。”我們非常贊同李守奎的觀點。利用《説文》作爲連通古今文字的橋梁，又反過來否定《説文》，這種態度有失偏頗。

## 三、《説文》是兩漢今古文經之争的產物

《説文》產生的直接原因也是與經學密切相關的。許慎編纂《説文》，是將它作爲武器來使用的。何以見得？

《説文》誕生在今古文經之争的大學術背景之下。今文經是秦始皇“焚書坑儒”之後，漢代儒士根據記誦口耳相傳、用當時的隸書記録下來的經典文本；古文經是當時陸續出土、徵集的秦以前用六國文字書寫的經典文本。西漢時期一直是今文經占統治地位，所立的經學博士都是今文經。西漢末年，古文經學逐漸抬頭，與今文經學進行了激烈的學術地位之争。直到東漢時期，古文經學纔逐漸占了上風。在這場鬥争中，身爲“五經無雙”的經學大師許慎，是站在古文經學一邊的。

今古文經之争中的關鍵，便是字的問題。今文經學家否定古文經，首先否定的是經文中的字，他們指責古文經是“向壁虚造不可知之書”，認爲古文經中的字都是假造的。如果字是假的，那麽經文就肯定是假的了。古文經學家要想找到自己的立足之地，首先便要證明古文經文中的字是真的。大家知道，漢代的通行文字是隸書，與六國古文有着很大的差异。在漢代人的一般認知中，是没有文字演變的觀念的，大部分人認爲隸書就是倉頡造字時的文字，其理由是“父子相傳，何得改易”。在這樣的背景下，許慎編寫《説文》不以當時

的隸書作爲字頭，而以小篆作爲字頭，且收録比小篆時代更早的古文與籀文，就是要建構漢字的發展演變史。爲什麽《説文》中收録的古文、籀文數量較少呢？是許慎所見的古文、籀文就那麽多嗎？肯定不是。許慎收録的古文、籀文是經過選擇的，是對小篆構形系統的有機補充。許慎將《説文》當作鬥争的武器，他要證實古文經中的字是真正存在過的字，以此樹立古文經的學術和政治地位。

事實證明，《説文》在今古文經之争的過程中發揮了重要作用。"許慎作爲古文經學家大師，以他博大精深的學術見解，以他扎實的古文功底，撰成《説文解字》，捍衛了古文經學的尊嚴，爲古文經學全面壓倒今文經學做出了突出的貢獻。"（康國章，2006）兩漢的今古文經之争，爲古文字研究提供了學術動力，確立了漢字演變的觀念，促進了漢字理論的探索，催生了《説文》這部偉大的著作。許慎在《説文解字叙》中從倉頡造字開始，梳理了漢字發展的歷史，目的就是糾正當時人們對漢字發展與演變問題的錯誤認識。所以，《説文》自誕生之日起，就與經學文獻建立了極爲密切的關係。

## 四、《説文》的定位和具體内容是文獻文字學

文獻文字學不等於純文字學，它是基於文獻對文字進行研究的。《説文》是以解讀當時的傳抄文獻爲原初目的，從而對古代具有造字理據的漢字進行整理和解説的。許慎之所以能够實現這樣的目標，是因爲他對文字的構形系統有着深入的研究。許慎建構的既是文字系統，也是詞彙系統，許慎的字詞觀隱含在《説文》的整體架構和具體説解之中。比如，剛纔馮勝利老師談到陸先生、王先生關於字的"造意"的論述，"造意"這個術語很好地體現了許慎的漢字觀念，

他對漢字意義的分析大都是基於構形和造字意圖的，即據形析義。當形義關係能够很好地指向本義時，許慎便講本義，反之則講“造意”。儘管《説文》的方法是從字形出發探討字意，但最終都指向文獻中的詞義。所以，《説文》的基本定位是文獻文字學。

《説文》這樣的定位，使得其具體内容有着濃厚的文獻文字學色彩，僅從《説文》引經的豐富性上就能説明這一點。清吴玉搢《説文引經考》云：“《説文》引經，數千餘言……不考《説文》，不足以證其誤者，偏旁定而後訓故明，訓故明而後經解正。”陸宗達先生説：“許慎訓釋字義，主要是從古代文獻的生動的語言實際中，分析和揣摩詞義，然後加以概括、歸納，從而確定每一個詞的訓詁。”（陸宗達，1983：29）《説文》大量引經，將字形的解析、引經的文本與文獻的考證密切關聯起來，很好地凸顯了其文獻應用價值。

實際上，《説文》的引經與其對字的解釋是互證的關係，既以字證經，又以經證字。如《説文》戈部：“武，楚莊王曰：‘夫武，定功戢兵，故止戈爲武。’”段注：“宣十二年《左傳》文。此檃栝楚莊王語以解武義。莊王曰：‘於文，止戈爲武。’是倉頡所造古文也。只取定功戢兵者，以合於止戈之義也。”《説文》在“武”下引《左傳》“止戈爲武”之説，既是爲了説解字形，同時也是通過“武”的小篆字形，爲當時儒家“禁暴息兵”的戰爭倫理思想提供字形上的支撑。就如同《説文》對“王”的小篆字形的分析一樣，[①] 他雖然列舉了“王”的古文字形“𤣩”，但仍然依照“王”的小篆字形選擇了“一貫三爲王”的説法，這也是在爲封建帝王統治人民的合法性尋求

① 《説文》王部：“王，天下所歸往也。董仲舒曰：‘古之造文者，三畫而連其中謂之王。三者，天、地、人也，而參通之者王也。’孔子曰：‘一貫三爲王。’凡王之屬皆從王。𤣩古文王。”

字形依據。

當然，《説文》引經的作用更多的是以經證字。例如，《説文》宀部："向，北出牖也。從宀從口。《詩》曰：'塞向墐户。'"段注："毛曰：'向，北出牖也。'按《士虞禮》'祝啓牖鄉'注云：'鄉、牖一名。'《明堂位》'達鄉'注云：'鄉，牖屬。'是渾言不別。毛公以在冬日可塞，故定爲北出者。"這是引經文來佐證對字形的説解。又如，《説文》角部："觶，鄉飲酒角也。《禮》曰：'一人洗，舉觶。'觶受四升。從角單聲。觗，觶或從辰。觝，《禮》經觶。"段注："觝，《禮》經觶。此謂古文《禮》也。鄭《駁异義》云：今《禮》角旁單，古書或作角旁氏，然則古文《禮》作觝。"再如，《説文》辵部："返，還也。從辵從反，反亦聲。《商書》曰：'祖甲返。'彶，《春秋傳》返從彳。"這兩個例子分別都是兩處引經，但字形各异，其目的在於説明不同文獻或不同版本字形選用的差异。

除了引經證字形外，《説文》還常常引經來説明文獻中的字用現象。例如，《説文》黹部："𪓐，合五采鮮色。從黹虘聲。《詩》曰：'衣裳𪓐𪓐。'"段注："《曹風·蜉蝣》曰：'衣裳楚楚。'傳曰：'楚楚，鮮明皃。'許所本也。𪓐其正字，楚其假借字也。蓋三家《詩》有作𪓐𪓐者。"這裹引經的目的，是爲了説明人們日常所習用的"衣冠楚楚"的"楚"，是個假借字，其本字應該作"𪓐"。

許慎雖然没有見到過甲骨文，但由於他善於將小篆字形與實際文獻用例相參證，對一些已經發生較大形體變异的小篆字形，也能够較爲準確地分析其構形理據，從而與甲骨文的構形理據相切合。如《説文》屮部："屯，難也。象艸木之初生，屯然而難。從屮貫一。一，地也。尾曲。《易》曰：'屯，剛柔始交而難生。'"這便是對

“屯”的小篆字形“[illegible]”的構意説解。我們今天看到“屯”的甲骨文字形“[illegible]”，正像種子的嫩芽剛剛破土而出的樣子，印證了許慎構意説解的正確性，充分體現了許慎學術的精湛。許慎之所以能做到這一點，得益於他對文獻的熟稔，他所徵引的文獻用例“屯，剛柔始交而難生”，對他正確解讀小篆字形“[illegible]”有很大的幫助。

由此可見，無論在宏觀的定位層面，還是在微觀的具體操作層面，《説文》都是明確指向文獻語言的。因而，“説文學”和“文獻語言學”有着天然的聯繫，“説文學”植根於文獻語言，“文獻語言學”又以《説文》爲根柢。只有正確理解和處理二者之間的關係，纔能真正領略傳統語言學的核心要義。

**華學誠：**

謝謝王先生！王立軍先生從四個大的方面，闡述了《説文解字》與文獻語言學的關係，非常精要地回答了陸宗達先生，包括王寧先生，爲什麽堅定不移地始終强調《説文解字》在文獻語言學研究中的地位與作用。王立軍先生最後總結的這一句特别精當，請允許我再念一遍：“無論在宏觀的定位層面，還是在微觀的具體操作層面，《説文》都是明確指向文獻語言的。”“‘説文學’和‘文獻語言學’有着天然的聯繫，‘説文學’植根於文獻語言，‘文獻語言學’又以《説文》爲根柢。只有正確理解和處理二者之間的關係，纔能真正領略傳統語言學的核心要義。”

文獻語言學是植根於中國傳統又吸收了現代語言學有益營養而架構起來的中國特色語言學科；漢語史是來自西方學科理論體系同時吸收中國傳統語言學精華而建立起來的歷史語言學科。這兩者在研究材料、研究方法、研究目標上既有重合，也有明顯的不同。同學們都很想把這些關係捋清楚，下面有請本基地特聘教授、著名文獻語言學家董志翹先生談談漢語史研究與文獻語言學，大家歡迎！

**董志翹（北京語言大學教授）：**

## 漢語史研究與文獻語言學

“文獻語言學”系列講座迎來百期盛典，可喜可賀！華學誠教授與基地命我藉這百期良機，談談漢語史研究與文獻語言學，這雖然是我近年來一直在思考的問題，不過也僅是“在思考中”而已，所以今天只能呈上一些粗淺的想法，希望能够成爲引玉之磚。

（一）語言的定義是：人類最重要的交際工具。它是人類思維和表達思想的手段，也是人類社會最基本的信息載體，是人區别於其他動物的本質特徵之一。它是以語音爲物質外殼，以語詞爲建築材料，以語法爲結構規律而構成的符號體系；是一種特殊的社會現象，隨着社會的産生而産生、發展而發展。語言本質上是音義的結合體，但是聲音是稍縱即逝的（古代又没有録音、録影手段），所以要研究古代（以往）的語言，面對的只能是用文字記載下來的語言，也就是書面語言（文獻語言）。談到文獻語言就要涉及記録語言的文字，而漢字與西方文字又截然不同，正如索緒爾所云：只有兩種文字系統。1. 表意系統。用獨立的符號來表示詞語，它與它所包含的聲音無關。這個符號與整個詞語有關，因此也就間接地與它所表達的概念有關。這個系統的經典例證是漢字。2. 通常所謂的‘表音’體系。它力求再現詞語中一系列相繼而來的聲音。

西方學者認爲：語言是反映（思維）概念的符號，文字是記録語言的符號。因此“文字”不屬於“語言”的範疇（語言的三要素是語音、詞彙、語法），因爲在西方語言中，一個詞（意義的最小單位）可以分成幾個音節，一個音節可以分爲若干音素，文字符號是記録音素的（不是記録一個詞的。如 peo/ple，分爲兩個音節）。因此西方語言的文字與詞義没有直接聯繫。故索緒爾《普通語言學教程》云：“語言學的對象不是書面的詞和口説的詞的結合，而是由後者單獨構成的。”

所以在西方人看來，“語言”是記録概念的符號，文字（表音）是符號的符號（它不與概念直接發生關係）。而正如索緒爾所言：“對中國人來説，表意的文字和口説的詞語同樣都是概念的符號；在他們看來，文字就是第二語言。”

這就是爲什麽我國的傳統語言學（小學）分爲“文字”“音韻”“訓詁”（形、音、義），而没有“語法”。因爲漢語缺乏形態變化、外部形式標志，漢語主要是通過語序、虚詞等來體現語法的，如早期的被動句没有標志，是通過語序，將受動者置於動詞之前來表現的（如“屈原放逐”）；判斷句没有繫詞，是用“者，也”等虚詞來體現的；過去時、現在時、將來時是通過“嘗”“方”“將”等時間副詞來體現的；等等。故有些語法現象在訓詁中被解決了。

所以“漢語”研究必然地要包含“文字學”研究（特别是“漢字語用學”研究）這一重要的因素。這纔是符合漢語自身的特點、具有中國特色的歷史語言學研究。

（二）現在國務院學位委員會學科體系：“中國語言文學”一級學科下，有二級學科“漢語言文字學”，下含三個三級學科：1. 現代漢語（含方言）（現代共時）；2. 漢語史（歷時）：語音史、詞彙史、語法史；3. 漢字學：現代漢字（現代共時）、古漢字（古代共時；因年代長，其中可分階段）、漢字史（歷時）。

在這樣的架構中，“現代漢語（含方言）”與“現代漢字”不屬於“文獻語言學”範疇，而“漢語史”“古文字”“文字史”屬於文獻語言學範疇。這樣的分法：第一，仍然將“漢字”分列於“漢語”之外（否定了它的語言屬性）；第二，即使將“漢語”與“漢字”并列，那麼，“漢語”下也應該分爲：現代漢語（現代共時）、古代漢語（古代共時；因年代長，其中可分階段）、漢語史（歷時）。正因爲分列的不合理，所以出現了一些問題。

（三）目前的“漢語史”研究，是受到西方語言學研究理論（歷史語言學）的影響後纔産生的。是西方歷史語言學的一個翻版。它的主要任務是，“細分漢語的各個分支，分別弄清漢語在不同的歷史時期語音、詞彙、語法的基本面貌和特徵，瞭解漢語在不同歷史時期的發展變化，探索這些變化的特點和原因，揭示出漢語發展的内部規律”。它的主要目的是，解決“某種語言現象在何時、何地、因何産生、變化或消亡，有何特點，起何作用，有何規律”等問題（因此在漢語史研究中，語音史、詞彙史、語法史研究是各自獨立的三個方向，文字學更被認爲是“記録語言的符號”而被擱在語言之外）。漢語詞彙、語法、語音分列學科是受到西方影響後形成的，這樣分，各個方向分列清晰，確實可以比較精細地找出各自的發展規律，形成各自的理論，但面對漢語實際，它也有它的不足。如我們一度學西方將語法研究純粹形式化，現在看來也不能順利解決漢語的問題，所以現又提出“語義、語法、語用”三個平面理論（漢語光是從形式上講是講不清的，例如“離合詞”的問題，除語法而外，還要考慮語義、語用［董志翹，2015］）。

雖然"文獻語言學"與"漢語史研究"所據的語料都是書面語言（文獻語言）。但是漢語的實際是，在歷史上存在着兩類不同的書面語言：文言、古白話。文言是指以先秦口語爲基礎而形成的上古漢語書面語言以及後來歷代作家仿古作品中的語言。文言文作爲一種比較穩定化的書面語言，沿用了兩三千年，從先秦諸子、兩漢辭賦、史傳散文，到唐宋古文、明清八股……都屬於文言文的範圍。

魏晋以後，文言和口語的距離日益加大，反映在文獻（書面語）中，出現了一種比較接近口語的書面語——古白話。南北朝漢譯佛典、《世説新語》、樂府詩歌（六朝民歌）、《齊民要術》、唐代變文、五代與宋的禪宗（及理學家）語録、宋元話本、元代雜劇以及明清小説（如《水滸傳》、《金瓶梅》、"三言二拍"、《紅樓夢》、《儒林外史》）等等，其中的口語成分較多，都屬於古白話（屬於言文大體一致的），它們是目前漢語史研究的主要語料。

因爲"漢語史"研究的主要目的是解決"某種語言現象在何時、何地、因何産生、變化或消亡，有何特點，起何作用，有何規律"等問題，這就決定了它的語料應該是書面語中隨着時代變化而變化的切近口語的古白話（而不是以上古的文言作品以及歷代模仿它的變化不大的文言文）。現在的"漢語史"研究莫不如此。因此學界對"漢語史研究的語料"的要求是：1. 時代明確；2. 切近當時口語；3. 反映較爲廣闊的生活面；4. 具有一定的篇幅。

當然，從所有語言的演進歷史（普通語言學）研究角度（共性）來講，這種研究語言歷史的途徑是正確的。但是對於"漢語"來説，它還具有自身的特點（個性）。

"對中國人而言，在共時日常生活環境中，第一語言是與'口説的詞'相關的、表音體系的漢語口語；在歷時的傳統文化環境中，第一語言是與‘表意字’相關的、文字體系的漢語書面語。二者都是‘觀念的符號’，共同構成了‘漢人’的語言。忽略任何一個，都不能構成關於漢語的科學的、完整的認識。”因此，“漢語史”研究中，將數千年來一直處於主導地位（在官方、正式、莊重的場合以及在學術、教學的場合）的“文言”排斥於外，總歸不是完備的“漢語史”。

下面，我們來看看“文言”的意義。

爲什麽“漢語”的歷史上會産生“文言”？我想，這與我們的國家幅員廣闊，原來是不同的方國，到秦漢纔趨統一，不同區域的口語都各不相同有關。所以漢代揚雄要編纂《方言》。“方言”是相對“通語”而言，“俗語”是相對“雅言”而言，“口語”是相對“書面語”而言。但方言與俗語、口語的邊界很難劃分，因爲歷史上，我們的“通語”就是“雅言”，而主要的“書面語”也是“雅言（文言）”。所以郭在貽先生將“方言、俗語、口語”統稱爲“方俗語（包含口語）”。如果我們的書面語都記録各地實際的口語，那麽就很難達到交流的目的。而秦漢以後，正是書面語與口語距離日益顯著，所以纔以先秦的經典（雅言）作爲書面語言的樣本，歷代模仿，并用統一的“漢字”書寫出來（雖然各自口語不同，但書面語是一致的），這樣就達到了“通語”的目的。因此，“文言”在溝通全民族的交流、國家的統一、漢語的規範方面功不可没（所以，唐代科舉考試，來自閩越之地的人，口語完全不同，但寫出來的文章都是可以看懂的。不光是漢民族，連朝鮮、日本這些受漢文化影響但語言不同的國家，互相都可“筆言通情”）。

那麽，爲什麽現在漢語史的研究會將“文言”摒弃一邊呢？我想，大概是出於這樣的認識：上古階段的“文言”因爲與口語大致一致，秦漢以後的“文言”又是模仿上古文言的作品（與上古語言相比，没有什麼變化），所以覺得“文言”的研究已經包含於漢語史的“上古漢語”研究之中。

但是，這樣的認識是不全面也是不準確的。首先，先秦時期的書面語是否完全與實際口語一致，這個問題就值得進一步討論。要説清這個問題，首先要回答什麼是“口語”？什麼是“書面語”？簡單而言，用口表述出來的是“口語”，用文字記録下來的就是“書面語”。那麼，正如蔣紹愚先生（2019）所言：

> 如果是這樣界定，那麼，先不説歷史上的情況，至少從現代漢語來看，“口語”和“書面語”没有本質的區别。比如，一個領導幹部在會議上的報告，可以不念講稿，但講得很有條理，這應該是“口語”；如果記下來後印成文件，那就成了“書面語”。一本學齡前的兒童讀物，上面寫的故事，這應該是“書面語”；如果孩子照着書本講出來，那又成了“口語”。但實際上，這只是語言載體的不同（是用有聲語言表達還是用文字記載表述），而不是語體的不同。而從語體來看，領導幹部的報告和兒童故事，不管是説的還是寫的，確實是不同的；但領導幹部口頭上講的話和記録下來形成的書面材料、書本上的兒童故事和孩子照書本講的兒童故事并没有語體差别。在上古漢語時期，情況也是一樣的。《論語》是“孔子應答弟子時人及弟子相與言而接聞於夫子之語”，當然是“口語”；但由他的弟子和門人記録下來，就是我們今天看到的《論語》，那就是“書面語”。《左傳》中有很多作者對歷史事件的記述，當然是書面語；但其中也有不少對話和言辭，都是先由人們從口中説出，然後用文字記録下來的。比

如，著名的“吕相絶秦”(《左傳·成公十三年》)和“子産對晋人問”(《左傳·襄公二十五年》)，都是外交官口中的言辭，應是“口語”；後來記録在《左傳》中，就成了“書面語”。所以，如果這樣來界定“口語”和“書面語”，那麽，先秦的“口語”和“書面語”也没有本質的區别。通常都説口語俚俗、書面語莊重典雅，但“吕相絶秦”和“子産對晋人問”都是很有文采的，孔子評論子産的言辭時説：“言之無文，行而不遠。”顯然，這種外交辭令在語體上是有鮮明的特點的，但這種語體特點是由於這類言辭的目的、功用决定的，跟是口頭表達還是文字記載無關。

蔣先生所言極是。口頭表達和文字表述只是語言載體的兩種不同形式，而不是兩種不同的語體。就語體而論，口頭表達可以有多種不同的語體，文字表述也可以有多種不同的語體。

其次，漢魏以後的“文言”是否完全模仿上古的文言而基本不變？這也值得討論。實際情況是在語言的幾個要素中，僅是語法及詞彙中的基本詞彙變化不大（這兩個因素本身就是變化較爲緩慢的）。而語音、詞彙（一般詞彙）、文字等同樣也是處於逐漸變化之中的（語法：使動、意動、賓語前置等特點在後期的文言文中也逐漸減少；詞彙：新詞、新義産生，舊詞死亡，雙音詞的發展等在後期的文言文中同樣有所體現；語音：《詩經》韻與唐詩韻，文讀與白讀）。所以，一言以蔽之，文言保持的是一個大致的骨架，而内部的血肉却一直在變化，僅是變化的速度較之古白話緩慢，變化的幅度較之古白話爲小而已。

最後，“文言”與“古白話”的關係，也值得認真研究。從嚴格意義上來講，歷代處於主導地位的文言文對古白話不可能没有影響。從詞彙上看，因爲古白話詞彙除了由於新事物或新認識的需要以既有詞爲基礎而造的新詞或從其他民族語言借入的外來詞外，絶大多數是承古積纍中逐漸質變而成的。其中有很大的一部分新詞新義的來源是“承古”，這種關係大致可以分爲三類：1. 由於詞義的引申，或由於語音的變化而從原有的詞産生出新詞（催—催促，趕快。怖—怕，怕：恬静、淡泊，司馬相如《子虚賦》“怕乎無爲，憺乎自持”，古音并母鐸部；怖：驚懼，害怕，《淮南子·詮言》“福至則喜，禍至則怖”，古音滂母魚部，《廣韻》滂母暮韻）。2. 由原有的詞加上詞綴而構成的新詞（木頭、轎子、鼻子、衫兒、船兒）。3. 以原有的詞作爲詞素而構成的新詞（如“鼻涕”，在文言中“鼻子”就叫“鼻”，鼻中流出的液體叫“泗”，眼中流出的液體叫“涕”，口語中的“鼻涕”就是組合兩個文言詞形成的一個新詞）。我們現在口語中的“等於、大於、平行於、相交於、至於、包含於”，這些詞中“於”的用法都是文言的遺存。

從另一個側面而言，後代的“文言”雖然是模仿先秦兩漢古文，具有一定的保守性，但這主要表現在語法及常用詞上。而隨着新事物、新概念的産生，文言中不得不吸收這些反映新事物、新概念的新詞語。我的導師張永言先生曾寫過《從詞彙史看〈列子〉的撰寫年代》一文。其中就以“錕鋙劍”“火浣布”兩個新名詞，考訂《列子》是僞書。因爲“錕鋙劍”就是金剛石刻刀，也就是所謂的“割玉刀”，據考，此物是印度傳過來的，在中國文獻中最早提到它的是東漢末年成書的《東觀漢紀》，而其事其物之盛傳則在晋代及晋代以後。而“火浣布”也是外來物，最早見於《三國志·魏書·烏丸鮮卑東夷傳》所引《魏略》。因爲《列子》這類文言作品中出現了東漢以後纔傳入中國的這兩樣東西的名字，故可確認《列子》不是先秦典籍，而是出於晋人之手的僞書。雖然《列子》從文體上是模仿先秦的，但在詞彙上難免露出馬脚。這説明後代的文言也是在變化的，就是變化的速度慢，而且不是全方位的，但絶不是一成不變，它不可能不受各個時期實際口語的影響。

再如詞彙的複音化問題。因爲漢語原以單音詞爲主，而一種語言的音節是有限的，詞却是無限的，這樣就會産生很多同音詞，在書面上我們可以用形體來區别（消、宵、霄、銷），口語中不能辨别，所以就用另一個近義、同義詞或意義上相關的詞加以限制、提示（消失、宵夜、雲霄、銷毁），所以漢語複音化首先是出現在口語中的，但是後代文言文的複音詞詞量也在不斷增加，因此文言文也不可能數千年來完全一成不變。

就如“文起八代之衰”、提倡“古文運動”的韓愈，雖然聲稱“非三代兩漢之書不敢觀，非聖人之志不敢存”(《答李翊書》)，其實，他的作品中還是吸收了不少口語成分的，如單音詞有店（店鋪）、怕（害怕）、爬（搔）、漫（全）等；複音詞有帕首（頭巾）、泊步（碼頭）、奔波（奔走）、落寞（寂寞）等；還有一些成語“無理取鬧”“垂頭喪氣”“牢不可破”“落井下石”等，都源自當時的口語，至今還活躍在人們的口中（正如漢字的正俗一樣，有些所謂正字，後代却成了俗字；有些俗字，後代却成了正字。比如《説文》：“秔，稻屬。從禾亢聲。稉，俗秔。”段注：“陸德明曰，稉與粳皆俗秔字。”但是到後來“粳”成了正字，“秔”成了俗字）。

更有很多文獻是文言與白話混雜的。有一個例子可以很好地説明：傳統戲劇裏面的詞曲大都是文言文，而念白却很多都是口語體。白話文的“白”就是從這裏面出來的。這顯然就是文言文和白話文混合的證明。另外像歷代正史、早期小説，往往敘事是文言的，記言却是口語的。

所以，即使是出於追溯現代漢語的源頭的目的而研究漢語史，而單以古白話作爲漢語史的研究對象，這一漢語史研究也是不完備的。因爲現代漢語的來源不僅是古白話，還有大量來自文言（文言與現代漢語都是以北方話作爲基礎的，因此繼承的更多一些，成語等大多來自文言，諺語纔大多來自白話）。更何況，在傳世文獻與出土文獻中，文言文獻占了絶大部分，而古白話文獻相應較少（古白話文獻在當時地位較低，屬於民間文化的記載，因此保存下來的就較少）。所以，漢語史研究在“白話史”研究的同時還應有“文言史”的研究。兼及兩者，且弄清兩者之間的相互影響，方能梳理出比較完備的漢語史（這也就是所有文獻的語言史的研究）。

關於漢語史的研究，吕叔湘先生是從“文體”上着眼進行分期的。他在《近代漢語指代詞》（2017：1）“序”中指出：

> 什麽是近代漢語？這涉及漢語史的分期問題。一種語言在某一個比較短的時間内發生比較大的變化，就可以把這以前和這以後分爲兩個時期。可是語言的演變只有通過書面記録纔得以觀察，而這又必然要受到用以記録語言的文字的影響。漢語是用漢字記録的，漢字不是拼音文字，難於如實反映口語。秦以前的書面語和口語的距離估計不至於太大，但漢魏以後逐漸形成一種相當固定的書面語，即後來所説的“文言”。雖然在某些類型的文章中會出現少量口語成分，但是以口語爲主體的“白話”篇章，如敦煌文獻和禪宗語録，却要到晚唐五代纔開始出現，并且一直要到不久之前纔取代“文言”的書面漢語的地位。根據這個情

況，以晚唐五代爲界，把漢語的歷史分爲古代漢語和近代漢語兩個大的階段是比較合適的。至於現代漢語，那只是近代漢語内部的一個分期，不能跟古代漢語和近代漢語鼎足三分。

以上是吕先生的一個想法，但當遇到語音、詞彙、語法演變的具體問題時，這樣的劃分也會遇到一些麻煩。所以吕叔湘先生在爲江藍生的《魏晋南北朝小説詞語匯釋》（1988：1—2）所作的“序”中説：

這本書的内容又讓我想到古代漢語和近代漢語的分期問題。語音方面該怎麽分期是另外一回事，以語法和詞彙而論，秦漢以前的是古代漢語，宋元以後的是近代漢語，這是没有問題的。從三國到唐末，這七百年該怎麽劃分？這個時期的口語肯定是跟秦漢以前有很大差别，但是由於書面語的保守性，口語成分只能在這裏那裏露個一鱗半爪，要到晚唐五代纔在傳統文字之外另有口語成分占上風的文字出現。拿目前這本書裏邊的詞語來看，從古典書面語的立場説，這些都是“俗語”，也就是説，都可以算是近代漢語的“露頭”。語法方面也有類似的情形。長時期的言文分離，給漢語史的分期造成一定的困難。因此，是不是可以設想，把漢語史分成三個部分：語音史、文言史、白話史？這樣也許比較容易論述。文言由盛而衰，白話由微而顯，二者在時間上有重疊，但是起迄不相同，分期自然也不能一致。這只是一種不成熟的想法，藉此機會提出來供研究漢語史的同志們參考。

吕先生將漢語史研究分爲語音史、文言史、白話史三個部分的主張，也是值得重視的。

而我們“文獻語言學”的定義是：文獻語言學是立足於海内外傳世文獻、出土文獻，綜合運用文獻學、傳統小學、現代語言學的理論與方法，旨在解決文獻中（包括文言文獻、古白話文獻）的語言文字問題、研究語言文字的結構規律和演變發展規律的一門中國歷史語言學科。

文獻語言學不僅包括對文獻（文言文獻、白話文獻）語言產生、演變、發展的研究，而且還包括傳統音韻、文字、訓詁的内容，即對歷代文獻（文言文獻、古白話文獻）語言的識讀、分析及研究，還包括了用現代語言學理論與方法來進行這一研究。

因此“文獻語言學”是涵蓋研究漢語言文字歷史全部内容的學科設置。

黨的二十大報告中號召，要“加快建設中國特色、世界一流的大學和優勢學科”，我想，“文獻語言學”學科正是立足於漢語實際、具有明顯中國特色的學科。

**華學誠：**

謝謝董先生！語言是什麽，中國傳統語言學爲什麽包含文字學，現代學科體系的合理與不合理之處在哪裏，漢語實際發展的歷史與反映這個歷史的文獻語言有什麽樣的複雜關係，漢語史分期爲什麽那麽難，漢語史追求的研究目標是什麽，文獻語言學與之相比有什麽樣的不同和特點，等等。董先生的演講容量很大，討論了很多問題，也提出了很多問題，而且都是重要的問題，是大問題，很有啓迪，請同學們來一起思考。

在我看來，也是前面幾位先生在演講中都予以肯定的，那就是，不管以什麼理論爲基礎，也不管出於什麼樣的研究目標，但凡是研究中國古代的語言，面對的材料都是文獻。换句話説，只要是研究古代語言，我們所使用的材料只有用歷代語言文字記載下來的文獻。口語、自然語言是音義結合體，研究古代語言無法獲取這樣的第一手材料。文獻語言是由文字記載下來的，而且文獻傳承的本身還會産生很多值得研究的問題，這纔是我們面對的實際。中國的古文獻包括出土文獻，總量有20多萬種，其中絶大多數是漢字記載的漢語文獻。因此，形音義關係就是必須研究的，加上形音義有古今、有方域，還有正俗，其間的關係异常複雜。下面有請本基地學術委員會主任、著名語言學家孫玉文先生談談形音義關係與文獻語言學，大家歡迎！

**孫玉文（北京大學教授）：**

# 形音義關係與文獻語言學

對漢字形音義跟文獻語言學的關係，我今天匯報一點不成熟的意見。前些時候，在北京大學召開的“漢語形音義關係研究”高端學術論壇的閉幕式上，我有個發言，我主張要從文獻的角度研究漢語。從文獻的角度研究漢語、研究語言，有很大的好處。爲什麽？

因爲我們有3000多年不間斷的文獻，這是全世界絶無僅有的。作爲從事語言研究的學者，應該從歷史的角度對這些文獻進行研究。首先當然是研究漢語史的需要，其次是研究普通語言學的需要。從這個角度研究語言規律，研究普通語言學，相較僅從現當代口語的角度來研究，這實際上是從一個全新的視角研究語言規律。僅從現當代口語的角度研究語言，很多現象以及現象背後的規律，大家會習以爲常、視而不見，輕輕鬆鬆地溜過去了。有了 3000 年歷史文獻的視角，比起單純用現當代口語的視角來研究，視野無疑寬闊了起來，更方便人們揭示語言規律。古書反映的語言情況很複雜，剛纔董老師講了，有文言，有白話，有方言，還有夾雜在一起的，所以各種現象都會出現。惟其複雜，所以要通過它揭示語言規律，就更需要研究人員多開動思維的機器，懦夫懶漢式的、總是寄希望於搭歐美語言學成果便車的做法不是無往而不利的，事實證明最終是行不通的。我說 3000 年的歷史文獻能更方便人們從文獻的角度去揭示語言規律，就是這個意思。從這個角度研究，我們有得天獨厚的條件。剛纔華老師也講到，我國大約有 20 多萬種文獻，絶大多數是漢字記録的漢語文獻，這些文獻，非常值得我們慢慢咀嚼。

通過語音、詞彙、語法去研究語言是基礎，這是大家都知道的。現在看來應該包括修辭、包括語用，但其實還不够。先說語用。重陽節的前幾天，有一個朋友就問我，他說他看到了小學的語文課本，裏面有王維 17 歲時寫的詩《九月九日憶山東兄弟》。“遥知兄弟登高處，遍插茱萸少一人”，原來的解釋大家都知道，是把“登高處”的“登高”和“處”切開，“登高”指重陽節的一種登高習俗，“處”作“時刻，時間”講，那麽這裏的“登高處”，顯然就是“登高”先組合，再跟“處”來組合。教材裏的注釋也是“登高”擺在一塊兒作解釋，跟傳統的理解一致。可是教材參考書的解釋却是登上高處，顯然是認爲“高處”先組合，再和“登”組合。哪一個是成立的？不可能兩個都成立。

於是我就讓我的學生趙團員博士幫我將《全唐詩》的“登高”和“高處”提取出來。“高處”大約是 70 多不到 80 例，“登高”是近200例。如果你要從語音、詞彙、語法的角度來觀察這兩種不同的理解，似乎都符合。你從這些角度不能證明哪個是錯的，所以光從語音、詞彙、語法角度是解决不了這個問題的。後來我一看，“高處”很少用到重陽節的時候，只有兩例例外，但是這兩例的“高處”都不跟“登”組合。我認爲作者是爲了湊成五字格以及平仄的要求，只能用“登高處”，不能只用“登高”；“處”不能换成“時”，“登高時”是平平平，而“登高處”是平平仄，它有平仄的要求，所以就用了“處”。東漢以來，重九跟“登高”逐步聯繫緊密，重陽節的“登高”應該相當於詞了。我又查了一下200來例的“登高”，唐詩裹頭大概是三種意思。一種是基本意思，用例很多，就是登上高處。第二種意思就是人日的登高，也就是正月初七的登高。正月初七有登高習俗，隋朝的時候正月十五也有登高習俗，大概到唐朝就不大慣用了。用得最多的就是重陽節登高，用例數量跟泛指“登上高處”的“登高”差不多。經過查閲，看到“登高”本義就是“登上高處”，但是在重陽節的時候，偶爾可以用“上高處”，《全唐詩》中有1例，但是從來不説“登高處”。所以從這個角度來講，王維的那首詩，把它理解爲“登高之處（時）”會更好一些。這就説明了僅憑語音、詞彙、語法釋讀文獻還不大行，要解决文獻中的釋讀問題，還需要更多的角度。

研究言外之意，這應該是語言研究的一個重要方面。從文獻語言學的角度來研究古書還有一個特點，就是要重視一本書的凡例。通過一本書的凡例揭示部分言外之意，這也是我們僅僅從語音、詞彙、語法、修辭的角度研究古書所不具備的。

前幾天我在中國人民大學也講過這個問題，就是讀《論語》的時候，我們今天有點斷章取義，没有把它作爲一個系統來讀。應該研究《論語》的條例——編寫的條例，如果從文獻語言學這個角度研究它，或許可以確定《論語》的一些言外之意。言外之意是有客觀性的，因此是有規律的。國外有篇章語言學，跟通過研究一本書的凡例把握言外之意還不一樣。古書中反映言外之意的方式多種多樣，很多方式都超乎我們今天許多人對言外之意現象的認識，既有的研究言外之意的框架不可能涵蓋它。我們讀古書，就是要將書裏頭客觀存在的言外之意通過科學的方法提取出來。《論語》的編寫有材料的取捨、審核、次序編排，它不可能是亂排，必然有一定的次序。《論語》的"論"字就表明它一定是按照一定的次序編排的。世界上那些先哲的話，後人把它們編起來，都是有次序的。比方説《古蘭經》，比方説後人所編的、記載佛教創始人釋迦牟尼言行的《金剛經》等佛教經典，還有《舊約聖經》和《新約聖經》，它們的内容安排都是有次序的。前人講《論語》，像南朝梁皇侃的《論語義疏》和宋朝邢昺的《爾雅注疏》，都揭示了其中的條理。《論語》二十篇，首先是《學而》，最後是《堯曰》，這也是有考慮的。衛靈公算是一個壞人，季氏也好不到哪裏去，還有陽貨，都順次排到一起。孔門的一些弟子也寫到一起，例如《先進》《顔淵》《子路》等，只有子張是個例外，《子張》排在《微子》之後，這是因爲《子張》後面是講一些治理邦家的内容。不僅《論語》二十篇的編排有内容要求，而且每一篇有很多節，每節之間、每節的各句之間也是有順序的。《論語》的文獻，要這樣去讀它、研究它。按照我們今天的研究，不可能把《論語》的言外之意都讀出來，有時還會有一些斷章取義的解讀。從文獻語言學的角度，依循段玉裁他們的研究傳統，能够填補當今語言研究角度上的一些缺失。所以從文獻的角度研究語言，這是非常值得做的，應該是一條康莊大道。

通過文獻研究語言，有三個方面非常重要。第一個方面就是名物字詞，牽涉到事物和概念、字和詞的關係。這是我們目前并没有完全搞清楚的，有一些關於漢藏諸語言比較的文章在這方面常出問題。有一些名物字詞概念相同，不同的語言用不同的詞來表達，這些不同的詞很難説有嚴整而系統的對應關係，它們只是各種語言裏頭表達同一個概念的不同的詞，這些詞是各語言獨自産生的，不是所謂的漢藏原始母語在各語言中的遺留物。所以這個方面要加以研究。

第二個方面，語言符號的歷史同一性問題。我們通過歷史上的材料研究語言，必然會面對語言符號的歷史同一性問題。在這個方面，我們有一些糊塗認識。比如有些人説："一"，漢代没有注音，你怎麽知道這個"一"就是今天的"一"的前身呢？再比方説，"好（$hao^3$）"跟"好（$hao^4$）"，有人説"好（$hao^4$）"字前人没注音，漢代人没注音，怎麽知道是去聲？可是前人也没注上聲，上聲他就不説。這是先存有一個先入爲主的觀念導致的。怎麽知道這些字古今有同一性、是同一個符號？古今同一性是建立在音義嚴整而系統的對應規律上的。這個是非常重要的，但是我們并没有想清楚。如果按照這樣的邏輯去認識古代語言，那大家都别研究甲骨文、金文了，因爲甲骨文、金文的字形跟後代有很大的區别，當時的人也没有注音、没有釋義，但是你怎麽知道甲骨文中排列的是"我伐馬方"四個字？這是因爲語言符號歷史同一性的規律在起作用。用世界上任何語言來釋讀甲骨文、金文，比方説用印第安和非洲的語言去釋讀甲骨文、金文，你不可能把它讀懂。即使是用藏語，你也不可能把它讀懂。只有用漢語纔能把甲骨文、金文讀懂。這是因爲甲骨文、金文跟後代的漢語是一脉相承的，其間有對應規律，甲、金文中的語言符號跟後代漢語的語言符號具有歷史同一性。這個規律還有很多問題我們并没有研究清楚，需要繼續努力。

第三個方面就是我今天要談的漢字的形音義關係，跟文獻語言學密切相關。我今天想重點説説這方面的内容。

如果我們通過文獻去研究語言，必然會面對漢字的形音義問題。形音義的研究是從文獻的角度去研究漢語、研究語言，這是書面語言研究的基石。語言符號的本質屬性在於它是一個音義結合體，我們要將語言符號跟其他事物分開，將語言符號跟其他符號分開，將一個語言系統中不同的符號分開，然後纔有可能從事語言研究，所以音義關係極端重要。文字是記録語言的符號系統，它具有將聽覺符號轉化爲視覺符號、從時空上延展聽覺符號的功能。漢字必然通過字形反映語言符號的音義，這樣漢字就有形音義三者。通過書面語言去研究漢語、研究語言，離不開文字，離不開漢字，因此，漢字形音義關係的研究是通過文獻研究漢語、研究語言的基石。我們必須明確認識到這一點。

從形音義關係的角度去研究漢語、研究語言，有很多工作需要我們去做。這裏我主要講三點：

第一點，要好好繼承既往漢字形音義研究的優良傳統，所以我們要好好讀古書。要把形音義關係搞清楚，我們首先要懂得古人有哪些很好的東西。形音義的關係，古人是很重視的。段玉裁就在《廣雅疏證》“序”裏面提出了形音義互求的辦法：“小學有形、有音、有義，三者互相求，舉一可得其二。”段玉裁那個時候已經五十多歲了，思想已經很成熟了，他不可能胡編亂造。

我舉個例子來説我理解形音義互求的過程。記得好像是 2003 年，武漢大學《故訓匯纂》出版，要開會。要開會，就要準備論文。《故訓匯纂》的編寫，特别强調形音義互求。大家都知道形音義互求。互求，就是舉一可得其二，就是因形求聲、因形求義，再就是因聲求形、因聲求義，再就是因義求形、因義求聲。這六種，都是舉一可得其二的具體方法。我到武漢大學去開會的時候，還沒有注意到段玉裁自己對形音義互求的具體表述，於是去看一些研究段玉裁學術功績或小學方法論的書，但是没有得到我想得到的解答，也就是這些研究没有滿足我的這個求知欲。於是就根據自己的想法去講，但是没有辦法講得圓滿，最多只能猜測出因形求義、因聲求義，其他四種猜不出來。六種互求之法，如果不懂其中的含義，根本對應不起來，很難講出個子丑寅卯。

後來，江蘇鳳凰出版社在2007年出版了《段玉裁全集》，也要開會。在開會之前，我正好看到了段玉裁的具體闡述，并且做了點分析、研究，纔算明白個大概。《説文解字叙》中，有一句"厥誼不昭，爰明以諭"，段玉裁在那個地方作注，對他的形音義互求，做了非常明確的揭示。我很早就開始讀《説文》段注，但是都將這段話的段注略過去了，這次帶着要瞭解段玉裁互求之法的究竟的想法去讀，果然得到了答案。這説明，咱們讀古人的書，應該帶著問題去讀，效果會更加明顯。

我們要讀懂段玉裁，就要知道段氏對"六書"定義的看法。他接受了他老師的看法，認爲六書，前四書是體，就是象形、指事、會意、形聲；後兩書是用，就是轉注和假借。光有體，你只能揭示本義；只有有了轉注和假借，那就不僅能揭示本義的問題，還有可能瞭解先秦兩漢整個的詞彙系統、詞義系統。段玉裁理解的轉注相當於同義詞互訓。他所理解的假借，跟我們是不一樣的，跟朱駿聲也不一樣。但凡一個字義，它不是本義，就都是假借義，那就包括了引申和假借這兩種。

段玉裁就講，因形求義，這是就象形、指事、會意、形聲中提示本義的形符來説的，如果聲符也表義，那就是會意兼形聲字，就提示字義來説，這個聲符也可以兼意符的作用。因形求義，就是要根據漢字字形昭示出來的特點揭示本義。因形求聲，其實是就形聲字的聲旁來説的。有些字，比方説珊瑚的“珊”字，你不能説從玉、册聲，因爲“册”跟“珊”的意義和讀音都太遠了，那得假定它是音符，最後確定“珊”是删省聲。因爲“珊”跟“册”没什麽關係，就假定它是删省聲，是個聲旁。因此，因形求聲就是求得形聲字的某個構件是個表音的形體，不是表意的形體。但這只是一個假定，還没有確定“珊”“删”是否音同、音近，所以還要藉助其他方法，也就是因聲求形。清代學者做學問很嚴謹。

接着就有因聲求義和因聲求形。因形求聲，就是從形聲字的形體中認定聲符。比方説，棟梁的“棟”，因爲“東”字講不出意義來，就假定它是聲旁，這是“因形求聲”。假定聲旁以後，又根據古音來繼續證明，確認這個假定，這是因聲求形。我剛纔説“清代學者做學問很嚴謹”，就是注意到清代學者這種探求精神。因聲求形求什麽？求的是一個記録聲旁的那個字形確屬聲符。因聲求義是什麽？就是根據古音來求意義，求的是假借義。段氏的假借義既然包括我們今天所説的詞義引申和用字假借，那麽就可以涵蓋求本字和求源詞。

還有一對是因義求形和因義求聲。段氏是就轉注和假借這兩書來説的，實際上還是假借。因爲轉注和假借是從不同角度所立的概念。轉注，是幾個詞的詞義是相同的，而假借是本義之外的詞義，所以有些轉注字從另外的角度説，是用假借字來記録的。我們知道假借字有兩個特點：一個是借形，假借字，它一定要借個形體記録當前的詞；一個是借聲。但是它不借義，義指的是本義。根據本義求假借字的字形，可以看出這個是借形；根據本義求這個字的字義，可以看出這是假借義；根據本義的字音求假借字的字音，可以看出它借的是跟本義字音相同、相近的另一個詞的讀音。段玉裁的這個看法，我覺得是世界上最早系統提出的有關形音義關係的見解，在世界語言學史上也是獨一個的。由此可見，關於形音義關係，古人有相當系統的研究，我們要發展文獻語言學，首先要做這種吸收的工作。

我們除了要把前人的話讀懂、讀進去外，還不能只繼承古代的，還要吸收現代科學有用的系統知識。吸收這樣的知識，我想有兩個東西比較重要。一個是邏輯學，一個是現代語言學理論。

先説研究文獻語言，必須要有邏輯基礎，這是我要講的第二點。前人寫文章、研究問題也講邏輯。但是因爲今天有形式邏輯，所以我們要比前人更自覺。有時候前人的邏輯不連貫，所得的結論互相齟齬，我們今天應該竭力避免，這是系統性研究的必然要求。

比方説在音韻學裏頭，有人提出造形聲字時，主諧字跟被諧字必同音，所以有些後代讀音不同的一組形聲字，造字時是同音的。這當然是死無對證的説法，是一種猜測，没有可靠的證據。從符號的古今同一性角度説，那些後代讀音不同的，一般應該假定爲原來就有分别。而且在早期造那些形聲字時，漢語以單音詞構詞爲主，爲了避免更多的同音詞，這些形聲字所記録的詞語音上有分别是很容易理解的。這個我今天暫時撇開不談，我要説的是，有人説上古漢語一組形聲字，主諧字和被諧字必同音，剛好上古有材料傳下來，我們正好可以證明這個説法是不對的。我們知道，段玉裁提出上古“同諧聲者必同部”，他也知道有的字是不同部，也就是少數字“同諧聲者不必同部”。這個有經有權的説法得到了學術界普遍認可。比如“存”是從“才”得聲。可是大家知道，“存”在先秦大量的押韻，它都是押文部字，跟“才”韻部不同，“才”是之部字。所以，王力先生説諧聲時代比《詩經》時代要早一點，因此有例外。如果“存”從“才”

得聲，在《詩經》時代，“存”跟“才”是不同音的，那實際上就是承認同諧聲者主諧字和被諧字不一定同音，符合大家所理解的“少數字‘同諧聲者不必同部’”，可是你又説上古同諧聲者必同音，這兩種説法能同時成立嗎？這就是邏輯上講不通的地方。

再比方説，我們可以把漢字形體及其構件分成三大類。第一類是意符，第二類是音符（也叫“聲符”），第三類有些人叫記號，周有光先生叫“定符”。大家都説假借字跟形聲字的聲旁都是音符，只有記音的作用，跟拼音文字的表音符號一樣。可是這個“音符”能相當於英語和日語的表音符號嗎？你一方面説漢字假借和形聲字的聲旁是純粹的音符，一方面又要承認漢字裏頭有假借字。如果假借字純粹是音符，哪有什麼假借呢？英語、日語裏頭有假借嗎？人們説某字在上下文中是假借用法，意思是説不借義，只借形和音，這當然是説確定假借字時要考慮意義。既然要考慮意義，那麼假借字的認定就跟説它是純粹是音符是自相矛盾的。因此把假借説成是純粹的音符，這是講不通的。所以前人研究語言文字問題，有時候在邏輯上沒有一貫性，這是我們應該要逐步克服的。要建立系統性的學問，必須要追求邏輯上的圓融自洽。

第三點，我們除了要繼承古代語言學的東西之外，我們還要繼承現代語言學的很多成果。比方説漢語有大批同源詞，同源詞也叫同族詞，上古漢語中尤其多。什麼叫同源呢？它最初是一個源頭下來的，但是因爲時間久遠，今之識古，很多演化信息斷鏈了，我們沒辦法確定哪個是源，哪個是流。我們知道，寫成不同字的同源詞跟寫成同一個字的音變構詞，在語言上是同質的，在符號的來源上是同質的。前人的語言學視角差一點，只看着寫成一個字的，寫成一個字他們想象的空間就可以多一些，比如有人據此説上古沒有兩聲各義等等，從而否定上古漢語有音變構詞。這是没有將“四聲别義”跟寫成不同漢字的同源詞聯繫起來看問題，忽視了它們屬於同樣的音變構詞現象。比如，假如你承認倉庫的“倉”跟收藏的“藏”是同源詞，同時承認上古的讀音不一樣的話，那你必須要承認上古有變聲構詞。同樣，假如你承認巫婆的“巫”和跳舞的“舞”是同源詞，同時承認巫婆的“巫”是平聲字，跳舞的“舞”是上聲字的話，那麽必然要承認上古漢語有變調構詞。爲什麽？假定“巫”是原始詞，“舞”是滋生詞，那麽由“巫”變“舞”，聲調變了；假定“舞”是原始詞，“巫”是滋生詞，那麽由“舞”變成“巫”，聲調變了；假定“巫”跟“舞”都不是原始詞，原始詞的最初來源是另外一個詞，那麽這個另外的詞如果聲調跟“巫”和“舞”都不一樣，既不是平聲，也不是上聲，那它滋生出的“舞”“巫”聲調都變了。如果這個字是平聲的話，那它變成“巫”就是詞義變了，讀音没變，但是“舞”聲調和詞義都變了；假定是上聲的話，那就是“巫”的聲調和詞義都變了。無論如何，都能證明上古漢語有變調構詞。

這是站在現代語言學立場上看問題帶來的積極效果，因此，通過文獻研究漢語史問題、研究普通語言學問題，必須要有現代語言學的知識。

這樣一來，我們可以看到，文獻語言學，在形音義方面還要做大量的工作。我們研究理論是爲什麽？就是要解決實際問題，理論要爲實踐服務。編一部辭書，應該把它的形音義匹配搞清楚，這是非常艱巨的任務。這一方面，我們今天做得非常不够，經常有張冠李戴的現象。形音義的研究和文獻語言學結合，是大有可爲的。

華老師今天主持的這個“四人談”很好。根據段玉裁的説法，“談”和“淡”是同源詞，“淡”是“平淡”的意思，因此咱們今天也用不着那麽正規，用不着那麽正襟危坐，咱們可以平平淡淡地談。我講得不對的地方，請大家批評指正。

**華學誠：**

謝謝孫先生！孫先生説是平平淡淡地談，形式上確實是這樣的，但談的内容并不平淡。孫先生圍繞着從文獻研究語言這個話題，舉了很多生動的例子，結合古今中外的理論，談了文獻特點，談了我國文獻優勢，談了漢字特點，談了語言事實，談了研究誤區，談了古人的研究方法，談了現代的科學理念，汪洋恣肆，精彩紛呈。

今天四位先生分别從四個不同的角度，而且都是很重要的角度，深入闡述了文獻語言學及其理論與方法，也兼帶着檢討了它的歷史與現狀，還爲我們展望了這一學科令人憧憬的未來。我感到收穫很大、啓發很多。我相信在座的老師和同學也一定與我有同樣的感受。讓我們以熱烈的掌聲感謝四位先生！

昨天偶然讀到中國科學院院士施一公先生的一篇文章，文章是2021年2月寫的，讀了這篇文章引起我很多思考。我把這篇文章的第五部分“世界還有多少我們不知道的東西”摘要如下：我們的世界，因爲三個最新的科學成果，全亂了。一個是“暗物質”。我們原來認識的宇宙的形態，是星球與星球之間通過萬有引力相互吸引，你繞我轉，我繞他轉，星球忙而不亂。但科學家現在的研究表明，宇宙維持現有秩序，萬有引力遠遠不够，這之外還有至今不知道的暗物質，科學家測算這些暗物質的質量必須五倍於現在看到的物質纔能保持現在的宇宙秩序。一個是“暗能量”。科學家發現，我們的宇宙在不斷膨脹，而且在加速膨脹；加速膨脹就需要有新的能量加入，這能量是啥，科學家搞不清，所以叫作“暗能量”。這些暗能量到底有多少，科學家測算要維持當前宇宙的這種膨脹速度，暗能量應該是現有物質和暗物質總和的一倍還要多。再一個就是“量子糾纏”。所謂量子糾纏，是指兩個没有任何關係的量子，會在不同位置出現完全相關的相同表現。這種遠，可不是一般的遠，甚至是光年及其以上，距離這麽遠的兩個量子，之間没有任何常規聯繫，一個出現變化，另一個幾乎在相同的時間出現相同的變化。施一公先生説，這些成果攪亂了世界，包括哲學世界、物理世界、内心世界。

看了他的文章之後，我想到很多，其中一點與古代文獻語言研究有關。古代文獻語言是傳統小學研究的對象，西方理論引入之後有了歷史語言學，文獻語言學則在繼承傳統的基礎上吸收現代語言學精華而建構起來，這是古老而又嶄新的學科，對之我們十分自信。但即便如此，研究古代語言文字在材料上是否還有未被發現的“暗物質”，語言文字演變發展中有没有我們根本没有注意過的“暗能量”，過去認爲毫不相干的現象之間是不是存在“量子糾纏”？“文獻語言學”系列講座第100期邀請四位先生演講，這是權威專家連袂出場的高端講座，我和今天在座的所有人一樣，學到了很多，感激之情發自内心。面對頂級大家，閱讀經典著作，我們首先要虚心學習，但更應該獨立思考。尋找古代語言文字研究材料上的“暗物質”，發現歷代語言文字變化動因及其機制中的“暗能量”，揭示語言文字共時與歷時關係中的“量子糾纏”，即使有那麽一點點小小的突破，都將是重大創穫。學科的發展必須繼承，更需要創新。願文獻語言學在大家共同努力下，永遠走在繼承與創新的路上。

謝謝各位先生，謝謝在座的各位老師和同學。讓我們以熱烈的掌聲再次感謝今天演講的各位先生！

2022年10月7日，於北京語言大學

本文根據録音整理，經演講專家本人審定，華學誠統稿

## 參考文獻

董志翹，2015，《漢語離合詞的鑒別及其插入成分》，江蘇省語言學會（主編）《語言研究集刊》第8輯，江蘇鳳凰教育出版社。

馮勝利，2015，《古文字構形中的句法信息》，《民俗典籍文字學研究》第15期。

馮勝利，2022，《“寡人”詞義觀念考與“2+1”三重證據法》，《中國語文》第5期。

華學誠、曾曉雲，1988，《析“某與某同意”——兼論許慎的文字學思想》，《青海民族學院學報》（社會科學版）第4期。

黄侃，1927，《文心雕龍札記》，北平文化學社。

黄侃（述），1983，《文字聲韻訓詁筆記》，黄焯編，上海古籍出版社。

黄侃，2006，《黄先生語録》，黄焯記，張暉（編）《量守廬學記續編：黄侃的生平和學術》，生活·讀書·新知三聯書店。

吉川幸次郎，1999，《留學所得收穫》，《我的留學記》，錢婉約譯，光明日報出版社。

吉川幸次郎，2006，《與潘景鄭書》，程千帆、唐文（編）《量守廬學記：黄侃的生平和學術》（第2版），生活·讀書·新知三聯書店。

江藍生，1988，《魏晋南北朝小説詞語匯釋》，語文出版社。

蔣紹愚，2019，《漢語史的研究和漢語史的語料》，《語文研究》第3期。

康國章，2006，《許慎對今文經學的批判與吸納》，《河南大學學報》（社會

科學版）第 3 期。
李守奎，2022，《古文字視野下的〈説文解字〉》，《中原文化研究》第 5 期。
劉麗媛、馮勝利，2020，《〈黄侃日記〉語體論初探》，浙江大學漢語史研究中心（編）《漢語史學報》第 22 輯，上海教育出版社。
陸宗達，1964，《訓詁淺談》，北京出版社。
陸宗達，1983，《説文解字通論》，上海古籍出版社。
吕叔湘，2017，《近代漢語指代詞》，江藍生補，商務印書館。
王力，1982，《黄侃古音學述評》，《龍蟲並雕齋文集》第 3 册，中華書局。
王寧，1995，《漢語詞源的探究與闡釋》，《中國社會科學》第 2 期。
王寧，2002，《繼承傳統，堅持創新，謀求學科在新世紀的發展——漢語言文字學學科點的創建與發展》，《北京師範大學學報》（人文社會科學版）第 5 期。
王寧，2003，《漢字構形史叢書·總序》，王立軍《宋代雕版楷書構形系統研究》，上海教育出版社。
王寧，2013，《我與中國傳統語言文字學》，《中國教師》10 月上半月版。
吴承仕（藏），1982，《章炳麟論學集》，北京師範大學出版社。
張之洞，2001，《書目答問補正》，范希曾補正，上海古籍出版社。
張之洞，2008，《創建尊經書院記》，趙德馨（主編）《張之洞全集》，武漢出版社。

# 下　編

# 文獻語言學之研究實踐

# 漢文佛典與揚雄《方言》研究*

## ——兼及方言詞的形、音、義關係

董志翹

## 一、引言

從戰國末年到東漢，是中國訓詁學的鼎盛時期，除出現了大批訓詁學家注釋經典的訓詁實踐而外，四部訓詁專著：戰國末的《爾雅》，西漢末年揚雄的《輶軒使者絶代語釋别國方言》（簡稱《方言》），東漢許慎的《説文解字》，劉熙的《釋名》（這四部著作分别從同義詞、方言詞、詞的本義、詞的語源等角度進行研究）也相繼問世。其中，揚雄的《方言》，據《漢書·揚雄傳》中所引其“自序”云：“實好古而樂道，其意欲求文章成名於後世，以爲經莫大於《易》，故作《太玄》；傳莫大於《論語》，作《法言》；史篇莫善於《倉頡》，作《訓纂》；箴莫善於《虞箴》，作《州箴》；賦莫深於《離騷》，反而廣之；辭莫麗於相如，作四賦；皆斟酌其本，相與放依而馳騁云。”西晋常璩在《華陽國志·先賢士女總贊》中又加上“典莫正於《爾雅》，故作《方言》”。這説明揚雄的寫作對前代的典範是有所模仿的，包括《方

---

* 本文原載《四川大學學報》（哲學社會科學版）2022年第3期，第137—150頁。

言》對《爾雅》的模仿，但他决非僅僅停留在模仿，而是在繼承基礎上有所發展。

《爾雅》僅是將古今意義相同的詞類聚在一起，用一個通用詞去做解釋。而揚雄《方言》不僅解釋這些詞，而且注意各詞之間意義的細微差别，更主要的是注意到這些詞的地理分布。這就是對《爾雅》的發展。《方言》一書在語言觀念及方法論上：

（1）注意到語言在時間上的變化和空間地域上的轉移；

（2）提出了當時漢語的分區問題；

（3）提出了“轉語”的概念；

（4）在收集詞語方面采用了口頭調查的方法；

（5）因爲當時的“方言”指的是方國之言，其中不僅涉及漢語，還涉及少數民族語及周邊鄰國語，所以在某種意義上還包含了不同語言接觸的材料。

相對而言，在古希臘，學者注意到古希臘的四種方言的語音分歧；古印度學者婆羅流支編寫《普拉克利特闡述》時對印度方言語法有所描述，但他們對方言詞彙差别却未曾涉及。即使到中世紀，阿拉伯人以編纂詞典見稱，但他們却很少關注語音與語義的關係、詞的歷史演變及詞的地域分布。而揚雄的《方言》則早好幾個世紀就注意到并試圖解决這些問題，這在世界語言研究史上是處於領先地位的。

但揚雄的《方言》又是一部未竟之作，[①] 當時“方言”的概念也

---

① 劉歆《七略》、班固《漢書·藝文志》均未著録，但許慎《説文》、應劭《風俗通義》中均有引述。據揚雄“自序”所稱，《方言》是 15 卷，目前傳世的本子是 13 卷（《隋書·經籍志》即 13 卷），且前詳後略，前後詞條也有重複。

與如今不同,[①]《方言》中不僅僅收羅漢語方言，還夾有周邊他國語言、少數民族語言，加之許多方言詞語没有專門記録的漢字（只能以同音字記録），歷代傳抄刊刻又多有訛誤，傳世的經典文獻中又少有記載方言詞語的實證，因此今天要讀懂、正確理解并運用《方言》，確有不小的難度。晋代郭璞曾爲其作注，儘管郭注的價值不可低估，然郭注本經過1500多年的傳抄翻刻，訛舛相承，幾不可通。隋代騫師亦曾加以整理，惜該書早佚。直至明清以降，傳統語言文字學復興，《方言》重新受到重視，産生了一批整理校注成果。如明陳與郊《方言類聚》，清戴震《方言疏證》、盧文弨《重校方言》、劉臺拱《方言補校》、王維言《方言釋義》、王念孫《方言疏證補》、錢繹《方言箋疏》、王秉恩《宋本方言校勘記》等等，20世紀有周祖謨《方言校箋》，近年有華學誠等《揚雄方言校釋匯証》，此乃集大成者。他們的《方言》整理、研究，糾正了《方言》在流傳過程中産生的大量訛誤，一定程度上接近了《方言》的本來面貌，使這部巨著重新焕發了生機，爲後代學者整理研究《方言》打下了良好的基礎。

我們認爲，匯集整理前人的研究成果是非常必要的，但前人也有因時代、條件局限而陳陳相因者。因此我們在匯集整理的基礎上更需要對一些尚未解决的問題，進行進一步探索，或證明其是，或糾正其誤，或探究其變，於前人所未發處有所發現（即所謂“糾訛”“補

---

① 我們現代對方言的定義一般是：語言的地方變體，一種語言中跟標準語有區别的、只通行於一個地區的話。而揚雄之書的全名爲《輶軒使者絶代語釋别國方言》，是指“方國之言”“一方一國之言”。後秦鳩摩羅什譯《大智度論》卷1：“梵文委曲，皆如初品。法師以秦人好簡故，裁而略之。若備譯其文，將近千有餘卷。法師於秦語大格，唯譯一往；方言殊好，猶隔而未通。”梁慧皎《高僧傳》卷1：“（支）謙以大教雖行，而經多梵文未盡翻譯。已妙善方言，乃收集衆本譯爲漢語。”（大正一切經刊行會，1983：T25—57b，T50—325a）所以揚雄《方言》中不僅僅收羅漢語方言，還夾有外國語、少數民族語。這是要特别注意的。

證”“考源”“探變”“祛妄”)。而當今的有利條件是：目前我們除了傳世文獻，還有大量出土文獻以及現代的方言研究成果。從漢語史研究而言，過去比較注重歷時的演變（時間），而現在在注重歷時演變的同時，也比較注重地域的轉移（空間）。

本文就準備在挖掘揚雄《方言》中方言詞語的文獻用例佐證方面談一些自己的想法。

## 二、《方言》中方言詞語文獻用例實證

對於揚雄《方言》中一些方言詞語的詮釋，我們要“證明其是”或“糾正其誤”，都必須在歷代文獻（歷代語言交流過程中的實際用例）中尋找證據。但我們目前看到的《方言》研究著作，在論證方言詞語時，大多列舉的是歷代字書、辭書中的例證，如“《説文》云”“《玉篇》云”“《廣雅》云”“《廣韻》云”“《集韻》云”等等，而不少字書、辭書的釋義又是源於《方言》的，如此則造成了“循環論證”；對於某個方言詞語的實際用例，却常常用“文獻用例未詳”一言以蔽之。究其原因：歷代的研究者尋找文獻用例的視野主要集中在文言文獻上，而《方言》中的方言詞語一般出現在俗語言文獻中（“方”往往與“俗”統稱“方俗”，歷代主流場合提倡雅言，因此較少運用方俗語），諸如醫書、農書、史籍、筆記小説等，特別是面廣量大的漢文佛教文獻（包括漢譯佛典及中土佛教撰述）中。首先，不少漢文佛典出於傳教的需要，面向廣大基層受衆，故用語總體上避典雅而趨通俗（其中多方俗口語）。其次，與傳世俗語言文獻相比，漢文佛典數量巨大，二者不可同日而語。因此，我們在研究過程中發現，《方言》中的一些詞語，在傳世經典文獻中找不到用

例（或用例極少）者，往往大量存在於漢文佛典中；在傳世經典文獻中用例出現較晚的詞語，往往在漢文佛典文獻中出現甚早。因此，我們必須重視漢文佛典（及其他俗語言文獻）在研究揚雄《方言》中的重要價值。下面就選取幾個實例來加以證明。

（一）揚雄《方言》卷13："腻，腯也。腯腯，肥充也。"

《揚雄方言校釋匯證》：〔一〕腻，腯也：戴震《方言疏證》"腻"作"晠"。盧文弨《重校方言》仍作"腻"。劉臺拱《方言補校》："當作晠。"《廣雅·釋詁二》："腯，盛也。""晠"與"盛"同。(第947頁)[①]

按：《匯證》僅就"腻""晠""盛"三字的不同版本進行了校勘。其實這是一個記音字，都表示"肥充"之義。如《方言》卷2："秦晋或曰驤，梁益之間凡人言盛，及其所愛，諱其肥晠謂之驤。"(第113頁)《説文·肉部》："驤，益州鄙言人盛，諱其肥，謂之驤。從肉，襄聲。"[②]《説文》無"腻""晠"二字，其字當是後起。而"肥充"義當是"盛"的"豐盛""盛大"義之引申。

《漢語大詞典》：【盛[1]】[shèng] 亦作"晠[1]"。①旺盛；興盛；茂盛。②衆多；豐盛。③使豐足。④大；盛大。⑤深重。⑥華美。⑦極；甚。⑧盛行。⑨撫育。⑩稱贊。⑪姓。[③]

---

① 本文所引《方言》，參見《揚雄方言校釋匯證》（華學誠等，2006），頁碼隨文以括號數字標注。

② 本文所引《説文》參見各"部首"，不一一標注頁碼；所引段注，參見《説文解字注》（段玉裁，2007），頁碼隨文以括號數字標注。

③ 本文所引《漢語大詞典》俱爲摘引，爲行文方便起見皆不加省略號。

《漢語大詞典》凡列 11 個義項，然未及“肥充”義。因此，歷來《方言》注本，均未舉出“腻”“䁖”“盛”表示“肥充”義的實際文獻用例。其實，自東漢開始，“盛”表“肥充”義的用例已較多見（但大多在醫書、農書、佛教及道教典籍等俗文獻中）：

漢張仲景《金匱要略》卷 5：“盛人脉澀小，短氣，自汗出，歷節疼，不可屈伸，此皆飲酒汗出當風所致。”(734—47b)①

按：“盛人”即“肥胖之人”。

又卷 12：“師曰：‘其人素盛今瘦，水走腸間，瀝瀝有聲，謂之痰飲。’”(734—94a)

按：“素盛今瘦”即“一貫肥胖而今突然消瘦”之義。

晉皇甫謐《針灸甲乙經》卷 4：“必先度其形之肥瘦，以調其氣之虛實。……形盛脉細，少氣不足以息者危。形瘦脉大，胸中多氣者死。”(742—62c)

按：“形之肥瘦”與後文“形盛”“形瘦”相對，“形盛”即

① 本文所引典籍，除特別注明外，都引自影印文淵閣《四庫全書》本（紀昀、永瑢等，1982—1986）。頁碼隨文以括號數字標注，“—”前後爲册數和頁碼，a，b，c，d 分別表示上右、上左、下右、下左欄。

“形肥”。

唐孫思邈《備急千金要方》卷 28“平脉”：“五脉病，虚羸人得此者死。所以然者，藥不得而治，針不得而及。盛人可治，氣全故也。”(735—867d)

元危亦林《世醫得效方》卷 9：“弱人更宜術附湯，壯盛人宜多服敗毒散方。”(746—316b)

清吴謙等編《御纂醫宗金鑒》卷 23：“盛人脉澀小短，氣自汗出，歷節疼不可屈伸，此皆飲酒汗出當風所致。”【集注】徐彬曰：“盛人，肥人也。肥人濕多脉得澀小，此痹象也。”(780—614b)

其實，東漢以降，已出現“肥盛”一詞，乃同義複詞，此中之“盛”即“肥充”之義。中土文獻中已偶爾可見，如：

《詩·大雅·靈臺》：“麀鹿濯濯，白鳥翯翯。”東漢鄭玄箋：“鳥獸肥盛、喜樂。”(69—614b)

《楚辭·離騷》：“平脅曼膚，何以肥之？”東漢王逸《章句》：“言紂爲無道，諸侯背畔，天下乖離，當懷憂癯瘦，而反形體曼澤，獨何以能平脅肥盛乎？”(1062—173b)

而東漢及其以後的漢譯佛典中，却有大量的用例：

後漢支婁迦讖譯《雜譬喻經》卷 1：“然後壽終墮牛中，肥

盛甚大，賈客買取，載鹽販之，往返有數。”(T04—501c)①

後漢支曜譯《小道地經》卷1：“若身臃腫疥瘡，肥盛欲坐，身不得安；或時食多，便火起，身不得安；或時飲多，便水起，身重目澀，身不得安。”(T15—237a)

西晋竺法護譯《生經》卷4：“時遠方民，將一大牛，肥盛有力，賣與此城中人。”(T03—98a)

劉宋求那跋陀羅譯《雜阿含經》卷42：“爾時，世尊告波斯匿王：‘大王身體極肥盛。’”(T02—306c)

元魏般若流支譯《正法念處經》卷45：“彼善業者，心則歡喜，歡喜增長。歡喜因緣，身則肥盛。身肥盛故，名色二法迭互因緣；此因緣故，身則肥盛，身無病患。”(T17—268c)

後秦弗若多羅共羅什譯《十誦律》卷2：“時婆求摩河邊安居比丘，啖是飲食身體充满，得色得力肥盛潤澤。”(T23—111b)

梁寶唱等集《經律异相》卷48：“於後一時，有一土蚤來至虱邊。問言：‘汝今云何身體肥盛？’虱言：‘所依主人常修禪定，教我飲食時節，我如法行所以鮮肥。’”(T53—258b)

隋智顗説《妙法蓮華經文句》卷2：“‘薄拘羅’者，此翻善容，或偉形，或大肥盛，或腞囊，或楞鄧，或賣性。然而色貌端正，故言善容也。”(T34—16c)

唐義净譯《根本説一切有部毗奈耶》卷36：“大哥羅苾芻，若人多死，身則肥盛。若死人少，身便羸瘦。豈非聖者大哥羅食死人肉耶？”(T23—825b)

---

① 本文所引佛典文獻標注格式爲：“T”指《大正新修大藏經》（大正新修大藏經刊行會，1988—1991），“X”指《卍新纂大日本續藏經》（河村照孝，1975—1989），“J”指《嘉興大藏經》（嘉興藏［徑山藏］整理出版委員會，1987），“K”指《高麗大藏經》（高麗大藏經完刊推進委員會，1982）。頁碼隨文以括號數字標注，“—”前後的數字分别表示册數和頁碼，a，b，c分别表示上、中、下欄。

“肥盛”(“肥充”義)一詞，漢文佛典中自後漢至清代，凡80多例。

《漢語方言大詞典》“肥”字條下“肥臓”一詞：“小兒肥胖。膠遼官話，《臨朐續志》：‘俗謂小兒肥盛曰～。”

(二)《方言》卷3：“撲、打撲。鋌、音挺。澌、盡也。南楚凡物屬生者曰撲生。今種物皆生云撲地生也。物空盡者曰鋌；鋌，賜也。亦中國之通語也。連此撲澌皆盡也。鋌，空也，語之轉也。”

又，卷13：“澌，索也。盡也。”

《揚雄方言校釋匯證》：〔四〕澌：戴震《方言疏證》：“《説文》：‘澌，水索也。’《玉篇》云：‘澌，音賜，水盡也。’蓋澌、賜同音，故賜亦爲盡。《廣韻》‘澌’亦‘儩’。”(第258頁)

按：《匯證》引例爲《禮記·曲禮》鄭玄注及《文選·西征賦》李善注等，基本與《漢語大詞典》同。

《漢語大詞典》：【澌】盡；消亡。《禮記·曲禮下》：“庶人曰死。”漢鄭玄注：“死之言澌也。”孔穎達疏：“今俗呼盡爲澌。”三國吴楊泉《物理論》：“人含氣而生，精盡而死。死猶澌也，滅也。”元陳普《顔杲卿》詩：“忠骨已澌餘髮在，因人得見夢中身。”清惲敬《三代因革論四》：“井田之廢也，自春秋戰國漸澌漸泯。”

【賜】⑥窮盡。後多作“儩”。《鶡冠子·天則》：“若礱磨不用賜，物雖詘，有不效者矣。”洪頤煊《讀書叢録·用賜》：“《方言》：‘賜，盡也。’言若礱磨不盡，則物有不效者矣。”《文選·潘岳〈西征賦〉》：“超長懷以遐念，若循環之無賜。”李善注引《方言》：“賜，盡也。”

【儩】完；盡。《新唐書·李密傳》：“而稟取不節，敖庾之藏，有時而儩，粟竭人散，胡抑而成功？”

關於《方言》中表示“盡”義的“澌”“賜”“儩”，雖然歷來的辭書字書均有提及，但在中土一般文獻中實際用例不多，出現時代也較晚，且大多出現在注釋語中。其實漢文佛典中這一詞出現得較早，出現頻率極高。且有不少“澌”“賜（儩）”“盡”爲對文、連文、异文者。

作“澌”者如：

後秦鳩摩羅什譯《大莊嚴論經》卷10：“爲衆之所愛，贊嘆佛實德。窮劫猶難盡，假使舌消澌，終不中休廢。”(T04—310b)

姚秦竺佛念譯《出曜經》卷6：“汝等雖得須陀洹果、斯陀含果，諸漏未盡，欲愛未澌，雖不入地獄畜生餓鬼，欲未盡者未可有所恃怙，猶有大畏存在。”(T04—640b)

後秦鳩摩羅什譯《大智度論》卷38：“如經説：有一比丘問佛言：‘世尊！幾許名劫？’佛告比丘：‘我雖能説，汝不能知，當以譬喻可解：有方百由旬城，溢滿芥子，有長壽人過百歲持一芥子去；芥子都盡，劫猶不［10］澌。又如方百由旬石，有人百歲持迦尸輕軟疊衣一來拂之；石盡，劫猶不［*］澌。’”(T25—339b)《校勘記》：［10］澌=儩【宋】【元】【明】【宫】*，=賜

【石】*。［*］澌＝儩【宋】【元】【明】【宫】*，＝賜【石】*。

隋智顗説、唐湛然略《維摩經略疏》卷4：“如致香積一鉢之飯，一衆食之猶故不澌，是真應供。”（T38—618a）

唐道掖撰《净名經集解關中疏》卷2：“於是鉢飯悉飽，衆會猶故不澌。三食不澌，其諸菩薩聲聞天人食此飯者，身安快樂，譬如一切樂莊嚴國諸菩薩也。”（T85—489a）

唐道綽撰《安樂集》卷1：“如《涅槃經》説：‘取三千大千世界草木，截爲四寸籌，以數一劫之中所受身父母頭數，猶自不澌。’”（T47—13a）

宋宗曉編《四明尊者教行録》卷2：“乃澌以三聞，全教行一轍。釋曰：澌，盡也。以，用也。”（T46—870c）

作“賜（儩、澌）”者如：

後漢支婁迦讖譯《道行般若經》卷1：“須菩提語諸天子：‘設復有法出於泥洹，亦復如幻。何以故？幻人、泥洹賜如空，無所有。’”（T08—430a）

又，卷7：“須菩提！阿惟越致菩薩摩訶薩當知是阿惟越致相。諸惡悉除賜，亦復如是，須菩提！阿惟越致相。”“‘今我審應審至審，是所向者，當無异今是城郭火起，用我故，悉當滅，悉當消，悉當去，不復現。’佛言：‘假令火賜滅已、賜消已、賜去已，知是，須菩提！菩薩摩訶薩受决已，過去怛薩阿竭阿羅訶三耶三佛，授阿耨多羅三耶三菩，知是阿惟越致相。假令火不滅、不消、不去，知是菩薩摩訶薩未受决。’”（T08—459c）

後漢支婁迦讖譯《佛説無量清净平等覺經》卷4:“或時世人愚心少智，見善誹謗恚之，不肯慕及。但欲爲惡，妄作非法;但欲盗竊，常懷毒心;欲得他人財物，用自供給，消散靡盡，賜復求索;邪心不正，常獨恐怖，畏人有色，臨時不計，事至乃悔。”(T12—296a)

西晋竺法護譯《佛説普門品經》卷1:“斷根、無根形，無根無住，故不可盡。設愚不可盡，癡亦不可得，猶如衆生如幻如化，斯不可賜。設有造喻，三界衆生類，日度一切，令得泥洹。”(T11—775c)

又，卷1:“譬如童子吹氣滿胞，旋解口，察無所有。罪福如空胞，而習於愚，求不可得，懷來欲謂愚無底，斷根無形，無根無住，故不可盡。設愚難盡，斯不可得，猶是衆生，如幻不賜。”(T11—779b)

西晋竺法護譯《文殊師利普超三昧經》卷2:“阿闍世王白濡首曰:‘今饍如故而不消［25］賜?’濡首答曰:‘如今仁者狐疑未盡，疑不盡，故猶斯食饍用不消索。’(T15—420c)《校勘記》:［25］賜=凘【宋】【元】【明】【宫】，=澌【聖】。

西晋竺法護譯《佛説力士移山經》卷1:“於時世尊更整法服，以右足大指，蹶舉山石，挑至梵天，手右持受，摶之三轉，置於虚空，去地四丈九尺，還著掌中。三指箆屑，吹令銷［8］澌，應時三千大千世界六返震動。”(T02—858a)《校勘記》:［8］澌=賜【宋】，=凘【元】【明】。

前秦曇摩蜱共竺佛念譯《摩訶般若鈔經》卷1:“菩薩摩訶薩念:‘我當度不可計阿僧祇人悉令般泥洹。如是賜般泥洹，而無有法般泥洹者。’”(T08—510b)

失譯《盧至長者因緣經》卷1：“爾時，盧至語帝釋言：‘我辛苦所集，一切錢財，汝不用我財物儩耶？’”(T14—825a)

宋智圓述《維摩經略疏垂裕記》卷10：“經云：經不可盡者，以心無盡，故飯亦無盡。心性究顯，有斯大用。芥納須彌，其事類也。經云：猶故不賜者，《方言》云：鍚、澌，盡也。而字通三體。賜、儩、澌，俱訓盡也。古經作賜，不須輒改。”(T38—844b)

更有不少“盡賜（儩）”“賜（儩）盡”“澌盡”“盡澌”及“都盧賜”同義連文者：

後漢支婁迦讖譯《佛説無量清净平等覺經》卷3：“適有一少一、有是少是，思有齊等，適小具有，便復［5］儩盡。如是苦生，當復求索，思想無益，不能時得，身心俱勞，坐起不安。”(T12—294a)《校勘記》：［5］儩=賜【宋】【聖】。

又，卷4：“賴其前世宿命頗作福德，小善扶接，營護助之。今世作惡，福德盡［30］儩，諸善鬼神各去離之，身獨空立，無所復依。”(T12—296c)《校勘記》：［30］儩=賜【宋】【元】【明】【聖】。

三國吴支謙譯《佛説阿彌陀三耶三佛薩樓佛檀過度人道經》卷2：“賴其前世宿命頗作福德，小善扶接，營護助之。今世作惡盡儩，諸善日去，見惡追之。”(T12—314c)

西晋竺法護譯《菩薩十住行道品》卷1：“爾時，曇昧摩提菩薩所語説，無所挂礙、無所難也；無有盡賜時、無有能升量者、無有極止時；無有能逮者、無有能得長短者。”(T10—454b)

後秦佛陀耶舍共竺佛念譯《長阿含經》卷18："諸有來者，自恣食之，其主不起，飯終不盡；若其主起，飯則盡［3］賜。"（T01—119a）《校勘記》：［3］賜=儩【宋】【元】【明】。

姚秦竺佛念譯《出曜經》卷5："昔有長者家，持酥高樓上。覆蓋不固，鼠入酥瓶，晝夜餐啖，不出瓶口，身體遂長。酥既盡澌，鼠滿瓶裏，狀似酥色。"（T04—637a）

元曇噩述《新修科分六學僧傳》卷19："中夜而逝，端坐不移。即遷而殯之，雖肌肉澌盡，猶骨坐如初。"（X77—241a）

明明河撰《補續高僧傳》卷15："時年十二，峰大器之。即令祝髮居座下，躬服勞勩弗懈。積久凝滯澌盡，游刃肯綮，所向無礙，遂受印可。"（X77—477c）

後漢支婁迦讖譯《道行般若經》卷2："十方無央數佛國，諸天人、諸龍、阿須倫、諸閱叉鬼神、諸迦樓羅鬼神、諸甄陀羅鬼神、諸乾陀羅鬼神、諸摩睺勒鬼神、諸人諸非人，都盧賜來到是間，問訊法師聽受般若波羅蜜，作禮繞竟各自去。"（T08—434c）

按：此例中"都盧賜"連文，"都盧"亦"皆""盡"之義。《説文·水部》："澌，水索也。從水斯聲。"段玉裁注："《方言》曰：'澌，索也。'郭注云：'盡也。'按，許説其本義，揚説其引申之義也。索訓盡者……入室搜索有盡意也。《方言》曰：'鋌，賜也。'賜者，澌之假借，亦作儩。"（第972頁）

（三）《方言》卷13："撈，取也。郭璞注：謂鉤撈也。音料。"

《揚雄方言校釋匯證》：〔一〕撈：《廣雅·釋詁一》："撈，取也。"王念孫《疏證》："《衆經音義》卷五引《通俗文》云：

‘沈取曰撈。’今俗呼人入水取物爲撈，是其義也。‘撈’通作‘勞’。《齊語》：‘犧牲不略，則牛羊遂。’《管子·小匡篇》作：‘犧牲不勞，則牛羊育。’‘勞’‘略’一聲之轉，皆爲奪取也。尹知章注云：‘通用謂之勞。’失之。”(第905頁)

《漢語大詞典》：【撈[1]】［lāo］①從水或其他液體中取物。唐元稹《酬樂天東南行詩一百韻》：“泥浦喧撈蛤，荒郊險鬥貙。”宋洪邁《夷堅丁志·孔都》：“或言有溺死於澹津湖者，孔妻驚疑必其夫，及厢官撈出尸，果也。”《醒世恒言·薛録事魚服證仙》：“將魚切得雪片也似薄薄的，略在滚水裏面一轉，便撈起來。”茅盾《春蠶》二：“碰到同村的女人們叫他幫忙拿什麽重傢伙，或是下溪去撈什麽，他都肯。”① ②取；獲取。《西游記》第四一回：“我再與他鬥幾合，我取巧兒撈他一棒，却不是好?”魯迅《吶喊·孔乙己》：“你怎的連個秀才也撈不到呢?”周而復《上海的早晨》第一部二：“主席撈不到，連個委員什麽的也不行嗎?”③用不正當的手段取得財物。《二十年目睹之怪現狀》第七九回：“這軍裝買賣是最好賺錢的，不知他撈了多少。”

按：《匯證》未舉出“撈”表“取”義的文獻實際用例，而《漢語大詞典》雖將“撈”之“取”義細分爲三（其實還應加一條“從下往上取的動作”），然所舉文獻用例均在唐宋之後。其實，漢代的《方言》《通俗文》中均已記録，實際用例不當如此滯後。而在漢文佛典中，“撈”表“取”義的例證不僅出現較早且已多見：

---

① 此處應加一條“從下往上取的動作”義。

後漢安世高譯《佛説處處經》卷1："舍利弗！復持一盂水著海，水中撓［14］撈之，明旦往取故水去。舍利弗尚能如此，何况佛！"（T17—525b）《校勘記》：［14］撈=勞【宋】【宫】。

東晋竺曇無蘭譯《泥犁經》卷1："佛言：'人作惡，在畜生中，以芻草爲食，舌撈齒嚾。何等爲舌撈齒嚾者？牛馬騾驢、象驝駝之屬，如是衆多。其人平生居世間時，心念惡、口言惡、身行惡，死後展轉來作是畜生，勤苦如是。'"（T01—908b）

元魏菩提流支譯《佛説佛名經》卷5："以檻搦抗撥枚戟弓弩，彈射飛鳥走獸之類，或以罠網罾釣，撈漉水性魚鱉黿鼉蝦蜆蠃蜯濕居之屬，使水陸之與空行藏竄無地。"（T14—208c）

蕭齊僧家跋陀羅譯《善見律毗婆沙》卷12："念母者，以念故，觸母身突吉羅，女姊妹亦如是。何以故？女人是出家人怨家。若母没溺水中，不得以手撈取。若有智慧比丘以船接取，若用竹木繩杖接取得，若無竹木繩杖，脱袈裟鬱多羅僧接亦得。"（T24—762b）

失譯（附後漢録）《雜譬喻經》卷1："須臾象王還，獵者以毒箭射之，象被此箭不從遠來，便以鼻撈其邊地，見坑中人，即問：'何人？'"（T04—504c）

失譯（附東晋録）《七佛八菩薩所説大陀羅尼神咒經》卷2："若諸行人三垢覆蔽，久處生死纏綿難解，爲業垢河之所漂流。我時當乘大乘法舡撈接救拔，以智慧火燒其結使，以禪定水洗濯令凈。"（T21—548c）

失譯（附秦録）《毗尼母經》卷6："不應用手左右［14］撈摸而坐，不應動脚不住而坐。"（T24—836c）《校勘記》：［14］撈=勞【宋】【元】【宫】。

（四）《方言》卷十（29）：“鉗、鉗害，又惡也。㾐、㾐恎，惡腹也。妨反反。憋，憋怤，急性也。妨滅反。惡也。”

《揚雄方言校釋匯證》：〔五〕憋：《廣雅·釋詁三》：“憋，惡也。”王念孫《疏證》：“《列子·力命篇》云：‘嘽咺憋懯。’《後漢書·董卓傳》：‘敝腸狗態。’李賢注云：‘言心腸敝惡也。’《續漢書》‘敝’作‘憋’。《漢司隸校尉楊孟文石門頌》云：‘惡蟲蔽狩。’‘蔽狩’與‘憋獸’同。《釋名》云：‘鷩雉，山雉也。鷩，憋也。性急憋，不可生服，必自殺也。’潘岳《射雉賦》云：‘山鷩悍害。’《南山經》：‘基山有鳥焉，其狀如雞，而三首六目六足三翼，其名鵸鵂。’郭璞注：‘鵸鵂，急性。’《廣韻》：‘鵸，鵂鶹也。’‘鵂鶹’亦鳥之惡者。是凡言憋者，皆惡之義也。《周官·司弓矢》：‘句者謂之弊弓。’鄭注云：‘弊，猶惡也。’徐邈音‘扶滅反’。‘弊’與‘憋’聲義亦同。故《大司寇》‘以邦成弊之’，故書‘弊’爲‘憋’矣。”（第682—683頁）

按：《匯證》完全承襲王念孫《廣雅疏證》，而《疏證》中所舉唯一用“憋”本字的書證，即《列子·力命篇》中“墨杘、單至、嘽咺、憋懯四人相與游於世，胥如志也”一例。結合語境可知，此中“憋懯”乃人名，故不能説明問題。其他各例或作“敝”，或作“蔽”“鷩”“鵸”“弊”，雖聲近義通，竟無一本字“憋”的用例。

《漢語大詞典》：【憋】［biē］①急。《玉篇·心部》：“憋，急性也。”參見“憋懯”。②凶惡。參見“憋懆”。

【憋懯】亦作“憋忕”。急性。《列子·力命》：“墨𡰥、單至、嘽咺、憋懯四人相與游於世，胥如志也。”張湛注：“〔憋懯〕急速之貌。”

【憋懆】①氣惱。元貫雲石《小梁州》曲：“氣的我心下焦，空憋懆。”②凶狠。

其中“憋”之“急性”義亦用《列子》例，“憋”之“惡”義，則參見“憋懆”，但“憋懆”之下“②凶狠”又無書證。實際上，揚雄《方言》中“憋”之“急性”“惡”兩義，漢文佛典中有大量用例，且時代較早。“憋”表“急性”義者，如：

三國吴康僧會譯《舊雜譬喻經》卷2：“昔有龍王名曰拔抵，威神廣遠，多所感動。志性急憋，數爲暴虐。多合龍共爲非法風雨霹靂，震殺人民鳥獸蠕動，積無央數。”(T04—519c)

三國吴支謙譯《菩薩生地經》卷1：“從事於惡者，常憙加捶杖，害心施於人，是不離惡道。邪見自貢高，急憋好瞋恚，彼爲自投冥，終不近菩薩。”(T14—814b)

西晋聶道真譯《异出菩薩本起經》卷1：“行十數里，見一男子，名曰貴識。貴識者，鬼神中大神，爲人剛憋。左手持弓，右手持箭，腰帶利劍，當道而立。”(T03—619b)

劉宋求那跋陀羅譯《雜阿含經》卷4：“瞋恚心懷恨，隱覆諸過惡，犯戒起惡見，虚僞不真實。如是等士夫，當知領群特。憋暴貪悋惜，惡欲慳諂僞，無慚無愧心。”(T02—28c)

梁寶唱等集《經律异相》卷14：“舍利弗性憋難求七。”(T53—69a)

唐慧琳撰《一切經音義》卷 34："急憋（下裨列反。《方言》：'急性也。'）。"(T54—535a)

"憋"表"惡"義者，如：

後漢支婁迦讖譯《阿閦佛國經》卷 1："阿閦菩薩初發意學時，三千大千世界中四天王天、帝釋及［5］憋魔、梵三鉢一切皆向阿閦菩薩叉手説是語：'昔所不聞是僧那。'"(T11—753a)《校勘記》：［5］憋＝弊【宋】【元】【明】【宫】＊。

又，卷 2："若一世菩薩於是世界、他方世界終亡生阿閦佛刹者，甫當生者皆得阿惟越致。所以者何？其佛刹無有［19］憋魔事在前立，［20］憋魔亦不嬈人。……舍利弗！阿閦佛昔求菩薩道時行願德本如是乃得佛道，消除於［＊］憋魔毒不復嬈人。……阿閦佛成無上正真道最正覺時，［＊］憋魔不能復來嬈、亦不能復嬈諸菩薩摩訶薩及凡人，一切皆不復嬈。"(T11—758c)《校勘記》：［19］憋＝弊【宋】【元】【明】【宫】。［20］憋＝弊【元】【明】＊。［＊20—1］憋＝弊【元】【明】＊。［＊20—2］憋＝弊【元】【明】＊。

曹魏康僧鎧譯《佛説無量壽經》卷 2："神明記識犯者不赦，故有貧窮、下賤、乞丐、孤獨、聾盲、瘖瘂、愚癡、［1］憋惡，至有尫狂不逮之屬。又有尊貴、豪富、高才、明達，皆由宿世慈孝、修善積德所致。"(T12—276a)《校勘記》：［1］憋＝弊【宋】【元】【明】【流布本】。

三國吴支謙譯《佛説阿彌陀三耶三佛薩樓佛檀過度人道經》卷 2："故有貧窮、下賤、乞丐、孤獨，故有聾盲、瘖瘂、愚癡、

［20］憋惡，下有尫狂不及逮之屬。故有尊卑、豪貴、高才、明達、智慧勇猛，皆其前世宿命爲善慈孝、布施恩德。”（T12—313c）《校勘記》：［20］憋＝蔽【宋】，＝弊【元】【明】。

姚秦鳩摩羅什譯《坐禪三昧經》卷1：“外被法服，内習忍行，是謂沙門。豈可惡聲變色，縱此憋心？”（T15—272b）

隋灌頂撰《涅槃經會疏》卷17：“爾時王舍大城阿闍世王，其性憋惡，喜行殺戮。”（X36—584a）

隋智顗譯《摩訶止觀》卷4：“此五過患者，色如熱金丸，執之則燒。聲如毒塗鼓，聞之必死。香如憋龍氣，嗅之則病。味如沸蜜，湯舌則爛。如蜜塗刀，舐之則傷。觸如卧師子，近之則嚙。此五欲者，得之無厭。”（T46—44a）

唐慧琳撰《一切經音義》卷33：“憋惡（片蔑反。《考聲》：‘憋怤，好嗔也。’《方言》：‘憋亦惡也。’）。”（T54—530a）

（五）《方言》卷1：“**踏**、古蹋字，他匣反。**踣**、逍遥。**跰**，音拂。跳也。楚曰**蹠**。敕厲反。亦中州語。陳鄭之間曰踣，楚曰蹠。自關而西秦晋之間曰跳，或曰**踏**。”

《方言校釋匯證》：〔四〕跰：劉君惠《方言箋記》：“古讀如弼。郭注‘音拂’，拂亦音弼。”按：今閩語中謂跳、跳躍猶曰“跰”。（第85頁）

按：《説文・足部》：“跰，跳也。從足弗聲。”然未見文獻用例。劉君惠言：“跰，古讀如弼。”近是，然亦未舉出文獻用例。跰，古幫母物部；弼，古并母質部。我們認爲：“跰”爲“跳”義，因古無輕唇音，故字亦寫作“踍”；踍，古并母物部，與“跳”僅聲紐清濁之差。而“踍”表“跳”義之用例，在佛外文獻中亦尚未見到，但在宋代以降的禪宗典籍中竟有1531例之多（不過都是“踍跳”同義連用）。如：

宋妙源編《虛堂和尚語録》卷6：“門云：‘修羅惡發，把須彌山一摑，踍跳上梵天報帝釋。’”(T47—1028b)

宋楚圓集《汾陽無德禪師語録》卷1：“師云：‘瞥爾早抛千萬里。’又打云：‘我早是踍跳入泥坑裏，爾更待火焰上添草。似箇阿師，救得也無。’”(T47—604a)

宋慧泉集《黄龍慧南禪師語録》卷1：“雲門拈起扇子云：‘扇子踍跳上三十三天，築著帝釋鼻孔。東海鯉魚打一棒，雨似盆傾。會麼？會麼？’”(T47—634c)

宋仁勇等編《楊岐方會和尚語録》卷1：“上堂：師子兒哮吼，龍馬駒踍跳。古佛鏡中明，三山孤月皎。”(T47—643c)

宋道原撰《景德傳燈録》卷19：“師引手曰：‘汝爲什麼在我遮裏？’曰：‘恰是。’師曰：‘更踍跳。’問：‘牛頭未見四祖時如何？’師曰：‘家家觀世音。’”(T51—358b)

宋賾藏主集《古尊宿語録》卷6：“師却問：‘先踍跳三千里，倒退八百，你作麼生？’學云：‘諾。’”(X68—37a)

又，卷25：“僧云：‘放和尚一綫道。’師云：‘一任踍跳。’問：‘如何是洪州境？’答云：‘滕王閣下千峰秀，孺子亭前薄霧生。’”(X68—164b)

宋李遵勖編《天聖廣燈録》卷15：“問：‘如何是思大吞十方底口？’師云：‘踍跳入虎澗，折脚上魚船。’”(X78—492a)

宋惟白集《建中靖國續燈録》卷2："師云：'踍跳上天，走過東海。'"(X78—647c)

宋悟明集《聯燈會要》卷13："拄杖子，穿過儞諸人髑髏，踍跳入儞鼻孔裏去也。"(X79—115b)

宋法應集、元普會續集《禪宗頌古聯珠通集》卷2："涅槃地獄本無差，只爲從來被眼遮。三脚瞎驢纔踍跳，鑊湯爐炭即吾家。"(C078—640a)

明通容集《五燈嚴統》卷24："師曰：'千株松下角彎彎，百草頭邊亂踍跳。'"(X81—301b)

明瞿汝稷集《指月録》卷14："良久云：'苦哉苦哉，蝦蟆蚯蚓，踍跳上三十三天，撞著須彌山百雜碎。'"(X83—558b)

明元賢輯《繼燈録》卷1："呈頌曰：'西來祖意庭前柏，鼻孔寥寥對眼睛。落地枯枝纔踍跳，松蘿亮鬲笑掀騰。'"(X86—501b)

清集雲堂編《宗鑒法林》卷9："養成頭角戲春潮，餘尾猶將電火燒。霹靂一聲看變化，須彌踍跳五雲霄。"(X66—340c)

清上思説《雨山和尚語録》卷2："慶雲拄杖凍得性發，踍跳入空王殿裏。撞倒無位真人，磕破本來面目。"(J40—531b)

(六)《方言》卷2："茫、矜、奄，遽也。謂遽矜也。吴揚曰茫，今北方通然也，莫光反。陳潁之間曰奄，秦晋或曰矜，或曰遽。"

《揚雄方言校釋匯證》：〔一〕茫：戴震《方言疏證》："《廣雅》：'莔、矜，遽也。'義本此。茫、莔古通用。"王念孫《廣雅疏證》："《衆經音義》卷十五引《通俗文》云：'時務曰茫。'茫與莔通。《月令》：'盲風至。'鄭注云：'盲風，疾風也。'義與莔亦相近。"按：訓遽之"茫"，或作"莔"，或作"盲"，皆借字也。章炳麟《新方言》二："今通謂作事忽遽爲茫，俗作忙。"是也。郭璞云其時北方亦通謂匆遽爲"茫"，是魏晋時"茫"已通行南北，非局限於吴揚也。徐復《補釋》："唐玄應《衆經音義》亦作恾，皆同字。"(第169頁)

按：章炳麟《新方言》二："今通謂作事忽遽爲茫，俗作忙。"所言極是。但由於歷來僅關注佛外文獻，所以都没有舉出"忙"表示"忽遽"義的文獻用例。

《漢語大詞典》：【忙】［máng］②急促，急迫。唐李咸用《題陳正字山居》詩："幾日憑欄望，歸心自不忙。"五代杜謙《太原郡小娘子尊勝幢記》："生滅兮雖常，汝去兮何忙！"宋劉過《沁園春·王汝良自長沙歸》詞："談兵齒頰冰霜，有萬户侯封何用忙？"董必武《病中見窗外竹感賦》詩："昭蘇萬物春風裏，更有筍尖出土忙。"

【忙遽】匆忙急速。唐薛用弱《集异記·裴通遠》："至天門街，夜鼓將動，車馬轉速，嫗亦忙遽而行。"清蒲松齡《聊齋志异·錦瑟》："生忙遽未知痛楚，但覺血溢如水，使婢裂衿裹斷處。"

《漢語大詞典》雖然列出了"忙"表示"忽遽"義的文獻用例，但始見例均爲唐代，時代大大滯後。其實在佛教文獻中，自晋代起，

“忙”表“忽遽”義的用例即已多見：

西晋法立共法炬譯《大樓炭經》卷5：“御者即受天帝釋教，回千四馬車避去。諸阿須倫見天帝釋千四馬車回還，便言：‘欲來與我戰鬥。’以阿須倫即恐怖忙走，諸天即得勝。”（T01—301a）

東晋佛陀跋陀羅共法顯譯《摩訶僧祇律》卷15：“即問言：‘優婆夷汝作何等？’時婦人營事，忙［8］懅不得應，如是第二、第三問不答。”（T22—350a）《校勘記》：［8］懅=遽【明】。

元魏慧覺等譯《賢愚經》卷6：“垂當出里，復見世尊，倍用鄙耻，回趣餘道。復欲避去，心意怱忙，以瓶打壁，瓶即破壞，屎尿澆身，深生慚愧，不忍見佛。”（T04—397b）

後秦弗若多羅共羅什譯《十誦律》卷38：“佛在阿羅毗國，時寺門楣破，佛見已知而故問阿難：‘是寺門楣何以破耶？’答言：‘木師忙［10］懅不得作。’（T23—277b）《校勘記》：［10］懅=遽【宋】【元】【明】【宫】。

後秦僧肇著《寶藏論》卷1：“其心慌慌，其身忙忙，觸物動作，如火煌煌。”（T45—143c）

梁慧皎撰《高僧傳》卷13：“或時禮拜中間，懺疏忽至。既無宿蓄，耻欲出頭。臨時抽造，謇棘難辯。意慮荒忙，心口乖越。前言既久，後語未就。”（T50—418a）

隋闍那崛多譯《佛本行集經》卷58：“我於爾時，作事蒼［5］忙，不得如意。”（T03—921b）《校勘記》：［5］忙=惶【宋】。

唐義净譯《根本説一切有部毗奈耶》卷33：“長者婦見報言：‘聖者！今日稍忙，無暇相與。’”（T23—808c）

唐義净譯《金光明最勝王經》卷10："初有一大臣，［16］忩忙至王所。"（T16—453c）《校勘記》：［16］忩＝悤【宋】【元】【明】。

唐義净譯《根本説一切有部毗奈耶藥事》卷9："於時世尊游憍薩羅人間行，往婆羅門聚落。時諸异道聞沙門喬答摩來，聞已悤忙往詣婆羅門居士族姓家。"（T24—38c）

唐義净撰《南海寄歸内法傳》卷3："豈有冒寒創至，觸熱新來，或遍體汗流，或手足皆凍，放却衣襆，急事和南，情狀悤忙，深乖軌式？"（T54—223b）

唐般若譯《大乘理趣六波羅蜜多經》卷2："而彼魔王問菩薩言：'汝今忩忙，欲詣何所？'菩薩答言：'我爲一切苦惱衆生，今欲入於六度大海，求佛種智如意寶珠，以救一切貧乏衆生。'"（T08—875b）

唐湛然述《止觀輔行傳弘决》卷8："爾時山中有渴梵志，從其乞飲。田家事忙，不暇看之，遂恨而去。"（T46—399a）

唐裴休集《黄檗斷際禪師宛陵録》卷1："有一般閑神野鬼，纔見人有些少病，便與他人説。爾只放下著，及至他有病，又却理會不下，手忙脚亂。争柰爾肉如利刀碎割，做主宰不得。萬般事須是閑時辦得下，忙時得用，多少省力。休待臨渴掘井，做手脚不辦，遮場狼藉。"（T48—387a）

唐道宣撰《續高僧傳》卷25："每至二時，四方大集，馳騁游遨。諸僧忙遽，無一閑者。而旭端坐竹林，泊然寂想。"（T50—661c）

唐宗密述《圓覺經道場修證儀》卷10："朝暮縱忙亦念佛，公私稍暇即持經。"（X74—443b）

（七）《方言》卷13：“㵾，淨也。皆冷皃也。初兩、楚耕二反。”

《揚雄方言校釋匯證》：〔一〕㵾：戴震《方言疏證》作“淢”。按：《説文·仌部》：“滄，寒也。”段玉裁注：“此與《水部》‘滄’音義皆同……按《方言》曰：‘淢，净也。’二字當從冫。‘凔’即‘滄’字。‘淨’即‘清’字。”錢繹《方言箋疏》：“《玉篇》：‘淢，净也，冷也。’《説文》：‘㼽，磋垢瓦石也。’徐鍇《傳》曰：‘以碎瓦石㼽去瓶内垢也。’《西山經》：‘錢來之山，其下多洗石。’郭注云：‘澡洗可以磢體去垢圿。’木華《海賦》：‘飛澇相磢。’李善注引《方言》注云：‘淢，錯也。’即此注文，今本誤脱耳。”段、錢二氏説，未知孰是。

〔二〕淨：段玉裁《説文注》“凔”字下謂“‘淨’即‘清’字”。《説文·仌部》：“凊，寒也。”“寒”與冷義近。錢繹《方言箋疏》：“净，《説文》作‘瀞’，云：‘無垢薉也。’經傳通作‘净’。”（第929—930頁）

按：《方言》卷13“㵾，淨也。皆冷皃也。初兩、楚耕二反”條，排在“滜，寒也。滜猶净也，作憒反”條下，故“淨”當爲“冷”義。據此，當以戴震、段玉裁説爲是。

《漢語大詞典》：【淢[1]】［shuǎng］净；冷。《説文·水部》①“滄，寒也”，清朱駿聲通訓：“《漢書·枚乘傳》：‘欲湯之滄，絶薪止火而已。’〔滄〕亦作淢。《方言》十三：‘淢，净也。’注：

① 《漢語大詞典》此處誤，當作仌部。

‘冷貌也。’”

然歷來注釋、辭書都未見到“澳”表“冷”義的書證。其實，在漢文佛典中，倒有一例，雖時代略晚，亦彌足珍貴。

唐棲復集《法華經玄贊要集》卷27：“如去風痺等者（疵疪音同）、脚冷澳病（爽音）、障染者，即上所言五種過是也。於中沉掉忘念不正知，并是隨惑，故名染障。染如風痺，斷如油，能除冷風，八斷能除染障。”(X34—765b)

而“凈”表“寒”“冷”義，實乃“凊”之借，《説文·仌部》：“凊，寒也。從仌青聲。”《廣韻·勁韻》“凈，疾政切”，從母勁韻；《廣韻·勁韻》“凊，七政切”，清母勁韻。兩字音近，僅聲之清濁差别。而漢文佛典中，“凈”“凊”表“冷”義之例則有不少：

失譯（附東晋録）《餓鬼報應經》卷1：“汝爲人時，作小道人，爲僧所差，取冷凈水，作石蜜漿，分與衆僧。石蜜堅大，打取少許，盜食一口。盜僧物故，今受華報，果在地獄，吞注洋銅，苦不可言。”(T17—561b)

唐地婆訶羅譯《方廣大莊嚴經》卷11：“於長夜供養父母師長及應供者，以蘇油塗身，適其温凊，澡浴熏香，布施上妙室宅，衣服飲食卧具湯藥令得安隱。”(T03—610a)

師子比丘述注《折疑論》卷2：“不知有出告反面之道，冬温夏凊之儀（告音孤，申上文。《禮記》云：‘出必告。’注：‘以知去處也。’‘反必面。’注：‘回家見於親，不敢使親之有望

也。’冬則令暖父母之枕席，夏則扇清枕席之以凉。上古之時皆無此儀）。”（T52—803c）

唐道世撰《法苑珠林》卷33：“故劉殷至孝誠感，釜庾爲之生銘。丁蘭温凊竭誠。木母以之變色。”（T53—537c）

後晉可洪撰《新集藏經音義隨函録》卷25：“温凊（七性反，凉也）。”（K35—521c）

宋德宏著《石門文字禪》卷29：“爲一新之長廡廣厦，萬楚蟠崖，冬温夏凊，崇堂杰閣，十楹照壑，吞風而吐月。”（J23—723c）

（八）《方言》卷**2**：“剿、雀潦反，又子了反。蹶，音厥。獪也。古狡狭字。秦晉之間曰獪；楚謂之剿，或曰蹶；言踣蹶也。楚鄭曰蔿，音指撝，亦或聲之轉也。或曰姡。言黠姡也。今建平郡人呼姣爲姡，胡刮反。”

《揚雄方言校釋匯證》：〔一〕剿：按：“剿”猶言“狡”也，“剿獪”猶言“狡獪”。

〔二〕蹶：戴震《方言疏證》：“蹶、獪一聲之轉。”

〔五〕蔿：錢繹《方言箋疏》：“卷三云：‘蔿、譌，化也。’注云：‘蔿、譌皆化聲之轉也。’《説文》：‘僞，詐也。’《廣雅》：‘僞，欺也。’《堯典》：‘平秩南訛。’《史記·五帝紀》作‘南爲’。《周官·大司徒》：‘以五禮防民之僞，而教之中。’襄三十年《左氏傳》云：‘無載爾僞。’《楚辭·九嘆》：‘若青蠅之僞質兮。’王逸注云：‘僞，〔猶〕變也。’譌、僞、爲并與蔿通，方俗語有輕重耳。凡狡獪者多變化，故亦謂之蔿也。”

〔七〕姡：戴震《方言疏證》：“《爾雅·釋言》：‘靦，姡

也。'《釋文》云：'《方言》："楚〔鄭〕或謂狡獪爲婚，婚猶獪也。"郭注言黠也。'黠下脱一婚字。"（第174—175頁）

按：實際上，"蹶"乃"譎"之記音字。"姡"（郭注：胡刮反）乃與"猾"同。而"蔿"則在漢文佛典中寫作"訛"，而"譎""猾""訛"均有"欺誑、狡詐"義也。

《漢語大詞典》：【譎[1]】［jué］①詭詐；欺誑。《論語·憲問》："晋文公譎而不正，齊桓公正而不譎。"何晏集解引鄭玄曰："譎者，詐也。"《後漢書·吴漢傳》："漢乃辭出，止外亭，念所以譎衆，未知所出。"李賢注："譎，詐也。"宋蘇洵《權書下·孫武》："勾踐不頹舊冢而吴服；田單譎燕掘墓而齊奮。"

而漢文佛典中亦有大量用例：

西晋竺法護譯《佛説琉璃王經》卷1："阿難白佛：'寧有譎詭，祐護此國，令安隱乎？'"（T14—784b）

西晋竺法護譯《阿差末菩薩經》卷2："以德化故，在譎詭中而爲列露真正之義，於校飾中不爲綺大，在無反復行報恩德，在衆惡處而修善行，在廢退處奉修德祚，在欺慢處常行恭恪，在貢高處不懷自大，在求便處無能得短，不念人惡、不宣缺漏，若在不正輒往將護使入正諦。"（T13—588b）

西晋聶承遠譯《佛説超日明三昧經》卷1："湣念十方如母念子，於色痛想行識不亂，不爲俗人所惑，不爲榮華所侮，不從貪人不從瞋恚不從愚癡，不謗三寶不懷譎詭，與六念行佛法衆施

信慧，出入行步不尚矜高。"(T15—537a)

後秦鳩摩羅什譯《大智度論》卷16："有時譎詐欺誑，誘之令出而復害之。如是等種種因緣故，受如此罪。"(T25—176b)

姚秦曇摩耶舍共曇摩崛多譯《舍利弗阿毗曇論》卷18："何謂幻變？若於尊勝及餘人前，爲名聞虛譽故，自覆過失，詭譎他人。"(T28—650b)

隋智顗説《妙法蓮華經玄義》卷8："種種譎詭，誸誘無智，令信染惑著。"(T33—780b)

隋灌頂纂《國清百録》卷4："峰疑偃蓋巒似覆船，巨力窮奇之象，洪崖譎詭之形。崗曲抱而成垣，水縈回而結乳。"(T46—819c)

而"蔿"在漢文佛典中則寫作"訛"：

三國吴康僧會譯《六度集經》卷5："父凶念生，厥性惡重，前家有冶師去城七里，欲圖殺兒，書敕冶師曰：'昔育此兒，兒入吾家，疾疫相仍，財耗畜死。太卜占云："兒致此災。"書到極攝，投之火中。'訛命兒曰：'吾年西夕，加有重疾，爾到冶師所諦計錢寶，是爾終年之財。'兒受命行，於城門内，睹弟與輩彈胡跳戲。弟曰：'兄來吾之幸矣，爲吾復折。'兄曰：'父命當行。'弟曰：'吾請行矣。'奪書之冶師所。冶師承書，投弟於火。父心忪忪而怖，遣使索兒，使睹兄曰：'弟如之乎？'兄如狀對。兄歸陳之，父驛馬追兒，已爲灰矣。"(T03—26a)

又，卷8："時滿生男，厥狀甚陋，睹世稀有。年在齠齓，聰明博暢，智策無儔，力能躄象，走攫飛鷹，舒聲響震若師子吼，名流遐遍，八方咨嗟。王爲納隣國之女，厥名月光，端正姸雅，世好備足。次有七弟，又亦姝好。後懼月光惡太子狀，訛曰：‘吾國舊儀，家室無白日相見，禮之重也。妃無失儀矣！’對曰：‘敬諾，不敢替尊教。’”（T03—46b）

西晋竺法護譯《普曜經》卷5：“今來衆會無數變，云何觀此諸頭首？愚人睹是不捨走，言降伏之乃訛言。”（T03—518b）

又，卷6：“於是魔波旬心中憒亂，恐怖色變，强顔不去，不欲退還。故作訛言：‘我所爲是，告其兵衆，卿等并心，皆共和同，所可見知諸天鬼神逼迫菩薩莫使縱逸也，當共伏之，爾乃捨去。’”（T03—519a）

劉宋僧伽跋摩譯《分别業報略經》卷1：“愚惑自矜高，常生卑賤中。諂諛致身曲，訛言形矬陋。”（T17—449c）

隋智顗説《妙法蓮華經文句》卷10：“譬如微賤，從此國逃彼國，訛稱王子，彼國以公主妻之，多瞋難事。有一明人從其國來，主往説之，其人語主，若當瞋時説偈，偈云：‘無親游他國，欺誑一切人，粗食是常事，何勞復作瞋。’説是偈時，默然瞋歇，後不復瞋。”（T34—146c）

唐慧琳撰《一切經音義》卷28：“訛言（古文蔿、譌、吪三形同，五戈反。詩云：‘民之訛言。’箋云：‘訛，僞也。’訛亦詭言也）。”（T54—493b）

又，卷33：“訛病（又作譌、吪二形，同五和反。詩云：‘民之訛言。’箋云：‘訛，僞也。’謂詐僞也）。”（T54—527c）

“姡”在漢文佛典中寫作“猾”。“猾”在《漢語大詞典》中的始見例取自《北史》，而漢文佛典中可上溯至西晉。

《漢語大詞典》：【猾[1]】［huá］②狡黠；奸詐。亦指奸狡之人。《北史·酷吏傳序》："其禁奸除猾，殆與郅寧之倫异乎！"宋王讜《唐語林·政事上》："坊市奸偷宿猾屏迹。"《明史·忠義傳二·王鈇》："濱海多大猾，匿亡命作奸。"

西晉竺法護譯《生經》卷2："王心念言：'續是盜魁，前後狡猾。'"(T03—79a)

西晉竺法護譯《佛説鹿母經》卷1："夫巧僞無實，奸詐難信，虛華萬端，狡猾非一，侵暴生種，犯人稼穡，以罪投身，入於吾琮。"(T03—455b)

元魏吉迦夜共曇曜譯《雜寶藏經》卷10："一切狡猾諂僞詐惑，外狀似直，內懷奸欺，是故智者，應察真僞。"(T04—497b)

元魏菩提流支譯《入楞伽經》卷7："心如巧伎兒，意如狡猾者，意識及五識，虛妄取境界。"(T16—557a)

北涼曇無讖譯《大方等大集經》卷47："沙門是人，何能狡猾幻惑，异端妖邪多語，敢共我競，而欲與我挍量比并？"(T13—308b)

梁僧祐撰《弘明集》卷8："於是奸猾祭酒造化胡之經，理拙辭鄙。"(T52—50c)

梁寶唱等集《經律异相》卷44："王續念言：'或是盜魁前後狡猾，即遣使者。欲迎吾女。'"(T53—230b)

又，卷47："又答鹿曰：'夫巧僞無實奸詐難信，虛華萬端狡猾非一。愛身重死鮮能效命，人之無良由難爲期。'"(T53—250a)

隋闍那崛多譯《起世經》卷4："種種觸惱衆生故，於叫喚獄被燒煮。其中復有大叫喚，此由諂曲奸猾心。"(T01—328c)

隋闍那崛多譯《佛本行集經》卷29："波旬！汝今威德實衰，無處依止，强作奸猾，猶如癡人，無有羞耻。"(T03—789b)

(九)《方言》卷13："顭，怒也。顭顭，恚皃也。巨廪反。"

《揚雄方言校釋匯證》：〔一〕《廣雅·釋詁二》："顭，怒也。"王念孫《疏證》："《廣韻》：'顭，切齒怒也。'義與'噤齘'之'噤'同。"按：《玉篇·口部》："噤齘，切齒怒貌。"(第909頁)

按：《漢語大詞典》未收"顭"字條。

《漢語大詞典》：【噤[1]】［jìn］①閉口。②謂不能出聲或不許做聲。③關閉；封閉。④因受寒或受驚而身體顫動。⑤見"噤吟"。

其實，正如王念孫所云，《方言》中表"怒"義之"顭"，字亦寫作"噤"，而《漢語大詞典》"噤"下列了五個義項，却未見"怒也。怒貌"一義，而漢文佛典中却有用例：

西晉竺法護譯《修行道地經》卷2："常遭勤苦，强忍塵勞。有所食啖，不別五味。言語多笑，喜忘重語。嚙舌舐唇，然而［18］噤齘。行步卧起，未曾安隱。舉動作事，無所畏難、不知去就。佛説是輩爲愚癡相。"(T15—193b)《校勘記》：［18］噤＝顭【宫】。

元魏般若流支譯《正法念處經》卷60："復次，第二忍。所謂若沙門、婆羅門、若復餘人欲起瞋恚，忍令不起，知瞋過故，作是思惟：'若起瞋恚，自燒其身，其心噤毒，顔色變异，他人所棄，皆悉驚避，衆人不愛，輕毀鄙賤，身壞命終墮於地獄。'"(T17—357c)

姚秦竺佛念譯《鼻奈耶》卷5："象遥見如來及比丘僧，蹋地瞋吼，噤切牙齒，張郭兩耳，擎鼻捷尾，急走向世尊所。"(T24—872b)

唐道宣撰《續高僧傳》卷26："至解齋時，與粥方食。寺内群犬，非常噤惡。一見此狗，低頭畏敬，不敢斜視。"(T50—674a)

唐慧琳撰《一切經音義》卷75："噤齘（渠錦反，下胡戒反。《説文》：'齘，齒相切也。'《方言》：'齘，怒也。'郭璞曰：'言噤齘也。'）。"(T54—792c)

宋希麟撰《續一切經音義》卷7："噤口（上渠飲反。《字統》云：'寒而口閉也。'《説文》云：'從口禁聲。'有作'頪。怒而切齒也'，非噤口字也）。"(T54—965c)

## 三、結論

從上舉9例中可知：許多方言詞語當時没有或未能使用專門記録的漢字（故只能以同音字記録），另外，一些詞的不同地域的方言變體，往往也僅因爲語音上的變化而導致記録的形體各异。所以在搜尋文獻用例時，我們必須突破字形的束縛，"以耳治而不以目治"，循着"語轉"的軌迹而發現新的詞形。

**如,《方言》卷13:“腻,膪也。”**“腻”一本作“𦙶”,然《説文》未收此二字。歷代文獻中亦無“腻”“𦙶”表“肥充”義的實際用例。而文獻中却有大量表“肥充”義的“盛”的存在。根據分析,“盛”是由“盛大”義而引申出“肥充”義的,故在表“肥充”這一意義上,“盛”應該是古字,而“腻”“𦙶”應該是“盛”的區别分化字。因此《方言》中所引的是“區别分化字”,而歷代文獻中使用的却是本字“盛”。

**又如,《方言》卷13:“顉,怒也。”**《説文》未收“顉”字,《玉篇·頁部》:“顉,距錦切。顒顉,又怒也。”《廣雅·釋詁二》:“顉,怒也。”《説文·口部》:“噤,口閉也。從口禁聲。”《廣韻·寑韻》:“噤,寒而口閉。渠領切四。顉,切齒怒也。”據此,“顉”“噤”兩字本義不同而音同。故正如王念孫《廣雅疏證》所云:“‘顉,切齒怒也。’義與‘噤齘’之‘噤’同。”也就是説在歷代文獻中我們找不到“顉(表“怒”義)”的實際用例,但文獻中并非没有這個詞的實際用例,只是由同音字“噤”來記録了而已。

**又如,《方言》卷2“劋、蹶,獪也。秦晋之間曰獪;楚謂之劋,或曰蹶;楚鄭曰蔿,或曰婚。”**實際上“劋”“蹶”“蔿”“婚”都是記音字,《説文·刀部》:“劋,絶也。從刀喿聲。”《説文·足部》:“蹶,僵也。從足厥聲。一曰跳也。”《説文·艸部》:“蔿,艸也。從艸爲聲。”《説文·女部》:“婚,面醜也。從女昏聲。”而在文獻中出現的表示“狡詐”義的用例,字形則分别寫爲相應的“狡”(《廣韻·篠韻》:“劋[亦作“剿”],子了切。”精母篠韻;《廣韻·巧韻》:“狡,猾也。古巧切。”見母巧韻)、“譎”(《廣韻·月韻》:“蹶,居月切。”見母月韻;《廣韻·屑韻》:“譎,詐。古穴切。”見母屑韻)、“訛”(《説文·艸部》:“蔿,艸也,從艸爲聲。”訛,亦作“譌”,譌言也。從言爲聲）、“猾”（《廣韻・黠韻》：“猾，狡猾，户八切。”匣母黠韻；《廣韻・轄韻》：“姡，下刮切。”匣母轄韻）。

**又如，《方言》卷3：“撲、鋌、澌、盡也。南楚凡物屬生者曰撲生。物空盡者曰鋌；鋌，賜也。連此撲澌皆盡也。鋌，空也，語之轉也。”《方言》卷13：“澌，索也。”**其中，表示“空盡”義的“澌”“賜”“索”也都是一個方言詞的一聲之轉。《説文・水部》：“澌，水索也。從水斯聲。”段玉裁注：“《方言》曰：‘澌，索也。’郭注云：‘盡也。’按許説其本義，揚乃説其引申之義也。索訓盡者，索乃索假借字。入室搜索有盡義也。《方言》曰：‘鋌，賜也。’賜者，澌之假借，亦作儩。”《廣韻》“索，蘇各切”，心母鐸韻；“澌（盡也）、賜（與也），斯義切”，心母寘韻。《説文・宀部》：“索，入家搜也。從宀索聲。”段玉裁注：“搜，求也。《顔氏家訓》曰：‘《通俗文》云：“入室求曰搜。”’按：當作‘入室求曰索’，今俗語云搜索是也。索，經典多假借索爲之。”

我們可以看到，文中所舉9例，基本上都涉及各個方言詞的“記音字”的問題，或者涉及同一方言詞的不同語音變體問題。爲節約篇幅，恕不一一分析。總之，我們研究揚雄《方言》，要正確理解揚雄所録方言詞所表達的意思，特别是在尋找方言詞的文獻用例時，必須注意排除字形上的障礙，要多從語音上着眼，從“音同”“音近”或“語轉”的角度去聯繫考求。

## 参考文獻

班固，1965，《漢書》，中華書局。

陳彭年，2008，《宋本廣韻》，江蘇教育出版社。
大正新修大藏經刊行會（編），1988—1991，《大正新修大藏經》，東京大藏出版株式會社。
大正一切經刊行會（編），1983，《大正新修大藏經》，臺北新文豐出版有限公司。
段玉裁（注），2007，《説文解字注》，許惟賢整理，鳳凰出版社。
高麗大藏經完刊推進委員會（編），1982，《高麗大藏經》，臺北新文豐出版有限公司。
顧野王，1987，《大廣益會玉篇》，中華書局。
河村照孝（編集），1975—1989，《卍新纂大日本續藏經》，東京株式會社國書刊行會。
華學誠等（匯證），2006，《揚雄方言校釋匯證》，中華書局。
紀昀、永瑢等（編），1982—1986，《景印文淵閣四庫全書》，臺北商務印書館。
嘉興藏（徑山藏）整理出版委員會（編），1987，《嘉興大藏經》，臺北新文豐出版有限公司。
羅竹風（主編），1986—1993，《漢語大詞典》，漢語大詞典出版社。
任乃强，1987，《華陽國志校補圖注》，上海古籍出版社。
王念孫，1984，《廣雅疏證》，江蘇教育出版社。
許寶華、宮田一郎（主編），1999，《漢語方言大詞典》，中華書局。
周祖謨（校箋），1993，《方言校箋（附索引）》，中華書局。

# 訓釋繫聯焦點詞的詞彙語義特徵與上古漢語核心詞研究*

王立軍

任何語言的詞彙和詞義都是成系統的。“語言的詞彙是一個體系，每個詞（以至每個詞義）在總的體系的網絡中只占一席之地，同時又與周圍的詞和詞義處於縱橫交錯的相互關係之中。”（李錫胤，1986：10）在具體文本當中，詞彙呈自然分布的狀態，很難看出其内在的系統性。但在辭書當中，詞彙及其意義經過一定程度的整理和歸納，更易於呈現其相互之間的關係。根據王寧《訓詁學原理》（1996：61—64）的劃分，傳統辭書中常見的訓釋類型，從訓釋手段上可以分爲形訓、聲訓、義訓，從訓釋方式上可以分爲直訓和義界。其中直訓是以單詞訓釋單詞，更能直接體現詞與詞在某一層面的對應關係，是建構古代漢語詞彙系統的最佳材料。“誠然，有時被訓釋字和訓釋字的概念不是完全相等的，倒轉爲訓，是不完全合適的，并且也會使檢查字典的人感到很不方便。因此，有些注釋家極力避免使用互訓，儘量使用義界説明，認爲互相注解的方法不科學，與邏輯學相違背。其實這也有些片面性。互爲訓釋是訓詁史上最古的訓釋方式……研究訓釋字與被訓釋字及其關係，對我們探討字義、詞義相互之間的關係，從而得到全面的理解，究竟是有幫助的。”（陸宗達，

---

* 本文原載《北京師範大學學報》（社會科學版）2022年第2期，第95—106頁。

2015：140—141）[①] 基於這樣的訓詁材料事實，我們藉助“漢字全息資源應用系統”平臺[②]的訓釋繫聯工具，對古代辭書《爾雅》《説文》《方言》《釋名》的直訓材料進行全面繫聯，提取其中的訓釋繫聯焦點詞，分析這些焦點詞的詞彙語義特徵，以期爲上古漢語核心詞以及詞彙語義系統的研究提供幫助。

## 一、訓釋繫聯焦點詞的提取

所謂訓釋繫聯焦點詞，是指在利用上古漢語訓詁材料進行訓釋繫聯時處於焦點位置的訓釋詞，是上古漢語訓詁材料中充當訓釋詞頻度較高的詞。

基於深入觀察訓釋詞和被釋詞之間關係的需要，我們在“漢字全息資源應用系統”中開發了訓釋繫聯模組，整合了《爾雅》《説文》《方言》《釋名》四部辭書的全部直訓材料，可以對訓釋詞或被釋詞進行多角度繫聯：可以以單個目標詞爲起點，觀察與這個詞發生訓釋關係的詞群情况；也可以以兩個目標詞互爲起點和終點，觀察這兩個詞是否能够建立訓釋關係，以及可以通過哪些過渡詞建立聯繫；還可以同時以多個目標詞爲起點，觀察這幾個詞内部所形成的局部關

---

① 陸宗達此處所説的“互爲訓釋”，指的就是直訓的訓釋方式。如其《説文解字通論》（2015：82）中説：“互爲訓釋簡稱爲‘互訓’，即選擇兩個或兩個以上意義和用法相同或相近的詞、字彼此互爲訓釋。這種方式，需要從實際語言中把語言環境（上下文）相同、意義相同或相近而用字、用詞不同的句子加以比較，然後用這些不同的字和詞，互爲訓釋。例如《詩經·南有嘉魚》首章末句爲‘嘉賓式燕以樂’，次章爲‘嘉賓式燕以衎’。這兩句語言環境相同，表達意義也相同，只是用了‘樂’和‘衎’兩個不同的字，所以《爾雅·釋詁》説：‘衎，樂也。’以爲互訓。”

② 該平臺是基於王立軍主持的國家語言文字工作委員會重大委托項目“通用漢字全息數據庫建設”而創建的，2019 年 1 月由北京師範大學漢字研究與現代應用實驗室向社會發布，平臺網址是 https：//qxk. bnu. edu. cn。

係網絡。其中以單個目標詞爲起點，又可以設置遞相訓釋的層級，最大層級數目前設計爲 4 級。以訓釋詞“信”爲例，繫聯層級爲 2 級、4 級的繫聯結果分別如圖 1、圖 2 所示。

通過對訓釋詞“信”的 1 級繫聯，可以得到與“信”有直接訓釋關係的 15 個被釋詞，分別是“誠、允、諒、訦、穆、詢、亮、符、恂、展、印、惇、諶、亶、孚”。擴展到 2 級之後，可以看到與“信”意義關係最密切的是“誠”，正反雙向箭頭表示，不僅“信”可以充當“誠”的訓釋詞，而且“誠”也可以充當“信”的訓釋詞，二者構成了真正意義的互訓關係。而且在 2 級繫聯圖中還可以看到“誠”與另外 6 個被釋詞之間的繫聯關係。在 4 級繫聯圖中，這種“關係網絡”的特點就更加突顯出來了，出現了多個繫聯焦點，其中與“覆”發生直接繫聯關係的詞多達 19 個。我們把這些直接繫聯關係詞數量較多、處於訓釋繫聯圖焦點位置的詞，稱爲訓釋繫聯焦點詞。焦點詞直接繫聯的關係詞數量越多，在詞彙系統中的地位就越重要。

正如徐時儀（2016：56）所説：“從詞彙系統中選取任意一個詞彙成分作爲輻射點，沿着其聚合關係輻射開去，都會形成無數個以該詞彙成分爲核心而聚合其他詞彙成分所形成的聚合網絡。每個輻射點可以是一個詞彙成分，也可以由多個詞彙成分構成。構成輻射點上的每一個詞彙成分又都可以作爲一個新的輻射點形成一個新的輻射聚合。各個層面上所有詞彙成分的輻射聚合相互聯繫、相互交織在一起就構成了詞彙系統的動態聚合網絡，每一個詞彙成分在這個聚合網絡中都有一個確切的位置。”圖 2 的訓釋繫聯示意圖，正是對上古漢語詞彙系統複雜網絡的直觀呈現。“複雜形式的直接繫聯可能包括數個不同層次的共訓，通過其中的共訓則能反映出這些字之間遠近不同的關係。

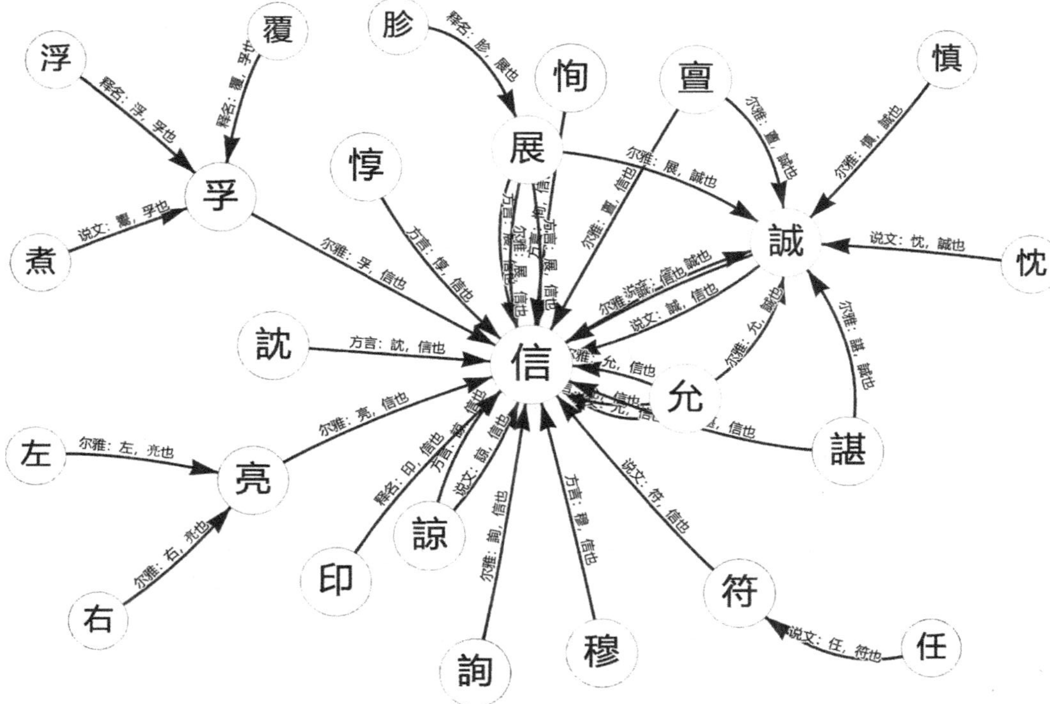


圖 1　訓釋詞“信”的 2 級繫聯結果示意圖

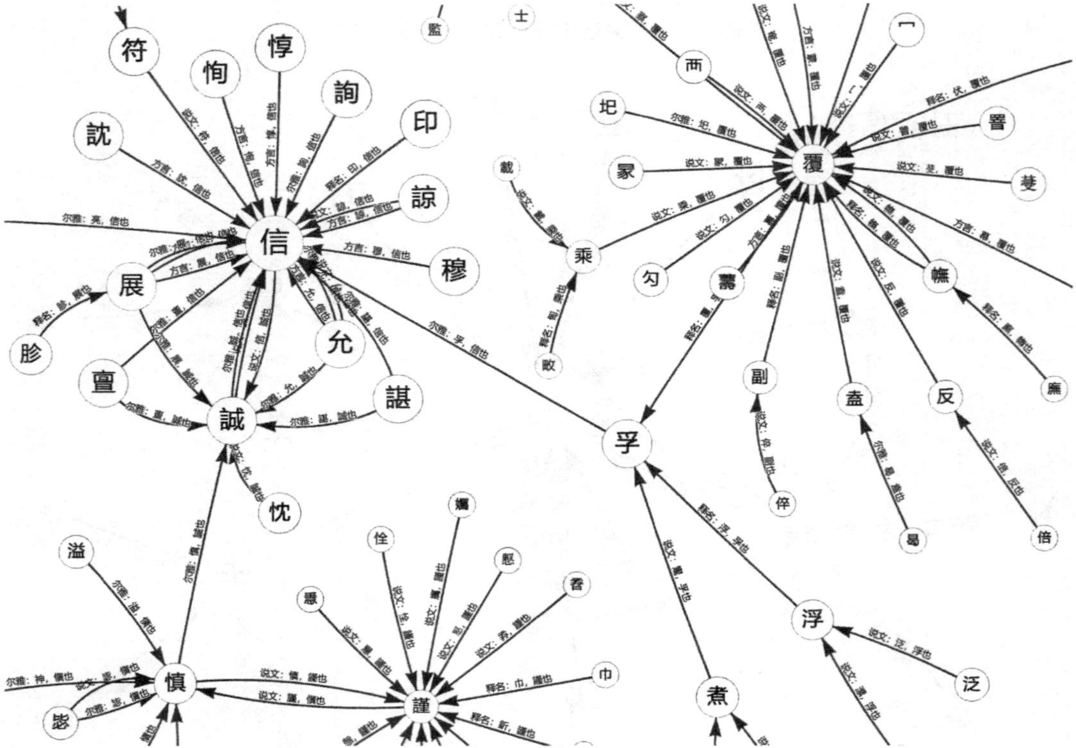


圖 2　訓釋詞“信”的 4 級繫聯結果示意圖（局部）

因爲共訓展示了一個詞不同的意義層次，而其中的某個層次又自成一個訓釋鏈條，從而與其他詞發生繫聯，通過層層繫聯，詞與詞之間的意義遠近關係就充分顯示出來。”（趙新民，2001：61）在電腦技術應用之前，訓釋繫聯工作都是用排比紙質卡片的方式進行的，這種手工操作的方式只能展示有限的直接訓釋關係。運用電腦技術進行訓釋繫聯，可以立體化、窮盡式地滿足我們的繫聯需求，最大限度地呈現上古漢語詞彙的複雜網絡關係，讓我們看到手工操作難以發現的現象，爲我們研究詞彙語義系統提供强有力的支撑。例如，在訓釋詞“信”的2級繫聯結果中，我們可以清晰地看到，在“信、誠、允、展、亶、諶”之間形成了一個訓釋閉環，“允、展、亶、諶”四詞都可以同時與“信”“誠”發生訓釋關係，而“信”“誠”之間又是互訓關係，這樣就很清晰地呈現出上古漢語“誠信”義語義場内部各成員之間的關係。這種清晰直觀、便捷高效的繫聯方式是傳統手工方式所難以實現的。

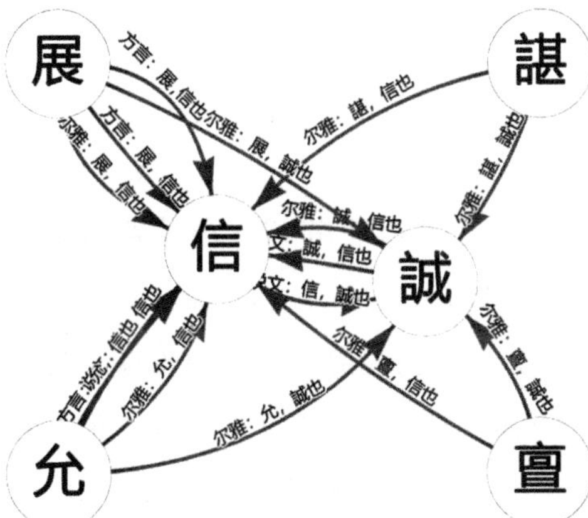


圖3　以“誠”“信”爲紐帶的訓釋閉環示意圖

當然，四部辭書中的直訓材料在字形、字用、訓釋等方面都存在一些影響科學繫聯的因素，只有通過制訂詳細的數據加工和繫聯操作原則，排除這些複雜因素可能帶來的干擾，纔能得出真正意義的焦點詞。例如，爲了支持多目的、多角度的繫聯，我們在訓釋材料數據加工時，儘可能真實、全面地保留原始信息，如《説文》："信，誠也。從人從言。會意。息晋切。㐰，古文從言省。訫，古文信。"在對"信"字條進行數據加工時，我們保留了古文、籀文、或體等重文字形的隸定字形，從中提取3對直訓關係："信—誠""㐰—誠""訫—誠"。這樣做的好處在於，可以把一組异體字所關聯的訓釋信息都窮盡性地納入到繫聯結果當中；缺點在於，如果不瞭解這些字之間的异體關係，不對它們從記詞職能上進行認同，就會將它們看成不同的詞，從而影響統計與分析結果的科學性。在前面所展示的訓釋詞"信"的繫聯結果示意圖中，我們已經對"信""㐰""訫"進行了認同處理。

## 二、訓釋繫聯焦點詞的分布差异

我們從四部辭書中共整理出6758條直訓數據，其中《説文》3305條，《爾雅》1376條，《方言》939條，《釋名》1138條。按照上述繫聯方法，提取訓釋詞去重後共計2390個，被釋詞去重後共計6462個。其中構成直訓材料15條以上的訓釋詞共計44個，我們稱之爲訓釋繫聯高頻焦點詞。這44個高頻焦點詞及其在四部辭書中的具體分布如下：

**表 1　高頻焦點詞在四部辭書中的分布情況表**

| 序號 | 訓釋詞 | 構成直訓材料條數 | | | | |
| --- | --- | --- | --- | --- | --- | --- |
| | | 合計（去重後） | 説文 | 爾雅 | 方言 | 釋名 |
| 1 | 水 | 125 | 125 | 0 | 0 | 0 |
| 2 | 草 | 73 | 71 | 0 | 2 | 0 |
| 3 | 大 | 68 | 22 | 38 | 24 | 2 |
| 4 | 木 | 60 | 60 | 0 | 0 | 0 |
| 5 | 止 | 40 | 20 | 14 | 4 | 4 |
| 6 | 病 | 36 | 17 | 24 | 3 | 0 |
| 7 | 憂 | 33 | 20 | 8 | 7 | 0 |
| 8 | 明 | 33 | 19 | 3 | 8 | 4 |
| 9 | 疾 | 30 | 18 | 8 | 5 | 2 |
| 10 | 安 | 27 | 17 | 5 | 4 | 1 |
| 11 | 長 | 25 | 6 | 12 | 11 | 2 |
| 12 | 盡 | 25 | 5 | 13 | 8 | 1 |
| 13 | 進 | 24 | 8 | 12 | 0 | 5 |
| 14 | 治 | 23 | 13 | 6 | 5 | 0 |
| 15 | 至 | 22 | 10 | 13 | 7 | 0 |
| 16 | 善 | 22 | 7 | 16 | 0 | 2 |
| 17 | 動 | 22 | 11 | 9 | 3 | 0 |
| 18 | 鳥 | 22 | 22 | 0 | 0 | 0 |
| 19 | 静 | 21 | 9 | 12 | 1 | 1 |
| 20 | 樂 | 21 | 6 | 13 | 3 | 1 |
| 21 | 聚 | 21 | 6 | 9 | 3 | 4 |
| 22 | 始 | 20 | 3 | 10 | 5 | 6 |
| 23 | 厚 | 20 | 8 | 10 | 3 | 1 |
| 24 | 痛 | 20 | 12 | 1 | 8 | 0 |
| 25 | 美 | 19 | 9 | 9 | 2 | 0 |
| 26 | 覆 | 19 | 8 | 6 | 6 | 0 |
| 27 | 敬 | 19 | 12 | 2 | 3 | 3 |
| 28 | 好 | 19 | 7 | 1 | 10 | 1 |
| 29 | 取 | 18 | 2 | 3 | 14 | 1 |
| 30 | 視 | 18 | 5 | 6 | 8 | 0 |

續表

| 序號 | 訓釋詞 | 構成直訓材料條數 | | | | |
| --- | --- | --- | --- | --- | --- | --- |
| | | 合計（去重後） | 説文 | 爾雅 | 方言 | 釋名 |
| 31 | 謀 | 18 | 2 | 16 | 1 | 0 |
| 32 | 遠 | 17 | 8 | 7 | 4 | 1 |
| 33 | 高 | 17 | 12 | 0 | 6 | 0 |
| 34 | 玉 | 17 | 14 | 3 | 0 | 0 |
| 35 | 器 | 17 | 15 | 2 | 0 | 0 |
| 36 | 勞 | 16 | 8 | 8 | 2 | 0 |
| 37 | 聲 | 16 | 10 | 3 | 4 | 0 |
| 38 | 蟲 | 16 | 16 | 0 | 0 | 0 |
| 39 | 行 | 16 | 4 | 2 | 10 | 0 |
| 40 | 信 | 15 | 4 | 8 | 8 | 1 |
| 41 | 合 | 15 | 13 | 2 | 1 | 0 |
| 42 | 亂 | 15 | 4 | 9 | 2 | 1 |
| 43 | 告 | 15 | 6 | 9 | 0 | 1 |
| 44 | 怒 | 15 | 4 | 1 | 9 | 1 |

從表1統計數據可見，44個高頻焦點詞在四部辭書中的分布差异是十分明顯的。如“水、木、鳥、蟲”這4個訓釋詞，只出現在《説文》中，而且出現頻度很高，但在其他三部辭書中一次都沒有出現。這種現象是由四部辭書的不同性質決定的。

《説文》是中國第一部字典，其主要目的既是要通過對漢字構形的解析建構漢字的構形系統，同時也是通過字義的訓釋建構當時的詞彙與詞義系統。所以，《説文》特别注重説解對象的系統性和層級性，這不僅表現在《説文》對漢字構形的解析上，也反映在其詞義訓釋上。例如，《説文·木部》共收字419個，其中直接用“木也”解釋的就有53個，這些都是隸屬於“木”這一通名下的各種樹木的名稱。如：

柜，木也。從木，巨聲。

槐，木也。從木，鬼聲。

《説文・木部》還有關於樹木不同組成部分名稱的訓釋。如：

本，木下曰本。從木，一在其下。
根，木株也。從木，皀聲。
柢，木根也。從木，氐聲。
株，木根也。從木，朱聲。
枚，榦也。從木攴。可爲杖。《詩》曰：施於條枚。
末，木上曰末。從木，一在其上。
槙，木頂也。從木，真聲。一曰仆木也。
朴，木皮也。從木，卜聲。
枝，木別生條也。從木，支聲。
杈，枝也。從木，叉聲。
條，小枝也。從木，攸聲。
果，木實也。從木，象果形在木之上。

其中“果”是“木”的組成部分“木實”，它又可以用來解釋不同類型“木實”的名稱。如：

杏，果也。從木，可省聲。
柰，果也。從木，示聲。
李，果也。從木，子聲。
桃，果也。從木，兆聲。
梨，果名。從木，𥝢聲。𥝢，古文利。

橘，果出江南。從木，矞聲。

這些“果”的名稱有的還可以有下位名稱，如：

橙，橘屬。從木，登聲。

柚，條也。似橙而酢。從木，由聲。《夏書》曰：厥包橘柚。

樝，果似梨而酢。从木，虘聲。

楙，冬桃。從木，敄聲。讀若髦。

這樣由“木”到“果”，“果”下又有“橘、梨、桃”等，“橘”下又有“橙、柚”，“梨”下又有“樝”，“桃”下又有“楙”，層級性非常清晰。可見，《説文》是在依據當時社會生活中所用到的詞彙，去建構詞彙系統和詞義系統的，即使是爲人們所熟知的常用詞，也要予以解釋，於是便出現了很多用“木也”這種通名做出的訓釋，而且還從物類種屬關係的角度對“木”的下位詞進行逐級訓釋，呈現出很強的系統性和層級性。

《爾雅》明顯與《説文》不同。《爾雅》是古代訓詁材料的匯集，是爲當時人們閲讀經典服務的。郭璞《爾雅序》（1992a：1）云：“夫《爾雅》者，所以通詁訓之指歸，叙詩人之興咏，總絶代之離詞，辯同實而殊號者也。”陸德明《經典釋文·序録》（1992：34）云：“夫《爾雅》者，所以訓釋五經，辨章同异，實九經之通路，百氏之指南，多識鳥獸草木之名，博覽而不惑者也。”《爾雅》這種“訓釋五經，辨章同异”“通詁訓之指歸”的性質，决定了它所收録的詞語多爲“絶代之離詞”和“同實而殊號者”，也就是那些當時人已難以理解的古語詞和同實异名現象，對於當時日常生活中所熟知的詞語一般不會收録。

《爾雅》全書按照所收詞語的類别分爲“釋詁”“釋言”“釋訓”“釋親”“釋宫”“釋器”“釋樂”“釋天”“釋地”“釋丘”“釋山”“釋水”“釋草”“釋木”“釋蟲”“釋魚”“釋鳥”“釋獸”“釋畜”19篇，除前3篇之外，後面的16篇都是對各類事物名稱的解釋，屬於百科詞語，所以有人説《爾雅》後16篇相當於後世的百科詞典。其實這種説法并不準確，後世的百科詞典一般都是要建構各科的詞語體系，即使是最熟知的事物名稱也要予以收録。但《爾雅》顯然不是這樣，它的訓釋材料來源於經典訓詁，是對經典中疑難詞語的解析，而非對日常生活中詞語體系的建構。《爾雅》中所收的訓詁材料多是以雅釋古、以雅釋俗，也就不可能出現《説文》大量用“木也”這種通名訓釋的情况。如《爾雅·釋木》：“棫，白桵。”“樸，枹者。”所解釋的兩個詞“棫”“樸”都來自《詩經》。《詩經·大雅·棫樸》：“芃芃棫樸，薪之槱之。”《毛傳》：“芃芃，木盛貌。棫，白桵也。樸，枹木也。”《毛傳》之所以專門對“棫”“樸”二詞進行訓釋，就是因爲這兩個詞在《詩經》時代人們都理解，但到了漢代成了古語詞，人們不瞭解它們指稱的對象了，就需要用漢代人能够理解的“桵”“枹”去加以解釋。《爾雅》爲了方便當時人讀經，就把這些訓釋材料纂集在一起，成爲我國第一部詞典。《爾雅》的編纂目的及其材料來源，决定了它不可能大量收録常用詞，因此在訓釋繫聯結果分布上必然表現出與《説文》的顯著差异。

《方言》《釋名》也是同理。《方言》重在以通語釋方言，其編纂目的是爲了“考九服之逸言，摽六代之絶語；類離詞之指韻，明乖途而同致”，使人“不出户庭，而坐照四表；不勞疇咨，而物來能名"(郭璞，1992b：1)。《方言》中没有關於木名的解釋，關於草名的也只有3條，其中用"草也"訓釋的只在卷三中出現1次："蘇、芥，草也。江、淮、南楚之間曰蘇，自關而西或曰草，或曰芥。南楚江湘之間謂之莽。蘇亦荏也。關之東西或謂之蘇，或謂之荏。周鄭之間謂之公蕡。沅湘之南或謂之蓄。其小者謂之蘸葇。"這裏的"草也"也不是像《説文》那樣作爲通名去解釋草的不同類别，而是關於"草"在不同地域的不同稱謂。而在《説文》中，用"艸（草）也"訓釋草名的地方多達71處。《釋名》主要是用聲訓的方式解釋事物得名由來，全書按義類把所解釋的詞語分爲27篇，但連劉熙（1992：1）自己也説："至於事類，未能究備，凡所不載，亦欲智者以類求之。"這與《説文》所追求的"萬物咸睹，靡不兼載"很不相同，因而它也不可能像《説文》那樣構建層次分明的詞彙或詞義系統。

正是基於上述四部辭書的不同特點，44個高頻焦點詞在各辭書中的分布纔存在顯著差异。

## 三、訓釋繫聯焦點詞的訓釋角色

所謂訓釋角色，是指相對於訓釋目標詞來説，訓釋詞所屬的詞彙系統或所處的語義地位。

《説文》《爾雅》《方言》《釋名》四部辭書各具特點，互有側重，對它們進行綜合繫聯，基本上可以體現實際訓詁材料中的代表性現象，反映訓釋詞在直訓材料中典型的訓釋角色類型。王寧《訓詁學原理》（1996：95—96）將直訓中訓釋詞和被釋詞之間的意義關係歸納爲三種類型：共時共域的同義關係、异時或异地的對當關係、上下位類屬關係，這對我們劃分訓釋角色類型很有啓發。

訓釋角色首先取決於所處的詞彙系統，即使同一種語言内部也存在不同的詞彙系統。只有在一個相對共時的層面纔能構成同一個詞彙系統，因而就有了古今詞彙系統的差异。而古今是個相對的概念，這正如段玉裁《廣雅疏證·序》（王念孫，1983：1）所説："古今者，不定之名也。三代爲古，則漢爲今。漢魏晋爲古，則唐宋以下爲今。"時間變遷，造成古今語殊，就需要對古語詞進行當代轉譯，用來轉譯古語詞的訓釋詞也就因之具有了今語詞的訓釋角色。如《爾雅》所收多爲古語詞，其中第一篇即以《釋詁》爲篇名。陳澧《東塾讀書記》（2012：171）："'詁者，古也；古今异言，通之使人知也。'蓋時有古今，猶地有東西，有南北，相隔遠，則言語不通矣。地遠則有翻譯，時遠則有訓詁。有翻譯，則能使别國如鄉鄰；有訓詁，則能使古今如旦暮。所謂通之也，訓詁之功大矣哉！"例如，《爾雅·釋宫》："宫謂之室，室謂之宫。"郭璞注："皆所以通古今之异語，明同實而兩名。"邢昺疏："古者貴賤所居皆得稱宫。故《禮記》曰：'由士命以上，父子皆异宫。'又《喪服傳》：'繼父爲其妻前夫之子築宫廟。'是士庶人皆有宫稱也。至秦漢以來，乃定爲至尊所居之稱。"（郭璞、邢昺，2001：72）此處以"室"釋"宫"，即以今語釋古語。

通語和方言、方言和方言之間也屬於不同的詞彙系統。"《方言》的體例與《爾雅》同，每條先列舉一些同義詞，然後用一個常用詞解釋。但是它跟《爾雅》有一個大不相同的地方：這些同義詞不是屬於同一詞彙的，而是屬於不同的各個方言詞彙的，這就構成了方言的互譯。所以下面還必須説明某詞屬於某方言。"（王力，1981：21）指向方言的訓釋詞，其訓釋角色可以是通語詞，也可以是方言詞。但方言詞即使可以充當訓釋詞，也不可能成爲訓釋繫聯焦點詞，因此，在跨方言詞彙系統之間所構成的訓釋關係中，訓釋詞的訓釋角色基本上是通語詞。如焦點詞“至”在《方言》中，就是以通語詞的身份轉譯多個方言詞。《方言》卷一：“假、洛、懷、摧、詹、戾、艐，至也。邠唐冀兖之間曰假，或曰洛。齊楚之會郊或曰懷。摧、詹、戾，楚語也。艐，宋語也。皆古雅之別語也，今則或同。”其實，這裏的訓釋詞“至”同時兼有今語詞和通語詞雙重訓釋角色，因爲其訓釋的對象既是“古雅”之詞，也是“別語”之詞。

在同一詞彙系統內部所構成的訓釋關係中，訓釋詞的訓釋角色則取決於它相對於被釋詞的語義地位。像前面所説的“草也”之類作爲通名的訓釋詞，其訓釋角色就是上位詞。而同一詞彙系統內部訓釋繫聯焦點詞最常扮演的訓釋角色是同義詞或近義詞。當訓釋詞以同義詞或近義詞的身份出現時，訓釋詞所指向的被釋詞的意義類別較爲複雜。可以是被釋詞的本義，如《説文・至部》“到，至也”。可以是被釋詞的引申義，如《説文・示部》“祥，福也”，其中“祥”本指吉凶的徵兆，後來詞義範圍縮小，特指吉祥之義。也可能是被釋詞的語境義，如《儀禮注疏・特牲饋食禮》“嗣舉奠”，鄭玄注：“舉，猶飲也。”賈公彦疏：“非謂訓舉爲飲，直是嗣子舉而飲之耳。”(阮元，1980：1189）此處以“飲”訓“舉”，屬於文意訓釋，而非詞義訓釋。有時還可能是被釋詞的假借義，如“令”甲骨文象人張大口發號施令，故其本義爲號令、命令，《説文・卪部》：“令，發號也。”《爾雅・釋詁》以“善”釋“令”，經傳訓詁材料中也常見此訓，如《詩經・大雅・卷阿》：“如圭如璋，令聞令望。”《詩經・邶風・凱風》：“母氏聖善，我無令人。”《鄭箋》皆云：“令，善也。”段玉裁《説文解字注》云：“凡令訓善者，靈之假借字也。”

訓釋繫聯焦點詞最常扮演的另一種訓釋角色是示源詞，即通過訓釋“從聲音上推求語詞音義的來源而闡明其命名之所以然”（齊佩瑢：1984：96）。《釋名》的訓釋大多屬於這種類型。《釋名序》：“夫名之於實各有義類，百姓日稱而不知其所以之意，故撰天地、陰陽、四時、邦國、都鄙、車服、喪紀，下及民庶應用之器，論叙指歸，謂之《釋名》。”（劉熙，1992：1）示源類訓釋詞與被釋詞之間可以是同時代的同源繫聯關係，如《釋名·釋天》“午，仵也。陰氣從下上與陽相仵逆也。”《釋名·釋姿容》：“寤，忤也。能與物相接忤也。”《説文·午部》：“午，啎也。五月，陰氣午逆陽，冒地而出。”這裏作爲示源類訓釋詞的“仵”“忤”“啎”，其作用并非歷時的推源，而是平面的繫源（王寧，1996：49），它們與被釋詞是處於同一詞彙系統之中的。示源類訓釋詞與被釋詞之間也可以是古今孳乳分化的關係，如《釋名·釋水》：“山夾水曰澗。澗，間也。言在兩山之間也。”山澗之所以名“澗”，就是因爲夾於兩山之間，因此，“澗”無論作爲字，還是作爲詞，都是從“間”孳乳派生而來的。《爾雅·釋詁》郝懿行《義疏》（1933：71）：“蓋凡言間者，或兩而斷，或一而連。……兩山夾水爲澗，澗亦間焉，此兩而斷者也。”既然“澗”派生自“間”，從産生的先後順序來看，“間”必然在“澗”之前，它們最初應該屬於不同的歷時詞彙系統。示源類訓釋詞與被釋詞之間還可以是方言之間的音轉關係，如《方言》卷十：“煤，火也。楚轉語也。猶齊言‘焜，火也。’”“煤”和“焜”分别是“火”在楚語和齊語的方言音轉詞，它們處於不同的共時詞彙系統之中。

訓釋詞的訓釋角色是多方面的，但對於訓釋繫聯焦點詞而言，上面所分析的今語詞、通語詞、上位詞、同義詞、示源詞，是最常見的幾種訓釋角色。系統測查這些訓釋角色在訓釋繫聯焦點詞中的分布情况，有助於更好地把握訓釋繫聯焦點詞的詞彙特徵。

## 四、訓釋繫聯焦點詞的語義特徵

訓釋繫聯焦點詞在訓釋角色方面所體現的詞彙特徵也決定了其語義特徵。凌麗君（2010：148）通過對《毛傳》直訓材料的繫聯，"發現作爲基本體例的《毛傳》訓釋詞一般具有常用性、單一性、廣義性等語義性質，因此《毛傳》在同一義項上往往只設立一個訓釋詞來解釋一大批詞，如以'大'訓釋50個被訓釋詞"。"大"在四部辭書中可以用來訓釋68個被釋詞，更是證明了這一點。

通過對44個訓釋繫聯高頻焦點詞的分析可知，訓釋繫聯焦點詞的語義特徵集中體現在易認知性、廣義性和多義性三個方面。

所謂易認知性，是説訓釋繫聯焦點詞所表達的意義往往是與人們日常生活關係最密切的。如作爲形容詞的"大、長、高、明、美、善"，都是人們最熟悉、最易於認知的事物屬性；而且在44個詞中，"憂、樂""動、静""治、亂""始、止"幾組反義詞恰好同時出現，也説明了這幾組詞在上古漢語詞彙系統中的重要地位。

所謂廣義性，是説訓釋繫聯焦點詞的意義範圍往往是比較大的，如作爲通名的"水、草、木、鳥、蟲、玉"，都包含了大量的下位名詞，義域寬廣，指稱對象衆多。再如《爾雅·釋詁》："初、哉、首、基、肇、祖、元、胎、俶、落、權輿，始也。"郝懿行《義疏》（1933：1）："初者，裁衣之始。哉者，草木之始。基者，築墻之始。肇者，開户之始。祖者，人之始。胎者，生之始也。"這麽多不同情形的開端，都可以用"始"一個詞來訓釋，可見"始"作爲訓釋繫聯焦點詞的詞義範圍之廣。

所謂多義性，是説訓釋繫聯焦點詞産生新義的能力相對較强。如訓釋詞"止"在四部辭書中共有40個被釋詞，具體分布如下：

《説文》20個：停訖坐宿處此留逗䩻緐静歫拘緷礙救悛乍𡧍寔；

《爾雅》14個：安定妥底厎戾懷按遏曷尼徽替訖（其中"訖"與《説文》重複）；

《釋名》3個：趾衙沚；

《方言》4個：鋪脾掩攘。

其中"乍"《説文》釋爲"止也，一曰亡也。從亡從一"。段玉裁《説文解字注》以爲其釋義不當，改爲"止亡詞也"，構形仍然采納《説文》"從亡從一"的説法，并進一步闡釋説："乍者，有人逃亡而一止之。"實際上，《説文》和段注對該字的形義分析都與其早期構形不符。"乍"甲骨文作𠂉，象用耒耜之類的農具翻土之形，故其字爲勞作之"作"的初文，與"止"義無關。另外，"寔"《説文》訓"止也。從宀是聲"，段玉裁《説文解字注》認爲，"止"乃"正"字之訛，其説可從。可見，《説文》"乍，止也""寔，止也"的訓釋不可取。除了這兩條之外，其餘38個被釋詞均可納入"止"的詞義序列。如圖4所示。

通過圖示，我們可以清楚地看到焦點詞"止"的詞義的複雜性。除"止息"義的位置没有被釋詞之外，其他38個被釋詞很好地呈現了"止"的詞義引申序列。這也啓發我們，雖然被釋詞是被解釋的對象，但它們也可以反過來作爲我們構建訓釋詞詞義序列的重要參考。

正是由於訓釋繫聯焦點詞具有易認知性、廣義性和多義性的語義特徵，這些詞纔具有了很强的解釋能力。在四部辭書的直訓材料中，44個訓釋繫聯焦點詞所對應的被訓釋詞總數多達1168個，占全部直訓材料中被釋詞總數的18%，而44個訓釋繫聯焦點詞只占全部直訓材料中訓釋詞總數的1.8%，足見其解釋能力之强。訓釋繫聯焦點詞所表現出來的這些特點，可以爲漢語研究的兩個熱門話題帶來啓示：一個是辭書元語言研究問題，一個是漢語核心詞研究問題。這兩個問題之間又具有高度的關聯性。

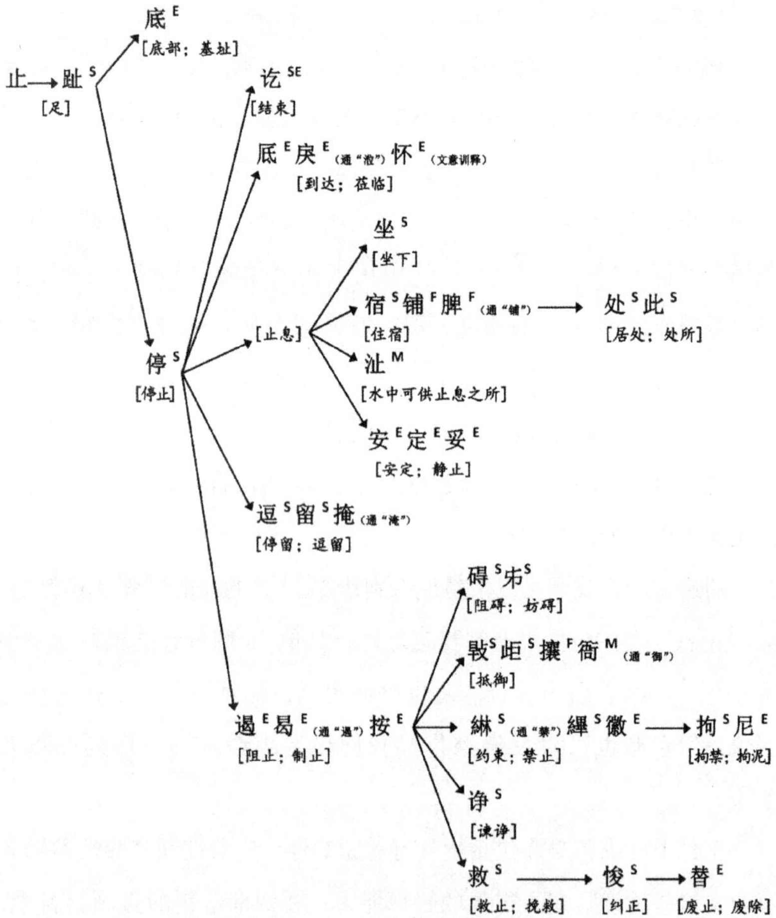


圖4 訓釋詞“止”的詞義序列示意圖

## 五、訓釋繫聯焦點詞與上古漢語核心詞研究

元語言理論最初於20世紀二三十年代源自西方邏輯學和哲學界，後來逐漸被引入語言學研究領域。英國語言學家哈特曼（R. R. K. Hartmann）和斯托克（F. C. Stork）主編的《語言與語言學詞典》（1981：213）關於“元語言”的定義是：“指用來分析和描寫另一種語言（被觀察的語言或目的語［Object language］）的語言或一套符號，如用來解釋另一個詞的詞或外語教學中的本族語。”其中被分析和描寫的語言叫對象語言，用於分析和描寫對象語言的語言就是元語言。對象語言既可以是本族語，也可以是外語。當對象語言是本族語時，元語言和對象語言的關係有三種可能：以今語釋古語、以通語釋方言、以常語釋特定詞彙系統的詞語，這三種情況正是我們前面所歸納的四種辭書中最常見的訓釋角色。其中的今語、通語、常語，都是“用來解釋另一個詞的詞”，屬於“釋義元語言”。“釋義元語言就是一種語言中對其他的詞彙成分進行解詞釋義所使用的一套用詞用語系統。”（蘇新春，2004：11）

李葆嘉（2002：141—142）認爲：“語言學的元語言包含三層含義：用於語言交際的最低限量的日常詞彙，用於辭書編纂和語言教學的釋義元語言，用於語義特徵分析的語義元語言。之所以人們所掌握的最低限量詞彙也可以看作一種元語言，是因爲最低限量詞彙是其他詞彙的基礎。這一最低限量詞彙與釋義元語言天然具有共通之處。最低限量詞彙側重於交際功能，可以作爲語言學習所需最低詞彙量的依據；而釋義元語言側重於闡釋功能，可以作爲詞典釋義最低詞彙量的依據。”這裏，李葆嘉很好地解釋了釋義元語言與最低限量詞彙之間

的密切關係。釋義元語言與最低限量詞彙雖然功能有別，但都是一種語言中最基本、最核心的那部分詞彙，對於該語言中核心詞的判定具有重要參考價值。

目前，學界關於核心詞的選取，主要參考20世紀四五十年代美國莫里斯·斯瓦迪士（Morris Swadesh）的《百詞表》，其選詞原則是："'語素項目必須是世界共同的、非文化方面的，容易辨認的廣闊概念，在多數語言中有一個單詞可以對應的'，也就是選擇一些與不同的生活環境、不同的物質文化條件無關，不易受另一語言影響的基本詞根語素。"（徐通鏘：1991：414）由此可見，《百詞表》中的核心詞，是從詞所表達的概念系統的角度提取的，而不是從詞彙系統本身出發的。《百詞表》更注重這些詞和人們日常生活的關係，而不是它們在詞彙系統中的地位。這些詞所表達的概念是人類所共有的，是與所有人的生活都密切相關、不受民族文化影響的。所以，雖然人們稱之爲核心詞，其實質應該是核心概念詞。也正因爲如此，該詞表雖然主要依據對印歐語言的統計得來，但已被證明具有一定的普適性，可以爲多數語言的相關研究所借鑒。

相對來説，1986年英國斯達伯司（Michael Stubbs）提出的判斷核心詞的12條標準（翟穎華，2012：133），更强調了核心詞在詞彙系統的地位。斯達伯司除與斯瓦迪士一樣認爲核心詞應該是没有感情色彩、語體色彩、語用色彩、文化色彩的純概念詞之外，還特别强調了以下幾個方面：（1）核心詞一般更具類别性，常常是一些義域寬廣的上位詞；（2）核心詞一般具有較强的生成新義的能力，能構成更多的複合詞；（3）核心詞一般更易於被每個人所瞭解，具有較强的解釋能力，常常用來定義或替代非核心詞。這種將概念體系和詞彙系統并重的判定標準，更能科學提取一種語言中最關鍵、最具有樞紐作用的真正的核心詞。

如果説，對於當代語言核心詞的研究還可以借用以概念體系爲主要原則的《百詞表》的話，那麽，對於歷史語言核心詞的研究就難以適用了。概念體系是基於人們的日常生活的，古人的生活已經成爲歷史，我們很難真實還原，也就很難如實建構與當時人們生活最爲密切的核心概念體系。對歷史語言核心詞的研究，必須基於歷史文獻，是屬於文獻語言學的範疇。特别是上古漢語核心詞的研究，只能基於先秦兩漢文獻的語言實際，而不是基於當時人們的生活實際。

對於上古漢語核心詞提取最有幫助的文獻材料有兩類：一類是先秦兩漢時期所創作的反映當時語言實際面貌的文本語料，我們可以通過統計分析，提取其中文本覆蓋率最高的那部分詞彙，相當於李葆嘉所説的用於語言交際的最低限量詞彙；另一類是對上述語料進行隨文釋義的訓詁材料，以及基於這些訓詁材料所編纂的訓詁專書，我們可以通過對其中直訓材料的繫聯，提取頻率較高的訓釋詞，也就是訓釋繫聯焦點詞，相當於李葆嘉所説的用於辭書編纂和語言教學的釋義元語言。文本語料中的高頻詞和訓釋繫聯焦點詞對於上古漢語核心詞的判定都很有參考價值，而訓釋繫聯焦點詞更能從詞彙系統的角度提供有效幫助，也更適合歷史語言核心詞的研究。訓釋繫聯焦點詞反映了詞彙系統内部成員之間的相互關係，這些詞處於詞彙系統内部關係網絡的中心，對於整個詞彙系統發揮着樞紐性的作用，必然是核心詞研究重點關注的對象。上文所分析的訓釋繫聯焦點詞的易認知性、廣義性和多義性語義特徵，也正好與斯達伯司所强調的解釋能力、類别性、生成能力相對應。

綜上所述，訓釋繫聯焦點詞具有鮮明的核心詞語義特徵，正如斯達伯司所説："（核心詞）可以用來定義非核心詞，而反過來則不大可能。"（翟穎華，2012：133）訓釋繫聯焦點詞就是最常用來定義被釋詞的那些詞，是"能定義詞典中所有其他詞彙的一套語義原語"

（D. P. Dailey，1986：306—307；轉引自張津、黄昌寧，1997：28）。將訓釋繫聯焦點詞作爲上古漢語核心詞判定的重要依據，既有理論支撑，又有實踐基礎。

## 參考文獻


D. P. Dailey, 1986, The extraction of minimum set of semantic primitives from a monolingual dictionary is NP-complete, *Computational Linguistics*, 12.

R. R. K. 哈特曼，F. C. 斯托克，1981，《語言與語言學詞典》，黄長著等譯，上海辭書出版社。

陳澧，2012，《東塾讀書記（外一種）》，楊志剛編校，中西書局。

郭璞，1992a，《爾雅序》，《四部叢刊初編·爾雅》，商務印書館。

郭璞，1992b，《方言序》，《四部叢刊初編·輶軒使者絶代語釋别國方言》，商務印書館。

郭璞（注）、邢昺（疏），2001，《爾雅注疏》，阮元（校勘）《十三經注疏》第 8 册，藝文印書館。

郝懿行，1933，《爾雅義疏》，商務印書館。

李葆嘉，2002，《漢語元語言系統研究的理論建構及應用價值》，《南京師大學報》（社會科學版）第 4 期。

李錫胤，1986，《詞典的廣度、深度，詞義層次及其體系》，《辭書研究》第 3 期。

凌麗君，2010，《言内語境影響下的〈毛傳〉直訓訓釋詞分析》，《南京師大學報》（社會科學版）第 2 期。

劉熙，1992，《釋名序》，《四部叢刊初編·釋名》，商務印書館。

陸德明，1992，《序録》，《四部叢刊初編·經典釋文》，商務印書館。

陸宗達，2015，《説文解字通論》，中華書局。

齊佩瑢，1984，《訓詁學概論》，中華書局。
阮元（校刻），1980，《十三經注疏（附校勘記）》，中華書局。
蘇新春，2004，《漢語釋義元語言的功能特徵與風格特徵》，《辭書研究》第5期。
王力，1981，《中國語言學史》，山西人民出版社。
王念孫，1983，《廣雅疏證》，鍾宇訊點校，中華書局。
王寧，1996，《訓詁學原理》，中國國際廣播出版社。
徐時儀，2016，《詞義類聚與詞義系統探略》，《詞彙學理論與應用》編委會（編）《詞彙學理論與應用》第8冊，商務印書館。
徐通鏘，1991，《歷史語言學》，商務印書館。
翟穎華，2012，《核心詞研究述評》，《長江學術》第3期。
張津、黄昌寧，1997，《從單語詞典中獲取定義原語的一種方法》，《清華大學學報》（自然科學版）第3期。
趙新民，2001，《〈説文解字〉直訓繫聯顯示的意義關係及其價值》，《南都學壇》第2期。

# 也談"將進酒"*

王雲路　楊　淼

## 一、引言

《將進酒》爲樂府舊題，漢鼓吹鐃歌中已有。《樂府詩集》卷十六《鼓吹曲辭一·漢鐃歌》："將進酒，乘大白。辨加哉，詩審搏。放故歌，心所作。同陰氣，詩悉索。使禹良工觀者苦。"南朝何承天、蕭統，唐元稹、李白、李賀等也作有《將進酒》詩。其中，李白沿用樂府舊題所作《將進酒》影響最大：

將進酒①

《宋書》："漢鼓吹鐃歌十八曲，有《將進酒》曲。"《樂府詩集》："《將進酒》古詞云：'將進酒，乘大白。'"大略以飲酒放歌爲言。宋何承天《將進酒篇》曰："將進酒，慶三朝。備繁禮，薦嘉肴。"則言朝會進酒，且以濡首荒志爲戒。若梁昭明太子云，洛陽輕薄子，但叙游樂飲酒而已。

君不見黄河之水天上來，奔流到海不復回。君不見高堂明鏡

---

* 本文原載《語言研究》2023年第1期，第91—97頁。

① 本文所引《將進酒》依據清人王琦注《李太白全集》。詩題有异文，敦煌文書伯二五六七題作《惜罇空》；《文苑英華》兩見，卷一九五收此詩題作《將進酒》，卷三三六作《惜空罇酒》。

悲白髮，朝如青絲暮成雪。人生得意須盡歡，莫使金樽空對月。天生我材必有用，千金散盡還復來。烹羊宰牛且爲樂，會須一飲三百杯。岑夫子，丹丘生，進酒君莫停[1]，與君歌一曲，請君爲我傾耳聽。鐘鼓饌玉不足貴，但願長醉不用醒。古來聖賢皆寂寞，惟有飲者留其名。陳王昔時宴平樂，斗酒十千恣歡謔。主人何爲言少錢，徑須沽取對君酌。五花馬、千金裘，呼兒將出換美酒，與爾同銷萬古愁。

詩題“將進酒”之“將”的讀音多有争議。主要有以下諸説。

讀 qiāng 説。此説影響最大。高中語文課本《中國古代詩歌散文欣賞》所收《將進酒》篇注釋云：“將進酒，漢樂府舊題。將（qiāng），請。”（人民教育出版社課程教材研究所等，2006：41）大型辭書如《漢語大字典》《漢語大詞典》在引了《集韻·陽韻》“千羊切”後，所列書證均收“將進酒”一例。一般認爲“將”是請願義，主要理由有二：其一，“將 qiāng”字在古漢語中可釋爲“請”，如《詩經·衛風·氓》：“將子無怒，秋以爲期。”《毛傳》：“將，願也。”《鄭箋》：“將，請。”其二，《將進酒》題旨是勸酒歌，訓爲“請”正合此意。[2]

讀 jiāng 説。葉嘉瑩（2018）認爲“將”讀作 qiāng 有誤，《詩經》中“將仲子兮”“將子無怒”中的“將”字因是表示柔婉的語

① 此處也有异文。陳尚君（2016：110—120）指出：《文苑英華》《樂府詩集》爲“將進酒，杯莫停”二句，明清通行文本《李詩通》《全唐詩》爲“將進酒，君莫停”，而伯二五六七、《河岳英靈集》、《唐文粹》均無此句，知此二句爲後補。

② 劉勇剛（2000：106）較明確地闡釋了“將進酒”中“將”應讀［qiāng］的理由，可參看。

氣詞，故讀爲 qiāng，而‘將進酒’之‘將’不是女子對男子，不表示柔婉之意，故應讀作 jiāng。後來學者又從其他角度補充論證，如魏學竇（2019：12）指出：“將”字讀音的歷史流變中，唐代無清母的讀音，至宋纔有清母字的讀音；明清時期，“將”平聲清母字讀音占有越來越重要的地位，今人讀 qiāng 是沿襲清代語音。現代漢語中“將”字實無 qiāng 音，爲了避免叶音造成字無定音的後果，“將進酒”之“將”讀爲 jiāng 比較適宜。但葉、魏二說均未提及“將”應作何解。

此外，另有認定“將”讀 jiāng 而釋爲別義者。青木正兒（1975：309）引《詩經·大雅·既醉》“爾殽既將”《毛傳》：“將，行也。”認爲“將進酒”之“將”與此處同。倪志雲（2015：131—136）認爲“將”是“且”義：把“將進酒，乘大白”理解爲“請喝酒，用大杯”，不如理解爲“且喝酒，用大杯”，語義和語氣都更爲自然。檀作文（2018：230—244）則以詩詞傳統中的對仗修辭例論定“將進酒”的“將”字是“將要”之義。

綜上所述，“將”凡兩讀四解而無定說，其實質是對“將”的釋義存在分歧。本文擬從核心義的角度梳理“將”的詞義系統，同時兼顧“將進酒”的內部結構等因素，說明《將進酒》中“將”應作何解。

## 二、“將”

“將”，甲骨文字形從又從肉，爲雙手持肉之形。[①] 金文以

---

① 甲骨文中的“[illegible]（[illegible]）”，學界多釋爲“[illegible]”，從爿從又，爿、又分别爲床、手的象形字，會扶持、扶助意，後世典籍中也寫作“將”。“將”爲“[illegible]”的假借字，詳後。王子楊（2013：115—120）指出甲骨文“[illegible]（[illegible]）”爲後世“將”的源頭，從肉從又，爲雙手奉肉之形，會持肉以祭之意。

“䵼”作爲過渡形態，爲《詩經·周頌·我將》“我將我享”之“將”的古文。[①] 夏渌（1991：90）又從古文字兼并與消亡的角度指出“將”字“從鼎煮肉”至“簡化省鼎”的變化過程。戰國文字即作從又持肉於爿，形旁又、肉、爿分别爲手、肉、床的象形字，會持取祭祀意。

**表 1　“將”的字形演變**

| | | |
|---|---|---|
| （《合集》27604） | （《合集》31046） | （《合集》31770） |
| （《集成》2137） | （《集成》5395） | 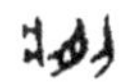（《集成》9091） |
| （《睡·效》46） | （《睡·答》208） | （《睡·爲》214） |

綜合以上古文字字形及用例可知，“將”的造字意是用手持肉於床，多用於祭祀中表進獻、奉獻之義。“床”爲擱置祭品的臺子。[②]《詩經·周頌·我將》：“我將我享，維羊維牛，維天其右之。”持肉奉獻於祭臺，這是其本義的直接應用。“將”的核心義當爲“奉持而進”，朱熹《詩集傳》言：“將，行也，亦奉持而進之意。”這一動作的過程是持物朝着接受者方向的運動，可以分兩個步驟：一是着眼於“持”，即執持，爲對事物的把握狀態；一是着眼於“進”，即進獻，爲有方向的運動過程。從這一運動具有的核心特徵衍生出一些動作、名物義。

第一，側重於把握、掌控。掌控的對象爲車，就是使車按路徑運

---

① 參看周法高主編《金文詁林》（1975：4440—4454），徐同柏、王國維、容庚、于省吾等均持此説。陳劍（2008：13—47）認爲舊釋爲“䵼”之字，皆當改釋爲“肆解牲體”之“肆”。王子楊（2013：115—120）認同陳説，并進一步指出“將”的金文是“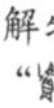”（《集成》5251）、“”（《集成》4038），即在甲骨文“（𢍁）”基礎上添加“爿”或“鼎”作爲過渡形態。

② “床”古時常表示臺子，如“鼓床”“祭床”“筆床”等，都是擱置物品的架子。現代漢語還有“機床”“牙床”“河床”等用法，與之類似。

行，爲駕御義。如《史記・田叔列傳》："少孤貧困，爲人將車之長安，留，求事爲小吏，未有因緣也，因占著名數。"司馬貞《索隱》："將車，猶御車也。"掌控的對象爲抽象的觀念，就是遵奉、秉承。《儀禮・聘禮》："束帛將命於朝。"鄭玄注："將，猶奉也。"《列子・楊朱》："人之所以貴於禽獸者，智慮；智慮之所將者，禮義。"掌控的對象爲語言或語調，就是操，指用某種方言説話。明張煌言《北征録》："達衢口，有巡司廨邏卒登舟譏察，見餘將北音，貌魁梧，疑爲亡虜。"

掌控的對象由物轉爲人，即控制、帶領。對他人爲帶領、率領。《左傳・桓公九年》："楚子使道朔將巴客以聘於鄧。"對自己爲控制、約束。《漢書・兒寬傳》："寬爲人温良，有廉知自將，善屬文，然懦於武，口弗能發明也。""自將"猶言"自持"。特指對軍隊的控制，有統率、指揮義。《説文・寸部》："將，帥也。"段注："帥當作衛。行部曰：衛，將也。二字互訓。"《左傳・文公二年》："先且居將中軍，趙衰佐之。"用作名詞，指將帥，是爲率領義的變調構詞。[①] 現代漢語還有"將軍"的用法。《群經音辨》卷六："將，持也，即良切。持衆者曰將，即亮切。"《孫子・計》："將者，智、信、仁、勇、嚴也。"即爲此義。範圍延展，也可喻指在某一領域稱雄者。宋蘇軾《雪後劉景文和順闍黎詩見贈次韻答之》："載酒邀詩將，臞儒不是仙。"現代漢語還有"幹將""武將"等説法。而從被操控、被率領者的角度看，就是順從。《莊子・庚桑楚》："備物以將形。"陸德明釋文："將，順也。"《漢書・禮樂志》："招摇靈旗，

---

① 孫玉文（2015：721—726）"將1"條指出："《經典釋文》給'將'的原始詞和滋生詞注音近100例，絶大多數注去聲，這是因爲即良切一讀常見，不必太多注音的緣故。其中平去兼注1例，正表現出'將'是變調構詞的。"

九夷賓將。”顔師古注：“將，猶從也。”唐李商隱《赴職梓潼留别畏之員外同年》詩：“烏鵲失棲常不定，鴛鴦何事自相將？”“相將”猶言“相從”。

能够率領控制者，自然足够大，足够强，引申爲壯大之義。[①]《説文·手部》：“拇，將指也。”段注：“將指，謂手中指也……手以中指爲將指爲拇，足以大指爲將指爲拇。”“將”與“大”的關係顯見。《詩經·小雅·北山》：“嘉我未老，鮮我方將。”《毛傳》：“將，壯也。”《詩經·商頌·長髮》：“有娀方將，帝立子生商。”《毛傳》：“將，大也。”《鄭箋》：“禹敷下土之時，有娀氏之國亦始廣大。”壯大與美相因。《詩經·豳風·破斧》：“哀我人斯，亦孔之將。”王引之《經義述聞》卷五：“《毛傳》曰：將，大也。家大人曰：大與美義相近。《廣雅》曰：將，美也。首章言將，二章言嘉，三章言休，將、嘉、休，皆美也。將、臧聲近，亦孔之將，猶言亦孔之臧耳。”《方言》卷一：“將，大也。凡物之大貌曰豐。”由大可引申爲盛。宋蘇軾《送吕希道知和州》詩：“君家聯翩三將相，富貴未已今方將。”古人的觀念中，空間和時間概念可以互相轉化，故空間之廣大可轉爲時間之長久。《詩經·商頌·烈祖》：“以假以享，我受命溥將。”馬瑞辰《通釋》：“蓋言我受天之命溥且長，猶《公劉篇》‘既溥既長’，以溥、長對舉也。”

中古以來，“將”還可作爲介詞引進動作掌控的對象，與“持”“取”“把”等詞相近。如隋闍那崛多譯《佛本行集經》卷三十一《昔與魔競品》：“我今見汝，甚大歡喜，遍滿身體，不能自勝，我欲將汝作於善友，共相愛敬。”[②]

---

① “壯”“將”莊精準雙聲，陽部疊韻，故“將”有大義。段玉裁認爲“皆就疊韻雙聲得之”。《爾雅·釋詁一》：“壯……將，大也。”郝懿行《義疏》：“壯，與奘同，而聲近將。”《説文》：“壯，大也。”又：“奘，駔大也。”二説皆通。

② 關於處置式的來源問題，可參看劉子瑜（1995：133—140），吴福祥（2003：1—14），曹廣順、龍國富（2005：320—332、383—384）等，此處從略。

第二，側重於進獻。進獻是予神（或人）的動作，運動軌迹一定是單向的、向外的，即往遠離起始位置的方向。如傳遞義，是信息等離開原來地方。《論語·憲問》："童子將命。"朱熹《集注》："將命，謂傳賓主之言。"如行進義，是表示向前行走遠離初始位置。《詩經·鄭風·豐》："子之昌兮，俟我乎堂兮，悔予不將兮。"孔疏："將，行也。"進獻是動作上的向前，將來是時間上的向前，"將來"義或基於此特徵引申而來。①

進獻的目的是祈求神靈保佑。《詩經·周南·樛木》："樂只君子，福履將之。"鄭玄箋："將，猶扶助也。""扶助"就是護佑的意思。人的幫助也稱"將"。《三國志·魏志·華佗傳》："行數里，昕卒頭眩墮車，人扶將還，載歸家，中宿死。""扶將"是具體的幫助，即扶持、攙扶義。唐白居易《康日華贈坊州刺史制》："矧吾褒贈以榮之，惻隱以將之。"這裏的"將"是抽象的幫助。

進獻供奉的對象由神靈轉爲人，就有供養、奉養義。《詩經·小雅·四牡》："王事靡盬，不遑將父。"《毛傳》："將，養也。"孔穎達疏："我堅固王事，所以不暇在家以養父母。"

至此可以證明，從本義中推求出的"奉持而進"義能够統攝"將"的絶大多數義項，正爲"將"的核心義。

第三，"奉持而進"義常常在語境中整體呈現。如：

(1)"請還摯於將命者。"鄭玄注："將，猶傳也。傳命者，謂擯相者。"(《儀禮·士相見禮》)

(2) 將筆來，朕自作之。(《洛陽伽藍記·平等寺》)

---

① "將"之本字外，"爿"爲"將"的另一意義來源。王雲路、方一新（2018：2—7、103）對"將"的兩個意義來源有詳細闡釋，可參看。

前者是携帶信息、命令給人，就是傳達或表達義。後者是拿筆給人，就是傳遞義。

特别需要説明的是，“將”在上古漢語中表奉持、進獻義，如果受事對象是“酒肉”，可以在句子中不作爲賓語出現，即動作中的對象隱含，這是其本義决定的。如：

(3) 殷士膚敏，祼將於京。(《詩經·大雅·文王》)

(4) 或剥或亨，或肆或將。(《詩經·小雅·楚茨》)

(5) 我將我享，維羊維牛，維天其右之。(《詩經·周頌·我將》)

例(3)朱熹《集傳》:“將，行也，酌而送之也。”“將”隱含了對象“酒”，表示進酒義。例(4)《鄭箋》:“有肆其骨體於俎者，或奉持而進之者。”例(5)孔穎達疏:“以將與享相類，當謂致之於神。”《鄭箋》《孔疏》均呈現出了“將”所隱含的對象，即祭祀時所用的牲肉。《孔疏》“將與享相類”，是説在祭祀時“將”與“享”用法類似，更證明了“將”的含義特徵。上述三例中“將”均表示進酒肉，動作中的對象“酒肉”在句法形式上没有出現。①

在中古文獻中，“將”語義泛化，其目的可與祭祀無關，其賓語角色也不限於酒或肉，故“將”的動作對象即便爲“酒”或“肉”，也需要呈現出來。如：

(6) 今日忽然將酒肉來共相娱樂，展釋情故，即與夫人飲

① 上古動詞語義角色隱含的問題已有不少學者關注，可參看胡敕瑞（2005：1—21；2009：99—127）、蔣紹愚（2011：20—27；2015：144—146）、王誠（2016：212—218）、史文磊（2021：185—204）等。

酒食肉，作衆伎樂歡喜娱樂，恚心即滅。（南朝齊曇景譯《佛説未曾有因緣經》卷下）

（7）若人以酒誑他欲行曠野之人言：“是第一阿娑婆酒，令人不醉。”而與惡酒，彼將酒去，既入曠野嶮處飲之，飲已極醉無所覺知，如是醉人所有財寶悉爲賊取或奪其命。（北魏瞿曇般若流支譯《正法念處經》卷八）

這時候的“將”更多體現的是“持拿”“持奉”義。唐詩中“將”的這一用法多見，李白《將進酒》詩“五花馬、千金裘，呼兒將出换美酒”即其例。又如：

（8）天下未寧吾道喪，更誰將酒酹吟魂。（杜荀鶴《哭方乾》）

（9）將炙啖朱亥，持觴勸侯嬴。（李白《俠客行》）

（10）閑將酒壺出，醉向人家歇。（白居易《洛陽有愚叟》）

“將進酒”之“將”正爲此義，下文會進一步闡明。

## 三、“進”

前文已論述了“將”的本義、核心義及其詞義系統，并證明了“將”在上古漢語中可作爲對象自足動詞，表示進奉酒食。爲了説明“將進酒”的關係，有必要再考察“進”的語義特徵和發展脉絡。

進，甲骨文字形從止、從隹，金文以後多從辵、從隹，止、辵爲義近形符。《説文・辵部》：“進，登也。從辵，閵省聲。”高鴻縉（1960：489）“進”條指出：“字從隹，從止，會意。止即脚，隹脚能進不能退，故以取意。”“進”的造字意是隹脚，這個形象用以表現“鳥上前、前進”的含義。“進”的功能特徵就是泛指的上前、前進義，由此引申有進步、進獻、進入、靠近、超過等意義，這裏從略。

**表 2　“進”的字形演變**

| | | |
|---|---|---|
| （《合集》32535） | （《集成》10174） | （楚帛書乙八・五） |

那麽，“將進酒”中“進”應該怎樣解釋呢？“進”用以表達和酒食相關的含義時，爲“進奉”義，其後接所進奉之物。如：

（11）楚郤宛之難，國言未已，進胙者莫不謗令尹。（《左傳・昭公二十七年》）

（12）凡進食之禮，左殽右胾。(《禮記・曲禮上》)

（13）故豎穀陽之進酒，不以仇子反也，其心忠愛之，而適足以殺之。(《韓非子・十過》)

例（11）杜預注：“進胙，國中祭祀也。”這裏的“進胙”指的是“進獻祭祀用的牲肉”。例（12）“進食”即爲“進奉食物”義。例（13）“進酒”是“奉上酒”，與斟酒勸飲等動作是緊密聯繫的。此外，“進酒”也用於祭祀相關語境，如《易林・小畜》：“折臂踒足，不能進酒，祠祀闊曠，神怒不喜。”又《易林・震》：“折臂接手，不能進酒，祈祀閑曠，神怒不喜。”這些例證的“進”以進奉、奉獻義爲主，所進之物可以指酒、祭品，也可以泛指食物。

（14）履蒲席，衣布晞身，乃屨，進飲。(《禮記・玉藻》)

（15）君舉有功而進饗之，無功而勵之。(《吴子・勵士》)

(16) 咸進酌於金罍，獻萬年之玉觴。(東漢黄香《天子冠頌》)[①]

例 (14) “進飲” 的 “飲” 指酒。《左傳・成公十六年》：“王聞之，召子反謀。穀陽豎獻飲於子反，子反醉而不能見。” 是其例。例 (15) “進饗” 是用酒食招待以資鼓勵。例 (16) 中 “進酌” 猶 “進酒”，“酌” 指酒。《禮記・曲禮下》：“酒曰清酌。”

故 “進” 早期表示進奉食物讓對方享用，與 “將” 同義。從魏晉時期起進奉對象可以轉爲自我，即把食物進奉給自己，因而直接具有飲、食義：

(17) 一觴聊獨進，杯盡壺自傾。(晋陶潛《雜詩》之二)

(18) 荀勖嘗在晋武帝坐上食筍進飯，謂在坐人曰：“此是勞薪炊也。”(《世説新語・術解》)

(19) 淹素能飲啖，食鵝炙垂盡，進酒數升訖，文誥亦辦。(《南史・江淹傳》)

例 (17) “進” 即爲動詞 “飲” 義，例 (19) 以 “進酒” 表 “飲酒” 義，例 (18) “進飯” 就是 “吃飯”。對象轉化是詞義演變的一個常見現象，比如現代漢語中依然有 “進食” 一詞，表示自主吃飯；而上古表示進奉食物，《禮記・曲禮上》：“凡進食之禮，左殽右胾。” 是其例。

綜上分析，“將進酒” 作爲樂府舊題，其 “進” 只能是進獻、進

---

① 唐徐堅等《初學記・禮部下》收録此文。

奉義，“進酒”即奉上酒。[1] 因爲“進”的飲、進食義產生於魏晉，漢樂府的“將進酒”恐怕還屬於“進奉”義。

## 四、“將進酒”

“將”“進”語義已明，爲奉持、進獻義。“將酒”“進酒”的例子也不少，那麼，“將進酒”就是“將酒進酒”的縮略式，是以同義平列的方式組合在一起，即表示奉上酒請對方飲用。

“將”“進”義同，從語義表達上來説，“將進酒”當然也可以僅作“進酒”，但後者語氣促而不揚。同時，鐃歌十八曲的題目中三字曲名有十二曲，此後文人自作新樂府，有兩字題、三字題，但究竟以三字題爲多，可見制鐃歌以三字爲主。“將進酒”曲名形成或與此有關係。[2]

“將”“進”連言用於“V1+V2+O”結構中也有例證：

(20)“升，實觶，西階上坐奠觶，拜，執觶興。賓席末答拜。舉觶者坐祭，遂飲，卒觶，興。坐奠觶，拜，執觶興。賓答拜，降洗，升實之，西階上北面。”鄭玄注：“將進奠觶。”(《儀禮·鄉射禮》)

(21)“公當楣再拜，賓三退，負序，公側襲受玉於中堂與東楹之間。”鄭注：“三退，三逡遁也。不言辟者，以執圭將進

① 一説“將”是副詞性的“且”字義，“將進酒，乘大白”即爲“且喝酒，用大杯”。通過對“進”的歷時考察可知，樂府舊題“將進酒”中“進”爲進奉、奉獻義，姑且進奉一杯酒於義不合。

② 感謝錢志熙教授提供這一思考角度。

授之。"(《儀禮・聘禮》)

(22) 靈公謂盾曰:"吾聞子之劍蓋利劍也。子以示我，吾將觀焉。"趙盾起將進劍。(《公羊傳・宣公六年》)

例(20)"將進奠觶"指奉持祭祀，例(21)"將進授之"是進奉玉帛，例(22)的"將進劍"與"將進酒"爲同類結構，僅對象不同，"將進"是奉持、進獻義。

也有可以兩解的例子，如《國語・越語上》:"越人飾美女八人，納之太宰嚭，曰:'子苟赦越國之罪，又有美於此者將進之。'"《孔子家語・在厄》:"(孔子)召顏回曰:'疇昔予夢見先人，豈或啓佑我哉?子炊而進飯，吾將進焉。'"此二例"將"可以理解爲"將要"義，也可以理解爲"將進"同義并列，表示進獻。此外，自先秦始人們就用複音詞"將欲"，《老子》:"將欲奪之，必固與之。"《墨子・非攻下》:"中情將欲求興天下之利，除天下之害。"這些例證中"將"也有將要、打算兩解。這其實是由於"將"的詞義在短語或複合詞中被其他詞義、詞性皆同的詞代表，"將進""將欲"中"將"的詞義分别由"進""欲"直接代表并且表示出來，長此以往，人們不再追問以致遺忘了"將"本身原有的詞義，轉而重新分析"將"的詞義。[①]

詞義發展中産生多義甚至歧義是很正常的。比如一個動作本身即存在施事主體與受事對象兩方面，以不同的方面爲視角主體，會有兩

① 段逻(2020:44—47)以"將欲""將請""必將""將養"爲例，指出了"將"的詞義被弱化、虚化，"將欲""必將""將養"三例筆者以爲然。於此，特别要説明的是"將請"所引三例，其"將"均非請願義。具體例證如下:《國語・晋語八》:"文子將請之於楚。"《北史・徐則傳》:"晋王將請受道法，則辭以時日不便。"《大唐新語》:"將請尚方斷馬劍，斬足下。"未有音注將其注解爲 qiāng，此三例"將"詞義明確，爲將來、將要義。

方面的詞義。一個詞語包含這兩方面含義，在詞義發展早期是非常常見的現象。如“見”，同時有“看見”和“出現”兩種含義；“奪”，同時有“奪走”和“失去”兩種含義；“輸”有“輸送”和“失去”兩種含義；“通”有“知曉”和“傳達、告知”兩方面含義。另外，動作實施與否，也會產生兩種含義：實施前屬於想要、打算，實施中則屬於具體的動作。這裏的關鍵是雙音節并列造成的。上文的“將”就是在“將進”并列時產生了不同的理解。

一說“將”表請願義，讀 qiāng，源於《詩經》之《毛傳》和《鄭箋》。這裏有三個問題需要討論，包括意義、結構和讀音。一是意義。《詩经・衛風・氓》：“將子無怒，秋以爲期。”《毛傳》：“將，願也。”箋云：“將，請也。民欲爲近期，故語之曰：‘請子無怒，秋以與子爲期。’”《詩經・鄭風・將仲子》：“將仲子兮，無逾我里，無折我樹杞。”《毛傳》：“將，請也。仲子，祭仲也。逾，越。里，居也。二十五家爲里。杞，木名也。折言傷害也。”箋云：“祭仲驟諫，莊公不能用其言，故言請，固距之。”筆者以爲“請”用於句首，只是語助詞，是名詞[①]的前附加成分，凑足音節而不表義。《毛傳》《鄭箋》是隨文釋義，并不是其字義。也没有其他旁證。

二是結構。考先秦、兩漢乃至後代的“將 qiāng”的文獻用例，都是《詩經》同一句式的仿照，“將 qiāng”没有在其他句型中出現過。如：

（23）將子無怒，秋以爲期。(《詩經・衛風・氓》)

（24）將仲子兮，無逾我里，無折我樹杞。(《詩經・鄭風・

① 比如親屬身份稱謂：子、叔、伯和人名“仲子”。其實“仲子”也是排行。

將仲子》)

(25) 將叔無狃，戒其傷女。(《詩經·鄭風·大叔于田》)

(26) 載輸爾載，將伯助予！(《詩經·小雅·正月》)

(27) 將子無死，尚能復來。(《穆天子傳》卷三)

(28) 將子無讙，神聽鐘鼓。(唐柳宗元《湘源二妃廟碑》)

(29) 將伯之助，義不敢忘。(《聊齋志异·連瑣》)

可以發現此類句法結構與毛詩保持了高度的一致性，皆爲“V+O”格式，没有發現“V1+V2+O”的例子，那麽，一定要把這一結構放在“將進酒”這種“V1+V2+O”的結構中就没有道理了。

三是讀音。目前所見最早明確指出“將”讀爲 qiāng 的是唐代顔師古《漢書》音注，《毛傳》《鄭箋》均無直接注音。《漢書·匡衡傳》：“鄭伯好勇，而國人暴虎。”師古曰：“《詩經·鄭風·太叔于田》之篇曰：‘襢裼暴虎，獻於公所。將叔無狃，戒其傷汝。’襢裼，肉袒也。暴虎，空手以搏之也。公，鄭莊公也。將，請也。叔，莊公之弟太叔也。狃，忕也。汝亦太叔也。言以莊公好勇之故，太叔肉袒空手搏虎，取而獻之。國人愛叔，故請之曰勿忕爲之，恐傷汝也。襢音袒，裼音錫，字并從衣。將音千羊反。狃音女九反。”既然與《詩經》意義用法相同，《毛傳》《鄭箋》都没有特别注音，到唐代平白加了一個“千羊反”的注音，根據何在？千年之後的我們爲什麽不按照漢代《毛傳》而按照唐代顔注的發音呢？所以“將”影響最大的“請願”義和“qiāng”的讀音，都是不可靠的。

至於以詩詞傳統中的對仗修辭例論定“將進酒”的“將”字是“將要”之義，則於“將進酒，乘大白”或“將進酒，慶三朝”語例中皆語義不順。前面討論中已經涉及，這裏從略。

要而言之，李白《將進酒》詩中“將”應讀 jiāng，奉持、進獻義，“將”“進”爲同義平列結構，“將酒”“進酒”合言之就是“將進酒”。

## 參考文獻

曹廣順、龍國富，2005，《再談中古漢語處置式》，《中國語文》第 4 期。

陳劍，2008，《甲骨金文舊釋“䵼”之字及相關諸字新釋》，復旦大學出土文獻與古文字研究中心（編）《出土文獻與古文字研究》第 2 輯，復旦大學出版社。

陳尚君，2016，《李白詩歌文本多歧狀態之分析》，《學術月刊》第 5 期。

段逷，2020，《先秦至隋唐“將”字句研究》，南開大學出版社。

高鴻縉，1960，《中國字例》，三民書局。

胡敕瑞，2005，《從“隱含”到“呈現”（上）——試論中古詞彙的一個本質變化》，北京大學中國語言研究中心《語言學論叢》編委會（編）《語言學論叢》第 31 輯，商務印書館。

胡敕瑞，2009，《從“隱含”到“呈現”（下）——詞彙變化影響語法變化》，北京大學中國語言研究中心《語言學論叢》編委會（編）《語言學論叢》第 38 輯，商務印書館。

蔣紹愚，2011，《詞彙、語法和認知的表達》，《語言教學與研究》第 4 期。

蔣紹愚，2015，《漢語歷史詞彙學概要》，商務印書館。

劉勇剛，2000，《〈將進酒〉的“將”應讀“qiāng”》，《江海學刊》第 6 期。

劉子瑜，1995，《唐五代時期的處置式》，《語言研究》第 2 期。

龍國富，2010，《動詞的時間範疇化演變：以動詞“當”和“將”爲例》，《古漢語研究》第 4 期。

倪志雲，2015，《向蔣維崧先生求證“將進酒”的“將”字的讀音》，《國學茶座》第1期。
青木正兒等（編），1975，《漢詩大系》第8卷，株式會社集英社。
人民教育出版社課程教材研究所、中學語文課程教材研究開發中心、北京大學中文系語文教育研究所（編著），2006，《中國古代詩歌散文欣賞》（第2版），人民教育出版社。
史文磊，2021，《"從綜合到分析"相關概念辨正——以〈左傳〉〈戰國策〉"派遣"義"使"的用法差异爲例》，《浙江大學學報》（人文社會科學版）第2期。
孫玉文，2015，《漢語變調構詞考辨》，商務印書館。
檀作文，2018，《樂府舊題〈將進酒〉"將"字的讀音及其新舊傳統》，《中國文化》第1期。
王誠，2016，《從語義角色看先秦到漢代動詞的演變——以"捽""攘""揮"爲例》，浙江大學漢語史研究中心（編）《漢語史學報》第16輯，上海教育出版社。
王雲路、方一新，2018，《中古佛經寫本與刻本比較漫議》，《古漢語研究》第1期。
王雲路、王誠，2014，《漢語詞彙核心義研究》，北京大學出版社。
王子楊，2013，《釋甲骨金文中的"將"——兼說古文字"將"之流變》，清華大學出土文獻研究與保護中心（編）《出土文獻》第4輯，中西書局。
魏學寶，2019，《"將進酒"的"將"究竟怎麼讀》，《光明日報》1月12日第12版。
吴福祥，2003，《再論處置式的來源》，《語言研究》第3期。
夏淥，1991，《論古文字的兼并與消亡》，《武漢大學學報》（社會科學版）第2期。
葉嘉瑩，2018，《談〈將進酒〉讀音的錯誤》，https://video.zhihu.com/video/1145476579554680832?，3月10日。
周法高（主編），1975，《金文詁林》，香港中文大學出版社。

# “砍大山”考源*

游　帥

## 一、引言

“砍大山”是20世紀七八十年代從北京土話中逐漸流行開來的一種表達，《漢語大詞典》收録了該詞語，謂：“砍大山，方言，聊天。”該詞如今已進入普通話詞彙，或被記作“侃大山”。不過究其理據，至今仍存争議。近二十年，有不少討論這一問題的文章，争論點集中在兩個方面，一是“砍/侃”的本字爲何，二是前者與“大山”的組合如何理解。比較有代表性的幾家觀點如金文明（2001）認爲“砍大山”原指山中砍柴，砍柴時隨處亂看，所以用來比喻隨口亂説：“在‘侃大山’這個詞語中，‘侃’與‘大山’本來是無由搭配的，北京方言起初只作‘砍大山’。‘砍’字的本義是用刀、斧等劈、斬。組成‘砍大山’後纔逐漸引申出新義。古話説：‘靠山吃山，靠水吃水。’又説：‘管山的燒柴，管河的吃水。’‘吃山’原來就指砍柴。住在大山裏或山邊的人，需要燒柴或用柴换錢，只要上山一路隨處砍去就是。林木没有人監管，自然會引起胡砍亂伐，因而‘砍’字後來便有了‘隨意’‘胡亂’等詞義。我們發現，在古代白話小説中，‘砍’又常與‘嘴’字搭配，引申出‘隨口説’‘胡亂

* 本文原載《語言學論叢》2023年第1期，第105—112頁。

談’等意思。”

胡明揚（2003）也贊同“砍”爲本字，他認爲“侃”到20世紀90年代并没有突然出現動詞意義。胡紹文（2013）則認爲“款”爲本字，該字在中古有言説義；“款”“侃”“咵”音近義通。他説：“可能是宋元時期漢語語音（尤其是北方語言）的發展變化較快，‘款’在不同地域産生了异讀，從而使用了不同的字來分别記音。”

楊琳（2015）在對以上諸説逐一批駁後，認爲“侃”當爲本字，它在元代即有言説義，該意義是通過“組合沾染”的途徑而獲得的。“大山”也并非實指，而是指代漫無邊際的空間，并借之來形象地表示聊天没有局限。這種推斷於理可通，具有一定的參考意義。不過這種説法存在的最大問題在於該詞義演變路徑尚缺乏可供參考的平行例證。

由此看來，以上各家觀點或缺乏令人十分信服的論據，或有言而未及之處，或面對一些材料與觀點之間的齟齬難以妥善協調。目前來説該問題仍存在進一步討論的空間。

## 二、“砍/侃”的本字問題

不同於以上諸家觀點，我們在綜合考察了相關文獻語料之後，認爲“砍”即爲本字，而“砍”在近代漢語語料中已經出現了相關表説話的用法。如：

（1）今日我在先鋒哥哥面前，砍了大嘴，明日要捉石寶那厮，你三個不要心懶。（《水滸傳》第一百一十五回）

（2）這砍嘴的！弄到窮時，墳上樹木，還可砍來，够幾日

燒。這塊地，把骨頭掘起了，也還有幾兩賣。且看。（明古狂生《醉醒石》第十回）

（3）砍嘴賊徒，輒誇大口！今日若非衆賊奴助力，汝已做叉下之鬼！（清清溪道人《禪真後史》第四十三回）

《漢語大詞典》添加按語："砍了大嘴，猶説了大話。如：他倆一砍就是半天，不知哪有那麽多話説。"

而"侃""砍"皆屬溪母，韻母分屬山攝與咸攝，山咸攝合流是近代漢語的一個特點，故"砍"又常記作"侃"，如：

（4）你那隔墻酬和都胡侃，證果的是今番這一簡。（元王實甫《西厢記》第三本第二折）

（5）只願他肯、肯、肯做一心人，不轉關；我和他守、守、守白頭吟，非浪侃。（元關漢卿《望江亭》第一折）

（6）吴德得意忘形，七拉八扯胡侃一氣。（清齊諧山人《戲蛾記》）

不過同樣地，我們也要回答"砍"表説話這種用法的來源問題，即要拿出合理解釋來支持"砍"非借字記音的判斷。在此之前，還需要説明一點情況，即表砍伐、砍擊、砍削之"砍"實際至遲在中古時期就已經出現。如南朝梁殷芸《殷芸小説》卷二："漢文翁當起田，砍柴爲陂，夜有百十野猪，鼻載土著柴中。"對於其來源，亦已有學者指出其當爲表砍削義之"刊"的音變（董志翹，1998：69—71）。"砍"又或記作"坎"，宋代張耒《明道雜志》即載："東北人謂斫伐爲坎。"

我們推斷“砍”表説話的用法的出現當和其“擊打、敲擊”之義有密切聯繫。對其表擊打、敲擊的用法，可聊舉數例：

(7) 余嘗與許師正同過平江，夜宿村墅，聞村人坎鼓，群集爲賽神之會。(宋何薳《春渚紀聞·生魂神》)

(8) (渤泥) 其國人宴會聚樂，必坎鼓、吹笛、擊鈸、批掌、歌舞以爲樂。(馬端臨《文獻通考》卷一四八“樂考”)

(9) 旋剥了叫將小厮來，拿大板子，盡力砍與他二三十板，看他怕不怕！(《金瓶梅詞話》第八十三回)

對於該判斷，不妨舉另外一個詞義用法都與之高度相似的詞——“磕”[①] 來作爲平行參照。“磕”亦有敲擊義，這也是它今天的常見意義：

(10) 雲纏風束亂敲磕，黄帝未勝蚩尤强。(唐杜牧《大雨行》)

(11) 天津橋上賒得一瓜，在橋柱上磕之，失手落於橋下。(《古今小説·楊八老越國奇逢》)

值得注意的是，與“磕”同音的“嗑”在元明時期的文獻中恰恰也有表示説話、閑談的用法。如：

(12) 休來這裏閑嗑，俺奶奶知道駡我。(元無名氏《玉

① 除了後面所舉的跟本文密切相關的幾個對應義項，另有如“砍”“磕”皆有扣戴義，《醒世姻緣傳》第七十二回：“你立這們個帖兒，倒拴縛着他，給他個不應罪的帽子砍着。”《醒世恒言·小水灣天狐貽書》：“這主人家被他把大帽兒一磕，便信以爲真。”《二十年目睹之怪現狀》第五十六回：“這個烏龜，自己情願拿緑帽子往腦袋上磕。”

抱肚》)

(13) 相識每嗑，推不動花磨。朱顔去了，還再來麼？（元張可久《燕引雛・有感》)

且其表説話、閑談的用法，在今天一些地區的方言俗語中仍有保留。《俗語大詞典》（温端政，2015：769—770）即收録了“嗑閑話”，指閑聊天。并配以例句：“梁斌《峰烟圖》一七：‘一般人家不是坐茶館看小戲，就是嗑閑話兒熬夜。’”

那麽這裏的“嗑”表説話、閑談的用法是源自“嗑”自身詞義的引申呢，還是與“磕”存在關聯？這也將直接决定着“磕”是否具備足够的平行參照意義。

“嗑”本義指話多。《説文・口部》：“嗑，多言也。”文獻用例如《孔叢子・儒服》：“昔有遺諺，堯舜千鐘，孔子百觚，子路嗑嗑，尚飲十榼。古之賢聖無不能飲也。”但作爲狀態形容詞性的多言貌是否能够引申出動詞説話義，我們似乎無法找到十分確鑿的同步引申證據。那麽就只能再考察其他情况。通過檢索相關語料，我們找到了一些特殊語例，個中問題就顯得比較明朗了，如：

(14) 没人處只會閑嗑牙。（元王實甫《西厢記》第三本第三折）

(15) 咸安王捺不下烈火性，郭排軍禁不住閑磕牙。(《京本通俗小説・碾玉觀音》)

(16) 當壚閑坐，與酒保叙話嗑牙。（明方汝浩《東度記》第五十一回）

根據上述語料，很顯然“閑嗑/磕”當是“閑嗑/磕牙”之簡縮形式。前已言明，“磕”之敲擊、碰擊義乃今常用之義。所謂“磕牙”從字面義來看正是指牙碰牙，而因説話動作的完成需要牙齒上下經常發生碰擊，故“磕牙”能表示説話聊天。[①] 由此也就意味着我們在前面所舉的語料中表示説話、閑談用法的“嗑”實際上本當作“磕”。[②] 作爲參照，這和“打牙”能够表示説閑話或鬥口齒的理據相同。

（17）你們這起爛了嘴的，得空兒就拿我取笑打牙兒。（《紅樓夢》第三十七回）

（18）不須打牙并料口，全憑本事是英雄。（《明成化説唱詞話叢刊·花關索認父傳》）

直到今天，不少方言中也還有“磕打牙兒”表示聊天玩笑的用法。另，文獻中亦有“磕/嗑牙料嘴”一詞，與《花關索認父傳》中的“打牙并料口”對應相當明確，如：

（19）我可也不和你暢叫揚疾，誰共你磕牙料嘴！（元關漢卿《陳母教子》第三折）

（20）我這裏道姓呼名，他那裏嗑牙料嘴。（元王子一《誤入桃源》第三折）

料，通“撩”。

① 就這一判斷，還可參照“調牙確齒”一詞。《古本小説集成》明刊本《三寶太監西洋記通俗演義》第四十二回：“既是不曉得他的來歷，你怎麼和他調牙確齒，惹他站在這裏。”“確”通“搉”，即取敲擊義。同回還有“我在裏面要姓名，教你還在那裏科牙嗑齒的”。而“調”實際也有敲擊義，《楚辭·大招》：“叩鐘調磬。”王逸注：“叩鐘擊磬。”

② 文獻中二者常通用，如明湯顯祖《南柯記·謾遣》：“隨尊興，哩嗹花囉能堪聽，孤魯子頭嗑得精。”用即同“磕”。而在表示與説話、閑談有關的行爲時，由於與口有關，“嗑”的使用反而顯得更爲常見。

（21）時時做出妖嬈態度，與客人嗑牙撩嘴，甚是不堪。（明陸人龍《型世言》第六回）

另有“料嘴敲牙”亦能與之對應，如：

（22）䫋眉打眼，料嘴敲牙。（元李茂之《行香子·寄情春滿皇》）

（23）你入門來便鬧起，有甚的論黄數黑？街坊每都聽知，誰敲牙波料嘴？（《全元曲·翠紅鄉兒女兩團圓》）

“料嘴”當指“張嘴”，與“磕牙”并列組合，摹狀出説話者口齒張歙的狀態，藉以代指談話聊天這一行爲。

類似的組合還有諸如“磕齒”“嗑口”“嗑咀”，也都指鬥嘴、嘮叨等，如：

（24）每日家尋嗑口，覓枝節，縱然是弦管笙簫不斷絶，待有的多少時節。（明無名氏《勘金環》第二折）

（25）蜀綿州刺史李（忘其名），時號嗑咀。（宋孫光憲《北夢瑣言》卷十）

不過以上材料，同樣也整齊地顯示了“磕”（多記作“嗑”）表示説話、閑談的用法恐怕并非來自其自身詞義系統的内部引申，而應當是與一種特定類型的組合有關。[1] 這類組合的特徵或可概括爲“敲擊

① 也就是説這種用法早期更多是以一種組合搭配的形式出現，個别單獨使用的語例則存在較爲明顯的形式省略的痕迹，如“閑嗑”實爲“閑嗑牙”之縮略。

義動詞 A+口齒類名詞 B”。我們知道，詞義的産生除了常見的引申外，還有“組合沾染”(syntagmatic contagion）這樣一條途徑，即處於組合關係的一個詞獲得整個組合體的意義或是另一組成分的意義(楊琳，2015：145—146)。漢語中存在這樣一種情況，當［AB］組合成一個雙音步後，有一個意義上的整體性，這個整體性對 A、B 原義 a、b 會産生影響。而且 A/B 不是從 B/A 那兒沾染得義，而是從［AB］組合後形成的抽象的語義那兒沾染得義（周俊勛，2009)。在該機制下，“磕”受到“敲擊義動詞 A+口齒類名詞 B”這種組合表義的沾染，便取得了表示説話、閑談的用法。①

由此，我們回過頭來再去看“砍”表説話、閑談之用，也就不難理解了。② 所謂“砍嘴”就是指隨意鬥嘴，今天還有像“上嘴皮挨天，下嘴皮貼地——好大的嘴”這樣的歇後語指説話口氣大，“上下嘴皮子一碰”來形容説話隨意輕鬆，等等。而“砍了大嘴”這種表達，則應是爲了突出誇口的特點。

① 蒙王長林先生、何余華先生先後補充賜教了“冲殼子”(四川方言)、“斫牙鉸”(客贛方言）表示吹牛聊天的兩組現代漢語方言例證，可以對我們的推論起到很好的佐證作用。其中“斫牙鉸”之於“砍嘴”的參照作用尤爲典型。“牙鉸”即下頜，“斫”“砍”則是典型的同義詞。

② 有意思的是之前被大家廣泛討論的“款”字，在義項分布上似乎與“磕（嗑)”“砍”也類似，兼有“言説”義和“叩擊、敲擊”義的用法。但我們認爲“款”表言説義的來源與“磕（嗑)”“砍”并不相同，胡紹文（2013）認爲“款”是由“欲望”義引申指表達欲望的方式——“言説”，詞義發生轉移，概念域從知域發展到言域，楊琳(2015）則認爲當是來自“坦誠”義。這從“款”表言説義與“砍/侃”表言説義的語體色彩差异上，也能得到體現。而其“叩擊、敲擊”義的來源實際屬於假借，與“款”的言説義并不在同一引申序列中。朱駿聲《説文通訓定聲》：“款，假借又爲叩，爲扣，實爲攷。”《説文・攴部》：“攷，擊也。”段玉裁注：“自扣、叩行而攷廢矣。”章太炎《國故論衡》亦言及“侯寒有轉，則《説文》短從豆聲；臾聲、需聲之字，往往相變；攷關爲款關，款款爲叩叩，是也”。所通假字的意義一般來説與本字的本義、引申義并無關聯，因而胡文亦在梳理“款”的相關引申序列中，未安置“款”的敲擊義。且按照我們詞義沾染組合的模式，早期文獻中也没有檢索到“款”和口齒類名詞搭配表示“説話、閑談”義的組合。現代漢語方言中諸如“款嘴”(見姜亮夫，2002：242）等組合中，“款”當爲單純音轉用字，姜亮夫先生即持聲轉説。

## 三、"大山"何解

接下來，我們再試着探討下"砍"與"大山"的組合如何理解。楊琳（2015）的説法似乎有一定道理，尤其是作者舉北京話、天津話中把胡扯叫"説山"，對其判斷進行了旁證。不過它畢竟仍屬現代方言口語的書面記録，是否即用作本字，其理據是否又經過了重構，這些我們都無從得知。比如鄭振鐸《中國俗文學史》第十三章引《呼家將》："呼延慶，説罷答山想走路。"這裹的"答山"一詞，實際本應作"答訕"，意爲隨口敷衍或無話找話地攀談。[①] 如：

（26）復行屈一膝，請了一個安，答訕着坐下。（清王浚卿《冷眼觀》第二十回）

（27）雷鳴見四個人下了樓，把刀還入鞘内，心説："這個和尚可不好惹，我明着不行，暗着結果他的性命。"站起來答訕着下了樓。（清郭小亭《濟公全傳》第五十四回）

又如清代陳森在其小説《品花寶鑒》的序言謂："比部賞余文曲而能達，正而能雅，而又戲而山謔，遂屢囑余：爲説部，可以暢所欲言，隨筆抒寫，不愈於倚聲按律之必落人窠臼乎?"此處"山謔"顯然即"訕謔"，爲譏笑、調侃的意思。如：

① "訕"有毁謗義，即無實際根據地詆毁，但其與"謗"不同的是常用語尖刻，也更多地含有調笑的意味。

(28) 有士人李璋，素好訕謔，題其傍曰："混元皇帝三十七代孫李璋繼至。"(宋沈括《夢溪筆談·譏謔》)

再如《唐詩宋詞元曲全集·全唐詩·早春閑居》："强飲樽中酒，嘲山世外詩。" 此處"嘲山"即"嘲訕"。

(29) 日斜僕夫已整駕，顧景欲駐愁嘲訕。(宋陸游《游圓覺乾明祥符三院至暮》)

以上均爲"訕"在書面用字中記作"山"之語例。我們認爲，"砍大山"的"山"本字亦當爲"訕"。[1] 而"大"字乃因後來理據不明而加入的修飾性成分。方言中這類現象相當普遍，比如東北方言裏就有我們熟知的"扯大欄""和大泥"等。

徐世榮《北京土語辭典》、陳剛《北京方言詞典》等顯示在北京方言資料中，"砍大山"的早期形式亦可寫作"山砍"，例如：

① 這幾位，正事不辦，坐在那山砍。

② 聽他那一通兒山砍。

除了"山砍/侃"，北京話還有諸如"山哨"這樣的近義表達，[2] 疑"哨"乃"誚"之記音字，"誚"與"訕"乃近義複合。

---

① 《廣韻》中"訕"存在所晏、所奸兩切，即存在去聲、平聲二讀。平聲一讀與"山"讀音全同。

② 見陳剛《北京方言詞典》(1985：245)、宋孝才《北京話語詞彙釋》(1987：598)、徐世榮《北京土語辭典》(1990：353)。

(30) 彰德府知府王天民謾言訕誚，無人臣禮，臣欲奏之未果。(《明實録·世宗實録》卷一百五十一)

(31) 其知我者，諒不至覆瓿；不知我者，亦任其訕誚耳！(清黄凱鈞《友漁齋醫話》)

以上諸例中，“訕誚”皆指無根據、不嚴肅地亂談亂説。那麽如果也將“山砍”之“山”作“訕”字解，是否有語料支撑我們的判斷，它的理據又當如何分析呢？我們還是不妨先看一些語料：

(32) 挺王留訕牙閑嗑，李大公信口開合。(元薛昂夫《端正好·高隱》)

我們在前文已經通過相當多的筆墨説明“嗑”“砍”詞義用法都高度相似。《漢語大詞典》解釋“訕牙閑嗑”謂閑得無聊，磨牙鬥嘴以爲笑樂。《關東方言詞彙》(王長元、王博，1991）則記録有“閑嗑答牙”一詞，并附有一些現代文學作品的用例。這裏的“答牙”應當就是“打牙”，“打牙”上文也已有過分析，可表示説閑話或鬥口齒。如果取之與“訕牙閑嗑”對應，則“打牙”“訕口”表義理應相近或相同。我們檢索《漢語大詞典》并驗其語料，“訕口”果解釋爲鬥嘴，[①] 其書證如下：

(33) 誰待要迎妍賣俏門前倚，誰待要打牙訕口閑淘氣。(《全元散曲·點絳唇·贈妓》)

---

① “打牙”“訕口”二者義同是很好理解的，比如我們常説磨牙鬥嘴，牙、嘴作爲説話需要調動的器官，皆可用來轉喻言辭。

無論是“訕牙閑嗑”，還是“閑嗑打牙”，應當都屬於近義并列結構。“閑嗑”即閑聊，而“訕牙”或“打牙”則指鬥嘴。參照這種組合的理據，我們認爲“山砍”(或更爲常見的“砍山”）亦當與之相似。即表示含有戲謔調笑意味、無根據亂説的動詞“訕”與表示説話、閑談的動詞“砍”實現組合，由於是一種并列的複合結構，故其語序起初并不穩定。很多情况下，方言詞語的書寫形式雖然起到了記録詞語的作用，但也往往因用字的選擇不當而割斷了古今傳承關係，導致了外部形式和内在構造的冲突，從而隱蔽了其原始理據，甚至於不少詞語還會出現理據完全中斷的情况。受不同地域的文化心態影響，人們存在將一些詞語進行理據重構的可能。所以當方言使用者采用“砍山”“侃山”這樣的形式記録該詞語，而“山”又是人們日常生活中的常見高頻詞時，也就極易與自然界大山的形象産生聯想，在此基礎上，添加修飾語“大”用作“砍大山”，包括一系列對這種組合邏輯關係的解讀等等，也就不難理解了。

## 四、結語

至此，我們就“砍大山”一詞的語源，圍繞過往集中争論的兩方面問題進行了探討。歷史文獻中可充分證明“砍”有動詞性的“説話、閑談”義，該用法乃受“敲擊義動詞+口齒類名詞”這種組合表義的沾染而來。而“山”之本字則當爲“訕”，表示戲謔調笑、無根據地亂説，由於它與“砍”的組合是一種并列複合結構，故其在北京話中早期的語序并不固定。“砍大山”的形式則是因人們不明語源進行理據重構的結果。

最後我們需要補充的一點是，這種理據的重構一般不會對詞語的使用産生决定性影響。這是因爲“從語言運行系統來看，理據不是詞義的基礎，也就是理據不構成詞義的充要條件”（趙彦春，2014）。無論是“砍/侃山”還是“砍/侃大山”都已經在我們的語言生活中普遍使用，在理據不明的情况下亦未影響對該詞語的正常使用。“名無固宜，約之以命，約定俗成謂之宜”，“砍/侃”與“大山”的這種組合已經積非成是，似乎我們也没有必要去刻意糾正它了。

## 參考文獻

陳剛（編），1985，《北京方言詞典》，商務印書館。

董志翹，1998，《也論中古漢語詞彙研究中的推源問題》，四川大學漢語史研究所（編）《漢語史研究集刊》第1輯，巴蜀書社。

胡明揚，2003，《“續貂”兩則》，《咬文嚼字》第1期。

胡紹文，2013，《論“款”之“言説”義》，浙江大學漢語史研究中心（編）《漢語史學報》第13輯，上海教育出版社。

姜亮夫，2002，《昭通方言疏證》，《姜亮夫全集》第16册，雲南人民出版社。

金文明，2001，《説“侃”》，《咬文嚼字》第11期。

宋孝才（編著），1987，《北京話語詞彙釋》，馬欣華審閲，北京語言學院出版社。

王長元、王博（編），1991，《關東方言詞彙》，吉林教育出版社。

王寧，1996，《訓詁學原理》，中國國際廣播出版社。

温端政（主編），2015，《俗語大詞典》，商務印書館。

徐世榮（編），1990，《北京土語辭典》，北京出版社。

楊琳，2015，《“侃大山”“擺龍門陣”考源》，中國社會科學院語言研究所《歷史語言學研究》編輯部（編）《歷史語言學研究》第9輯，商務印書館。

章太炎，2017，《國故論衡》，商務印書館。

趙彦春，2014，《認知語言學：批判與應用》，南開大學出版社。

周俊勛，2009，《中古漢語詞彙研究綱要》，巴蜀書社。

# 理想的聲韻調配合表和漢語語音史研究*

孫玉文

郭錫良先生《漢字古音表稿》是迄今以圖表的方法描寫上古漢語聲韻調系統最全面、細緻的著作，已經付印，可喜可賀。

一般地説，歷史上，詳細而理想的漢語聲韻調配合表繪製的是一種系列性表格，將漢語歷代的語音系統，每一音節、每一音位在系統中的網狀結構的格局直觀地展現出來，非常方便人們做進一步的探討。人們研究歷代語音，有時沒有繪製圖表，只有文字説明；讀者光看這些文字説明，往往感到研究者説得頭頭是道，其實仍有漏洞，留下遺憾，只是不易發現而已。如果繪製了圖表，問題就很容易發現。郭錫良先生的《漢字古音表稿》由於繪製了漢字上古音的圖表，因此比《漢字古音手册》（增訂本）發現了更多的問題，也解決了不少問題；有的問題還不能説完全解決了，但郭先生提供了自己的理由和解決方案，很值得重視。

《漢字古音手册》（增訂本）和《漢字古音表稿》都是工具書，《手册》和《表稿》各有用途。《手册》是一種簡表，匯集了秦漢以前古籍中出現的一萬一千六七百個漢字上古音、中古音和現代音的資料，按今天普通話的音系排列，然後列字，順次注明上古聲母和韻

---

* 本文原載華學誠主編：《文獻語言學》第 7 輯，中華書局 2019 年，第 98—112 頁。

部，中古反切和聲母、韻、開合、聲調、攝，注重形音義的統一；上古音和中古音都列有擬音，供相關領域的讀者隨時翻檢。這種表側重上古文獻中出現的每一個漢字的音韻地位，但没有畫成格子。由於《手册》具有科學性和實用性，因此出版以來一直受到廣大讀者的極大重視，推進了相關研究。《表稿》則是借鑒古代等韻圖的編寫經驗而繪製的一種連續性表格，將《手册》所收字的上古韻部和聲母、聲調結合起來，畫成格子，直觀展現上古音的聲韻調配合格局和一個字的上古音韻地位；分别在每一格所收的一串字的前後加注中古反切和現代讀音。

《手册》和《表稿》的關係，跟韻書和反映韻書音系的韻圖不同。韻圖反映韻書音系，只選取一個小韻首字作爲該小韻的代表，將其他字略去；小韻首字還必須略去所有的注釋等其他信息，只收該字字形。《表稿》則將《手册》中單字的全部信息保留下來，既可以供讀者查閲其音韻地位，也直觀地顯示音系的骨架，方便古音研究。由於編撰《表稿》的需要，原來《手册》中隱藏着的問題也立體地顯露出來，因此《表稿》做了不少調整，更加精細，科學性大幅度提高。另外，《表稿》除了字表，還有下面三項内容：一是各部的諧聲表，下分聲符和單字；二是韻表，下分各部的《詩經》《楚辭》的韻譜和合韻譜；三是説明，對相關字的歸部等問題進行討論。不難看出，《表稿》的功用是很齊全的。

藉此機會，我想談談我國製作聲韻調配合圖表時，對這種圖表作用的認識，一來總結前人在這方面所達到的認識高度，從而彰顯中國語言學的光輝成就；二來闡明這樣一種看法：製作聲韻調配合圖表對於漢語語音史研究具有至關重要的作用。

# 一

用製作聲韻調配合表的方式直觀地展示漢語音系，這種做法由來已久，淵源有自，唐代已經有了。周祖謨《唐五代韻書集存·考釋》分析《守温韻學殘卷》的“四等”時説：“就讀音相近的幾韻分别爲四等，起於唐代。此卷‘四等重輕例’所列各韻字的等第與宋代流傳的《韻鏡》完全相同，很像是根據一種已有的韻圖録下來的。”我們可以從《守温韻學殘卷》來進一步證明：守温之前，可能在中晚唐，我國已經産生了類似《韻鏡》《七音略》這樣的反映《切韻》系韻書的韻圖。

（一）《殘卷》有《四等重輕例》。就《切韻》系韻書來説，韻母中有重紐，采用四等的格局來展現《切韻》音系，是不够的。重紐兩類都是三等韻，重紐四等跟真正的四等是兩類。就反映《切韻》音系來説，重紐四等不是真正的四等，可能後來重紐四等在韻圖創制時先跟純四等混同，韻圖編者就列入四等。聲母中，齒音其實有三組聲母：精組，拼一三四等；莊組，拼二三等；章組，拼三等。這些也是今傳早期韻圖四等的格局排不下的，韻圖編者爲了不讓齒音聲母占據聲母太多篇幅，就壓縮在齒音的五個格子中。喻母，《切韻》中本來是兩類聲母，拼同樣的三等韻母，這也是四等的格局無法容納的。韻圖編者遷就時音，讓喻三從匣母中獨立出來，又不讓喻三、喻四相混，同時不想讓它們占太多聲母的格子，就將喻四排在四等。韻圖在解决科學性和簡明性、實用性的矛盾時，對於這些方面當然都注意到了，之所以還是納入四等的格局，是因爲編者更多地考慮到了簡明性和實用性，只要根據時音能拼出讀音，也就可以犧牲一下科學性，有人爲的因素。因此排在二、四等的字并不真正跟其他同等的字同韻母。排在二等的，有的跟排在三等的同韻母；排在四等的，有的跟三等同韻母，或者形成重紐。《殘卷》既説“四等重輕”，可見已經形成了反映《切韻》系韻書格局的“四等”排法。其解釋只能是：這是韻圖的規矩。

（二）《四等重輕例》中，一等、二等、三等、四等韻分别放在各自等列的位置上，但值得注意的是，重紐四等不是放在三等，而是放在四等，跟四等韻同等列。例如“上聲”欄，“免”在三等，這是重紐三等；“緬”在四等，這是重紐四等。“入聲”欄，“憶”是職韻，在三等；“益”是昔韻，這是重紐四等。將“憶”“益”作爲相對應的例子，反映了守温時職、昔二韻主母音已經混同。從聲韻配合講，四等的“緬、益”本屬三等，放在四等，只能是因排圖方便的需要，因爲三等排不下兩類。守温没有放在二等，而是放在四等，這跟後來的韻圖一致，可能也受了時音的影響。將重紐四等放在四等，這種處理，不具有必然性，其解釋只能是：這是韻圖的規矩。

（三）《四等重輕例》的後面，有幾段話很值得注意。第一段是：“精清從心邪、審穿禪照[①]，九字中字只有兩等重輕。”其中“只有兩等重輕”頗值得注意。這是説，精清從心邪韻圖只排在一四等，不排在二三等，可能排在一等的爲重，排在四等的爲輕；審穿禪照只排在二三等，這裏指的是照二只能排二等，三等排照三，不排在一四等，可能照二爲重，照三爲輕。精組本來可以拼三等，照二也可以拼三等，《殘卷》所論不合聲韻配合的實際情況，其解釋只能是：這是韻圖的規矩。

---

① 《唐五代韻書集存》作“然”，當作“照”。

第二段是："歸精清從心邪中字，與歸審穿禪照兩等中字，第一字不知，若將歸精清從心邪中[①]爲切，將歸審穿禪照中一第[②]字爲韻，定無字何[③]切。'尊生反'，舉一例諸也。"這裏所謂精清從心邪、審穿禪照"第一字"，實際上指精組一等字和照二組的字，可能這兩組算重。以此類推，精組四等和照三組的字是"第二字"，算輕。這是説，精組一等不能用照二的字作切上字。值得注意的是，按照這種説法，以及前面所説，照二的字，無論是二等還是三等，都放在二等；精組四等的字，無論是三等還是四等，都放在四等。其解釋只能是：這是韻圖的規矩。

"第一、第二"之名，在韻圖中指等第，這在早期門法中不乏其例，西夏黑水城遺址發現的《解釋歌義》的"義曰"中就出現很多。例如："又用幫等中字爲切，將精清從心邪兩等中第二字爲韻，即切本母下第四字，如弭箭切'面'；若遇偶者，即切第三字，如筆懍'稟'，狹者[④]方蟾'砭'是也。又如用幫等中字爲切，用審穿禪床照兩等中第一字爲韻，若是外轉，切第[⑤]字，如布删'班'；内轉，切第三字，如彼側切'逼'是也。"這裏"精清從心邪兩等中第二字"是説，精組在韻圖中占兩個等，"第二字"指精組四等；"審穿禪床照兩等中第一字"是説，照組占兩個等，"第一字"指照組二等。

第三段是："又[⑥]審穿禪照中字，却與[⑦]精清從心邪兩等字中[⑧]，

① "中"後疑脱"字"字。
② "一第"當作"第一"。
③ "何"當作"可"。
④ 疑"狹者"二字爲前面的"若遇偶者"誤置，原文作"若遇偶狹者"。
⑤ "第"後脱數字"一"。
⑥ "又"後疑脱"歸"字。
⑦ "與"後疑脱"歸"字。
⑧ 疑"字中"爲"中字"之倒乙。

第一字不知，若將[1]審穿禪照中字爲切，將歸精清從心邪中第一字爲韻，定無字可切。‘生尊反’，舉一例諸也。”這是説，照二組不能用精組一等的字作切上字。跟第二段一樣，按照這種説法，照二的字，無論是二等還是三等，都放在二等，其解釋只能是：這是韻圖的規矩。

（四）上面第二、第三兩段話，分别講精組一等不能用照二的字作切上字、照二組不能用精組一等的字作切上字，這是從反面講某組聲母不能跟某組聲母相拼。這種分析聲韻關係的角度和結論很值得注意。如果没有現成的韻圖，就很難找到這種分析角度，也很難得出這種結論。有了韻圖，就很容易通過聲韻配合中具體字音韻地位的填實和留空得到這種分析角度，得出上述兩種結論。《殘卷》中這種分析還有一些，其《聲韻不和，切字不得例》中比較集中地反映了這方面的成果：“切生”是説精組四等不做照二組三等字的切上字，“聖僧”是説照三組不做精組一等的切上字，“床高”是説照二組的真三等字不做見組的切上字，“書堂”是説照三組不做端組一等字的切上字，“樹木”是説照三組不做幫組一等字的切上字，“草鞋”是説精組一等不做影組二等字的切上字，“仙客”是説精組的真三等不做見組二等的切上字。從這個角度看，守温也有可能見過反映《切韻》系韻書的韻圖。

這説明，守温之前，我國已經有韻圖。《宋史・藝文志一》記録有《辨字圖》四卷、《歸字圖》一卷，可能跟韻圖有關。附在《玉篇》卷末的沙門神珙《四聲五音九弄反紐圖》應該看作是唐代出現的另一種類型的反切圖。敦煌有《韻關辯清濁明鏡》殘卷（伯五〇〇六），其中有“韻關……明鏡”字様，這也有可能是一部韻圖。

---

① “將”後疑脱“歸”字。

## 二

關於等韻圖的功用，李新魁《漢語等韻學》從“闡明反切”“辨明音值”“以簡馭繁，表現整個音系”“方便練音”“表明音變”五個方面進行了總結。我們來看看古人對等韻圖的作用的認識，從中可以看出他們對於聲韻調配合表的實用意義的認識。

### （一）方便人們利用反切來獨立解決不懂的字的讀音問題

折合反切，讀出字音，有的容易，有的難，有時會出錯。等韻圖比反切更容易折合反切，而且能大大減少出錯率。人們弄懂了門法，按圖索驥，就容易根據韻圖找字音。宋盧宗邁《切韻法·三十六字母切韻訣》説：“欲盡識世間字者，當熟誦切韻法。”

《韻鏡》卷首張麟之（字子儀）於“紹興辛巳七月朔”所作的識語頗具代表性，它主要從實用性的角度談韻圖的作用：

> 讀書難字過，不知音切之病也。誠能依切以求音，即音而知字，故無載酒問人之勞。學者何以是爲緩而不急歟？
>
> 余嘗有志斯學，獨恨無師承。既而得友人授《指微韻鏡》一編（微字避聖祖名上一字），且教以大略，曰：“反切之要，莫妙於此，不出四十三轉，而天下無遺音。其制：以韻書自一東以下，各集四聲，列爲定位，實以《廣韻》《玉篇》之字，配以五音清濁之屬，其端又在於横呼。雖未能立談以竟，若按字求音，如鏡映物，隨在現形。久久精熟，自然有得。”
>
> 於是蚤夜留心，未嘗去手。忽一夕頓悟，喜而曰：信如是

> 哉！遂知每翻一字，用切母及助紐歸納，凡三折，總歸一律。即是以推，千聲萬音不離乎是。自是日有資益，深欲與衆共知。而或苦其難，因撰字母括要圖，復解數例，以爲沿流求源者之端。庶幾一遇知音，不惟此編得以不泯，余之有望於後來者亦非淺鮮。聊用鋟木，以廣其傳。

這裏“讀書難字過”是用典，指讀書時遇到疑難字，不去深究，讓自己讀過去。杜甫《漫成》二首之二：“讀書難字過，對酒滿壺頻。”難字，疑難字，包括不知其音的字，張麟之是取字音的含義。音切，反切。徐鉉《重修〈説文〉序》：“孫愐《唐韻》行之已久，今并以孫愐音切爲定。”張麟之説，之所以“讀書難字過”，原因是“不知音切之病”，可見唐宋時一般人對於不懂的字音，就去查反切，再拼合成當時的讀音；張氏認爲反切很難掌握，暗含《韻鏡》一類的韻圖是爲幫助人們據反切拼音而編寫的，比反切更方便瞭解字音。《韻鏡序》的“調韻指微”説：“今世之士，慢不講究，聱牙舛謬，滔滔皆是。此無他，由不習而忽之過耳。豈知前輩於此一事，最深切致意者焉。”與此可互相發明。

“誠能依切以求音，即音而知字”，切，反切；音，字音；字，指字義。這裏更進一步闡述了掌握反切的重要性，通過反切可以求得一個字的字音，進而瞭解其字義。“即音而知字”含有“因聲求義”的意思。聯繫後文“故無載酒問人之勞”，可知“能依切以求音，即音而知字”是指讀者能在掌握反切拼音的條件下，獨自解決一個疑難字的讀音，做到無師自通，用不着向别人登門求教。“載酒問人”是用典，《漢書·揚雄傳下》：“（揚雄）家素貧，耆酒，人希至其門。時有好事者載酒肴從游學。”又：“（王莽）間請問其故，乃劉棻嘗從雄學作奇字。”後人因此有“載酒問字”“載酒問人”，指登門向有學問的人拜師求學。蘇軾《又次韻二守許新居》：“聞道携壺問奇字，更因登木助徽音。”

反切對準確掌握字音有極大好處，人們應該儘早掌握它，所以張氏馬上反問説“學者何以是爲緩而不急歟”。張氏此文暗含爲學者必須重視一個字的字音、進而瞭解其字義的意思；當時有的學者對透徹瞭解反切原理没有予以足够的重視。

上面一段話講了反切對於瞭解字音的重要性以及當時有的人没有做到這一點。下文“余嘗有志斯學，獨恨無師承”現身説法，表明反切靠個人鑽研是不行的，需要有人傳授。這就很自然地將讀者引導到瞭解韻圖對人們利用反切來獨立解决不懂的字音問題的重要作用上了。“既而得友人授《指微韻鏡》一編”，指《指微韻鏡》能讓人對具體疑難字的讀音無師自通。

根據張麟之原注，“《指微韻鏡》”原作“《指玄韻鏡》”，“指玄”即指點深遠微妙之處。因爲避宋代聖祖趙玄朗的“玄”字，改成現名。張麟之認識到韻圖的作用，是經過了友人的提醒，“教以大略”。接下來的一段話是友人所授：“反切之要，莫妙於此”，是説掌握反切的精要，没有比掌握《韻鏡》這樣的韻圖更妙的；“不出四十三轉，而天下無遺音”，是説《韻鏡》只用了四十三個圖表，就將天下所有的音都囊括進去了，“轉”指輾轉拼讀，這裏的“轉”，指的是爲人們輾轉拼讀字音而製成的圖表，即韻圖。

爲什麽韻圖能幫助人們利用反切很簡易地拼出疑難字的讀音？張氏的友人接着説起《韻鏡》的編寫體制：“以韻書自一東以下，各集四聲，列爲定位，實以《廣韻》《玉篇》之字，配以五音清濁之屬，其端又在於横呼。”可見張氏認爲韻圖以韻爲主，以聲母爲配，這大約是叫作“韻鏡”的理由吧。“實以《廣韻》《玉篇》之字”云云，實際上是在“配以五音清濁之屬”之後，之所以先説“實以”等，正反映出張氏以爲韻圖以韻爲主。編圖的程式是：先畫出圖表的輪廓，順次以韻書的韻爲基礎，平、上、去、入按照相承關係排成四個大格子，成爲“定位”，配以“五音清濁之屬”，即聲母；然後將《廣韻》《玉篇》等字書中的字填到所畫的小格子中去。這樣“不出四十三轉，而天下無遺音”。

“其端又在於横呼”，這明顯是從拼讀反切角度説的，通過“横呼”就能徹底解决拼讀中的問題。何謂“横呼”？張氏《韻鏡序》有“横呼韻”，指東一、冬、屋一、沃，東三、鍾、屋三、燭這種不同的韻，但它們各自開合、等第相同，是四聲相承的韻母，儘管列在不同的圖中，但當時韻母相同或相承。這些同韻母、同聲調或四聲相承的字，其中有常用字，疑難字的讀音可根據該常用字的讀音，根據四聲相承的原理來定，如此能做到萬無一失。因此，“其端”是指據反切拼音的開始。

“横呼韻”中，張麟之舉了“二冬韻”和“一先韻”的例子來加以説明。東三、鍾、屋三、燭相承，當時讀音分别相混，但鍾韻明母、知母、照三、匣母無字，而東三“蒙、中、慵、雄”可以補足鍾韻的這些空檔；先韻開四和仙韻開三，當時讀音分别相混，但先韻開口滂母、群母、邪母、喻四、日母無字，而仙韻“篇（重紐開四）、虔（開三）、涎（邪母）、延（喻四）、然（日母）”可以補足先韻的空檔。通過這種語音關係，就可以以易知難，將所有的反切準確地拼讀出來。“横呼韻”説：“人皆知一字紐四聲，而不知有十六聲存焉。蓋十六聲是將平上去入各横轉故也。且如‘東’字韻‘風豐馮瞢’，是一平聲便有四聲，四二四之，遂成十六。《切韻詩》曰：

‘一字紐縱橫，分數十六聲。’今《韻鑒》所集，各已詳備，但將一二韻只隨平聲，五音相續，横呼至於調熟。或遇他韻，或側聲韻，竟能選音讀之，無不中的。”

張氏在“歸字例”中舉例説：“凡歸難字，横音即就所屬四聲内任意取一易字，横轉便得之矣。今如‘千竹’反‘鼀’[①] 字也，若取‘嵩’[②] 字横呼，則知平聲次清是爲‘樅’[③] 字。又以‘樅’字呼下入聲，則知‘鼀’爲‘促’[④] 音，但以二冬韻同音處觀之可見也。”

由張麟之《韻鏡序》“調韻指微”可見，他認識到，光掌握反切，不能通音韻；只有掌握了韻圖，纔可以通音韻。即“不知象類，不足與言六書、八體之文；不知經緯，不足與論四聲、七音之義。經緯者，聲音之脉絡也；聲音者，經緯之機杼也。縱爲經，横爲緯。經疏四聲，緯貫七音。知四聲，則能明升降於闔闢之際；知七音，則能辯[⑤]清濁於毫釐之間。欲通音韻，必自此始”。

由於韻圖的優勢，因此人們“雖未能立談以竟，若按字求音，如鏡映物，隨在現形。久久精熟，自然有得”。這是説，這種圖表，雖然要稍微花一些時間去掌握它，但是如果按照一個字的反切去求音，就像在鏡子中去照看人的容貌一樣，隨着切上字和切下字所在的位置，自然顯示出它的讀音。經常去利用韻圖，人們就能很方便地掌握一個字的正確讀音。這種方式比純粹根據一個一個的反切來拼音，要容易得多，用途也更廣。《韻鏡序》：“故曰：七音一呼而聚，四聲不召自來。學者能由此以揣摩四十三轉之精微，則無窮之聲、無窮之

① “鼀”屋三。
② “嵩”東三，韻圖置於四等。
③ “樅”鍾韻。
④ “促”燭韻。
⑤ “辯”應爲“辨”字。

韻，有不可勝用者矣，又何以爲難哉?”“韻鏡”得名前有所承，唐顔真卿主持編寫過《韻海鏡源》(大曆十二年顔氏獻給朝廷)，他在《湖州烏程縣杼山妙喜寺碑銘》中説：“真卿自典校時，即考五代祖隋外史府君與法言所定《切韻》，引《説文》《蒼》《雅》諸字書，窮其訓解，次以經史子集中兩字已上成句者，廣而編之，故曰《韻海》。以其鏡照原本，無所不見，故曰《鏡源》。”(《全唐文》卷三三九）大曆十二年即公元777年，《韻鏡》顯然是在這以後編寫的，有人推測爲晚唐五代時期。敦煌有《韻關辯清濁明鏡》殘卷（伯五〇〇六)，其中有“明鏡”二字，跟《韻鏡》得名的意思非常相近。

張麟之在友人的啓發下，反復鑽研韻圖，從而“忽一夕頓悟”。張氏頓悟了什麼？他説：“遂知每翻一字，用切母及助紐歸納，凡三折，總歸一律。”這是談利用韻圖進行反切拼音的方法，其中“每翻一字”表明他是根據一個字的反切，利用韻圖解决其正確讀音問題。“翻”指用反切拼出一個字的字音。“用切母及助紐歸納”是指掌握聲母：切母，指反切上字；助紐，指藉助來掌握該反切上字讀音的同聲母的其他字，《韻鏡序》列有“三十六字母”和“歸納助紐字”；歸納，加入，納入。“凡三折”是説這種拼音的方法一共有三個轉折：第一個是找出切上字在韻圖中的地位，第二個是找出切下字在韻圖中的地位，第三個是根據切上字的字母歸屬和切下字的韻母歸屬確定要查的字在韻圖中的地位，切出該字音。李新魁《韻鏡校正》舉例所説“歌字居何切，居經堅歌”“邦悲江切，悲賓邊邦”與此類似。

### （二）能全面直觀地展現一種語言所有以及所没有的讀音

鄭樵《七音序》説：“四聲爲經，七音爲緯。江左之儒知縱有平上去入爲四聲，而不知衡有宫商角徵羽、半徵、半商爲七音。縱成經，衡成緯，經緯不交，所以失立韻之源。”古人所説的四聲，常常兼指韻母和跟韻母連在一起的聲調。鄭樵的意思是説，一個字的字音本來由聲韻調組成，韻母和聲調本來是從一個字音中截取下來的；不瞭解“經緯”相交，就不能真正瞭解立“韻”之“源”，因爲一個“韻”是從“經緯”相交中確立其“韻”的地位的。這就表明鄭樵對於設立“韻”有很深刻的認識，也肯定了韻圖的作用：能説明人們瞭解漢字的聲韻調系統。

宋沈括《夢溪筆談》卷一五《藝文二》：“今切韻之法，先類其字……天下之聲總於是矣。”袁子讓《字學元元》卷一“溯字學源流辨”説得完整一些：“觀音因之作等子三千八百六十二聲，上衍諸母，下攝諸字，其西域之旨歟?”清潘耒《遂初堂集》卷三《聲音元本論上》談起字母的作用：“自字母之秘啓，反切之法傳，而後衆音、衆字一以貫之，如錢之有繩，如卒之有伍，且使天下無字之音可以有字者引之而出，字母之功偉矣。”

韻圖中有填實的部分，也有空格。讀者看韻圖列字，很容易看出這一點。明章潢《圖書編》卷八《邵氏皇極經世書聲音律吕圖總論》指出：“物有聲色氣味，惟聲爲盛，且可以書别。故以正聲之平上去入、正音之開發收閉列以爲圖，以見聲音之全數。”

古人管空格叫“圍”。《韻鏡序》“四聲定位”：“每韻直行，平上去入聲有字與圍，相間各四，并分爲定位。”可見凡是表中没有字的地方就叫“圍”，《韻鏡》畫一個“□”。在張麟之看來，“圍”負載有語音信息，他將“圍”分爲兩種，“列圍”説：“列圍之法，本以備足有聲無形與無聲無形也；有形有聲，時或用焉。有聲無形，謂如一東韻舌音第一位，横轉，‘東通同’字之後是也。若以音協之，則當繼以‘農’字。爲一東韻無‘農’字，故以圍足之。無聲無形，但欲編應行數，如東字韻中唇音、牙音第二、第四位，與江字韻第一、第三、第四位之類是也。”因此，“有聲無形”是指同部位的某聲和四聲相承的某韻本可以拼合，但是韻書中没有字；“無聲無形”是指同部位的某聲和四聲相承的某韻本不可以拼合，韻書中也確實没有字。後面一種很重要，表明聲韻配合是有限制的，受語音拼合規律的制約。

早期編寫韻圖的人都非常重視空位的作用。董南一《切韻指掌圖序》談到《切韻指掌圖》的作用：“案圖以索，二百六韻之字惟有音無字者猶且聲隨口出，而况有音有字者乎？”祝泌《觀物篇解》卷四《皇極經世九》談到《聲音唱和圖》的作用：“此圖三千八百四十，是以天聲有字無字與無聲字百六十位，地音有字無字與無聲字百九十二位，遞相衍忒而成……中有位而切不出者以聲音統攝。事物之變及於無聲無音則備矣。”

## （三）方便學習外族語的讀音和外族人學習漢語的讀音

鄭樵《七音序》説：“華僧……以三十六爲之母，重輕清濁不失其倫，天地萬物之音備於此矣。雖鶴唳風聲、雞鳴狗吠、雷霆驚天、蚊虻過耳，皆可譯也，况於人言乎……何瞿曇之書能入諸夏，而宣尼之書不能至跋提河？聲音之道有障閡耳，此後學之罪也。舟車可通則文義可及，今舟車所通而文義所不及者何哉？臣今取七音編而爲志，庶使學者盡傳其學，然後能周宣宣尼之書以及人面之域。”這是説，韻圖能傳達各種聲音，包括人言。韻圖之所以能傳達各種聲音，是因爲它除了有聲有形的填實的格子，還有“有聲無形”和“無聲無形”

的“圍”。

我們知道，自然界的各種聲音，人類各種語言的不同語音，光憑爲漢語所作的韻圖是不可能“備於此”的。爲什麼鄭樵認爲韻圖有這麼大的功用？這就要瞭解他所説“備於此”的具體所指了。古人深知外族語跟漢語讀音不同，説漢語的人借外族語的音，必然讀起來有區别。孫奕《示兒編》卷二十一《集字》：“《演繁露》云：‘蕃語以華言譯之，皆得其近似耳。天竺，語轉而爲捐篤、身毒；唐有吐蕃，本秃髮孤，秃髮，語轉遂爲吐蕃；喃厮羅之父名籛逋，乃贊普也；達怛乃韎鞨也。’”由此看來，鄭樵所説的“備於此”，其實是指經過漢語語音結構改造而形成的聲音，不是指百分之百地模擬原來的聲音，漢語語音結構做不到這一點。從這個意義上説，《七音序》所説没有什麼錯誤。

## 三

圖表是采用繪製圖形或表格來説明複雜事物的一種方法。對比文字説明，能够完整、系統展現事物的理想的系列性圖表有着極大優勢：（一）這種圖表，由於格式是固定的，對製表者認識事物的活動具有一定的强制性。因此對於製表者來説，如果要製作出理想的圖表，就要求他既能精細地掌握事物的相互區别，又能精細地掌握其相互聯繫。按部就班，不容易遺漏信息，也能讓讀表者對複雜事物瞭解得直觀清晰。（二）這種説明事物的方法，由於格式是固定的，因此比任何單純的文字説明更具體、醒目、系統，不至於被冗長的文字説明繞進去，便於理解和掌握事物脉絡。（三）人們可藉助圖表的直觀性，系統、全面而又提綱挈領地進一步發現跟系統相關的問題，一一加以解决。

我國晚唐五代出現的韻圖就是一種完整反映古漢語聲韻調配合的系列性圖表。這種反映韻書、字書反切的方法，對比韻書，又加進了一些已知條件，提供了一些新的信息，便於人們從語音系統中直觀地拼讀反切。在我看來，這時期的韻圖有系統整理《切韻》系韻書的音系之功，所提供的新信息至少有：

（一）聲母。不同的圖表中，各聲母的發音部位和方法都以類相從，其位置是固定的，這利用了漢字注音方式中最方便掌握聲母讀音的一種方式；還有，不同圖表中哪些是相同的聲母也一目了然。

純粹利用東漢以來創制的反切，要準確地拼切出被注音字聲母的讀音，需要能從作爲切上字的漢字中，分離出聲母的讀音，這是很重要的。唐神珙《四聲五音九弄反紐圖序》："夫文物之國，假以《詩》《書》；七步之才，五音爲首。聿興文字，反切爲初；一字有訛，餘音皆失……夫欲反字，先須紐弄爲初；一弄不調，則宫商靡次。"紐弄，指采取分析搬家的方式，反復練習反切拼音。

韻圖産生之前，一般人要從切上字中分離出聲母，不容易。日僧釋遍照金剛《文鏡秘府論·天》載有據説是沈約所作的《調四聲譜》，沈約用簡表的形式，花了很大功夫講如何分離出聲母。但很難講清楚。《四聲五音九弄反紐圖序》説："昔有梁朝沈約，創立紐字之圖，皆以平書，碎尋難見。唐又有陽寧公、南陽釋處忠，此二公者，又撰《元和韻譜》，與文約義，詞理稍繁。淺劣之徒，尋求難顯……紐字若不列圖，不肖再傳皆失。"所以神珙製成《四聲五音九弄反紐圖》，讓人利用這種圖來分離各種音素，包括切上字的聲母。《玉篇》卷末附有《四聲五音九弄反紐圖》，可能是神珙或後人附上去的。唐德宗貞元年間山陰沙門智廣《悉曇字記》第十八章有"等者等餘字母，并有重成之用也”之語，其中“字母”指梵文字母。敦煌殘卷有《歸三十字母例》《字母例字》，《守温韻學殘卷》列有三十字母。《廣韻》卷末附有《雙聲疊韻法》《辯字五音法》《辯十四聲例法》《辯四聲輕清重濁法》。這都是唐宋時期字典編者或修訂者讓人們掌握字典中反切的讀音而采取的措施，都涉及聲母的掌握。但是，韻圖由於可以横推直看，用來拼音的條件多了不少，因此比單純利用孤立的反切，更容易拼出字音。

（二）四聲相承最直觀地反映了出來。韻書的編排，儘管注意到四聲相承，但是其編者没有明白説出，還是需要依靠代代相傳以及讀者體會；由於語音的變化，後代韻書的使用者，不經過細緻的考證，常常看不出四聲是如何相承的。顧炎武的《古音表》，審音的功夫下得不够，對於中古的四聲相承處理多有不當，開合相混、等第不倫的情况所在多有，這就跟他没有注意韻圖，未充分注意《切韻》系韻書的舊次，只通過韻書傳本相沿襲的相承關係來歸納有關係。江永《古韻標準·例言》批評顧氏“考古之功多，審音之功淺”，雖然只是就上古入聲相配而言，但用在顧氏對中古四聲相承的處理上，也是恰如其分的。這説明，韻書的四聲相承，只通過韻書本身是很難看清楚的。

韻圖則不同，它將四聲相承明白地擺在那裏了，傳遞的信息很清楚。戴震《聲韻考》卷二《考定廣韻獨用同用四聲表》詳細考定《廣韻》的四聲相承，就利用了《七音略》《切韻指南》等韻圖。

（三）韻書只能告訴我們哪些字歸於一個韻，或歸於不同的韻；一個韻有幾個韻母，則没有告訴讀者。在反切的拼讀上，撇開時代的因素，少數反切對開合、洪細處理得不是很一致、很精密，不便於掌握。

唐代對韻和韻母的分析，已經有四等之説，《守温韻學殘卷》有《四等重輕例》《定四等重輕，兼辯聲韻不和，無字可切門》。韻圖則將一個韻有幾個韻母最直觀地反映了出來，其中有開合、等第的信息。韻圖還告訴讀者：不同的韻，哪些有相同的介音、相同的開合和等第。

（四）字與字之間由於聲韻調都以類相從，并且以聲韻調配合表的形式直觀地展現出來，因此其聯繫和區别能一目了然地看出來，遇到不太懂的字音，可以利用橫推直看的辦法確定其讀音。

（五）韻圖對於没有音韻地位的字設置空格，因此一個利用反切尋找疑難字讀音的人錯誤地拼出空格的音，就要考慮他的拼讀是否準確，這也是韻書無法做到的。

唐五代時，就有學人注意到聲韻拼合關係，注意到某些聲母不和某些韻母相拼。例如敦煌殘卷《守温韻學殘卷》中説："'高'，此是喉中音濁，於四等中是第一字，與歸審穿禪照等字不和。若將審穿禪照中字爲切，將'高'字爲韻，定無字可切。但是四等喉音第一字，總如'高'字例也。"這是注意到照組字不拼一等。又説："'交'，此是四等中是第二字，與歸精清從心邪中字不和。若將精清從心邪中字爲切，將'交'字爲韻，定無字可切。但[1]是四等第二字，總如'交'字例也。"這是注意到精組不拼二等。

## 四

在上古音研究中，利用圖表的形式展現上古音系，顧炎武時就開

[1] "但"字識讀存疑。

始做這一工作了。《音學五書》的最後一書《古音表》，以表格的方式眉目清楚地顯示了他古音分部的成果。段玉裁的古音學，都是用表的形式反映出來的，他不但將書名定名爲《六書音均表》，而且裏頭的内容也主要是用五個表顯示出來。

清代戴震開始，就嘗試給上古音做聲韻調配合表《聲類表》，這是他臨死前二十日寫成的。《聲類表》韻分二十五部，韻圖横列各部，每部詳其開合、内外轉、重輕聲、呼等，列有一百四十六幅圖；每圖縱列聲母，聲母分成五類，每類四欄，共二十欄，將三十六字母擺進去。後來江有誥《音學十書》列有《廿一部諧聲表》《入聲表》，王念孫《古韻譜》列有《古韻二十一部通表》，嚴可均《説文聲類》卷末有《説文聲類出入表》，龐大堃《古音輯略》卷二有《古音表》，成蓉鏡《心巢文録》卷下有《詩聲類表》，傅壽彤《古音類表》卷一有《五聲三統十五部二百六韻總表》等。王引之《經義述聞》卷三十一《古韻廿一部》實際上也是一種古韻部簡表。時庸勱《聲譜》有《十三家古音异同表》《五家古均陰陽同入异同表》，這是總結清代古韻研究成果异同的表格。清代的這些古音學圖表，多是一些韻部分合關係的圖表，這跟上古聲母系統研究相對薄弱的狀況有很大關係。

民國以後，上古聲母和韻部的研究都有不少非凡成就，制訂聲韻調配合表的條件更趨成熟。1932 年，劉賾出版《聲韻學表解》，其下篇根據黄侃古音學體系，製成多張系列性表格，最重要的是《説文最初聲母分列古本韻二十八部》一表。列出最初聲符，歸入黄侃二十八部的各部，此表横列各部，每部都按黄侃的古聲十九紐縱列各聲母。聲和韻結合，既展示音系，又便於學者查找本音。表格中設有“附注”欄目，旨在“盡其變通之致”。

1937 年，王力發表《上古韻母系統研究》，文中聲母暫依《切韻》四十一聲類，根據上古情况略加改進，摘取《詩經》入韻字，製成聲韻調配合表，通過圖表的方式研究上古韻母，開啓了利用上古内證材料研究上古韻母之先河。

1944 年，董同龢出版《上古音韻表稿》，其中有上古聲韻調配合表，以《説文》的九千多字爲基礎，加上先秦古籍所見而《説文》未收的字，將上古韻部分爲二十二部，其中采用了王力的脂微分部，陰聲韻和入聲韻并爲一個韻部，以二十二部爲經，所得三十六單聲母爲緯，製成聲韻調配合表，將所收先秦出現的漢字擺進音系框架中去。《韻鏡》《七音略》一類的圖表，原來只是反映《切韻》音系，董表則非常重視上古音系、《切韻》系統，以及其間的沿革，歷史縱深大大加深，這對比《韻鏡》《七音略》是一個重要的進步，值得大書特書。本書價值明顯，極大促進了上古音研究。通過多方面的研究，現在我們知道：古音學有所謂的考古派和審音派，原來大家以爲兩派各有千秋，如今看來考古派對於語音系統及其演化重視不够，過分誇大押韻材料的作用，其分部不盡妥當，是不可取的，而審音派的分部意見是正確的。董表采用考古派的成果，分古韻爲二十二部，忽視陰陽入的對立，是有嚴重問題的。中古陰聲韻的去聲字，一部分來自上古的陰聲韻，即上古去聲；一部分來自上古入聲韻，即上古長入。也就是説，中古陰聲韻的一部分去聲字，上古要歸到它相配的入聲韻。《上古音韻表稿》都歸到上古的陰聲韻去聲，這是本書歸部的很大缺失。董表没有注出《廣韻》或《集韻》反切，不方便做上古音和中古音的細緻對應；對於中古韻書的异讀，没有仔細審辨它們是來自上古的，還是中古新起的，新起的异讀不能推到上古，董表對此有所忽視。這些也是明顯的不足。

1973 年，周法高出版《新編上古音韻表》，在董表的基礎上，益以高本漢《修訂漢文典》中董表未收的幾百字，這是值得肯定的有價值的工作。該表采用羅常培、周祖謨的三十一部，這是采用了陰陽入三分的審音派的成果。但是缺陷明顯，主要在於：第一，中古的去聲應分爲兩類，一類是上古只跟陰聲韻、陽聲韻相通的去聲，這一類上古仍然是去聲；一類是上古只跟入聲韻相通的去聲，這一類的去聲上古是入聲，而周表跟董表一樣，未能區分。第二，祭部獨立爲部，考古和審音方面都有缺陷。就考古方面說，祭部跟月部無法有效地區分；就審音方面説，陰陽入相配的格局打破了，爲了跟歌部、月部在擬音上區隔開，只好給祭部構擬一個孤零零的帶 -r 尾的韻尾。

最近出版的郭錫良先生的《漢字古音表稿》，在批判繼承原有上古音聲韻調配合表的基礎上，通過制定配合表的方式，發現了既往上古音音類和音值構擬的不足和失誤，也發現了他《漢字古音手册》（增訂本）中的一些不足和失誤，并對此加以改進。該表稿是漢語上古音聲韻調配合表製作的里程碑式的著作。

《表稿》跟反映《切韻》音系的《韻鏡》《七音略》相比，不但研究的對象不同，而且克服了它們大量移動韻母歸屬，造成削足適履的假二等、假四等的弊病，在科學性和實用性有矛盾的地方，最大限度地照顧科學性。《表稿》根據王力先生的上古音系統分部和歸部，采取王力先生有關上古兩呼各四等的框架進行音值構擬。儘管没有將重紐三四等在音值構擬上區别開，爲了解決分化條件問題，對少數字的等第做了調整，但是由於加注了中古反切，因此還是能使讀者瞭解哪些字本屬重紐，哪些字做了調整。這是實事求是的態度。今天所有的古音構擬都没有解決好上古到中古讀音分化的條件問題，爲了更好地解決分化條件問題，也爲了更好地解釋上古的內證材料，我在

《上古漢語韻重現象研究》一文中提出中古的一二三等韻，在上古同部、同開合、同等的情况下，應各分甲乙兩類的設想，讀者朋友可以參考。《表稿》的處理跟我的想法有同有异，我認爲《表稿》在尋求語音分化條件方面做出了新貢獻。而且它采取上古音、中古音、現代音三段注音的方式，眉目清楚地在圖表中顯示出來，對比董表，進步明顯。

## 五

通過以上叙述，我們完全可以知道：在漢語語音史研究中，聲韻調配合表對於中國近兩千年的漢語音韻學研究具有極大的推進作用，其各個分支學科都成果豐碩，離不開聲韻調配合表的製作；漢語語音史研究，需要我們制定理想的聲韻調配合表。這裏重點談談掌握中古音、等韻學、上古音的問題，闡明聲韻調配合表的作用。

我注意到，有的青年學子已經認識到掌握《切韻》音系及相關的等韻學知識的極端重要性，其中既有中文系的學生，也有外系的學生；既有文科的學生，也有理工科的學生；既有北大校内的學生，也有校外的學生和其他人士。但是有的學子研究《切韻》音系、瞭解相關的等韻學知識，有一個糊塗認識，就是以爲利用一兩本好的音韻學教材就基本可以達到目的了。這些優秀教材没有談到的地方，再去找其他幾本教材來作補充，就庶幾矣。他們得到的結果却事與願違。我要説，這是掌握不好《切韻》音系及相關的等韻學知識的。如同要去學游泳，你看了很多本講游泳的入門書，不親自下水、嗆幾口水，你很難學會在水中游弋。

有的青年學子在采取這種學習、研究的方式試圖掌握《切韻》

音系及相關的等韻學知識栽了跟頭以後，找我問計策。我鄭重地告訴他們，多少年積纍下來的好的學習辦法是：要想研究好音韻學，就必須真切瞭解古音學、今音學、等韻學的內容，光看教材所得有限，特别要學會製作聲韻調配合表。

怎麽掌握初步的今音學和等韻學的基本内容呢？早期的等韻學叫切韻學，是研究《切韻》音系的，後來的等韻學大多受了早期等韻學的影響。因此我們可以將學習、研究今音學和學習、研究等韻學結合起來，采取這樣的步驟來學習、研究：

你可以找好的《廣韻》的本子，先自己做聲類的繫聯工作，得出聲類、聲母系統；再繫聯各個韻，得出韻母系統。然後仿照《韻鏡》《七音略》的韻圖編纂方式，注意采納四聲相承的可信研究成果，將繫聯的成果往格子裏面填，得出聲韻調配合表，對照《韻鏡》《七音略》，看你填得怎麽樣。這樣，你對《切韻》音系及相關的等韻學知識的掌握比起精讀幾部音韻學教材，要扎實一百倍。這是行之有效的辦法，表面上看起來很笨拙，其實很巧妙。

研究上古音，首先，必須充分重視《切韻》音系。《切韻》音系是目前已知的最早、最充分反映中古音系的可靠材料，且跟上古漢語緊密相承，是追溯上古音系的一座橋梁。其次，還要懂得跟《切韻》音系相關的等韻學知識。《切韻》音系和與之相關的等韻學知識，也是研究上古音的極好材料。清代從顧炎武開始，就知道利用《切韻》幫助弄清上古音分部；江永等人開始，就懂得利用跟《切韻》音系有關的等韻學知識從事古音研究。這些都是優良傳統，是必須繼承下來的。我想告訴大家，如果没有《切韻》音系的知識，没有與之相關的等韻學知識，你根本没有能力研究好上古音。所以，前面所講的那些學習、研究的步驟是不能缺少的。

反映上古音的直接材料，主要有：韻文、諧聲字、聲訓、异文、聯綿詞、古代音注、對音、同源詞、古人行文的語音安排等等。目前對韻文和諧聲字的研究比較多，我們學習、研究上古音，可以先從掌握韻脚字繫聯法做起。

對於先秦韻文與韻部的關係，有人有一些糊塗認識，以爲經過三百多年的研究，已經搞得差不多了，我們拿來就是，不必親自走一遭。由於忽視前人的一些研究，没有親自走一遭，因此前人成果中許多閃光的東西你没有辦法吸收到古音構擬中來。

如果你立志做上古音研究，我鄭重建議你，可以采用很容易找到的王力先生的《詩經韻讀》爲工作底本，再將顧炎武、段玉裁、江有誥、王力等人對於韻脚字的繫聯成果擺在一起，這就顯示出他們對於《詩經》韻脚字以及分部的看法的异同了；然後以顧炎武所確立的《詩經》押韻字爲基礎，自己一部一部地去繫聯一次，看看顧炎武是怎樣分部的。

顧炎武的分部還是比較粗略的，但是清代的古音分部是在他的基礎上完善的。這樣，你再去看江永的書，看看他是怎樣重新認識《詩經》的韻脚字、糾正顧炎武的錯誤，從而多分出幾部來的。依照這個辦法，順次去看段玉裁、江有誥、王力等人對《詩經》韻的處理意見，琢磨上古韻部研究是怎樣走到今天的。這樣，就能看出各家古音分部、歸字、各韻排列的次序的异同，知道上古哪些部該分開，哪些部不該分開，做一個明白人，有自己的主見，就不會矮子觀燈，人云亦云。這樣辛勤走一遭，所得更真切、更多、更明晰，而且還可以學到怎麼樣利用韻文材料研究歷朝的韻部系統。

聲母、聲調方面的研究也要這樣去做，一定要深入上古的内證材料，一定要注意古今音的系統對應關係；然後制訂上古聲韻調配合表，讓上古出現的那些字“各司其位”。如果位置擺得不安帖，就應該好好想想，問題出在哪裏，這樣一來研究課題可能就出來了。課題研究得好，就能推進上古音的研究，也能進一步推進相關的研究。我們看到，對於現在某些上古音構擬，如果畫一張聲韻調配合表去檢驗，問題一下子就出來了。例如，有的構擬缺乏事實支撑，是空中樓閣；有的聲韻調配合不平衡，而且空格太多，毫無系統；有的構擬，兩類聲母的韻母轄字形成互補局面，應該歸并；有的構擬擁擠不堪，該分開的音却并在一個音韻地位中，對於具體字的歸部，放到系統中去觀察，會處理得更合理；等等。這樣一檢驗，就可以知道，當今有的構擬是需要改進的；有的構擬則是無法改進，而應該加以抛弃的。

依照這樣的步驟（包括我上面提倡的對《切韻》音系及相關的等韻學知識的掌握步驟）研究上古音，其效果比起精讀幾部音韻學教材，要强一百倍。這也是行之有效的辦法，表面上看起來很笨拙、花時間，其實很巧妙，也更節省時間，而且能真正進到上古音研究中去。不難看出，我提倡的研究《切韻》音系、等韻學、上古音的步驟，都很重視製作理想的聲韻調配合表。我認爲，製作理想的聲韻調配合表，是將宏觀和微觀研究密切結合起來研究歷代音系的最有效方法；要想研究好漢語語音史，必須先編寫好理想的歷代漢語音系的聲韻調配合表。因此，我認爲，郭錫良先生《漢字古音表稿》的問世，將會對上古音研究産生巨大推進作用。

# 《經典釋文》音注性質考察的方法*

楊　軍

## 一

今本《經典釋文》有唐宋兩代大量後人添加或竄改的音注，清理起來十分困難。雷昌蛟、陳遵平（2016：16）提出結合十四部經典經注原文考察《釋文》所有音注的方法是有效且具有建設性意義的，我以爲如果同時考察同一個字在不同經注中的分布以及《釋文》注音的情況，對判斷這些音注的性質則具有更重大的價值。本文采用雷昌蛟教授提供的《十三經注疏》經注查詢系統和《經典釋文》查詢系統，對《經典釋文》中的兩個例子的若干音切進行分析、歸納并分别判定其性質，通過實際操作來驗證這種方法的可靠性及有效性。因爲文中使用了“常讀音”“异讀音”之類的術語，所以我們有必要先對這些術語進行簡要説明。

《經典釋文》是通過對經注隨文注音來訓解古經古注的，因此，其注音的對象一般是疑難字、破音字和通假字。如果一個常用單音字，在特定文句中没有通假用法，就無須注音。如果某個單音字有通

* 本文原載華學誠主編：《文獻語言學》第11輯，中華書局2020年，第143—153頁。

假用法，又需要標明其在文中最常用的本字音，一般會用“如字”的形式標記，這就是該字的“常讀音”；如果用反切或直音標注的音表示的是該字的假借義，這個音就是該字的“异讀音”。如“于”是一個常用字，在儒家十二部經典的經注裏出現約7625次，而《釋文》音注3次。這3次注音分別是：

(1)　《儀禮音義》：“聘于，于音爲，羽危反。出注。”(595.45)[①]

(2)《禮記音義》：“况于，依注作迂，音同。又音紆，大也。”(771.14)

(3)　《論語音義》：“孝于，如字。一本作‘孝乎’。”(1352.32)

例（1）是根據鄭玄的注把“于”破讀爲“爲”，[②] 然後用“羽危反”爲“爲”注了一個“如字音”。此例中“羽危反”不能改用“如字”標記，否則有可能産生誤會。例（2）《文王世子》“况于其身以善其君乎”鄭玄注：“于讀爲迂，迂猶廣也大也。”《釋文》同樣是依鄭注把“于”讀爲“迂”，“又音紆”是爲“迂”作音。例（3）是因爲有的版本“孝于”的“于”有异文作“乎”，[③] 陸德明仍依字讀“于”，所以注“如字”。

一個多音字在特定上下文裏，如果需要提示應該按它最常見的音

---

① 括弧裏的數字是宋元遞修本《經典釋文》的頁碼和條目，下同。
② 《儀禮·聘禮》“賄在聘于賄”，鄭注：“賄財也。于讀曰爲。”
③ 十三經注疏本《論語·爲政》“孝于”即作“孝乎”。

義解讀，也會用“如字”來標記，這個“如字”音也是“常讀音”。區别於“如字”的其他讀音，則用反切或直音的方式標注，這些不同於“如字”的讀音就是“异讀音”。一般情况下，非疑難字的“常讀音”在不會産生歧義的情况下無須注音，在有可能産生歧義時，一般以“如字”標記。如“爲”是一個常用字，有平去兩讀，平聲是動詞“爲作”義的“常讀音”，去聲是介詞的“异讀音”。“爲”在十二部經注中共出現15400多次，《釋文》注音共1111次。其中注“如字”36次，注“于僞反”[①] 1018次，兼注“如字，又于僞反”22次，“于僞反，又如字”35次。經注中出現而《釋文》不注音的14300多次“爲”，都只能作“如字”解讀而不會産生歧義。[②] 因此，“常讀音”在無歧義時不注音，應該是《釋文》等音義著作的一般通例。如《周易音義》：“爲《易》者，本又云作《易》者。”(124.26)在有可能出現歧義時用“如字”標注。如《毛詩·魏風·園有桃》：“彼人是哉，子曰何其?”毛傳：“夫人謂我欲何爲乎。”《釋文》：“何爲，如字。”(260.27)“异讀音”一般用反切或直音標注。如《尚書·禹貢》“五百里甸服”，孔傳：“規方千里之内謂之甸服，爲天子服治田，去王城面五百里。”《釋文》：“爲，于僞反。”(159.15)在“音堪互用，義可并行”時，則兼注异音以别義。如《周易音義》：“爲之，于僞反，又如字。”(79.02)或如《毛詩音義》：“能爲，如字，又于僞反。”(295.23)

下面我們就以兩個常用字“邸”“遲”爲例，討論判斷《釋文》音注性質的方法。

---

① 含“胡僞反”。

② 其中有10次出現在《釋文》被注字組的位置而“爲”字無注音。

## 二、"邸"字音切考

今本《爾雅音義》裏有"邸，丁以反"一條音注甚爲可疑，整部《經典釋文》爲"邸"注音共9次，注音"丁以反"者僅有1次。具體情況如下表：

**表1　《經典釋文》中"邸"字注音情況表**

| | 條目 | 首音 | 又音 | 其他信息 | 經典釋文 | 頁碼．條目 |
|---|---|---|---|---|---|---|
| 1 | 皇邸 | 徐當禮反 | | 一本作皇羽邸 | 周禮音義 | 438.07 |
| 2 | 有邸 | 丁禮反 | 又音帝 | | 周禮音義 | 472.03 |
| 3 | 象邸 | 丁禮反 | | | 周禮音義 | 505.03 |
| 4 | 其邸 | 丁禮反 | | | 周禮音義 | 539.03 |
| 5 | 有邸 | 丁禮反 | 又音帝 | 下文同 | 周禮音義 | 545.15 |
| 6 | 三邸 | 丁禮反 | 或丁計反 | | 周禮音義 | 556.24 |
| 7 | 象邸 | 丁禮反 | | | 儀禮音義 | 561.34 |
| 8 | 邸舍 | 丁禮反 | | | 禮記音義 | 683.32 |
| 9 | 邸 | 丁以反 | | | 爾雅音義 | 1636.04 |

表1是"邸"字在《經典釋文》里的全部信息，其中，除了1例引用徐邈音，2例有"又音帝"、1例有"或丁計反"按假借義讀爲"柢"以外，其餘全是"如字"音。常用字的常讀音在有歧義時一般標注"如字"條例，這些爲"如字音"標注的"丁禮反"和"丁以反"都是有問題的。表2是"邸"字在各經經注中出現的情況：

**表2　"邸"字在各經經注中出現情況表**

| | 經注原文 | 字頭 | 經名 | 出處 | 頁碼．條目 |
|---|---|---|---|---|---|
| 1 | 王大旅上帝，則張氈案，設皇邸。 | 邸 | 周禮 | 經 | 676.529 |
| 2 | 皇，羽覆上。邸，後版也。 | 邸 | 周禮 | 注（傳） | 676.571 |
| 3 | 廛布者，貨賄諸物邸舍之稅。 | 邸 | 周禮 | 注（傳） | 737.365 |

續表

| | 經注原文 | 字頭 | 經名 | 出處 | 頁碼. 條目 |
|---|---|---|---|---|---|
| 4 | 徵廛者，貨賄之税與所止邸舍也。 | 邸 | 周禮 | 注（傳） | 739. 194 |
| 5 | 關下亦有邸客舍，其出布如市之廛。 | 邸 | 周禮 | 注（傳） | 739. 201 |
| 6 | 四圭有邸以祀天、旅上帝。 | 邸 | 周禮 | 經 | 777. 188 |
| 7 | 《爾雅》曰：邸，本也。 | 邸 | 周禮 | 注（傳） | 777. 216 |
| 8 | 故四圭有邸。 | 邸 | 周禮 | 注（傳） | 777. 228 |
| 9 | 或説四圭有邸有四角也。 | 邸 | 周禮 | 注（傳） | 777. 24 |
| 10 | 邸讀爲抵欺之抵。 | 邸 | 周禮 | 注（傳） | 777. 245 |
| 11 | 兩圭有邸，以祀地、旅四望。 | 邸 | 周禮 | 經 | 777. 302 |
| 12 | 僢而同邸。 | 邸 | 周禮 | 注（傳） | 777. 321 |
| 13 | 圭其邸爲璧，取殺於上帝。 | 邸 | 周禮 | 注（傳） | 777. 434 |
| 14 | 璋邸射以祀山川，以造贈賓客。 | 邸 | 周禮 | 經 | 777. 443 |
| 15 | 璋有邸而射，取殺於四望。 | 邸 | 周禮 | 注（傳） | 777. 456 |
| 16 | 王之皮弁，會五采玉璂，<br>象邸，玉笄。 | 邸 | 周禮 | 經 | 854. 358 |
| 17 | 邸，下柢也，以象骨爲之。 | 邸 | 周禮 | 注（傳） | 854. 486 |
| 18 | 及其下阤也，不援其邸。 | 邸 | 周禮 | 經 | 913. 762 |
| 19 | 四圭有邸，以祀天旅上帝。 | 邸 | 周禮 | 注（傳） | 922. 334 |
| 20 | 圭，其邸爲璧，取殺於上帝。 | 邸 | 周禮 | 注（傳） | 922. 652 |
| 21 | 兩圭五寸，有邸，以祀地，<br>以旅四望。 | 邸 | 周禮 | 經 | 923. 431 |
| 22 | 邸謂之柢。 | 邸 | 周禮 | 注（傳） | 923. 439 |
| 23 | 有邸，僢共本也。 | 邸 | 周禮 | 注（傳） | 923. 444 |
| 24 | 璋邸射，素功， | 邸 | 周禮 | 經 | 923. 623 |
| 25 | 邸射，剡而出也。 | 邸 | 周禮 | 注（傳） | 923. 635 |
| 26 | 筋三侔，膠三鋝，絲三邸，漆三斞。 | 邸 | 周禮 | 經 | 936. 724 |
| 27 | 邸斞輕重未聞。 | 邸 | 周禮 | 注（傳） | 936. 761 |
| 28 | 《周禮》：王之皮弁，會五采玉璂，<br>象邸，玉笄。 | 邸 | 儀禮 | 注（傳） | 951. 156 |
| 29 | 則士之皮弁，又無玉象邸飾。 | 邸 | 儀禮 | 注（傳） | 951. 185 |
| 30 | 廛，市物邸舍，税其舍，不税其物。 | 邸 | 禮記 | 注（傳） | 1337. 271 |
| 31 | 邸謂之柢。 | 邸 | 爾雅 | 經 | 2601. 151 |
| 32 | 根柢，皆物之邸。 | 邸 | 爾雅 | 注（傳） | 2601. 16 |
| 33 | 邸即底，通語也。 | 邸 | 爾雅 | 注（傳） | 2601. 161 |

全部33例在各經中出現的情況是：《周禮》27次，《釋文》注音6次；《儀禮》2次，《釋文》注音1次；《禮記》1次，《釋文》注音1次；《爾雅》3次，《釋文》注音1次。也就是説，《釋文》爲“三禮”和《爾雅》的33個“邸”出音9次，除了1次引徐音，3次有“又音、或音”屬於當出注的以外，還爲其他29次“如字音”出音5次，占比僅爲17.24%。以此而論，“邸”的這些没有异文、异義的“如字”音，顯然是没有必要的冗餘注音。這些或注或不注的冗餘注音，很難讓人相信是陸德明原書的音注，屬於後人添加的可能性極大。其中最值得討論的就是“邸，丁以反”這個音，“邸”是齊韻的上聲薺韻字，但反切下字却用了之韻的上聲止韻字，這個現象令人疑心《經典釋文》的之韻系與齊韻系已經混而不分。但這是否爲陸德明語音系統的真實情况？這使我們不能不對《釋文》用“以”作反切下字的全部音注逐一考察。《釋文》用“以”作切下字的一共只有4例：

(1)《周易音義》：“匕，必以反。”(111.33)

(2)《毛詩音義》：“俾，必以反。使也。”(291.04)

(3)《禮記音義》：“茝蘭，本又作芷，昌改反。韋昭注《漢書》云‘香草也’，昌以反。又《説文》云‘虈也’。虈，火喬反。齊人謂之茝，昌在反。”(734.20)

(4)《爾雅音義》：“邸，丁以反。”(1636.04)

以上這些反切中，第（3）例“茝”的“昌改反、昌在反”都是被切字三等，切下字一等，兩音有上、去之别。“昌以反”是引據韋昭《漢書注》的音，被切字和切下字都是三等止韻字。“茝”在各經經注中出現2次，《釋文》注音2次。另一次是“茝，昌改、昌敗二反。《本草》云：‘白芷，一名白茝。’”(《爾雅音義》1668.42）其中

“昌敗反”是用二等夬韻的“敗”字替换了《禮記音義》“昌在反”中一等待韻的“在”字，因此，“昌敗反”一定是夬韻與待韻合流以後纔改的，不過這跟我們現在討論的問題關係不大，可以暫時略過。而“茝”是一個非常用字，因此不同經師有不同的讀法。上舉“以”作切下字，除了“昌以反”是引用韋昭的音外，其餘3例都不可靠。下面先看“匕”在各經經注出現和《釋文》注音的情況：

**表3 “匕”字在各經經注出現和《釋文》注音情況表**

| 例字 | 周易 | 毛詩 | 周禮 | 儀禮 | 禮記 | 左傳 | 其他 | 共計 |
|---|---|---|---|---|---|---|---|---|
| 匕 | 3 | 2 | 4 | 63 | 1 | 2 | 0 | 75 |
| 釋文注音 | 必以反1 | 必履反1 | 0 | 0 | 必李反1 | 必履反1 | 0 | 4 |

“匕”字在各經經注中共出現75次，《釋文》注音僅有4次，占比爲5.33%。尤其值得注意的是，在《儀禮》經注中，“匕”字出現頻率最高，共計63次，而《釋文》竟無一例注音。而“匕”字又是無須注音的單音常用字，在十二部經典中出現600次，且《禮記音義》有“朼，音匕”(781.42)，以“匕”爲注音字之例。從反切結構來看，這個“匕”是重紐A類字，反切上字“必”也是重紐A類字，反切上字與被切字“等第及開合口一致”,[①] 正是唐代新反切的重要特徵之一（楊軍、黄笑山、儲泰松，2017；楊軍、黄笑山，2017)，所以今本《釋文》“匕”字的4例注音必爲後人添加。

從讀音來看，2例“必履反”是旨韻自切，而“必李反”跟“必以反”則都是用止韻字作旨韻字的反切下字，出現了以之韻切脂韻的情況。既然這4例音注都不是陸德明所作，所以之韻與脂韻的混切不是陸德明音注本身的特點。“必以反”不能作爲陸德明用“以”

① 這些例子被切字與切上字都屬於重紐A類。

作反切下字的例證。

下面來看“俾”的情況：

**表 4　“俾”字在各經經注出現和《釋文》注音情況表**

<table>
<tr><th>例字</th><th>尚書</th><th>毛詩</th><th>周禮</th><th>禮記</th><th>左傳</th><th>公羊傳</th><th>爾雅</th><th>共計</th></tr>
<tr><td>俾</td><td>30</td><td>62</td><td>1</td><td>9</td><td>22</td><td>2</td><td>4</td><td>130</td></tr>
<tr><td rowspan="4">釋文注音</td><td>必爾反 18</td><td>必爾反 3</td><td>0</td><td>必爾反 1</td><td>必爾反 8</td><td>必爾反 1</td><td>必爾反 2</td><td rowspan="4">41</td></tr>
<tr><td>必爾反，徐甫婢反 2</td><td>卑爾反，沈必履反 1</td><td></td><td>必履反，徐扶志反 1</td><td></td><td></td><td>必爾反，沈方寐反 1</td></tr>
<tr><td></td><td>必以反 1</td><td></td><td></td><td>必耳反 1</td><td></td><td></td></tr>
<tr><td></td><td></td><td></td><td></td><td></td><td></td><td>普計反 1</td></tr>
</table>

經注中“俾”字出現 130 次，《釋文》出音 41 次。其中“必爾反”33 次，“必爾反，徐甫婢反”2 次，“卑爾反，沈必履反”1 次，“必爾反，沈方寐反”1 次，“必耳反”1 次，“必以反”1 次，“必履反，徐扶志反”1 次，“普計反”1 次。其中，“必履反，徐扶志反”前有“依注音比”，即依注讀“俾”爲“比”，“必履反”及“徐扶志反”都是爲“比”作音，可暫不討論。“普計反”一音下有“下同。本今作‘庳’”。“本今作‘庳’”者，即今注疏本郭注作“庳”。《釋文》作“俾”而音“普計反”者，當借爲“睥睨”字，是《集韻》霽韻匹計切“睥/俾”等字并列的體現，注曰：“睥睨，視也。或作俾……”因此，“普計反”當是讀“俾”爲“睥”。

“俾，卑爾反。沈必履反”者，沈重讀紙韻“俾”爲旨韻；“俾，必爾反。沈方寐反”者，寐，脂韻去聲，這是沈重又將上聲紙韻“俾”讀爲去聲至韻。這兩例反映沈重的讀書音裏有部分支韻字與脂韻相混的現象。

“俾，必爾反”共 33 例，占全部 41 次注音的 80.48%。這個讀音的意義是“使”。按《説文》人部：“俾，益也。”段注：“俾與埤睥裨音義皆同，今裨行而埤朇俾皆廢矣。經傳之俾皆訓使也，無异解，蓋即益義之引伸。《釋詁》'俾，從也'、《釋言》'俾，職也'，亦皆引伸之義。”另2例作“必爾反，徐甫婢反”者，不唯義無异，音亦無別，僅反切用字爲前者“音和切”，後者“類隔切”。我們曾在《〈周易音義〉、〈尚書音義〉重音音切研究》中討論過這種現象，并得出結論：“凡首音爲‘音和切’而重音爲‘類隔切’的，其首音皆非陸德明原書所有，而是唐宋期間數次‘改撰’及‘刊正’《經典釋文》時所加。”（楊軍、儲泰松，2012）因此，雖然“俾”字音義的這種情況只有2例，但其重要性不容低估，它可以提示我們，在今本《釋文》“俾”字的注音中，“徐甫婢反”纔是陸德明原書舊貌，前面的“音和切”是後人添上去的。這樣我們還可以進一步推論，今本只有“必爾反”一音的這些反切極有可能也是後人改造過的。

“俾，必以反”和“俾，必耳反”的切下字是止韻字，這兩例都是用之韻字作支韻字的反切下字。今本《釋文》中之韻與支韻、脂韻相混比較嚴重，也有少數之韻與微韻混切的例子，因此邵榮芬（1995：148—157）認爲支韻開口已與之韻相混。但這是依據已經被後人大大改造過的材料做出的判斷，不能作爲陸德明原本《經典釋文》的音韻特點。我們注意到今本之韻與支韻、脂韻、微韻相混的一些例子，在日本興福寺藏唐抄本《禮記音義》殘卷中并不混用。如今本“不啻，音試，詩豉反”（854）用志韻的“試”音寘韻的“啻”，而且“試”後又跟了一個寘韻的反切“詩豉反”，看起來是之支混用。但是，興福寺本此條作“不啻，詩豉反”，可見“音試”是後人添加的。又“放恣，諮嗣反”（825），“恣”爲至韻字，“嗣”爲志韻字，之脂混切。而興福寺本作“放恣，諮自反”，“自”也是至韻字，“諮自反”是陸德明原書之舊，其脂之并不相混。後人改“自”爲“嗣”，方使脂之淆亂。再如“而偯，於起反。《說文》作偯，云痛聲"(840)，"偯、㤖"皆在《廣韻》上聲七尾韻，"起"在上聲六止韻，以"起"切"偯、㤖"，又是之韻與微韻相混。但興福寺本作"而偯，於豈反。《説文》於㤖云，痛聲也"，"豈"是微韻字，本不混切。按，韻書中之微相混最早見於《王二》，亦即周祖謨先生在《論裴務齊正字本〈刊謬補缺切韻〉》（1983：891）所稱的裴務齊正字本，該書始置原屬《切韻》尾韻開口的"豈，氣里反""扆，於豈反""蟣，居豨反"三小韻於止韻，且以止韻的"里"爲"豈"的切下字（《王二》平聲微韻不存，去聲志、未不混）。周祖謨先生説《王二》"書寫的時代一時尚不易確定"，但從該書避基字不避治字且玄宗以後諸帝名皆不避來看，其抄寫時代應該是在玄宗世，大致"當在高宗已祧之後"。根據周祖謨先生的研究，此本"是一個匯合的本子，它的時代一定在長孫書和王仁昫書盛行之後"。曹潔《裴務齊正字本〈刊謬補缺切韻〉研究》（2013）認爲王仁昫書成於唐中宗之世，那麽，《王二》成書最早也不能早於唐中宗之前。也就是説，之微相混的發生大概也在此前後，大大晚於陸德明作《經典釋文》之時。興福寺本《禮記釋文》的之韻與支、脂、微罕有亂雜之例，也可證陸德明四韻獨立，而後人乃據時音改作反切，遂使人誤以《釋文》諸韻已然相淆。由此，我們有理由相信，今本《釋文》"俾"的"必以反"和"必耳反"等之支相混的反切，同樣不是陸德明所作的反語。

最後我們可以得出結論，除了"茝"的"昌以反"是陸德明引韋昭注《漢書》的音以外，《經典釋文》原本是不用"以"作反切下字的，今本所見的 3 例均爲後人增改。據此而論，今本《釋文》中除引徐音及有又音、或音的"邸"字注音外，其餘標注"丁禮反"和"丁以反"的 5 例常讀音都不是陸德明原作，而是後人添加的，否則，我們無法解釋意義相同而占比高達 82. 76%的其他 24 次"邸"字何以没有注音。

## 三、“遲”字音切考

下面再以《釋文》“遲”字的注音爲例，對其不同的音切進行分析判斷。請先看《釋文》的情况。

表 5 《經典釋文》中“遲”字的注音情况表

| | 《釋文》原文 | 音韻地位 | 性質 | 經注原文 | 《釋文》出處 |
|---|---|---|---|---|---|
| 1 | 遲，雉夷反，晚也，緩也。陸云待也，一音直冀反 | 澄脂<br>澄至 | 常讀音<br>异讀音 | 《歸妹》九四爻辭：“歸妹愆期，遲歸有時。” | 周易音義 114.02 |
| 2 | 遲之，直冀反，下同 | 澄至 | 异讀音 | 《小雅·南有嘉魚》鄭箋：“言南方水中有善魚，人將久如而俱罩之，遲之也。” | 毛詩音義 295.09 |
| 3 | 歌遲，直冀反 | 澄至 | 异讀音 | 《樂記》注：“咏嘆淫液，歌遲之也。” | 禮記音義 775.39 |
| 4 | 遲之遲，并直詩反。徐直尼反 | 澄之<br>澄脂 | 常讀音<br>之混脂 | 《樂記》：“敢問遲之遲而又久，何也。” | 禮記音義 775.46 |
| 5 | 遲，直私反 | 澄脂 | 常讀音 | 《孔子閒居》：“湯降不遲，聖敬日齊。” | 禮記音義 811.28 |
| 6 | 遲，直志反 | 澄志 | 异讀音<br>之混脂 | 《坊記》注：“不謀仕，嫌遲爲政也。” | 禮記音義 814.18 |
| 7 | 遲，徐直移反 | 澄支 | 常讀音<br>支混脂 | 《三年問》：“創巨者其日久，痛甚者其愈遲。” | 禮記音義 842.03 |
| 8 | 遲，直厘反 | 澄之 | 常讀音<br>之混脂 | 《釋詁下》：“棲遲、憩、休、苦、㰷、齂、呬，息也。” | 爾雅音義 1605.28 |

從反切來看，《釋文》“遲”的音注很複雜，但我們可以先根據意義確定其中哪些是相當於“如字”的常讀音，哪些是用以區別意

義的异讀音。《廣韻》“遲”字有兩個音：一是平聲脂韻澄紐的“直尼切”，訓爲“徐也；久也；緩也”。另有一音是去聲至韻澄紐的“直利切”，訓爲“待也”。而“遲”字的平聲一音爲“常讀音”，去聲一音則是“异讀音”。平、去起區别詞義和詞性的作用，平聲爲形容詞，意義是“遲徐、遲久、遲緩”；去聲爲動詞，意義是“等待”。《釋文》平聲脂韻與去聲至韻的區别功能與《廣韻》相同，《周易·歸妹》九四爻辭“歸妹愆期，遲歸有時”，《釋文》：“遲，雉夷反，晚也，緩也。陸云待也，一音直冀反。”《釋文》平聲的“雉夷反”“直私反”和“徐直尼反”與《廣韻》平聲“直尼切”的音韻地位及詞彙意義、語法意義都相同，是“常讀音”；而“直詩反”“直厘反”是以之切脂，“徐直移反”是以支切脂，詞彙意義及語法意義跟其他注“常讀音”的“遲”没有什麽不同，據此判斷也都是常讀音。《釋文》去聲“直冀反”的“遲”，與《廣韻》去聲“直利切”的音義也都一致，因此是“异讀音”；而“直志反”是以志切至，其詞彙意義和語法意義也跟其他“异讀音”的“遲”没有不同，所以也是“异讀音”。

“遲”字在各經經注中出現的情況是：《周易》4見、《毛詩》33見、《周禮》2見、《儀禮》1見、《禮記》20見、《左傳》16見、《公羊傳》4見、《穀梁傳》7見、《論語》16見、《爾雅》2見，共出現105次。整理資料并與《釋文》比較得到表6。

**表6　“遲”字在各經經注出現和《釋文》注音情況表**

| | 周易 | 毛詩 | 周禮 | 儀禮 | 禮記 | 左傳 | 公羊 | 穀梁 | 論語 | 爾雅 | 共計 |
|---|---|---|---|---|---|---|---|---|---|---|---|
| 經注次數 | 4 | 33 | 2 | 1 | 20 | 16 | 4 | 7 | 16 | 2 | 105 |
| 釋文异讀 | 1 | 1 | 0 | 0 | 2 | 0 | 0 | 0 | 0 | 0 | 4 |
| 釋文常讀 | 0 | 0 | 0 | 0 | 3 | 0 | 0 | 0 | 0 | 1 | 4 |
| 釋文不注 | 3 | 32 | 2 | 1 | 15 | 16 | 4 | 7 | 16 | 1 | 97 |

“遲”在經注裏出現的105次中，訓爲“待也”的4次“异讀音”，《釋文》全部做了注音，其他訓爲“徐也；久也；緩也”而無歧義的101次“常讀音”，《釋文》僅注音4次，占比僅3.96%；無注音的多達97次，占比爲96.3%。而有注音的4次，只出現在《禮記》和《爾雅》兩部《音義》，《周易》《毛詩》《周禮》《儀禮》《左傳》《公羊傳》《穀梁傳》和《論語》中出現的81次“遲”字的常讀音，《釋文》全無注音。可見，在無歧義時常讀音是無須出注的。在《釋文》注音的4例常讀音中，《禮記·孔子閒居》“湯降不遲，聖敬日齊”的“遲”，今《釋文》“遲，直私反”顯屬多餘。此係引《詩經·商頌·長發》“湯降不遲，聖敬日躋”，而《詩經》該句下《釋文》并不爲“遲”注音。《爾雅·釋詁下》“棲遲，息也”的“遲”同樣無須注音，《詩經·小雅·北山》“或棲遲偃卬”，《釋文》唯云：“棲遲，音西。”亦不爲“遲”字注音，可見今《爾雅音義》的“遲，直厘反”也非陸德明所注，而是後人添加的。《禮記·樂記》“敢問遲之遲而又久，何也”，《釋文》：“遲之遲，并直詩反，徐直尼反。”按，“直尼反”與《廣韻》平聲一讀相同，爲“遲久”之義，引“徐音”者，蓋避免歧解。而“直詩反”亦爲平聲，而以之韻字切脂韻字，與上“直厘反”同，且以“詩”作切下字在《釋文》中絕無僅有，不合常例，故此音顯屬後人妄增。《禮記·三年問》“創巨者其日久，痛甚者其愈遲”的“遲”，也是“遲緩”之義，本不當注音，但這里是引“徐音”，而這個“徐直移反”以支切脂，與《樂記》“遲之遲”引“徐直尼反”以脂切脂不合。根據先師蔣希文《徐邈音切研究》（1999：52），徐音脂韻自切73次，以支切脂2次，混切比例爲2.67%；支韻自切65次，以脂切支2次，混切比例小於3%。脂韻、支韻自切數相加爲138次，混切數共4次，混切比例僅占2.81%。這些材料説明徐音的脂支混切并不可靠，很可能是支脂之微“亂雜”以後的訛誤或改動。至於“遲，雉夷反，晚也，緩也。陸云待也，一音直冀反”有歧義，標注兩讀，符合《釋文》常例。

《釋文》爲“遲”的“异讀”標注了“直冀反”和“直志反”兩個音，“直冀反”與《廣韻》“直利切”一致，無須討論。“直志反”是以志切至，跟平聲“直詩反”“直厘反”以之切脂性質相同，據此而論，“直志反”亦經後人所改，原也當是“直冀反”。

根據前面的討論可以得出：《釋文》對“遲”的注音，平聲脂韻澄母的“雉夷反”(“徐直尼反”）和去聲至韻澄母“直冀反”是可靠的，平聲的“直詩反”“直私反”和“直厘反”是後人添加的，“徐直移反”當作“徐直尼反”，去聲的“直志反”當作“直冀反”。

通過本文可以看出，由於《經典釋文》音切情況極其複雜，要在以後的研究中超越前賢取得突破性進展，必得有方法上的創新。區別多音字的“常讀音”與“异讀音”，結合經注原文，考察同一個字在不同經典《音義》中注音的分布和异同，對判斷《釋文》音切性質而言是一種有效的重要方法。不僅如此，這個方法對於其他隨文注音的古代音義著作的研究也應該具有重要的啓發意義。

中國的傳世文獻對研究漢語的歷史發展是非常重要的，但由於年代久遠，流傳情况複雜，僅用爲數非常稀少的寫本殘卷進行比勘，很難滿足研究的需要。這就要求我們利用科技手段，尋找新的有效方法，纔能將這些文獻整理爲有價值的語料。《經典釋文》的情况如此，其他音義文獻的情况也類似。有些學者認爲中國古代的文獻利用得差不多了，難以從中發現更多有價值的語料，難以獲得有價值的新成果。這種看法其實并不正確，是對中國古代文獻瞭解不足而產生的誤會。如果我們能够發現新的方法并充分利用現代科技手段對古代文獻進行更加深入、更加系統的整理和研究，必能在確保語料可靠的前提下進一步釐清漢語演變的歷史并正確總結其發展的規律。而目前連判定文獻性質、確保語料可靠的研究都做得很不够，因此，傳統文獻研究依然存在巨大的空間。

## 參考文獻

曹潔，2013，《裴務齊正字本〈刊謬補缺切韻〉研究》，上海古籍出版社。

陳彭年等（編），2002，《宋本廣韻·永禄本韻鏡》，江蘇教育出版社。

丁度，1985，《集韻》，上海古籍出版社據述古堂本影印。

段玉裁，1988，《説文解字注》，上海古籍出版社。

黄華珍，2011，《日本奈良興福寺藏兩種古鈔本研究》，中華書局。

黄焯，2006，《經典釋文彙校》，中華書局。

蔣希文，1999，《徐邈音切研究》，貴州教育出版社。

蔣希文，2005，《漢語音韻方言論文集》，貴州人民出版社。

雷昌蛟，2012，《試論〈經典釋文〉對古漢語常用异讀字异讀音性質的確認》，《學術交流》第2期。

雷昌蛟、陳遵平，2016，《〈經典釋文〉常用异讀字注音問題研究》，貴州人民出版社。

雷昌蛟、楊軍，2014，《試析〈經典釋文〉爲常用异讀字注常見音的原因》，《安徽大學學報》（哲學社會科學版）第3期。

陸德明，1922，《經典釋文》，商務印書館《四部叢刊》經部影印通志堂本。

陸德明，1983，《經典釋文》，中華書局影印通志堂本。

陸德明，1985a，《經典釋文》，上海古籍出版社影印宋元遞修本。

陸德明，1985b，《經典釋文》，中華書局影印抱經堂本。
盧文弨，2010，《經典釋文考證》，《叢書集成初編（合訂本）》，中華書局。
阮元（校刻），1980，《十三經注疏（附校勘記）》，中華書局。
邵榮芬，1995，《〈經典釋文〉音系》，學海出版社。
萬獻初，2004，《〈經典釋文〉音切類目研究》，商務印書館。
楊軍，2000，《今本〈釋文〉中後人所增改反切舉例》，《中國音韻學研究會第十一屆學術討論會論文集》，香港文化教育出版社。
楊軍、儲泰松，2012，《〈周易音義〉、〈尚書音義〉重音音切研究》，《中國音韻學——中國音韻學研究會太原國際研討會論文集·2010》，九州出版社。
楊軍、儲泰松，2016，《從興福寺本〈禮記音義〉殘卷論今本〈釋文〉的“首音”》，浙江大學漢語史研究中心（編）《漢語史學報》第16輯，上海教育出版社。
楊軍、黄笑山，2017，《〈經典釋文〉“比”字音注及脂韻重紐、脂之混并研究》，《勵耘語言學刊》第1輯（總第26輯），中華書局。
楊軍、黄笑山、儲泰松，2017，《〈經典釋文〉反切結構的類型、層次及音韻性質》，中國社會科學院語言研究所《歷史語言學研究》編輯部（編）《歷史語言學研究》第11輯，商務印書館。
周祖謨，1983，《唐五代韻書集存》，中華書局。

# 韻書名義、體式、類型及特徵*

李子君　馬進勇

段玉裁《廣雅疏證》“序”云：“三代小學之書不傳，今之存者，形書，《説文》爲之首，《玉篇》以下次之；音書，《廣韻》爲之首，《集韻》以下次之；義書，《爾雅》爲之首，《方言》《釋名》《廣雅》以下次之。”段氏把古代“小學之書”分爲形書、音書和義書三類，這是我國“小學書”的三種基本類型。

三類“小學書”，“義書”最早，次“形書”，末“音書”。緣何以此爲序？蓋世易時移，語言變异，辨章名物訓詁，戰國末“義書”生焉；篆隸古文，爲體各异，溯六書之源流，辨形義之關係，東漢“形書”問世；五聲异律，清濁相生，“聲有飛沉，響有雙疊”(《文心雕龍·聲律》)，魏晋“音書”始現。“音書”也即韻書。

## 一、韻書釋名

欲構建漢語韻書史，須先辨明韻書爲何物。何爲韻書？這似乎是一個無須討論的問題。茲先尋檢、臚列數種語言學詞典對“韻書”的解釋：

---

*　本文原載華學誠主編：《文獻語言學》第15輯，中華書局2022年，第77—104頁。

《中國大百科全書·語言文字》："把漢字按照字音分韻編排的一種書。這種書主要是爲分辨、規定文字的正確讀音而作，屬於音韻學材料的範圍。同時它有字義的解釋和字體的記載，也能起辭書、字典的作用。"(中國大百科全書總編輯委員會《語言文字》編輯委員會，1992：505)

《音韻學辭典》："中國古代字典的一類，依韻歸字，目的是規定正確字音和供人在寫詩著文時查找押韻字之用。韻書出現於齊梁時代，盛行於唐宋，是研究中古和近代音韻的首要資料，也是研究上古音韻的基礎。"(曹述敬，1991：287)

《中國語言學大辭典》："供寫作韻文查檢韻字用的分韻編排的字典。"(《中國語言學大辭典》編委會，1992：149)

《語言文字詞典》："供寫作韻文查檢韻字用的分韻編排的字典。""分韻編排的字典，主要爲作韻文的人查檢用韻提供方便。"(駢宇騫、王鐵柱，1999：410左、455右)

《中國語言文字學大辭典》："按字音分韻編排的一種工具書，以供寫作韻文查找韻字之用。"(唐作藩，2007：788)

以上定義，久爲學者習用，然諦審之，率從韻書功用角度詮釋，其界説顯欠周嚴。

"韻書"之所稱，顧名思義，必以"韻"爲核心。趙誠（1979：1）認爲："我國古代韻書，是按照聲、韻、調的關係將漢字組織起來的字典。因爲着重在劃分韻部，簡而言之，又可以説成是分韻編排的字典。"這樣理解，似顯籠統。其實，漢語韻書編纂在强調"韻"的同時，亦充分考慮聲調、聲類的層級排布。

通常認爲，漢語韻書有“四聲分統諸韻”“諸韻各統四聲”和“韻—聲—調”三大編纂體式，① 三種體式分别側重强調聲調、韻部和聲類。以上定義，没有充分考慮漢語韻書三大編纂體式的差异，有失偏頗。

兹暫依三大編纂體式各舉一例展示，以辨明漢語韻書聲、韻、調的層級關係（僅依次開列各小韻首字，首字前數字爲小韻次序，右下標數字爲小韻内韻字數量）。

**表 1 漢語韻書“四聲分統諸韻”編排體式**
**——以澤存堂本《廣韻》上平聲一東韻②爲例**

| 韻部 | 聲調 | | | | | | | |
|---|---|---|---|---|---|---|---|---|
| | 《廣韻》上平聲 | | | | | | | |
| 一東 | 小韻 | 1 東$_{17}$ | 2 同$_{45}$ | 3 中$_{4}$ | 4 蟲$_{7}$ | 5 終$_{15}$ | 6 忡$_{3}$ | 7 崇$_{4}$ |
| | | 8 嵩$_{9}$ | 9 戎$_{9}$ | 10 弓$_{6}$ | 11 弓$_{6}$ | 12 融$_{4}$ | 13 雄$_{2}$ | 14 瞢$_{6}$ |
| | | 15 穹$_{7}$ | 16 窮$_{3}$ | 17 馮$_{7}$ | 18 風$_{7}$ | 19 豐$_{8}$ | 20 充$_{7}$ | 21 隆$_{6}$ |
| | | 22 空$_{14}$ | 23 公$_{13}$ | 24 蒙$_{27}$③ | 25 籠$_{27}$ | 26 洪$_{22}$ | 27 叢$_{5}$ | 28 翁$_{8}$ |
| | | 29 怱④$_{15}$ | 30 通$_{9}$ | 31 葼$_{21}$ | 32 蓬$_{10}$ | 33 烘$_{6}$ | 34 岘$_{1}$ | 35 檧$_{3}$ |

“四聲分統諸韻”的韻書，聲調的下位是韻部，韻部則劃分若干小韻，其聲類暗含在各個小韻之中。同一韻部各個小韻的差异體現聲類的不同。小韻不同，則聲類有异。基本層級結構是：聲調——韻部——聲類。

“四聲分統諸韻”體式的韻書，應用最爲廣泛。不但爲唐宋以降歷代官韻和絶大多數韻書所采用，而且影響了古文形體韻書⑤《古文四聲

① 詳見下文第二節“韻書體式”的相關討論。

② 見周祖謨（2011：24—34）。

③ “蒙”小韻韻字數，宋本、澤存堂本作“二十六”，誤。元本、明本、楝亭本作“二十七”，是。

④ “怱”字正體從囪，從匆乃俗體。

⑤ 詳見下文第三節“韻書類型”的分類。

韻》（1044）、《集篆古文韻海》（1119）、《隸韻》（1175）、《漢隸字源》（1197）等的編纂。尤其“平水韻”，除被《經籍籑詁》（1798）等類書用作按韻排列的序次外，甚至還曾被電報業選用爲日期代目。[①]

**表 2　漢語韻書“諸韻各統四聲”編排體式**

**——以訥菴本《中原音韻》東鍾韻[②]爲例**

| 韻部 | 東鍾 | | | | | | | |
|---|---|---|---|---|---|---|---|---|
| 聲調 | 小韻 | | | | | | | |
| 平聲陰 | 1 東$_{2}$ | 2 鍾$_{6}$ | 3 通$_{2}$ | 4 松$_{2}$ | 5 冲$_{10}$ | 6 邕$_{3}$ | 7 空$_{2}$ | 8 宗$_{3}$ |
| | 9 風$_{10}$ | 10 鬆$_{2}$ | 11 匆$_{5}$ | 12 蹤$_{3}$ | 13 穹$_{3}$ | 14 工$_{13}$ | 15 烘$_{4}$ | 16 凶$_{5}$ |
| | 17 翁$_{2}$ | 18 癰$_{3}$ | 19 泓$_{1}$ | 20 崩$_{2}$ | 21 烹$_{1}$ | | | |
| 平聲陽 | 1 同$_{12}$ | 2 戎$_{6}$ | 3 龍$_{4}$ | 4 窮$_{5}$ | 5 籠$_{9}$ | 6 農$_{3}$ | 7 濃$_{3}$ | 8 重$_{5}$ |
| | 9 馮$_{3}$ | 10 叢$_{3}$ | 11 熊$_{2}$ | 12 容$_{12}$ | 13 蒙$_{8}$ | 14 紅$_{10}$ | 15 蓬$_{7}$ | 16 從$_{1}$ |
| 上聲 | 1 董$_{2}$ | 2 腫$_{4}$ | 3 孔$_{2}$ | 4 桶$_{4}$ | 5 隴$_{2}$ | 6 篢$_{2}$ | 7 洶$_{2}$ | 8 聳$_{2}$ |
| | 9 拱$_{3}$ | 10 勇$_{7}$ | 11 蠓$_{5}$ | 12 緫$_{1}$ | 13 捧$_{1}$ | 14 寵$_{1}$ | 15 冗$_{1}$ | 16 噥$_{1}$ |
| | 17 唪$_{1}$ | | | | | | | |
| 去聲 | 1 洞$_{5}$ | 2 鳳$_{4}$ | 3 貢$_{3}$ | 4 宋$_{2}$ | 5 弄$_{3}$ | 6 控$_{3}$ | 7 訟$_{3}$ | 8 甕$_{3}$ |
| | 9 痛$_{2}$ | 10 衆$_{5}$ | 11 縱$_{3}$ | 12 夢$_{2}$ | 13 用$_{3}$ | 14 哄$_{3}$ | 15 綜$_{1}$ | 16 迸$_{1}$ |
| | 17 銃$_{1}$ | | | | | | | |

“諸韻各統四聲”的韻書，韻部的下位是聲調，聲調之下劃分小韻，其聲類亦暗含於各個小韻之中。《中原音韻》（1324）小韻與小韻以○隔開，“每空一音”，其差异亦在聲類之不同。基本層級結構是：韻部——聲調——聲類。

① 平水韻韻目表示每月各日具體情况：上半月用平聲韻目一東至十五删，下半月用上聲十六銑至二十八儉，二十九日、三十日用去聲艷韻和陷韻，大月有三十一日，用“世”字表示。

② 見元代周德清（1978：1—2）。

**表 3 漢語韻書“韻—聲—調”編排體式**
**——以高岐本《韻略易通》東洪韻東聲類[1]爲例**

| 聲類 | 聲調 | 韻部 | | | | | | | | |
|---|---|---|---|---|---|---|---|---|---|---|
| | | 東洪 | | | | | | | | |
| 東 | 平聲 | 東 | 冬 | 涷 | 鬃 | | | | | |
| | 上聲 | 董 | 懂 | 湩 | 蓳 | | | | | |
| | 去聲 | 洞 | 動 | 衕 | 涷 | 胴 | 棟 | 蝀 | 慟 | |
| | 入聲 | 督 | 篤 | 纛 | 讀 | 獨 | 毒 | 瀆 | 讟 | 嬻 |
| | | 黷 | 牘 | 匵 | 犢 | 髑 | 儩 | 襡 | 韣 | 启 |

按“韻—聲—調”體式編纂的韻書，韻部的下位是聲類，同一聲類之下，按聲調不同，區別不同的同音字組，即同一聲類之下，不同聲調構成不同的小韻，小韻與小韻的差异，在聲調之不同。

甯忌浮先生（1997：38）指出：“小韻可算是構建韻書的最小構件，後世韻書可以把前代韻書的小韻根據語音變化或者别的什麽需要進行位移，進行合并。被合并的小韻，仍保持其相對的獨立性，即原始小韻内所含韻字不相混雜，甚至每個小韻的韻字前後次第也不變動。如果是增添新的韻字，則列於原有韻字的末尾；如果是簡縮韻字，餘下來的韻字仍然保留原有的先後次第。”小韻是同音字組，韻字的聲、韻、調，通過小韻皆能充分顯現出來。欲界定韻書含義，以下情况，必須明確：

（1）韻書可以不用反切標音，但小韻必不可少，如《蒙古字韻》（1270—1275）[2]、《中原音韻》、《韻略易通》（1442）等皆然。

（2）歷代古音學家古音學著作，除吴棫《韻補》“按韻編排”，小韻以反切標音，屬於韻書外，南宋至民國的衆多古音學著作一概不能稱爲“韻書”。

① 見明代蘭茂（2002：133 下右）。
② 參甯忌浮（2016：142）。

準此，筆者將“韻書”界定爲——以韻爲核心，聲、韻、調按一定層級編排的漢語工具書。這樣定義，三大編纂體式的韻書都顧及了，概念的外延相對“按韻編排的字典”亦周嚴許多。當下出版的一些大型叢書類工具書，如《中華漢語工具書書庫》將《韻鏡》《四聲全形等子》《切韻指南》《毛詩古音考》《古韻標準》《諧聲譜》《太和正音譜》《欽定曲譜》《九宫大成南北詞宫譜》等一概收入“韻書部”，委實欠妥。

## 二、韻書體式

傳統韻書的編纂體式，主要體現於如何通過安排聲、韻、調的層級來編排韻字，以便查檢。不同的韻書，其聲、韻、調層級因體式不同而有异。音韻學者對韻書編纂體式進行總結、概括，代表學説、人物有（以提出學説時間爲序）：

（1）黎錦熙（1950：29；1957：9）認爲韻書基本體式可分爲“四聲分統諸韻”和“諸韻各統四聲”兩類。

（2）趙誠（1979）將韻書編纂體式别爲三類：第一類，先按照漢字聲調分類，再在每一聲調下分韻部，然後在每一韻部内按同聲字分類排列，如《廣韻》。第二類，先分韻部，每一韻内再按聲調分開，然後在每一聲調内按同聲字分類排列，如《中原音韻》。第三類，先分韻部，每一韻内按聲母分類，然後再在同聲字内按聲調分開排列，如《韻略易通》。

（3）周國光（1987）的分類比趙誠更細，分四類：第一類，全書先按聲調的平、上、去、入分類，然後在每一聲調下排列所屬韻部，每一韻部内按同聲字分類排列。這一類的韻書有《切韻》《廣韻》《禮部韻略》《洪武正韻》等，可以《廣韻》爲代表。第二類，全書先按平、上、去、入四聲分類，然後在每一聲調下排列所屬韻部，每一韻部内再按三十六字母的順序排列，每一聲母下的字母再按等、開合排列。這一類的韻書有《改併五音集韻》《古今韻會舉要》《音韻闡微》等，可以《改併五音集韻》爲代表。第三類，全書先分韻部，每一韻部内再按聲調分類，然後在每一聲調下分類編排同音字。這一類的韻書有《中原音韻》《中州音韻》等，可以《中原音韻》爲代表。第四類：全書先分韻部，每一韻部内再按聲母分類，每一聲母下先按韻部的開合分列，再按聲調的順序排列同音字。這一類的韻書有《韻略易通》《韻略匯通》《五方元音》等，可以《五方元音》爲代表。

（4）甯忌浮（2009：7）贊同黎錦熙的分類，將傳統韻書韻部、調類、聲類三者的排列次第，歸納爲兩種模式：第一種，調類——韻部——聲類；第二種，韻部——聲類——調類，韻部——調類——聲類。在《讀韻書四十五年》中，甯忌浮（2018）又將第二種一分爲二，仍化爲三類。

學者在討論分類時，雖然意見分歧，要皆未盡賅漢語韻書編纂體式。筆者曩年考察、甄别，初步將漢語韻書編纂體式概括爲三種基本體式、五種衍生變體，兹分述於下：

## （一）三種基本體式

### 1. 聲調——韻部——聲類

此體式先按四聲分類，再在每個調類下劃分韻部，然後在每個韻部内按聲母的差别分類排列。黎錦熙先生將其名爲“四聲分統諸韻”，俗稱“按四聲分韻”。這是《切韻》系韻書的基本體式，如

《切韻》（601）、《廣韻》（1008）等皆然。此類韻書有入聲，入聲韻與陽聲韻相配。

《切韻》系韻書由陸法言的193韻，漸次加密，到《廣韻》206韻定型。但206韻的分部，當時學者亦嘗苦其苛細，乃定“同用獨用”之例。

若單以合并“同用”韻部爲標準，宋金元《切韻》系韻書可別爲113韻系統、108韻系統、106韻系統和107韻系統四大分部系統（韓道昭《改併五音集韻》分并206韻爲160韻，不在此列），繪表如下：

**表4　宋金元《切韻》系韻書113韻、108韻、106韻、107韻系統分部對照表**

| 113韻系統的韻書 | | | | | |
|---|---|---|---|---|---|
| 書名 | 成書時間 | 上聲 | | 去聲 | |
| 丘雍《景德新定韻略》 | 景德四年（1007） | 迥 | 拯等 | 徑 | 證嶝 |
| 陳彭年、丘雍《廣韻》 | 大中祥符元年（1008） | 迥 | 拯等 | 徑 | 證嶝 |
| 張孟《押韻》 | ? | 迥 | 拯等 | 徑 | 證嶝 |
| 佚名《廣集韻》 | 宣和六年（1124）至紹興十一年（1141）① | 迥 | 拯等 | 徑 | 證嶝 |
| 荊璞《五音集韻》 | 皇統年間（1141—1149） | 迥 | 拯等 | 徑 | 證嶝 |
| 108韻系統的韻書 | | | | | |
| 書名 | 成書時間 | 上聲 | | 去聲 | |
| 丁度《景祐禮部韻略》 | 景祐四年（1037） | 迥 | 拯等 | 徑 | 證嶝 |
| 丁度《集韻》 | 寶元二年（1039） | 迥 | 拯等 | 徑 | 證嶝 |
| 王洙《禮部韻略》 | 景祐四年（1037）至嘉祐二年（1057）② | 迥 | 拯等 | 徑 | 證嶝 |
| 張希文《互注禮部韻略》 | 慶曆年間（1041—1048） | 迥 | 拯等 | 徑 | 證嶝 |
| （嘉祐）《禮部韻略》 | 嘉祐年間（1056—1063） | 迥 | 拯等 | 徑 | 證嶝 |

① 王麗艷、趙曉慶（2017：61）。

② 王洙生於997年，卒於1057年，此據王洙生卒年推斷。

續表

| 108 韻系統的韻書 | | | | | |
|---|---|---|---|---|---|
| 書名 | 成書時間 | 上聲 | | 去聲 | |
| （治平）《禮部韻略》 | 治平三年（1066）[1] | 迥 | 拯等 | 徑 | 證嶝 |
| 孫諤《禮部韻略》 | 元祐五年（1090）至元祐九年（1094）[2] | 迥 | 拯等 | 徑 | 證嶝 |
| 杜從古《集篆古文韻海》 | 宣和元年（1119） | 迥 | 拯等 | 徑 | 證嶝 |
| 黄啓宗《補禮部韻略》 | 紹興十一年（1141） | 迥 | 拯等 | 徑 | 證嶝 |
| 黄積厚增補《禮部韻略》 | 紹興十三年（1143） | 迥 | 拯等 | 徑 | 證嶝 |
| 楊樸《禮部韻括遺》 | 紹興十四年（1144） | 迥 | 拯等 | 徑 | 證嶝 |
| 趙構《草書禮部韻寶》 | 紹興二十六年（1156）[3] | 迥 | 拯等 | 徑 | 證嶝 |
| 毛晃、毛居正《增修互注禮部韻略》 | 紹興三十二年（1162） | 迥 | 拯等 | 徑 | 證嶝 |
| （淳熙監本）《禮部韻略》 | 淳熙元年（1174） | 迥 | 拯等 | 徑 | 證嶝 |
| 劉球《隸韻略》 | 淳熙二年（1175） | 迥 | 拯等 | 徑 | 證嶝 |
| 張貴謨《聲韻補遺》 | 淳熙二年（1175） | 迥 | 拯等 | 徑 | 證嶝 |
| 佚名《附釋文互注禮部韻略》 | 嘉定十六年（1223）至景定三年（1262）[4] | 迥 | 拯等 | 徑 | 證嶝 |
| 歐陽德隆《押韻釋疑》 | 紹定三年（1230） | 迥 | 拯等 | 徑 | 證嶝 |
| 佚名《魁本足注釋疑韻寶》 | ? | 迥 | 拯等 | 徑 | 證嶝 |
| 郭守正《紫雲先生增修校正押韻釋疑》 | 景定五年（1264） | 迥 | 拯等 | 徑 | 證嶝 |
| 佚名《新編分類增注正誤決疑韻式》 | ? | 迥 | 拯等 | 徑 | 證嶝 |
| 佚名《纂注禮部韻略》 | ? | 迥 | 拯等 | 徑 | 證嶝 |
| 佚名《禮部疑韻》 | ? | 迥 | 拯等 | 徑 | 證嶝 |
| 劉孟容《修校韻略》 | ? | 迥 | 拯等 | 徑 | 證嶝 |
| 秦昌朝《韻略分毫補注字譜》 | ? | 迥 | 拯等 | 徑 | 證嶝 |

① 參李子君（2014）。
② 參李子君（2012）。
③ 參李子君（2016：80）。
④ 參李子君（2016：189）。

續表

| 108 韻系統的韻書 | | | | | |
|---|---|---|---|---|---|
| 書名 | 成書時間 | 上聲 | | 去聲 | |
| 黃公紹《古今韻會》 | ? | 迴 | 拯等 | 徑 | 證嶝 |
| （元泰定刊本）《廣韻》 | 泰定年間（1324—1327） | 迴 | 拯等 | 徑 | 證嶝 |
| 106 韻系統的韻書 | | | | | |
| 書名 | 成書時間 | 上聲 | | 去聲 | |
| 王文郁《新刊韻略》 | 正大六年（1229） | 迴拯等 | | 徑證嶝 | |
| 張天賜《草書韻會》 | 正大八年（1231） | 迴拯等 | | 徑證嶝 | |
| 陰時夫、陰中夫《韻府群玉》 | 延祐元年（1314） | 迴拯等 | | 徑證嶝 | |
| 佚名《文場備用排字禮部韻注》 | 元統三年（1335） | 迴拯等 | | 徑證嶝 | |
| 佚名《魁本排字通併禮部韻注》 | ? | 迴拯等 | | 徑證嶝 | |
| 107 韻系統的韻書 | | | | | |
| 書名 | 成書時間 | 上聲 | | 去聲 | |
| 劉淵《壬子新刊禮部韻略》 | 元憲宗壬子年（1252）① | 迴 | 拯等 | 徑證嶝 | |
| 黃公紹、熊忠《古今韻會舉要》 | 大德元年（1297） | 迴 | 拯等 | 徑證嶝 | |

《切韻》系韻書在漢語韻書史上一以貫之，影響最大的就是以《平水韻》爲代表的“詩韻”類韻書，其正源是北宋真宗景德四年編纂的《景德韻略》（參見甯忌浮，1995；1997：134—157）。“詩韻”類韻書是科舉專用韻書，金元以來，凡從事舊體詩創作，必須遵守。從金至民國初年八百餘年，藝林對此類韻書不斷修訂、改編，産生了大量的修訂本、增補本、輔助本、解説本，盛行不衰。明人將“詩韻”類韻書稱作“唐韻、沈韻”，清人則呼爲“今韻”，稱名雖异，但 106 韻一脉相承，位居正統，獨步天下。明代《洪武正韻》（1375）是國頒官韻，然“今薦紳學士大夫，語以‘唐韻’，則童習而家傳。詰以《正韻》，則耳疑而目詫”（王業弘，1590）。呂維祺《音韻日月燈》（1633）尊《洪武正韻》

① 參甯忌浮（1995）。

爲“日月”，分部却不用76韻，理由是“舉世用‘沈韻’，相承已久，驟難遽變，今分一東二冬，作一百六韻”(吕維祺，1633，“義例”一)。

隋唐宋韻書編纂體式僅此一類，其語音結構皆屬中古音系。

但需要特别指出，後代按此體式編纂的韻書却并非都是中古音系韻書，如《古今韻會舉要》(1297)、《洪武正韻》、《音韻闡微》(1726)等。

**2. 韻部——聲調——聲類**

此體式先分韻部，每一韻部内再按聲調分開，然後在每一聲調内按同聲字分類排列。黎錦熙先生將其名爲“諸韻各統四聲”，俗稱“韻統四聲”。這是自《中原音韻》以來形成的新體式，如《中州樂府音韻類編》(1351)、《瓊林雅韻》(1398)等皆然，明清“曲韻系韻書”因襲之。此類韻書大多無入聲韻。凡按此體式編纂者，都不是《切韻》系韻書。

**3. 韻部——聲類——聲調**

此體式先分韻部，每韻内按聲母分類，然後在同聲母字組内按聲調分開排列。筆者仿黎錦熙先生語，將其稱作“諸韻各統聲類”。這是自《蒙古字韻》以來形成的新體式，如《韻略易通》、《元聲韻學大成》(1578)、《韻略匯通》(1642)等皆然，明清“蒙學類韻書”因襲之。凡按此體例編纂者，皆屬近代音韻書。

## （二）五種衍生變體

**1. 聲調——韻部——聲類——等第**

此體式先按四聲分類，然後在每一聲調下排列所屬韻部，每一韻部内再按三十六字母的順序排列，每一聲母下的字母再按等、開合排列。此係金代在第一種基本體式基礎上形成的新體式，《改併五音集韻》（1208）、《古今韻會舉要》、《音韻闡微》皆然。試舉一例（表內韻字僅列首字，首字右下標小字爲切語，阿拉伯數字爲該小韻韻字數量）：

**表 5　漢語韻書"調—韻—聲—等"編排體式**
**——以成化庚寅本《改併五音集韻》平聲上真韻[①]爲例**

| 《改併五音集韻》平聲上卷三 | | | | | |
|---|---|---|---|---|---|
| 真第一諄通用 | | | | | |
| 字母（聲類） | 等第 | 小韻首字 | 字母（聲類） | 等第 | 小韻首字 |
| 見 | 三 | 巾居銀 5 | 精 | 四 | 津將鄰 17 |
| 溪 | 三 | 緊乙鄰 1 | 從 | 四 | 秦匠鄰 9 |
| 群 | 三 | 殣巨巾 14 | 心 | 四 | 新息鄰 9 |
| | 四 | 趣渠人 1 | 照 | 二 | 臻側詵 17 |
| 疑 | 三 | 銀語巾 31 | | 三 | 真之人 18 |
| 端 | 四 | 顛典因 1 | 穿 | 二 | 瀙楚莘 1 |
| 透 | 四 | 天汀因 1 | | 三 | 瞋昌真 10 |
| 定 | 四 | 田地因 1 | 床 | 二 | 蓁士臻 7 |
| 泥 | 四 | 年奴因 1 | | 三 | 神食鄰 5 |
| 知 | 三 | 珍陟鄰 7 | 審 | 二 | 莘所臻 35 |
| 徹 | 三 | 獼丑人 16 | | 三 | 申失人 27 |
| 澄 | 三 | 陳直珍 15 | 禪 | 三 | 辰植鄰 27 |
| 娘 | 三 | 紉女鄰 1 | 曉 | 四 | 鴝呼鄰 2 |
| 幫 | 三 | 彬府巾 23 | 匣 | 四 | 礥下珍 3 |
| | 四 | 賓必鄰 25 | 影 | 三 | 咽於巾 12 |
| 滂 | 三 | 砏普巾 2 | | 四 | 因於真 37 |
| | 四 | 繽匹賓 12 | 喻 | 四 | 寅翼真 14 |
| 并 | 三 | 貧符巾 2 | 來 | 三 | 粦力珍 35 |
| | 四 | 頻符真 26 | 日 | 三 | 仁如鄰 13 |
| 明 | 三 | 珉武巾 58 | | | |
| | 四 | 民彌鄰 8 | | | |

① 見金代韓道昭（1992：35 上右—37 上左）。

### 2. 聲調——韻部——呼——聲類

此體式先按四聲分類，次於每個聲調内劃分韻部，再次按呼細分韻部，最後每呼内按聲母的差别排列。這是明代在第一類基本體式基礎上衍生出的新體式，如《合併字學集韻》(1606)、《元韻譜》(1611)、《音韻日月燈·同文鐸》(1633) 等皆然。舉例如下：

**表 6 漢語韻書"調—韻—呼—聲"編排體式**
**——以志清堂本《音韻日月燈·同文鐸》平聲上三江韻①爲例**

| 平聲上 | | | | | | | | | | | | |
|---|---|---|---|---|---|---|---|---|---|---|---|---|
| 三江 | | | | | | | | | | | | |
| 開口呼 | | | | | | 合口呼 | | | | | | |
| 見$_{二}$ | 溪$_{二}$ | 幫$_{二}$ | 并$_{二}$ | 明$_{二}$ | 匣$_{二}$ | 知$_{二}$ | 徹$_{二}$ | 澄$_{二}$ | 穿$_{二}$ | 床$_{二}$ | 審$_{二}$ | 來$_{二}$ |
| 江杠矼釭扛 | 腔椌舡 | 邦 | 龐逄 | 厖龙哤駹 | 缸降洚 | 椿 | 惷 | 撞幢橦 | 窗摐鏦 | 淙漎 | 雙艭𢢦 | 瀧 |

### 3. 韻部——呼——五音——聲調——聲類

此體式先分韻部，每韻内按呼分類，同呼内按宫、商、角、徵、羽五音排列，同聲調字按聲類不同别爲同音字組。此爲明代在第三類基本體式基礎上衍生出的新體式，如《文韻考衷六聲會編》(1581)，見表 7（表内韻字僅列首字，首字旁數字爲該小韻韻字數量）。

### 4. 韻部——陰陽——聲類——聲調

此體式先分韻部，每韻内按陰陽分類，陰類、陽類按聲類排列字組，同聲類字組復按聲調平上去入排列韻字。這是明代在第二種基本體式基礎上産生的新體式，如《交泰韻》(1603)，見表 8（表内韻字右下標爲切語）。

① 見明代吕維祺 (1633：13—14)。

表 7　漢語韻書“韻—呼—五音—調—聲”編排體式

——以嘉靖本《文韻考衷六聲會編》東部爲例

| 東部 | | | | | | | | | | | | | | | |
|---|---|---|---|---|---|---|---|---|---|---|---|---|---|---|---|
| 重科 | | | | | | | | 次重科 | | | | | | | |
| | 調<br>聲 | 沈平聲 | 浮平聲 | 上仄聲 | 去仄聲 | 淺入聲 | 深入聲 | | 調<br>聲 | 沈平聲 | 浮平聲 | 上仄聲 | 去仄聲 | 淺入聲 | 深入聲 |
| 宫音 | 啓 | 見母工<br>谷空切<br>公 15 | | 谷孔切<br>𩐂 2 | 谷倥切<br>貢 14 | | 公哭切<br>谷 6 | 宫音 | 啓 | 見母居<br>匊穹切<br>宫 21 | | 匊恐切<br>収 18 | 匊䠻切<br>共 5 | | 宫曲切<br>匊 42 |
| | 承 | 溪母課<br>哭翁切<br>空 15 | | 哭蓊切<br>孔 5 | 哭瓮切<br>空 9 | | 空屋切<br>哭 1 | | 承 | 溪母闕<br>曲雍切<br>穹 8 | 局容切<br>邛 21 | 局甬切<br>忈 6 | 曲用切<br>共 9 | 窮玉切<br>局 15 | 穹頊切<br>曲 13 |
| | 進 | 影母吴<br>屋烘切<br>翁 13 | | 屋嗊切<br>翁 11 | 屋閧切<br>瓮 4 | | 翁熔切<br>屋 9 | | 進 | 影母滎<br>郁洶切<br>邕 20 | 玉熊切<br>融 39 | 玉詾切<br>甬 31 | 郁匈切<br>用 12 | 容局切<br>王① 20 | 邕頊切 |
| | 止 | 曉母歡<br>熔公切<br>烘 11 | 斛同切<br>洪 24 | 斛𩐂切<br>嗊 12 | 熔貢切<br>洚 9 | 洪獨切<br>斛 6 | 烘谷切<br>熔 2 | | 止 | 曉母玄<br>頊躬切<br>凶 12 | 頊窮切<br>熊 3 | 頊拱切<br>兇 3 | 頊共切<br>匈 3 | 熊局切 | 匈匊切<br>頊 12 |

① “王”屬陽韻平聲或去聲，或係“玉”之形譌。

**續表**

| 東部 | | | | | | | | | | | | | | | |
|---|---|---|---|---|---|---|---|---|---|---|---|---|---|---|---|
| 重科 | | | | | | | | 次重科 | | | | | | | |
| | 調＼聲 | 沈平聲 | 浮平聲 | 上仄聲 | 去仄聲 | 淺入聲 | 深入聲 | | 調＼聲 | 沈平聲 | 浮平聲 | 上仄聲 | 去仄聲 | 淺入聲 | 深入聲 |
| 徵音 | 啓 | 端母都<br>篤通切<br>東 20 | | 篤統切<br>董 9 | 篤痛切<br>涷 6 | | 東禿切<br>篤 4 | 徵音 | 啓 | | | | | | |
| | 承 | 透母屯<br>禿東切<br>通 11 | 獨農切<br>同 51 | 獨䳷切<br>統 21 | 禿䵷切<br>衕 17 | 同录切<br>獨 12 | 通篤切<br>禿 5 | | 承 | | | | | | |
| | 進 | | 泥母恕[1]<br>鵯礱切<br>農 16 | 鵯攏切<br>䳷 3 | 鵯弄切<br>䵷 4 | 農录切<br>鵯 1 | | | 進 | | 泥母穠<br>悪龍切<br>濃 9 | | | 穠緑切<br>悪 2 | |
| | 止 | | 來母欒<br>录同切<br>礱 30 | 录董切<br>鷾 10 | 录涷切<br>弄 7 | 礱獨切<br>录 21 | | | 止 | | 來母倫<br>緑穠切<br>龍 21 | 緑董切<br>壟 4 | 緑涷切<br>儱 5 | 龍悪切<br>親 19 | |

---

① "恕"屬審母，或係"怒"之形譌。

續表

| 東部 | | | | | | | | | | | | | | | |
|---|---|---|---|---|---|---|---|---|---|---|---|---|---|---|---|
| 重科 | | | | | | | | 次重科 | | | | | | | |
| | 調/聲 | 沈平聲 | 浮平聲 | 上仄聲 | 去仄聲 | 淺入聲 | 深入聲 | | 調/聲 | 沈平聲 | 浮平聲 | 上仄聲 | 去仄聲 | 淺入聲 | 深入聲 |
| 角音 | 啓 | 知母椿<br>竹充切<br>中 36 | 踵 3 | 竹寵切<br>冢① 11 | 竹銃切<br>衆 5 | | 中畜切<br>竹 27 | 角音 | 啓 | 知母顓<br>燭窜切<br>洚 6 | | 燭憧切<br>嫁 1 | 燭惷切<br>湩 5 | | 汝亍切<br>燭 18 |
| | 承 | 徹母充<br>蓄春切<br>充 21 | 躅戎切<br>崇 11 | 躅宂切<br>寵 5 | 蓄茝切<br>仲 11 | 崇孰切<br>躅 4 | 充竹切<br>歜 12 | | 承 | 徹母出<br>觸春切<br>忡 6 | 躅戎切<br>重 13 | 躅宂切<br>重 5 | 觸緝切<br>重 5 | 重辱切<br>躅 4 | 窜燭切<br>歜 12 |
| | 進 | | 日母蕤<br>辱崇切 | 辱寵切 | 辱衆切 | 孰切② | | | 進 | | 日母如<br>肉蟲切<br>戎 21 | 肉憧切<br>宂 18 | 肉惷切<br>鞲 1 | 戎蜀切<br>秡 2 | |
| | 止 | 審母朔<br>束中切<br>舂 7 | 孰崇切<br>慵 6 | 孰腫切<br>傭 4 | 束衆切 | 慵躅切<br>孰 15 | 舂竹切 | | 止 | 審母順<br>蜀汣③切<br>舂 6 | 蜀蟲切<br>額 6 | 蜀憧切<br>尰 3 | 蜀惷切 | 額躅切<br>蜀 12 | |

① “冢”屬明母東韻，或係“冢”之形譌。

② 此處原闕反切上字。

③ “汣”屬有韻，或係“汝”之形譌。

**續表**

東部

重科

| | 調<br>聲 | 沈平聲 | 浮平聲 | 上仄聲 | 去仄聲 | 淺入聲 | 深入聲 |
|---|---|---|---|---|---|---|---|
| 商音 | 啓 | 精母尊<br>莘恩切<br>宗 27 | | 莘蓯切<br>熜 17 | 莘愡切<br>嵏 13 | | 宗趗切<br>莘 4 |
| | 承 | 清母挫<br>促鬆切<br>悤 12 | 族崇切<br>賨 10 | 族悚切<br>𢴱 1 | 促宋切<br>愡 7 | 叢躅切<br>猔 2 | 悤速切<br>促 3 |
| | 進 | | | | | | |
| | 止 | 心母綏<br>速宗切<br>憽 6 | | 速總切<br>駷 3 | 速綜切<br>宋 9 | | 鬆鏃切<br>颯 1 |
| 羽音 | 調<br>聲 | 沈平聲 | 浮平聲 | 上仄聲 | 去仄聲 | 淺入聲 | 深入聲 |
| | 啓 | 幫母斑<br>濮葓切 | | 濮埄切<br>琫 8 | 濮檬切 | | 玤墣切<br>卜 21 |
| | 承 | 滂母丕<br>撲風切<br>葓 2 | 僕蒙切<br>芃 13 | | | | |

次重科

| | 調<br>聲 | 沈平聲 | 浮平聲 | 上仄聲 | 去仄聲 | 淺入聲 | 深入聲 |
|---|---|---|---|---|---|---|---|
| 商音 | 啓 | 精母蹤<br>足蓯切<br>瞛 12 | | 足悚切<br>鬆 2 | 足誦切<br>縱 2 | | 蹤促切<br>足 2 |
| | 承 | 清母銓<br>促嵩切<br>從 12 | 促松切<br>从 5 | 促悚切<br>褷 1 | 促頌切<br>從 2 | 從俗切 | 鏦足切<br>促 5 |
| | 進 | | | | | | |
| | 止 | 心母須<br>粟蹤切<br>嵩 15 | 俗從切<br>松 3 | 俗慫切<br>㥬 14 | 粟縱切<br>誦 6 | 松蜀切<br>俗 1 | 嵩足切<br>粟 8 |

續表

| 東部 | | | | | | | | |
|---|---|---|---|---|---|---|---|---|
| 重科 | | | | | | | | 次重科 |
| | 調／聲 | 沈平聲 | 浮平聲 | 上仄聲 | 去仄聲 | 淺入聲 | 深入聲 | |
| 羽音 | 進 | | 明母麻<br>木逢切<br>冡 30 | 木捧切<br>懵 9 | 木鳳切<br>夢 12 | 蒙幞切<br>木 10 | | |
| | 演 | 非母浮<br>仆葒切<br>風 40 | 幞芃切<br>馮 10 | 幞玤切<br>奉 9 | 仆夢切<br>鳳 12 | 逢蔂切<br>幞 3 | 風卜切<br>仆 6 | |
| | 止 | 微母罔 | | | | 亾幞切<br>覓 2 | | |

**表 8 漢語韻書“韻—陰陽—聲—調”編排體式**

**——以十竹齋本《交泰韻》七陽韻[①]爲例**

<table>
<tr><td colspan="16">七　陽</td></tr>
<tr><td colspan="8">陰</td><td colspan="8">陽</td></tr>
<tr><td>(央)藥殃</td><td>(養)藥痒</td><td>(漾)藥恙</td><td>(藥)央約</td><td>江覺央</td><td>講覺養</td><td>絳覺漾</td><td>覺江藥</td><td>(昂)愕卬</td><td>(坱)我骯</td><td>(盎)餓枊</td><td>(愕)昂咢</td><td>(陽)藥羊</td><td>(養)藥痒</td><td>(漾)藥樣</td><td>(藥)央藪</td></tr>
<tr><td>將爵央</td><td>蔣爵養</td><td>醬爵漾</td><td>爵將藥</td><td>羌却央</td><td>强却養</td><td>唴却漾</td><td>却羌藥</td><td>牆鵲陽</td><td colspan="3">下同槍切</td><td>祥削羊</td><td colspan="3">下同襄切</td></tr>
<tr><td>香謔央</td><td>享謔養</td><td>向謔漾</td><td>謔香藥</td><td>槍鵲央</td><td>搶鵲養</td><td>蹌鵲漾</td><td>鵲槍藥</td><td>良略昂</td><td>兩略坱</td><td>諒略盎</td><td>略良愕</td><td>杭鶴昂</td><td>沆荷坱</td><td>吭賀盎</td><td>鶴杭愕</td></tr>
<tr><td>襄削央</td><td>想削養</td><td>相削漾</td><td>削襄藥</td><td>(佒)惡狭</td><td>(坱)我映</td><td>(盎)餓醠</td><td>(惡)佒遏</td><td>降學昂</td><td colspan="2">中同香切</td><td>學降愕</td><td>長着昂</td><td>長着坱</td><td>長着盎</td><td>着長愕</td></tr>
<tr><td>岡各佒</td><td>䀎咢坱</td><td>扛箇盎</td><td>各岡惡</td><td>康恪佒</td><td>慷可坱</td><td>抗皆盎</td><td>恪康惡</td><td>常綽昂</td><td colspan="3">下同昌切</td><td>穰若昂</td><td>壤若坱</td><td>讓若盎</td><td>若穰惡</td></tr>
<tr><td>臧作佒</td><td>駔作坱</td><td>葬作盎</td><td>作臧惡</td><td>倉錯佒</td><td>蒼瑳坱</td><td>稓剉盎</td><td>錯倉惡</td><td>郎洛昂</td><td>朗洛坱</td><td>浪洛盎</td><td>洛郎惡</td><td>娘逽昂</td><td>孃逽坱</td><td>釀逽盎</td><td>逽娘惡</td></tr>
<tr><td>桑索佒</td><td>顙鎖坱</td><td>喪鎖盎</td><td>索桑惡</td><td>張灼佒</td><td>掌灼坱</td><td>障灼盎</td><td>灼張惡</td><td>房縛佒</td><td>紡縛坱</td><td>放縛盎</td><td>縛房愕</td><td>亡物昂</td><td>罔武坱</td><td>妄務盎</td><td>○</td></tr>
<tr><td>昌綽佒</td><td>敞綽坱</td><td>唱綽盎</td><td>綽昌惡</td><td>商鑠佒</td><td>賞鑠坱</td><td>上鑠盎</td><td>鑠商惡</td><td>償杓昂</td><td colspan="2">下同商切</td><td>杓償愕</td><td>茫莫昂</td><td>莽抹坱</td><td>漭礴盎</td><td>莫茫惡</td></tr>
<tr><td>當沰佒</td><td>黨沰坱</td><td>檔沰盎</td><td>沰當惡</td><td>湯託佒</td><td>儻妥坱</td><td>盪唾盎</td><td>託湯惡</td><td>(王)雘昂</td><td colspan="3">(下)(同)(汪)(切)</td><td>黃霍王</td><td colspan="3">下同荒切</td></tr>
<tr><td>邦博佒</td><td>榜艕坱</td><td>謗播盎</td><td>博邦惡<br>薄邦愕</td><td>鎊朴佒</td><td>髈頗坱</td><td>胖破盎</td><td>朴鎊惡</td><td>床初王</td><td colspan="3">下同瘡切</td><td>唐託王</td><td colspan="3">下同陽切</td></tr>
<tr><td>(汪)雘尪</td><td>(枉)姽網</td><td>(旺)臥望</td><td>(雘)汪矱</td><td>光郭汪</td><td>廣果汪</td><td>桄過旺</td><td>郭光雘</td><td>囊諾王</td><td>曩儺枉</td><td>儾懦旺</td><td>諾囊惡</td><td>狂闊王</td><td colspan="3">下同匡切</td></tr>
<tr><td>匡廓汪</td><td>懭顆枉</td><td>曠課旺</td><td>廓匡雘</td><td>荒霍汪</td><td>恍火枉</td><td>愰貨旺</td><td>霍荒雘</td><td colspan="8" rowspan="3"></td></tr>
<tr><td>莊捉汪</td><td>奘捉枉</td><td>壯捉旺</td><td>捉莊雘</td><td>瘡娖汪</td><td>[illegible]楚枉</td><td>創楚旺</td><td>娖搶雘</td></tr>
<tr><td>霜朔汪</td><td>爽所枉</td><td>[illegible]數旺</td><td>朔霜雘</td><td>芳</td><td colspan="3">下同房切</td></tr>
</table>

① 見明代吕坤（2002：485）。

## 表 9　漢語韻書“韻—呼—五音清濁—聲—調”編排體式
## ——以清抄本《音韻集成》真文韻[1]爲例

| 真文 | | | | | | | | | | | |
|---|---|---|---|---|---|---|---|---|---|---|---|
| 開口呼 | | | | | | 合口呼 | | | | | |
| 角 | 純清 | 牙音 | 見 | 平居銀[2] | 巾斤今襟禁殣墐 | 角 | 純清 | 牙音 | 見 | 平公渾 | 昆崐崑菎琨蜫鯤鶤錕褌 |
| | | | | 上 | 謹緊槿巹錦 | | | | | 上 | 鯀衮滚㙡裷橐緄輥 |
| | | | | 去 | 近僅堇覲饉靳禁劤瑾噤凚妗 | | | | | 去 | 棍謴壼 |
| | | | | 入 | 吉餘見幾韻 | | | | | 入 | 谷餘見公韻 |
| | | | | 平古痕 | 根跟 | | | | | 平規倫 | 君均鈞軍莙皸囷銞箘麕 |
| | | | | 上 | | | | | | 上 | 窘捃攟 |
| | | | | 去 | 艮 | | | | | 去 | 郡菌 |
| | | | | 入 | 忔趷骱犵餎 | | | | | 入 | 橘獝䴗鵙闃 |
| | 次清 | | 溪 | 平驅巾 | 欽衾螼嶔 | | 次清 | 牙音 | 溪 | 平枯昆 | 坤髡 |
| | | | | 上 | | | | | | 上 | 悃壼閫捆梱稇麕 |
| | | | | 去 | | | | | | 去 | 困 |
| | | | | 入 | 乞餘見溪韻 | | | | | 入 | 哭餘見空韻 |

① 見清代莫銓《音韻集成》清抄本。

② “平”字右下標爲切語。《音韻集成》僅平聲注出切語，上、去、入無。

續表

真文

開口呼

| | | | | | |
|---|---|---|---|---|---|
| 角 | 次清 | 牙音 | 溪 | 平口恩 | 報 |
| | | | | 上 | 懇頎墾齦 |
| | | | | 去 | 硍珢裉掯 |
| | | | | 入 | |
| | 全濁 | | 群 | 平渠巾 | 勤芹懃廑瘽廞禽噙琴芩檎擒慬墐蓳 |
| | | | | 上 | 俱同欽韻 |
| | | | | 去 | |
| | | | | 入 | |
| 徵 | 半濁 | 舌上音 | 娘 | 平尼鄰 | 紉 |
| | | | | 上 | |
| | | | | 去 | |
| | | | | 入 | 匿餘見尼韻 |
| 宮 | 次清 | 喉音 | 曉 | 平許斤 | 欣昕炘廞歆 |
| | | | | 上 | 穩 |
| | | | | 去 | 舋脪衅璺釁焮 |

合口呼

| | | | | | |
|---|---|---|---|---|---|
| 角 | 全濁 | 牙音 | 群 | 平渠群 | 群羣宭裙 |
| | | | | 上 | |
| | | | | 去 | |
| | | | | 入 | 屈詘絀剧倔韁淈堀窟怞 |
| | 純清 | 舌頭音 | 端 | 平阻昆 | 敦惇墩瓺弴驐噋橔褩撉 |
| | | | | 上 | 盹扽 |
| | | | | 去 | 頓扽沌鈍遁遯敦囤楯腯 |
| | | | | 入 | 督餘見東韻 |
| | 次清 | | 透 | 平他昆 | 吞暾哼涒 |
| | | | | 上 | 吨 |
| | | | | 去 | 褪 |
| | | | | 入 | 秃餘見通韻 |
| | 全濁 | | 定 | 平圖孫 | 屯豚臀飩軘芚疕燉 |

真文

開口呼

| | | | | | |
|---|---|---|---|---|---|
| 宮 | 次清 | 喉音 | 曉 | 入 | 吸$_{餘見奚韻}$ |
| | | | | 平$_{呼恩}$ | 哏 |
| | | | | 上 | 很 |
| | | | | 去 | 恨 |
| | | | | 入 | 齕紇麧核 |
| | 全濁 | | 匣 | 平$_{故恩}$ | 痕鞎 |
| | | | | 上 | |
| | | | | 去 | |
| | | | | 入 | 同上 |
| | 純清 | | 影 | 平$_{烏痕}$ | 恩 |
| | | | | 上 | 穏 |
| | | | | 去 | 摁 |
| | | | | 入 | |
| | | | | 平$_{伊真}$ | 因姻茵禋絪駰陰音瘖蔭礥濦<br>婣諲氤湮闉堙殷慇 |
| | | | | 上 | 引隱尹蚓靷檼隱𡾨轣癮縯 |

合口呼

| | | | | | |
|---|---|---|---|---|---|
| 角 | 全濁 | 舌頭音 | 定 | 上 | 同上 |
| | | | | 去 | |
| | | | | 入 | |
| 宮 | 次清 | 喉音 | 曉 | 平$_{呼昆}$ | 昏婚葷閽惛棔殙 |
| | | | | 上 | 混焜 |
| | | | | 去 | 慁溷棞圂惛鯶掍 |
| | | | | 入 | 斛$_{餘見烘韻}$ |
| | | | | 平$_{許云}$ | 熏薰曛勳纁臐醺葷焄獯 |
| | | | | 上 | |
| | | | | 去 | 訓 |
| | | | | 入 | 欻獗颰嗽 |
| | 全濁 | | 匣 | 平$_{胡昆}$ | 渾魂侊婫緷忶餛 |
| | | | | 上 | 俱同昏韻 |
| | | | | 去 | |
| | | | | 入 | |

續表

| 真文 | | | | | |
|---|---|---|---|---|---|
| 開口呼 | | | | | |
| 宮 | 純清 | 喉音 | 影 | 去 | 印孕胤酳儓藴癊喑窨飲恁靷紉慭霠濥杒媵 |
| | | | | 入 | 一餘見衣韻 |
| | 半濁 | | 喻 | 平魚巾 | 銀吟淫霪寅夤誾狺垠珢齗飲礥 |
| | | | | 上 | 同上 |
| | | | | 去 | |
| | | | | 入 | |
| 商 | 純清 | 齒頭音 | 精 | 平資辛 | 津浸琎 |
| | | | | 上 | 儘贐縉 |
| | | | | 去 | 盡進晋賮搢瑨藎燼 |
| | | | | 入 | 疾餘見資韻 |
| | 次清 | | 清 | 平七人 | 親侵駸祲 |
| | | | | 上 | 寑 |
| | | | | 去 | 親沁吣侺 |

| 真文 | | | | | |
|---|---|---|---|---|---|
| 合口呼 | | | | | |
| 宮 | 純清 | 喉音 | 影 | 平烏昆 | 温瘟 |
| | | | | 上 | 刎吻穩脗抆 |
| | | | | 去 | 問紊璺汶聞免娩 |
| | | | | 入 | 屋餘見翁韻 |
| | | | | 平紆倫 | 氳熅奫 |
| | | | | 上 | 隕殞允狁緼藴轀醖煇 |
| | | | | 去 | 運暈諢鄆韻覞愠殟醖韞藴緼餫 |
| | | | | 入 | 聿鬱熨尉蔚遹鷸潏霱繘驈鴥颸域閾蜮蟚棫 |
| | 半濁 | | 喻 | 平無分 | 文紋聞蚊螡雯閿 |
| | | | | 上 | 俱同温韻 |
| | | | | 去 | |
| | | | | 入 | |
| | | | | 平于分 | 雲云員耘昀芸筠勻篔鄖沄縜紜妘蕓 |

| 真文 | | | | | | 真文 | | | | | |
|---|---|---|---|---|---|---|---|---|---|---|---|
| 開口呼 | | | | | | 合口呼 | | | | | |
| 商 | 次清 | 齒頭音 | 清 | 入 | 七餘見離韻 | 宮 | 半濁 | 喉音 | 喻 | 上 | 俱同氳韻 |
| | 全濁 | | 從 | 平慈鄰 | 秦篆蓁 | | | | | 去 | |
| | | | | 上 | 同上 | | | | | 入 | |
| | | | | 去 | | 商 | 純清 | 齒頭音 | 精 | 平租昆 | 尊樽罇蹲遵僎 |
| | | | | 入 | | | | | | 上 | 撙噂鱒 |
| | 次清 | | 心 | 平斯鄰 | 辛新薪心 | | | | | 去 | 俊儁晙鵔駿餕畯 |
| | | | | 上 | | | | | | 入 | 足餘見宗韻 |
| | | | | 去 | 信迅訊顖汛 | | 次清 | | 清 | 平倉尊 | 村 |
| | | | | 入 | 悉餘見思韻 | | | | | 上 | 忖 |
| | 全濁 | | 邪 | 平徐林 | 尋潯鄩覃 | | | | | 去 | 寸刌 |
| | | | | 上 | 同上 | | | | | 入 | 促餘見怱韻 |
| | | | | 去 | | | | | | 平七倫 | 逡皴竣蹲悛 |
| | | | | 入 | | | | | | 上 | |
| | 純清 | 正齒音 | 照 | 平側詵 | 臻蓁榛溱 | | | | | 去 | 峻駿鵔 |
| | | | | 上 | 鰶籲亲 | | | | | 入 | 焌黢 |
| | | | | 去 | 譖 | | 全濁 | | 從 | 平組尊 | 存蹲 |

續表

真文

開口呼

| | | | | | |
|---|---|---|---|---|---|
| 商 | 純清 | 正齒音 | 照 | 入 | 疾 餘見資韻 |
| | | | | 平 之人 | 真甄珍針箴斟砧椹侲帳振賑<br>振籈 |
| | | | | 上 | 軫診疹鬒袗眕縝枕紾 |
| | | | | 去 | 鎮陣震賑振抌朕鴆侲 |
| | | | | 入 | 質 餘見知韻 |
| | 次清 | | 穿 | 平 楚簪 | 嵾参篸駸瀙 |
| | | | | 上 | 磣墋醦類 |
| | | | | 去 | 襯嚫櫬齔讖 |
| | | | | 入 | 剎 餘見差韻 |
| | | | | 平 稱人 | 嗔瞋瞋琛郴賝闖綝獭 |
| | | | | 上 | 䪜 |
| | | | | 去 | 疢闖趂趁 |
| | | | | 入 | 尺 餘見癡韻 |
| | 全濁 | | 床 | 平 鉏臻 | 岑滲笒嶺鷟榛穴 |

合口呼

| | | | | | |
|---|---|---|---|---|---|
| 商 | 全濁 | 齒頭音 | 從 | 上 | 俱同村韻 |
| | | | | 去 | |
| | | | | 入 | |
| | 次清 | | 心 | 平 蘇昆 | 孫蓀猻飧蕵 |
| | | | | 上 | 損膢隼 |
| | | | | 去 | 遜噀潠巽 |
| | | | | 入 | 宿 餘見松韻 |
| | | | | 平 須倫 | 旬巡循馴紃荀詢恂洵珣<br>郇峋拘揗 |
| | | | | 上 | 笋筍簨隼 |
| | | | | 去 | 抮殉濬鵕 |
| | | | | 入 | 戌哦卹恤訹洫殈 |
| | 純清 | 正齒音 | 照 | 平 朱倫 | 諄肫屯窀迍衠 |
| | | | | 上 | 准準純 |
| | | | | 去 | 稕 |

續表

| 真文 | | | | | | | | | | | |
|---|---|---|---|---|---|---|---|---|---|---|---|
| 開口呼 | | | | | | 合口呼 | | | | | |
| 商 | 全濁 | 正齒音 | 床 | 上 | 俱同寖韻 | 商 | 純清 | 正齒音 | 照 | 入 | 術述秫沭朮怵 |
| | | | | 去 | | | 次清 | | 穿 | 平樞倫 | 春椿鶞橁 |
| | | | | 入 | | | | | | 上 | 蠢腨踳惷賰 |
| | | | | 平丞真 | 陳塵辰臣晨宸蔯沈諶忱沉麎 | | | | | 去 | |
| | | | | 上 | 俱同嗔韻 | | | | | 入 | 出黜絀怵 |
| | | | | 去 | | | 全濁 | | 床 | 平除倫 | 脣漘淳醇純焞蓴莼鶉錞杶 |
| | | | | 入 | | | | | | 上 | 盾楯 |
| | 次清 | | 審 | 平疏臻 | 莘駪詵姺侁籸郲滲森參 | | | | | 去 | 順舜瞬蕣鬊 |
| | | | | 上 | 瘮伈 | | | | | 入 | 同入諄韻 |
| | | | | 去 | 滲瘆槑 | 羽 | 純清 | 重脣音 | 幫 | 平逋昆 | 奔犇賁錛肦 |
| | | | | 入 | 瑟餘見師韻 | | | | | 上 | 本畚 |
| | | | | 平升人 | 身申伸娠呻紳神深 | | | | | 去 | 逩倴 |
| | | | | 上 | 哂矧審諗沈嬸鋠蜃脤裖 | | | | | 入 | 卜餘見崩韻 |
| | | | | 去 | 慎腎甚葚蜃 | | 次清 | | 滂 | 平鋪鶤 | 歕噴 |
| | | | | 入 | 石餘見世韻 | | | | | 上 | |

續表

| 真文 | | | | | | 真文 | | | | | |
|---|---|---|---|---|---|---|---|---|---|---|---|
| 開口呼 | | | | | | 合口呼 | | | | | |
| 商 | 全濁 | 正齒音 | 禪 | 平食鄰 | 神 | 羽 | 次清 | 重脣音 | 滂 | 去 | 噴 |
| | | | | 上 | 同上 | | | | | 入 | 楳餘見烹韻 |
| | | | | 去 | | | 全濁 | | 并 | 平蒲奔 | 盆湓 |
| | | | | 入 | | | | | | 上 | |
| 羽 | 純清 | 重脣音 | 幫 | 平卑民 | 賓鑌濱檳彬邠瑸攽繽瀕贇霦 | | | | | 去 | |
| | | | | 上 | 牝矉 | | | | | 入 | 同上 |
| | | | | 去 | 儐擯嬪殯鬢 | | 半濁 | | 明 | 平謨奔 | 門捫璺虋樠糜 |
| | | | | 入 | 必餘見篦韻 | | | | | 上 | |
| | 次清 | | 滂 | 平紕民 | 砏繽懫鶲馪磌 | | | | | 去 | 悶㥃 |
| | | | | 上 | 品 | | | | | 入 | 目餘見蒙韻 |
| | | | | 去 | 聘 | | 次清 | 輕脣音 | 敷 | 平敷文 | 分紛棼芬氛毰帉雰饙 |
| | | | | 入 | 匹餘見皮韻 | | | | | 上 | 粉坋 |
| | 全濁 | | 并 | 平毗賓 | 貧頻矉嚬瀕蘋嬪臏蠯 | | | | | 去 | 忿憤賁僨奮分坌糞 |
| | | | | 上 | 同上 | | | | | 入 | 福餘見風韻 |
| | | | | 去 | | | 全濁 | | 奉 | 平符分 | 墳焚濆汾蕡枌豶棻肦賁<br>黂豶蕡 |
| | | | | 入 | | | | | | 上 | |

續表

<table>
<tr><th colspan="12">真文</th></tr>
<tr><th colspan="6">開口呼</th><th colspan="6">合口呼</th></tr>
<tr><td rowspan="4">羽</td><td rowspan="4">半濁</td><td rowspan="4">重脣音</td><td rowspan="4">明</td><td>平彌鄰</td><td>民旻閩緡岷珉碈忞旼罠</td><td rowspan="2">羽</td><td rowspan="2">全濁</td><td rowspan="2">輕脣音</td><td rowspan="2">奉</td><td>去</td><td></td></tr>
<tr><td>上</td><td>敏刡抿黽泯潣愍閔憫湣</td><td>入</td><td>同上</td></tr>
<tr><td>去</td><td></td><td rowspan="4">半徵</td><td rowspan="4">半濁</td><td rowspan="4">半舌音</td><td rowspan="4">來</td><td>平龍春</td><td>倫淪輪綸掄論崘崙腀碖蜦</td></tr>
<tr><td>入</td><td>密餘見迷韻</td><td>上</td><td>稐</td></tr>
<tr><td rowspan="4">半徵</td><td rowspan="4">半濁</td><td rowspan="4">半舌音</td><td rowspan="4">來</td><td>平離珍</td><td>鄰鱗麟驎轔粼疄嶙璘翷瓎林琳霖淋臨</td><td>去</td><td>嫩腝嫩論</td></tr>
<tr><td>上</td><td>廩廪懍凜</td><td>入</td><td>律葎寽繂</td></tr>
<tr><td>去</td><td>遴蟒燐悋磷吝藺臨蹸瞵</td><td rowspan="4">半商</td><td rowspan="4">半濁</td><td rowspan="4">半齒音</td><td rowspan="4">日</td><td>平辰倫</td><td>犉瞤</td></tr>
<tr><td>入</td><td>力餘見黎韻</td><td>上</td><td>蝡</td></tr>
<tr><td rowspan="4">半商</td><td rowspan="4">半濁</td><td rowspan="4">半齒音</td><td rowspan="4">日</td><td>平日鄰</td><td>人仁壬</td><td>去</td><td>閏潤</td></tr>
<tr><td>上</td><td>忍餁稔腍荏您</td><td>入</td><td>入</td></tr>
<tr><td>去</td><td>認刃韌仞肕訒軔牣賃鵀紉任衽紝</td><td colspan="6" rowspan="2"></td></tr>
<tr><td>入</td><td>日餘見而韻</td></tr>
</table>

**5. 韻部——呼——五音清濁——聲類——聲調**

此體式先分韻部，每韻内按呼分類，同呼内按宫、商、角、徵、羽發音部位和全清、次清、全濁、次濁發音方法排列，同聲類字按聲調不同别爲同音字組。此亦明代在第三種基本體式基礎上衍生的新體式，如《音韻集成》(1615—1642)[①]，見表9。

## 三、韻書類型

如果從曹魏時期（220—265）李登《聲類》算起，至民國的《中華新韻》(1941)，漢語韻書編纂有1700多年的歷史（甯忌浮，2009：1)。1700多年中，前賢編纂了多少部韻書，難以計數。筆者纍年鉤稽爬梳，略得其大概，約有1500部。[②] 這些韻書，异彩紛呈，無論學術思潮背景，還是著者思維模式；無論編纂體式，還是韻書内容；無論語音結構，還是音學理念，都展現出不同歷史時期的時代精神和特色。這1500部韻書可劃分爲多少種類别？前修時彦并未特别措意於此，至今尚無學者提出明確分類標準、原則和基本類别。

然在集中討論韻書時，每位學者心目當中似乎都有一個大致分類——雖然分類標準未必十分精準，原則未必十分明晰，類别未必十分允洽，實際操作亦不乏誤植錯亂。但諦觀其論著，學者對所關注領域内韻書的基本類别，庶可逆測。如筆者經過考察分析，以下諸家對韻書分類之大端，略可窺知：

(1) 龍果夫（А. А. Драгунов，1900—1955）將“古官話”音

① 參李子君（2003)。
② 參拙著《漢語韻書史繫年》（待出版)。

系分爲“兩大方言（或方言類）”：甲類“包括八思巴碑文、《洪武正韻》、《切韻指南》”；乙類則“是在各種外國名字的譯音和波斯語譯音裏的”。即“一種是官派的，像八思巴文所記載的；另一種是近代化的土語，像波斯語譯音所記載的”（龍果夫，1959：23—24）。[①]

（2）羅常培（1963：189）“相當地贊成”龍果夫的觀點，進一步推闡説：“這兩個系統一個是代表官話的，一個是代表方言的；也可以説一個是讀書音，一個是説話音。”

（3）李新魁、麥耘《韻學古籍述要》似將韻書別爲九類：①將《聲類》《韻集》《切韻》《刊謬補缺切韻》《唐韻》《廣韻》《集韻》《禮部韻略》《平水新刊韻略》《五音集韻》《古今韻會舉要》《詩韻輯略》《佩文詩韻》等歸入“今韻類·韻書”；②將《四聲篇海》《韻略類釋》《韻鑰》《五車韻府》《榕村韻書》《韻箋》《聲韻同然集》《集韻編雅》等歸入“今韻類·韻書別體”；③將《説文解字篆韻譜》《説文解字五音韻譜》《古文四聲韻》《書學正韻》《六書系韻》等歸入“今韻類·字體韻”；④將《韻府群玉》《五車韻瑞》

① 龍果夫《八思巴字與古漢語》原文名爲 The hphpgs-pa Script and Ancient Manderin，發表於 1930 年《蘇聯科學院通報》（*Известия Академии Наук СССР*）人文科學部分。中文譯本將 Ancient Manderin 譯作“古代漢語”，羅常培《論龍果夫的〈八思巴字和古官話〉》（1963）則譯成“古官話”，羅常培、蔡美彪《八思巴字與元代漢語》（增訂本）收入龍果夫此文時亦譯成“古官話”，不譯作“古代漢語”。《論龍果夫的〈八思巴字和古官話〉》發表在《中國語文》1959 年 12 月號，發表時《中國語文》編輯部加“案語”：“本刊爲紀念羅常培先生逝世一周年，發表他這篇遺著。本刊編委陸志韋先生仔細校訂了本文全稿，陸先生校訂後又寫了一段‘編者校語’附在篇後，請讀者參看。龍果夫教授的《八思巴字與古官話》譯本（唐虞譯，羅常培校）最近已由科學出版社印行（改名爲《八思巴字與古漢語》）。”蔡美彪在《八思巴字與元代漢語》“增訂本説明”中説：“唐虞譯、羅常培校訂的龍果夫論文，依原計劃據單印本收録。用原著標題‘八思巴字與古官話’。”（羅常培、蔡美彪，2004：2）“原著標題”即暗示科學出版社改名之事。

《正音捃言》《佩文韻府》等歸入“今韻類·韻府”；⑤將《中原音韻》《中州樂府音韻類編》《洪武正韻》《瓊林雅韻》《韻學集成》《詞林韻釋》《重編廣韻》《併音連聲字學集要》《韻學大成》《中州音韻》《中州全韻》《韻略易通》《韻略匯通》《五方元音》等歸入“近代音類·通語韻書”；⑥將《同文鐸》《正音撮要》《正音咀華》《同聲韻學便覽》《增篆十五音》《韻史》等歸入“近代音類·韻書別體”；⑦將《戚林八音》《彙音妙悟》等歸入“近代音類·方言韻書”；⑧將《蒙古字韻》《同文韻統》《四聲通考》《奎章全韻》等歸入“對音類”；⑨將《西儒耳目資》《元音韻統》《泰律篇》《李氏音鑒》《古今中外音韻通例》《音韻集成》等歸入“論著類·綜合性音韻論著”。

（4）趙誠《中國古代韻書》似將韻書別爲七大類：①六朝韻書，代表性韻書如《聲類》《韻集》等；②隋唐韻書，代表性韻書如《切韻》《刊謬補缺切韻》《唐韻》等；③官韻韻書，代表性韻書如《廣韻》《集韻》《禮部韻略》等；④正統韻書，代表性韻書如《改併五音集韻》《古今韻會舉要》《洪武正韻》等；⑤《中原音韻》系統韻書，代表性韻書如《中原音韻》《韻略易通》《韻略匯通》等；⑥平水韻和詩韻韻書，代表性韻書如《壬子新刊禮部韻略》《韻府群玉》《佩文韻府》等；⑦詞曲韻書，代表性韻書如《文會堂詞韻》《詞韻略》《詞韻考略》《瓊林雅韻》《詩詞通韻》等。

（5）耿振生《明清等韻學通論》（1992：140、145）從語音史角度，提出了明確的分類原則和方法，將明清等韻音系分爲三大類：“甲，反映時音的一類。聲類、韻類主要依據一個方言的共時音系歸納而來，能够基本上反映著書時該方言的實際語音面貌。乙，反映古音的一類。以中古音或上古音作爲分析對象，主要依據書面文獻中的語音材料編製成圖。丙，混合型音系的一類。從南北各地的方言中或古韻書韻圖中取材，加以折衷取捨，構成一個混合型的音系。三類中，甲丙都屬於‘審時派’的作品，乙類屬於‘考古派’的作品。”“三大類之内可以根據不同的特徵做更細的分類。甲類可以按所代表的方言，從地理上劃分，首先可以分出官話系和非官話系兩大部分，每一部分再按方言區别，分出更小的類。乙類可根據它們的描寫對象而分，有上古音系、《廣韻》音系、《切韻指南》音系、平水韻音系四個系列。丙類包含着多種類型的聲母系統和韻母系統，一部韻書聲母的條件和韻母的條件往往不能統一起來，我們從聲母的角度爲它們進行分類，共分三小類：以三十六字母作爲聲母體系的爲一類，删并三十六字母但是仍保存全濁聲母的又爲一類，完全取消全濁聲母的（即所謂‘化濁入清’）的又爲一類。”

（6）葉寶奎《明清官話音系》將明清官話音系分爲四大類：①明代前期官話音，代表性韻書如《洪武正韻》《韻略易通》《中原音韻》《中州樂府音韻類編》《瓊林雅韻》《洪武正韻譯訓》《四聲通解》等；②明代後期官話音，代表性韻書如《西儒耳目資》《韻略匯通》《書文音義便考私編》等；③清代前期官話音，代表性韻書如《五方元音》《音韻闡微》《諧聲韻學》等；④清代後期官話音，代表性韻書如《李氏音鑒》《古今中外音韻通例》等。

（7）甯忌浮《漢語韻書史》（明代卷）似將明代韻書别爲七大類：①《洪武正韻》系韻書，代表性韻書如《併音連聲韻學集成》《重編廣韻》《洪武正韻箋》等；②“詩韻”韻書，代表性韻書如《詩韻釋義》《詩韻輯要》《文會堂詩韻》等；③“古今韻”韻書，代表性韻書如《韻經》《同文鐸》《古今字韻全書集韻》等；④官話韻書，代表性韻書如《中原雅音》《韻略易通》《交泰韻》《合併字學集韻》《元韻譜》等；⑤方言韻書，代表性韻書如《併音連聲字學集要》《元聲韻學大成》《韻會定正》等；⑥曲韻韻書，代表性韻書如《瓊林雅韻》《詞林韻釋》《中州全韻》等；⑦律韻韻書，代表性韻書如《聲律發蒙》《正音捃言》等。

以上七家，有的專門爲音系而不是爲韻書分類，但其間涉及許多韻書的音系歸屬，客觀上也隱現出了韻書的類别；有的雖專門爲韻書分類，却僅以語音爲標準，未免有將音系類别、韻書類别混爲一談之嫌。

筆者認爲，韻書類别與所反映的音系類别，未必完全吻合。如《古今韻會舉要》《洪武正韻》《合併字學集韻》《元韻譜》《音韻闡微》等，都以"按四聲分韻"體式編纂，但它們的音系都不同程度地反映了近代音的特徵，與同樣以"按四聲分韻"體式編纂的隋唐"《切韻》系韻書"所反映的中古音系迥异。

因此，欲釐清韻書類别，首先應抉破語音史研究範式（Paradigm）的藩籬，不能僅憑音系單一標準，還應充分考慮韻書體式、内容、傳承關係等多重標準爲韻書分類。

不通讀歷代韻書，不體察韻書傳承關係，不熟諳韻書編纂體式，不詳審韻書所反映的音系或語音特徵，率爾爲韻書分類，其結論終難允洽。

筆者以弇陋之資，肆習之餘，踵繼前賢，將傳世、佚而可考的韻書按體式、音系、傳承關係等别爲七大類二十小類，期於韻書分類粗有推衍。兹表列如下（爲節約版面起見，表格將"韻書舉例"欄各書書名號一概省去）：

**表 10 漢語韻書分類**

| 漢語韻書類別 | | | | 韻書舉例 |
|---|---|---|---|---|
| 大類 | | 小類 | | |
| 1 | 《切韻》系韻書 | ① | “切韻—唐韻”系韻書 | 切韻（601）、刊謬補缺切韻（706）、唐韻（732 之後）①、李舟《切韻》（?）等 |
| | | ② | “廣韻—集韻”系韻書 | 廣韻（1008）、集韻（1039）等 |
| | | ③ | 《禮部韻略》系韻書 | 禮部韻略（1037）、附釋文互注禮部韻略（1223—1262）②、增修互注禮部韻略（1223）、押韻釋疑（1239）、紫雲先生增修校正押韻釋疑（1264）等 |
| | | ④ | 古文形體韻書 | 古文四聲韻（1044）、集篆古文韻海（1119）、隸韻（1175）、漢隸字源（1197）等 |
| | | ⑤ | “平水韻”（或“詩韻”）系韻書 | 新刊韻略（1229）、壬子新刊禮部韻略（1252）、古今韻會舉要（1297）、韻府群玉（1307）、佩文韻府（1711）、佩文詩韻（1711 前後）③、音韻闡微（1726）、詩韻析（1935）等 |

① 據王國維（1999：364—371）考證，《唐韻》有開元二十一年（733）本和天寶十年（751）本。

② 參李子君（2016：189）。

③ 甯忌浮先生（2021：91）認爲“《佩文詩韻》從《佩文韻府》剥離下來獨立成書，或即在乾隆二十二年，公元 1757 年”。然謝有煇康熙五十五年丙申（1716）《佩文詩韻箋注·序》云：“予素不能詩，故未熟於韻。歲丙申功令以五言長律六韻易闈中判語，因不免爲獺祭魚之舉。”（謝有煇、陳培脉，1716）又乾隆《音韻述微·御制序》云“我皇祖欽定《佩文詩韻》，頒示中外”，“兹復命詞臣恭依《佩文詩韻》，并稡《廣韻》《集韻》之字，删冗存英，爲《音韻述微》”，“至諸家分韻皆二百六部，然其中有通用、有獨用。同用者，名雖分而實合。是以元陰時夫撰《韻府群玉》於獨用者仍之，通用者并之，即今《佩文韻府》所因也”（梁國治等，1986：853 下右、854 上左、854 下右）。乾隆序文將《佩文詩韻》與《佩文韻府》并舉，開篇明言“我皇祖欽定《佩文詩韻》，頒示中外”，足見《佩文詩韻》當成書於康熙時期，與《佩文韻府》屬詳略二書。然其成書時間是否早於《佩文韻府》，則待考。

**續表**

| 漢語韻書類別 | | | | 韻書舉例 |
|---|---|---|---|---|
| 大類 | | 小類 | | |
| 1 | 《切韻》系韻書 | ⑥ | 《洪武正韻》系韻書 | 洪武正韻（1375）、併音連聲韻學集成（1460）、重編廣韻（1549）、三臺館仰止子考古詳訂遵韻海篇正宗（1598）、辨音纂要（1624）、洪武正韻箋（1626）、陳明卿太史考古詳訂遵韻海篇朝宗（?）等 |
| 2 | "五音切韻"系韻書 | ① | 《五音集韻》系韻書 | 五音集韻（1141—1149）[①]、改併五音集韻（1208）、合併字學集韻（1606）、元韻譜（1611）、古今字韻全書集韻（?）、正音捃言（1573—1620）[②] 等 |
| | | ② | 蒙學韻書 | 韻略易通（1442）、音韻集成（1615—1642）、韻略匯通（1642）、五方元音（1654—1664）[③]、增補萬韻新書（1741）[④] 等 |
| 3 | 曲韻系韻書 | ① | 《中原音韻》系韻書 | 中原音韻（1324）、中州音韻類編（?）、瓊林雅韻（1398）、詞林韻釋（1483）、中州音韻（1503）、重訂中原音韻（1601）、中州全韻（1631）、中州音韻輯要（1781）、新訂中州全韻（1791）等 |
| | | ② | "詩曲合璧"韻書 | 詩詞通韻（1685）、音韻須知（1690）、詩詞韻該（1746）、詩詞韻輯二種（1865）等 |
| | | ③ | "入聲獨立"韻書 | 曲韻驪珠（1746）等 |

---

① 金皇統年間（1141—1149）洨川（今河北趙州）荊璞將《廣韻》《集韻》合并，用三十六字母排列小韻，撰成《五音集韻》（甯忌浮，2016：16）。

② 參唐作藩（1980）。

③ 參龍莊偉（1988）。

④ 《增補萬韻新書》又名《五音正韻萬韻書》，乾隆六年（1741）係劉振統刊印時間。

**續表**

| 漢語韻書類別 | | | | 韻書舉例 |
| --- | --- | --- | --- | --- |
| 大類 | | 小類 | | |
| 4 | 古今韻合編韻書 | | | 韻經（1538）、詩韻輯略（1569）、古今韻分注撮要（1591）、古今韻學釋要（1605）、蘇氏韻輯（1613）、同文鐸（1633）等 |
| 5 | 律韻韻書 | | | 聲律發蒙（1442）、詩對押韻（1453）、詩學唐韻（?）、律諧（?）等 |
| 6 | 時音系韻書 | ① | 官話韻書 | 文韻考衷六聲會編（1581）、書文音義便考私編（1586）、交泰韻（1603）、讀書通（1623）等 |
| | | ② | 方言韻書 | 韻會定正（1390）、類聚音韻（1534）、韻要粗釋（1557）、併音連聲字學集要（1561）、音韻正訛（1644）、戚參軍八音字義便覽（?）等 |
| 7 | 對音韻書 | ① | 西夏文韻書 | 文海（?）、音同文海寶韻合編（1132）、五音切韻（1173）① |
| | | ② | 八思巴文—漢語對音韻書 | 蒙古字韻（1270—1275） |
| | | ③ | 諺文—漢語對音韻書 | 東國正韻（1447）、洪武正韻譯訓（1455）、四聲通解（1517）、三韻聲彙（1746）、華東正音通釋韻考（1747）、奎章全韻（1796）等 |
| | | ④ | 羅馬字—漢語對音韻書 | 西儒耳目資（1626） |
| | | ⑤ | 蒙古文—漢語對音韻書 | 蒙漢合璧五方元音（1917） |

需要特別申明，本表將西夏文韻書列爲一個小類，基於以下考

① 西夏韻書《五音切韻》刊布於《俄藏黑水城文獻》第7册内，有甲（No. 620）、乙（No. 621）、丙（No. 622）、丁（No. 623）、戊（No. 624）、己（No. 7192）6種寫本。據史金波等（1997：277）考證，甲種本成稿於西夏乾祐癸巳年（1173），兹從史説。

慮：目前發現的“西夏文—漢語對音”文獻，首推成書於西夏乾祐二十一年（1190）的《番漢合時掌中珠》，但該書屬對音資料，而非韻書，本表不將其列入。《文海》《音同文海寶韻合編》《五音切韻》等係西夏文韻書，非真正意義上的“西夏文—漢語對音”韻書。然西夏文韻書深受漢語韻書影響，西夏文韻書語音結構是通過與漢字對音來展現的，如《五音切韻·夏惠宗御制序》云：“今觀看諸書，有西蕃、漢人之《切韻》。今文字之五音者，平上去入，各依字母明之，分析清濁平仄，別示輕重，明上下章，呼應切字，陳攝韻母，爲文藏本，集斂尋處，永久不忘，當傳行也。以朕之功德力量，今《切韻》者因依時修畢，國家之需要，實智慧增盛之本。……故因建立《五音切韻》者，統攝《文海寶韻》名義之字，不雜混用之綱紀，當知此義。”（轉引自賈常業，2020：4）研究西夏文韻書對全面認識唐宋漢語韻書良有裨益，是以本表將西夏文韻書《五音切韻》等列入。

## 四、韻書基本特徵

後世韻書多是在前代韻書基礎上，或增修，或減縮，或改并，或重編。但“有傳承關係的韻書，其語音結構往往不相同，甚至迴异”（甯忌浮，1997：40）。所以，考察漢語韻書的基本特徵，我們主要着眼於韻書編纂體式、韻部分合、切語改易和注釋增删等之盱衡，音系特徵僅視爲必要之參考。

兹按七大類二十小類將漢語韻書之基本特徵，縷述如下：

### （一）《切韻》系韻書

“《切韻》系韻書”纂修史之時限——上自隋仁壽元年（601），

下迄民國二十四年（1935），共1334年的歷史。

陸法言撰著《切韻》，爲《切韻》有學之始。然法言著述，初衷不過“私訓諸弟子”，“直欲不出户庭”，此私學也。唐世長孫訥言、王仁昫、孫愐、郭知玄、裴務齊、李舟諸人，對《切韻》或刊謬補缺，或訂正文字，或增補訓釋，從《切韻》的193韻，《唐韻》《刊謬補缺切韻》的195韻，徐鍇《説文解字篆韻譜》的203韻，到李舟《切韻》、徐鉉《説文解字篆韻譜》的205韻，分韻愈來愈精細。然縱觀唐五代韻書，要皆以一己之力爲之，亦私學也。

北宋韻書編纂漸由私修轉爲官修，如《廣韻》《禮部韻略》《集韻》等，且分韻數量達到極點，“二百零六韻”定型。宋代韻書編纂的五大特徵（參李子君，2016：26—35），超邁隋唐五代，元明清弗逮，空前絶後，將“《切韻》系韻書”的編纂推向了鼎盛的巔峰。

此後歷代著名的大型韻書，無論官修還是私修，也無論分部是否有差，基本都以“按四聲分韻”的“《切韻》系韻書”體式編纂，如金之荆璞《五音集韻》、韓道昭《改併五音集韻》等；元之王文郁《新刊韻略》，陰時夫、陰中夫《韻府群玉》，黄公紹、熊忠《古今韻會舉要》，孫吾與《韻會定正》等；明之宋濂等《洪武正韻》、章黼《併音連聲韻學集成》、潘恩《詩韻輯略》、吕坤《交泰韻》等；清之張廷玉等《佩文韻府》，《佩文詩韻》，李光地、王蘭生《音韻闡微》，《諧聲韻學》（1699—1702）[①] 等；以迄民國夏敬觀《今韻析》（1935），莫不如此。

“《切韻》系韻書”自20世紀初定名以來，歷時一個多世紀，從

① 趙蔭棠（1931）説：“《諧聲韻學》之修纂，由避諱字樣斷起來，亦在康熙之世，其確切的時間雖不能斷，恐怕也在四十年左右。”推斷該書刊行時間在康熙三十八年（1699）到四十一年（1702）之間。

未有學者提出分期學説。筆者首次將“《切韻》系統韻書纂修史”分作四期：1. 奠基時期；2. 鼎盛時期；3. 嬗變時期；4. 衰落時期。[①]該系韻書最基本的特徵是“四聲分統諸韻”，其體式前文已揭，兹不重述。

## （二）“五音切韻”系韻書

宋金時代，“切韻學”蓬勃發展，金代學者的審音能力達到了新的高度，他們用“切韻學”理論對《廣韻》《集韻》做了精審的分析，指出《廣韻》《集韻》的許多謬誤，所謂“開合無异，等第俱同”“山删、獮銑、鰜檻、庚耕、支脂之本是一家，怪卦夬何分三類?”宋金“切韻學”取得的輝煌成就，提升了漢語韻書編纂的科學水平，音韻學家開始“陳其字母，序其等第”（韓道昭，1992：1—2上），一種“等韻化”（耿振生，1992：14）的新型韻書——“五音切韻”型韻書登上了漢語韻書史舞臺。

該編纂“範式”主要將第二時期——“鼎盛期”的韻書，與唐宋夏金元的“切韻圖”糅合成新形式，故筆者又將這一時期命名爲“五音切韻時期”，將這種類型的韻書稱爲“五音切韻”系韻書。

金代“五音切韻”系韻書的代表是佚名《廣集韻》、荆璞《五音集韻》、韓道昭《改併五音集韻》等。它們用三十六字母標注小韻，五音清濁、開合等第，井然有序，一目了然；兼之删并韻部、吸收鮮活時音，使“《切韻》系韻書”的聲韻調系統鬆動、分化，漢語韻書編纂向科學化邁進了一大步，向反映實際語音的軌道發展，漢語語音史跨入近代音階段；將韻圖與韻書密切結合，創造性建立了韻書編纂

① 參拙著《切韻學史》第一卷第一章第五節“切韻學史之分期”，待出版。

更加科學化的新體制，進一步豐富了漢語韻書的編纂模式，影響遠及明清一系列的蒙學韻書，如莫銓《音韻集成》、劉振統《增補萬韻新書》等。

## （三）曲韻系韻書

該系韻書始祖是《中原音韻》，分部歸部基本一遵《中原音韻》，數量一般在 18 至 20 之間。其體式特徵，前文已述及，兹亦不復贅言。

## （四）古今韻合編韻書

“古今韻”之“今韻”，明清人都謂“沈韻”“唐韻”“詩韻”或“平水韻”，其實主要是按 106 韻或 107 韻分韻，基本體式亦“四聲分統諸韻”。明人承襲的主要是《韻府群玉》（106 韻）和《古今韻會舉要》（107 韻）。承襲《韻府群玉》的如潘恩《詩韻輯略》、龔大器《古今詩韻釋義》（1580）、潘雲杰與陸鑨《古今韻學釋要》、蘇茂相《蘇氏韻輯》、吕維祺《音韻日月燈・同文鐸》、梁應圻《詩韻釋略》（1636）、佚名《古今韻》（?）等；承襲《古今韻會舉要》的有陳士元與甘雨《古今韻分注撮要》、方日昇《古今韻會舉要小補》（1596）；楊時喬《古今字韻全書集韻》則承襲《改併五音集韻》。

“古今韻”之“古韻”分部大多承襲自吴棫《韻補》，將其附於“今韻”韻部之後。潘雲杰、陸鑨《古今韻學釋要》）雖將“古韻”獨立成帙，但他們對“古韻”并無真正研究。故毛奇齡（1685：13 左）謂：“世所行古韻通轉注之各韻之下者，則皆從棫本參變之。”

古今韻合編的韻書，實爲“詩韻”類韻書之别種，“今韻”功用欲爲格律詩創作提供標準，“古韻”欲爲古體詩創作提供標準。張之象（1578）云：“凡爲齊梁近體沈宋新聲，從今韻可也；若騷選賦誄銘箴贊頌之類，則須從古韻爲當。”潘雲杰（1605）亦云：“凡爲近體詩可從沈韻，若騷賦歌行箴贊之類，須用古韻。”

當然在討論“古韻”通、叶時，涉及古韻分部的研討，個別有突破吴棫《韻補》之處，如方日昇《古今韻會舉要小補》即揭示出古韻江與東通，而不與陽通；真與庚不通用、侵與真庚不通用等。

## （五）律韻韻書

所謂“律韻”韻書，或可稱“試韻”韻書，即與律詩押韻相關的韻書。毛奇齡（1685：13左）云：“古來韻書，原不單爲詩設，即今韻書係唐宋試士而設，然尚有詞賦諸條，不專試詩。且即詩一條，亦只用作律詩，與古詩諸體絶不相干。則今韻但名‘律韻’（謂律文律詩），即不然當謂之‘試韻’。”律韻韻書韻目多以“平水韻”爲據，“近體詩以平聲爲正則，仄韻非常罕見”（王力，1982：50）。故律韻韻書只有上平15韻、下平15韻，共30韻。如佚名《詩學唐韻》、程元初《律古詞曲賦叶韻統》（1632）等皆然。亦有不用“平水韻”者，如蘭茂《聲律發蒙》、王荔《正音捃言》等。更有用《禮部韻略》韻目、韻次分韻者，如耿純《詩對押韻》。

## （六）時音系韻書

《顔氏家訓·音辭篇》云：“夫九州之人，言語不同。生民已來，固常然矣。”從理論上講，韻書是反映不同歷史時期語音的最直接的材料，不同歷史時期的方音概貌，都應該能够通過這一最直接的材料反映出來。

然而，實際的情況却遠非如此簡單。漢語韻書史上，幾乎没有一位音韻學家公開闡明自己的著作是忠實記録方音的；恰恰相反，許多人都標榜自己的著作是“天地元聲、天下之通音”，而且是“萬古不易”的（濮陽淶，1580）。現代學者之所以能將這些音韻文獻劃分爲“官話方言、方言韻書、混合型韻書”等等，是因爲語音史研究的“預設”（presupposition）。“預設”使學者觀察音韻文獻時，聚焦點發生了不同的變化，其價值判斷、取向也就隨之左右摇擺、上下浮沉。

史華兹（Benjamin Schwartz，1977：3）説：“思想史的中心課題就是人類對於他們本身所處‘環境’（situation）的‘有意識反應’（conscious responses）。”世界上其實本來無所謂焦點和背景，只是觀看者有了立場、有了視角、有了當下的興趣，這時看過去，便有了焦點和背景之分，面前的世界也就有了所謂清晰和模糊之别。當下漢語韻書史研究的旨趣與方向，亦取決於研究者對所處“環境”的“有意識反應”。

筆者歷時6載，足迹遍歷12省市，“觸角”遠伸海外，旁搜遠紹，對明清官話韻書、韻圖進行了“地毯式”探訪，甄别之、比勘之、考校之，爬羅剔抉，意欲存明清官話韻書、韻圖之簿録。經過甄别捃選，知明清以迄民國反映官話語音特徵的韻書、韻圖文獻共計177部，其中全面或直接反映官話音系者纔59部（李子君，2019：17—61）。由此即可見語音史研究“預設”狹隘視閾之一斑。

雖然明清最直接反映官話、方音的韻書、韻圖較少，但仍可藉之略窺明清方言分區之大概，故本文仍將其别立爲一類。

## （七）對音韻書

該系韻書主要指以西夏文、八思巴文、諺文、羅馬字和蒙古文對譯漢語的韻書。該系各小類基本各爲一體，没有傳承關係。每個小類幾乎都承襲一定的漢語韻書，如《文海》《音同文海寶韻合編》承襲《切韻》系韻書，《東國正韻》《洪武正韻譯訓》等承襲《洪武正韻》，《蒙漢合璧五方元音》承襲《五方元音》。也有不依傍前代韻書而自創體式的，如《蒙古字韻》《西儒耳目資》。

限於篇幅，以上僅依筆者所分七大類二十小類，對漢語韻書的基本特徵做簡要總括，詳細考論，請參見拙著《切韻學史》（待出版）第一卷“切韻系韻書纂修史”相關章節。

## 參考文獻

《中國語言學大辭典》編委會（編），1992，《中國語言學大辭典》，江西教育出版社。

曹述敬（主編），1991，《音韻學辭典》，湖南出版社。

耿振生，1992，《明清等韻學通論》，語文出版社。

韓道昭，1992，《校訂五音集韻》，甯忌浮校訂，中華書局。

賈常業，2020，《西夏韻書〈五音切韻〉解讀》，甘肅文化出版社。

蘭茂，2002，《韻略易通》卷上，《續修四庫全書》編纂委員會（編）《續修四庫全書》第259冊，上海古籍出版社。

黎錦熙（主編），1950，《增注中華新韻》，商務印書館。

黎錦熙，1957，《漢語詩韻·黎序》，王惠三《漢語詩韻》，中華書局。

李新魁、麥耘，1993，《韻學古籍述要》，陝西人民出版社。

李子君，2003，《〈音韻集成〉對〈韻略匯通〉的影響》，《中國語文》第3期。

李子君，2012，《日藏宋本〈禮部韻略〉刊印時間及版本問題》，《齊齊哈爾大學學報》（哲學社會科學版）第4期。

李子君，2014，《新發現北宋本〈禮部韻略〉刊印時間考辨——〈珍貴典籍的重大發現〉續貂》，張福貴（主編）《華夏文化論壇》第9輯，吉林文史出版社。
李子君，2016，《宋代韻書史研究——〈禮部韻略〉系韻書源流考》，社會科學文獻出版社。
李子君，2019，《静披典籍堪師古，采銅於山鑄新器——〈近代漢語官話方言韻書韻圖文獻集成〉述首》，《近代漢語官話方言韻書韻圖文獻集成》，商務印書館。
梁國治等，1986，《欽定音韻述微》，《景印文淵閣四庫全書·經部》第240册，臺北商務印書館。
劉勰，2006，《文心雕龍·聲律》，范文瀾注，人民文學出版社。
龍果夫，1959，《八思巴字與古漢語》，唐虞譯，羅常培校訂，科學出版社。
龍莊偉，1988，《略説〈五方元音〉》，《河北師範學院學報》（哲學社會科學版）第2期。
羅常培，1963，《論龍果夫的〈八思巴字和古官話〉》，《羅常培語言學論文選集》，中華書局；原載《中國語文》1959年第12期。
羅常培，2008，《論龍果夫的〈八思巴字和古官話〉》，《羅常培文集》，山東教育出版社。
羅常培、蔡美彪（編著），2004，《八思巴字與元代漢語》（增訂本），中國社會科學出版社。
吕坤，2002，《交泰韻》，《續修四庫全書》編纂委員會（編）《續修四庫全書》第251册，上海古籍出版社。
吕維祺，1633，《音韻日月燈·同文鐸》，崇禎六年志清堂刻本。
毛奇齡，1685，《論例》，《古今通韻》，康熙二十四年史館刻本，學者堂藏版。
莫銓，無年代，《音韻集成》，清抄本。
甯忌浮，1995，《平水韻考辨》，《中國語言學報》第7期。
甯忌浮，1997，《古今韻會舉要及相關韻書》，中華書局。

甯忌浮，2009，《漢語韻書史》（明代卷），上海人民出版社。
甯忌浮，2016，《漢語韻書史》（金元卷），上海人民出版社。
甯忌浮，2018，《讀韻書四十五年》，《吉林社科報》4 月 15 日第 3 期。
甯忌浮，2021，《讀〈佩文詩韻〉》，耿振生、陳燕、孫玉文（編）《語苑探賾——慶祝唐作藩教授九秩華誕文集》，商務印書館。
潘雲杰，1605，《凡例》，潘雲杰、陸鑨（編纂）《古今韻學釋要》，萬曆三十三年刻本。
駢宇騫、王鐵柱（主編），1999，《語言文字詞典》，學苑出版社。
濮陽淶，1580，《元聲韻學大成》，萬曆八年刻本。
桑紹良，2002，《文韻考衷六聲會編》卷一，《續修四庫全書》編纂委員會（編）《續修四庫全書》第 255 册，上海古籍出版社。
史華兹，1977，《關於中國思想史的若干初步考察》，張永堂等（譯）《中國思想與制度論集》，臺北聯經出版事業公司。
史金波等（主編），1997，《俄藏黑水城文獻》第 7 册，上海古籍出版社。
唐作藩，1980，《〈正音捃言〉的韻母系統》，《中國語文》第 1 期。
唐作藩（主編），2007，《中國語言文字學大辭典》，中國大百科全書出版社。
王國維，1999，《書吴縣蔣氏藏唐寫本〈唐韻〉後》，《觀堂集林》卷 8，中華書局。
王力，1982，《漢語詩律學》，上海教育出版社。
王麗艷、趙曉慶，2017，《金代韻書〈廣集韻〉考略》，《語文研究》第 1 期。
王業弘，1590，《韻釋便覽・序》，萬曆十八年刻本。
謝有煇、陳培脉，1716，《佩文詩韻箋注》卷首，康熙五十五年刻本。
葉寶奎，2001，《明清官話音系》，厦門大學出版社。
張之象，1578，《凡例》，《韻經》，萬曆六年李良柱刻本。
趙誠，1979，《中國古代韻書》，中華書局。
趙蔭棠，1931，《〈諧聲韻學〉跋》，《中法大學月刊》第 1 卷第 3 期。

中國大百科全書總編輯委員會《語言文字》編輯委員會（編），1992，《中國大百科全書·語言文字》（第 2 版），中國大百科全書出版社。

周德清，1978，《中原音韻》，中華書局。

周國光，1987，《韻書的體例和古典音序編排法》，《安徽教育學院學報》（社會科學版）第 3 期。

周祖謨（校），2011，《廣韻校本（附廣韻四聲韻字今音表）》（第 4 版），中華書局。

# 《重訂司馬温公等韻圖經》中的方俗音*

梁慧婧

## 一

《重訂司馬温公等韻圖經》（簡稱《圖經》），爲《合併字學篇韻便覽》（簡稱《便覽》）之韻圖，和韻書《合併字學集韻》（簡稱《合韻》）、字書《合併字學集篇》（簡稱《合篇》）相輔相成，構成三位一體的小學辭書。《便覽》成書與刊刻均在明萬曆三十四年（1606）左右，作者是張元善還是徐孝，學界説法有分歧。原書題爲“特進榮禄大夫柱國惠安伯永城張元善校刊、金臺布衣居士徐孝合并”，校刊就是校訂刊刻，合并就是將《五音集韻》的分韻、《四聲篇海》的部首減少歸并的意思。張元善有世襲爵位，雖食邑永城（今商丘），但居京城日久，徐孝爲順天布衣，他們志趣相投，因此合作編訂了這部反映當時北京語音的辭書。

《圖經》藏本有五種：西北師範大學藏本、江西圖書館藏本、原北平圖書館藏本、臺灣師範大學藏本、陸志韋所録本。其中西北本、江西本是《便覽》全本，《合韻》《合篇》《圖經》俱全。北圖本則只有《合韻》《圖經》，臺師大本只有《圖經》，陸志韋《記徐孝〈重訂司馬

* 本文原載華學誠主編：《文獻語言學》第6輯，中華書局2018年，第176—190頁。

温公等韻圖經〉》也抄録了《圖經》。根據我們比較，幾個藏本的内容大同小异。臺師大本比較特殊，没有任何的邊欄、界格，也没有魚口，韻圖很重視排列這件事情，没有界格，實屬罕見，另外有三處缺字，應是抄本。陸本有幾處和其他本也不同，不知是抄録的訛誤，還是所依底本的訛誤。北圖本和江西本有兩處小小的不同，而西北本和江西本則是一致的。本文的研究以西北本爲依據。

《便覽》當中，《圖經》最早受到重視，相關研究也更爲深廣。這是因爲，《便覽》全本不易得，早期的研究者陸志韋稱他獲得的《圖經》是與《合篇》在一起的，因缺少《合韻》，音韻研究自然只使用《圖經》。趙蔭棠的研究底本，應該是臺師大本，只有《圖經》一種。可見當時因《便覽》全本不易獲得，因此衆人的關注點都落到了《圖經》上，直到現在，但凡講到官話研究的，莫不以《圖經》爲重要材料。

目前，對《圖經》音系的專門研究有：趙蔭棠《重訂司馬温公等韻圖經述》、陸志韋《記徐孝〈重訂司馬温公等韻圖經〉》、耿振生《明清等韻學通論》、薛鳳生《徐孝的重訂韻圖》、郭力《等韻圖經研究》及相關文章、周賽華《合併字學便韻便覽研究》及相關文章。對於《圖經》的音系基礎，各家均認爲它反映了明代時期的北京語音。對其音系的構擬，各家觀點也是大同小异。除周賽華將《圖經》與《合韻》結合起來研究外，其餘諸家并未多參考《合韻》；然而周賽華的研究重點又并不全在《圖經》。本文則擬從《圖經》出發，結合《合韻》去分析《圖經》中白字陰文的方俗音特點。由此來探究《圖經》所反映的北京音系中包含的文白層次，以及這些層次對今天普通話讀音的影響。

## 二

《圖經》中區分有形等韻和無形等韻。有形等韻是有音有形的聲韻結合形式，表現在韻圖中就是有文字的位置；無形等韻則是不存在的聲韻結合形式，用○來表示，這是一切韻圖一致的地方。《圖經》的特別之處在於有形等韻之下還分黑字陽文和白字陰文（見圖 1）。經研究，我們發現黑字陰文所代表的是音系比較穩定的部分，和前代的音系有着傳承關係，屬於讀書音系統；而白字陰文所代表的則是比較邊緣的、口語化的部分，并不遵循讀書音的音變規則。以下我們具體分析這些白字陰文。

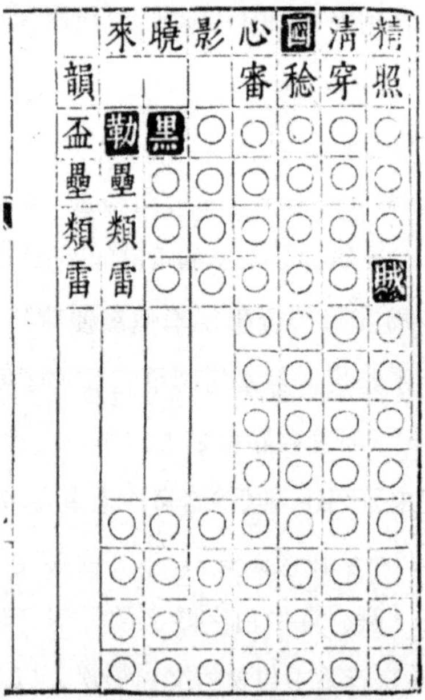


**圖 1 《圖經》等韻圖**

## （一）通攝

1. ⿰目更，《漢語大字典》未收。《圖經》此處依據《合韻》如聲[①]箇楞切，約合今音 géng[②]。讀書音系統中不送氣塞音、塞擦音與鼻音韻母相拼時，不讀陽平，可知此音不合讀書音[③]音變規律。《合韻》訓“竊尅”，《合篇》訓“竊取”，義爲“偷竊”，應屬方俗詞[④]。

2. 藤，《集韻》他登切、他等切。《圖經》此處依據《合韻》平聲貪耿切，繼承了《集韻》他等切，約合今音 těng。貪耿切下只有“藤”一字，今普通話中無此音節，訓“倰藤[⑤]，長貌”，應屬方俗聯綿詞的特殊讀法。

3. 蹬，《集韻》都騰切。《合韻》平聲丹增切，繼承了此音，約合今音 dēng。《圖經》此處依據《合韻》平聲乃登切，約合今音 nēng，乃登切下只有“蹬”“⿱登手”二字。讀書音系統中泥母平聲字變陽平，此處讀陰平，訓“蹬蹬[⑥]，立皃”，應屬方俗疊音詞的特殊讀法。

---

① 《合韻》分平、上、去、如四聲，如聲相當於今陽平。

② 今音用漢語拼音來注音。

③ 讀書音主要依據《廣韻》，從《廣韻》到《合韻》讀書音有着整齊的對應規律。

④ 判定一個詞是方俗詞的依據：第一，在前代典籍中未載；第二，讀音與讀書音系統不合；第三，有方言文獻書證或今方言的證據。第三條往往不能具備，所以只要具備前兩條，我們就判定“應屬方俗詞”，如果有第三條，那麼就可定論爲“確屬方俗詞”。典籍中未載，只是一個充分條件，不是必要條件，也就是説典籍中未載，説明它是方俗詞的可能性大，但并不能説方俗詞一定不存在於典籍中，《集韻》這樣“務求賅備”的韻書中，有很多的方俗詞。

⑤ 《漢語方言大詞典》“倰”字下有“倰儯”“倰僜”二詞，皆倰藤之變體，膠遼官話中爲“大而無用”義，中原官話爲“直”義，晋語中則有“不曉事”之義，皆“長貌”義的引申。筆者方言，今山西平遥話中，“不曉事”義，讀꜀tʰəŋ，藤或爲其本字。

⑥ 《漢語方言大詞典》“蹬”字下，北京官話、冀魯官話、江淮官話、吴語皆有“蹬蹬”一詞。筆者方言，今山西平遥話中，“小兒學立”即讀鼻音꜀nəŋ，與此處讀音相合。

4. [illegible]，《漢語大字典》未收此字。《圖經》此處依據《合韻》平聲碾京切，約合今音 nīng，其音下只有此字。讀書音系統中泥母平聲字變陽平，此處讀陰平，訓“纖微也”，應屬方俗詞。

5. 撈，《漢語大字典》未收。《圖經》此處依據《合韻》平聲覽增切，約合今音 lēng，其音下只有“撈”“倰”二字。讀書音系統中來母平聲字變陽平，此處讀陰平，訓“擊也”，[1] 應屬方俗詞。

6. 噥，《廣韻》奴冬切、女江切，《合韻》如聲那皖切繼承了《廣韻》奴冬切，訓“多言不中”，約合今音 nóng。《圖經》此處依據《合韻》平聲笯公切，約合今音 nōng。讀書音系統中泥母平聲字變陽平，訓“咕噥”，應屬方俗聯綿詞的特殊讀法[2]。今普通話讀輕聲。

7. [illegible]，《廣韻》莫紅切，《合韻》如聲模籠切繼承了此音，約合今音 méng。《圖經》此處依據《合韻》平聲卯翁切，約合今音 mēng。讀書音系統中明母平聲字變陽平，此處讀陰平，訓“霿霿”，應屬聯綿詞的方俗讀法。

8. 踵，《廣韻》之隴切，《合韻》上聲專冗切繼承了此音，約合今音 zhǒng。《圖經》此處依據《合韻》去聲梳銃切，約合今音 shòng，今普通話中無此音節，亦訓“跟也”，應屬方俗音。

9. 褈，《廣韻》尺容切、直容切，《合韻》平聲川中切、船戎切繼承了此音，約合今音 chōng 或 chóng。《圖經》此處依據《合韻》如聲誰蟲切，約合今音 shóng，今普通話中無此音節，應屬方俗音，體現了船母字在讀書音和方俗音中不同的演變路徑。

---

① 《漢語方言大詞典》有“撈”字，西南官話中爲“摔、捻”義，與此處義不合。筆者方言，今山西平遥話中，“擊打”義正讀 ꜀ləŋ。

② 聯綿詞儘量追求上下字聲調一致，但在音變的過程中，有些聯綿字的聲調會變得不一致，但活躍在口語中的方俗聯綿詞，則會自動調整，仍然保持上下字聲調一致。

10. 竉，《廣韻》力董切，《合韻》上聲樂總切繼承此讀音，約合今音 lǒng。《圖經》此處依據《合韻》平聲魯東切，約合今音 lōng，訓“窟竉”，應屬方俗聯綿詞的特殊讀法。今普通話讀輕聲。

## （二）止攝

1. 妮，《廣韻》女夷切，《合韻》如聲年集切繼承了此音，約合今音 ní。《圖經》此處依據《合韻》平聲碾雞切，約合今音 nī。讀書音泥母平聲字變陽平，此處讀陰平，應屬方俗音。此切下只有“妮”字，訓“俗，女稱妮”，清楚地標明其方俗音性質。今北京口語中讀陰平。

2. 矀，《廣韻》武悲切、無非切，《合韻》如聲吾切繼承了此音，約合今音 wéi。《圖經》此處依據《合韻》平聲妙低切，約合今音爲 mī，其音下只有“矀”及其异體字，應屬方俗音。無注釋，或同“瞇眼”之“瞇”①，或由《廣韻》所載“伺視”義引申而來。

3. 柌，《廣韻》似兹切，訓“鐮柄”。讀書音的音變規律，邪母止攝多變清母，所以“詞、祠”等字《合韻》讀平聲才而切，約合今音 cí。但“柌”字，《合韻》只有如聲賽慈切，約合今音 sí，今普通話無此音節，應屬方俗音。體現了邪母字在讀書音和方俗音中不同的演變路徑。

4. 踚，《集韻》有“𨁂”字，勒没切，約合今音 lù。《圖經》此處依據《合韻》平聲倫沮切，約合今音 lū，讀書音來母平聲字變陽平，此處讀陰平，訓“跚𨁂，蛇行草中”，應屬方俗聯綿詞的特殊讀法。

---

① 陸志韋《北京話單音詞詞彙》（1956）中有“瞇着眼睛笑”。

## （三）祝攝

1. ⿰口谷，《廣韻》古禄切，《合韻》去聲官禄切繼承了此音，約合今音 gù。《圖經》此處依據《合韻》如聲貢盧切，約合今音 gú，今普通話無此音節，其音下只有“⿰口谷”“嚳”二字，《合韻》讀書音清入變去，此處讀陽平，應屬方俗音。訓“鳥鳴”，爲擬聲詞的特殊讀法。

2. 摸，《廣韻》《集韻》等韻書不收。《圖經》此處依據《合韻》平聲滿烏切，約合今音 mū，讀書音明母平聲字變陽平，此處讀陰平，《合韻》訓“糢糊”，應屬方俗聯綿詞的特殊讀法，今北京口語中保留了此音。

3. 俗，《廣韻》似足切，《合韻》如聲旋渠切繼承了此音，約合今音 xú。《圖經》此處依據《合韻》平聲隨蒲切，約合今音 sú，其音下只有“俗”“㐰”兩個字，應屬方俗音。《廣韻》屬三等韻，《圖經》變入一等，今普通話以俗爲正。

4. 育，《廣韻》余六切。《圖經》y 韻母已經形成，所以其讀書音應在止攝合口篇中，《合韻》讀去聲淵句切，約合今音 yù。但《圖經》此處依據《合韻》去聲遠岣切，在祝攝中，約合今音 iù，今普通話無此音節，應屬方俗音，體現了方俗讀音保守性的一面。

5. 倏，《廣韻》式竹切，《合韻》去聲拴畜切繼承了此讀音，約合今音 shù。《圖經》此處依據《合韻》去聲喧福切，約合今音 xiù，訓“倏忽”，應屬方俗音。

6. ⿰貝虜，《漢語大字典》未收。《圖經》此處依據《合韻》平聲卵孤切，約合今音 lū。讀書音來母平聲變陽平，此處讀陰平，應屬方俗詞，訓“⿰貝盧局，騙也”。

## （四）蟹攝

1. 髶，《集韻》囊來切，《合韻》如聲南來切繼承了此音，約合今音 nái。《圖經》此處依據《合韻》平聲南該切，約合今音 nāi，讀書音泥母平聲變陽平，此處讀陰平，訓"髽髶"①，應屬方俗聯綿詞的特殊讀法。

2. 噻，《漢語大字典》未收。《圖經》此處依據《合韻》如聲散臺切，約合今音 sái，其音下只有"𩞄"及其异體字，蟹攝没有邪母字，所以也没有變陽平的心母字，今普通話無此音節，訓"食無廉也"，義爲"飲食無度"，應屬方俗詞。②

3. 噧，《集韻》下介切，舊注皆音械。《合韻》去聲掀炫切繼承了此音，約合今音 xiè。《圖經》此處依據上聲興㑺切，約合今音 xiě。其注"俗"，確屬方俗音，義爲"送死歌"。

4. 黙，《廣韻》落哀切，《合韻》如聲雷鮭切繼承了此音，約合今音 lái。《圖經》此處依據《合韻》平聲泠該切，約合今音 lāi，讀書音來母平聲字變陽平，此處讀陰平，訓"黙黸③，大黑"，應屬方俗聯綿詞的特殊讀法。

5. 白，《廣韻》傍陌切，《合韻》如聲餑趪切繼承了此音，約合今音 bó，讀書音入拙攝合口篇。《圖經》此處依據《合韻》如聲餑詎切，入蟹攝，約合今音 bái，其下訓爲"雪白也，俗"，確屬方俗音，今普通話以俗爲正。

---

① 《集韻》咍韻下"髶"字，訓"鬡髶，毛亂皃"，此處"髽"爲"鬡"之訛。

② 《漢語方言大詞典》"噻"字下，冀魯官話中，義爲"吃飯"，天津話中讀 c̱sai，與此處音義皆合。

③ 《漢語方言大詞典》"黙"字下，有"黙黸"一詞，在冀魯官話中使用，義爲"不曉事"，并以爲從"大黑"之義引申而來。

6. 催,《廣韻》倉回切。《合韻》平聲聰灰切繼承了此音，約合今音 cuī。讀書音入壘攝合口篇中。《圖經》此處入蟹攝合口篇，約合今音 cuāi，今普通話無此音節，應屬方俗音，《合韻》未收。

7. 㨎,《廣韻》如劣切，訓“括也”，約合今音 rú。《圖經》此處讀音依據《合韻》上聲戎扨切，約合今音 ruǎi，訓“摧㨎”，具體詞義不明確,① 與《廣韻》所訓不同，應屬方俗詞。

8. 摔，是比較晚起的俗字，《篇海類編》山律切，約合今音 shù。《圖經》此處依據《合韻》上聲拴揣切，約合今音 shuǎi，訓“俗，摔袖”，確屬方俗音，今作“甩”。《合韻》也有平聲梳磚切的讀法，約合今音 shuāi，今普通話以此音爲正。

## （五）壘攝

1. 給,《廣韻》居立切,《合韻》去聲堅利切繼承了此音，約合今音 jì,《中原音韻》也只有 jǐ 音。《圖經》始有壘攝的讀音，約合今音 gěi，應屬方俗音,《合韻》未收，今普通話存有文白异讀。

2. 得,《廣韻》多則切,《合韻》去聲歹厄切繼承了此音，約合今音 dè。《圖經》讀入壘攝,《合韻》上聲丹每切，約合今音 děi，應屬方俗讀音，今普通話存有文白异讀。

3. 賊,《廣韻》昨則切,《合韻》去聲贊特切繼承了此音，約合今音 zè。《圖經》此處依據《合韻》平聲雜雷切，約合今音 zéi，訓“俗，盗賊”，確屬方俗讀音，今普通話以俗爲正。

4. 黑,《廣韻》呼北切,《合韻》去聲蒿忒切繼承了此音，約合

① 《漢語方言大詞典》“摧”字下，有“摧挼”，在中原官話中使用，義爲“小孩子糾纏哭鬧”；“摧㨎”或即“摧挼”。《説文》“挼，推也”，段注校爲“挼，摧也”，《説文》“摧，擠也”，摧挼，比義連用，當訓推擠之義。

今音 hè。[①]《圖經》此處依據《合韻》平聲旱丕切，約合今音 hēi，其下訓“黑白，俗用”，確屬方俗音，今普通話以俗爲正。

5. 勒，《廣韻》盧則切，《合韻》去聲覽則切繼承了此音，約合今音 lè。《圖經》此處依據《合韻》平聲濫盃切，約合今音 lēi，其下訓“束也，俗用”，確屬方俗音，今普通話存有文白异讀。

## （六）效攝

1. [illegible]，《漢語大字典》未收。《圖經》此處依據《合韻》如聲達敖切，約合今音 dáo，今普通話無此音節，訓“俗，手絢，手繩”，確屬方俗詞。

2. 掿，《龍龕手鑒》音搦，《篇海類編》昵角切，音搦，約合今音 nuò。《圖經》此處依據《合韻》平聲乃高切，約合今音 nāo。讀書音泥母没有陰平字，其音下只有兩字，訓“撾掿”[②]，應屬方俗音。

3. 喵，典籍未收。《圖經》此處依據《合韻》平聲免交切，約合今音 miāo，讀書音明母平聲没有陰平字，應屬方俗詞。訓“猫聲”，是晚近比較口語化的擬聲詞，因此突破了讀書音的音系結構。今普通話讀此音。

4. 鑿，《廣韻》在各切、則落切、昨木切，《合韻》去聲宗臥切與如聲昨奴切、卒那切繼承了此音，約合今音 zuò、zuó、zú。《圖經》此處依據《合韻》如聲鑿敖切，約合今音 záo，應屬方俗音。《中原音韻》已有此正俗之别。

---

① 京劇中，仍讀此文讀音。

② “撾掿”之義，當爲“使勁抓或握”，在近代漢語文獻中“撾”同“抓”。《漢語方言大詞典》中“掿”字下，晋語中使用爲“使勁抓握”之義，因此“撾掿”屬比義連用。

5. 嚼,《廣韻》在爵切,《合韻》如聲截鉊切繼承了此音，入拙攝，約合今音 jué。《圖經》此處依據《合韻》如聲焦嬈切，約合今音 jiáo，應是方俗音。今普通話有此文白异讀。

6. [illegible],《漢語大字典》未收。《圖經》此處依據《合韻》平聲賽陶切，約合今音 sáo，今普通話無此音節，應屬方俗詞，訓“偷目貌”。

7. 髝,《廣韻》魯刀切、郎到切,《合韻》如聲楞撓切、去聲覽到切繼承了此二音。《圖經》依據《合韻》平聲冷高切，其音下只有“髝”“髞”二字，讀書音來母平聲變陽平，此處讀陰平，訓“髝騷”，應屬方俗聯綿詞的特殊讀法。

8. 钁,《廣韻》居縛切,《合韻》去聲居劣切繼承了此音，入拙攝，約合今音 jué。《圖經》此處依據《合韻》上聲乖卯切，約合今音 guǎo，普通話無此音節，訓“俗，鍬钁”，確屬方俗音。

9. 雹,《廣韻》蒲角切,《合韻》如聲白昨切繼承了此音，入果攝，約合今音 bó。《圖經》此處依據《合韻》如聲白毛切，入效攝，約合今音 báo，應屬方俗音。今普通話以俗爲正。

10. 縛,《廣韻》符卧切、符钁切,《合韻》去聲封課切、番衄切繼承了此二音，入果攝、祝攝，約合今音 fò 或 fù。《圖經》此處依據《合韻》如聲番袍切，約合今音 fáo，今普通話無此音節，應屬方俗音。

11. 瞄，典籍不收。《圖經》此處依據《合韻》平聲猛包切，約合今音 miāo，訓“俗用”，應屬方俗詞，義當爲《漢語大字典》所注“注意看，視力瞄準在一點上”。

12. 斸,《廣韻》陟玉切,《合韻》去聲中辱切繼承了此音，入祝攝，約合今音 zhù。《圖經》依據《合韻》平聲中包切，入效攝，約合今音 zhāo，訓“掘地也”，應屬方俗音。

## （七）果攝

1. 儺，《廣韻》諾何切。《合韻》讀書音果攝舌音字開口已變合口，因此奪韻的奴羅切繼承了《廣韻》的讀音，約合今音 nuó。《圖經》此處依據開口何韻的蟹蛾切，約合今音 né，這是語音演變在方俗音中的殘留。

2. 睃，《合韻》同“眇”，讀平聲蘇拖切，約合今音 suō，訓“偷見”。《圖經》此處讀陽平，約合今音 suó，《合韻》未收此音，應屬方俗音，今普通話無此音節。與效攝“瞜”字音近義同，應是一詞之變體。

3. 摸，《廣韻》慕各切、莫胡切，《合韻》如聲門獨切繼承了莫胡切，約合今音 mú。《圖經》此處依據《合韻》平聲猛窩切，約合今音 mō。讀書音中明母平聲字變陽平，此處讀陰平，應屬方俗音。今普通話以俗爲正。

4. [illegible]，此字漫漶，按北圖本作“卓”。《廣韻》竹角切，《合韻》讀書音清入變去，因此去聲專朔切繼承了此音，約合今音 zhuò。《圖經》去聲位置也有卓字，作黑字陽文。《圖經》此處依據《合韻》平聲專鍋切，約合今音 zhuō，訓“卓椅，俗”，確屬方俗音，今普通話以俗爲正。

5. 擉，《廣韻》測角切，《合韻》去聲楚朔切繼承了此音，約合今音 chuò。《圖經》此處依據《合韻》平聲川科切，約合今音 chuō，其下注釋“俗”，確屬方俗音，今普通話以俗爲正，今作“戳”。

6. 戳，《廣韻》敕角切、直角切，《合韻》去聲楚朔切、如聲軸奪切繼承此二音，約合今音 chuò 或 zhuó。此處《圖經》依據《合韻》上聲初所切，約合今音 chuǒ，其下只有“擉”“戳”二字，二字爲异體字關係，并訓“小印名，俗”,[1] 確屬方俗音。

7. 劐，《廣韻》虚郭切，《合韻》去聲呼破切繼承了此音，約合今音 huò。《圖經》此處依據《合韻》平聲歡科切，約合今音 huō，應屬方俗音，訓“以刀分剖”，今普通話以俗爲正。

8. [illegible]，《漢語大字典》未收。《合韻》平聲卵波切，約合今音 luō，讀書音系統中來母平聲字變陽平，此處讀陰平，應屬方俗詞，訓“豕別名”,[2] 或從呼猪聲得名。

## （八）假攝

1. [illegible]，《廣韻》古沓切，《合韻》去聲根絡切繼承了此音，入果攝，約合今音 gè。《圖經》此處依據《合韻》上聲庚喇切，約合今音 gǎ，應屬方俗音。今膠遼官話中讀此音。

2. 尜，典籍不載。《漢語大字典》注音 gá，義爲一種小兒玩具，《北京方言詞典》gágar 尜尜兒，指一種蛋形木球。《圖經》此處依據《合韻》如聲蓋拿切，約合今音 gá，訓“兩頭尖木作戲物”，確屬方俗詞。

3. 搭，《廣韻》都合切、吐盍切，《合韻》去聲歹嚐切、討嚐切繼承了此二音，約合今音 dà 或 tà。《圖經》此處依據《合韻》平聲登他切，約合今音 dā，訓“搭材”，指用横竪杆搭建起來的營建輔助設施，今普通話以俗爲正。

4. 咂，同“𠯗”，《廣韻》子答切。《合韻》去聲昝辣切繼承了此音，約合今音 zà。《圖經》此處依據《合韻》平聲增他切，約合今

① 讀平聲，義爲“捅、刺”義；讀上聲，則爲“小印名”。
② 《漢語方言大詞典》“玀”字下，指出中原官話及吴語區都稱猪爲“玀玀”。

音 zā，訓“俗，咂嘴”，確屬方俗音，今普通話以俗爲正。

5. 囃，《廣韻》倉雜切，訓“助舞聲也”，《合韻》去聲采散切繼承了此音，約合今音 cà。《圖經》此處依據《合韻》上聲增打切，約合今音 zǎ，今北京口語有此音。訓“問也”，假借字，今作“咋”。

6. 礤，《廣韻》七曷切，《合韻》去聲采散切繼承了此音，約合今音 cà。《圖經》此處依據《合韻》平聲猜他切，約合今音 cā，① 但其音下無“礤”字，只有“擦”“嚓”二字。我們懷疑此處“礤”字或當作“擦”，今北京音“擦”讀陰平，應屬方俗音。

7. 薩，《廣韻》桑割切，《合韻》去聲傘榻切繼承了此音，約合今音 sà。《圖經》此處依據《合韻》平聲增他切，約合今音 sā，應屬方俗音，訓“菩薩，佛號”。今普通話仍讀去聲 sà。

8. 撒，《廣韻》桑割切，《合韻》去聲傘榻切繼承了此音，約合今音 sà。《圖經》此處依據《合韻》上聲思塔切，約合今音 sǎ，應屬方俗音，訓“撒散”。《合韻》還有平聲增他切，約合今音 sā，訓“鋪撒，俗”，也屬方俗音。今普通話有陰平和上聲的讀法，皆以俗爲正。

9. ⿰目散，典籍未載。《圖經》此處依據《合韻》如聲賽拿切，約合今音 sá，② 訓“俗，眼⿰目散”，確屬方俗詞。《漢語大字典》注音 sā，并引《戲曲詞語匯釋》注“以目示意”。

10. 虵，《廣韻》弋支切、市遮切、食遮切，《合韻》如聲堯泥切、韶宅切繼承了《廣韻》的三個讀音，約合今音 yí 或 shé，入止攝和拙攝。《圖經》此處依據《合韻》如聲時茶切，約合今音 shá，

① 《漢語方言大詞典》“礤”字，訓爲“小型刨具”，今北京口語中把土豆等食材加工成絲的行爲，叫“礤絲兒”，讀陰平。

② 《漢語方言大詞典》“⿰目散”字下，訓“看、尋”，冀魯官話中使用。天津話讀陰平，但天津話陰平爲上升調，所以易被折合成北京話的陽平。

入假攝。蛇，《中原音韻》已變車轍韻，我們不能確定此處是方俗音中仍保留着麻韻的讀法，還是叶音讀。

11. 些，《廣韻》寫邪切、蘇計切、蘇個切，《合韻》平聲仙爹切與去聲仙砌切、僧渴切繼承了此音，約合今音 xiē、xì、suò。《圖經》此處在假攝，約合今音 xiā，《合韻》不收此讀，我們不能確定是方俗音，還是叶音讀。

12. 寫，《廣韻》悉姐切，《合韻》上聲仙且切繼承了此音，約合今音 xiě。《圖經》此處讀音，約合今音 xiǎ，《合韻》不收此讀，我們不能確定是方俗音，還是叶音讀。

13. 斜，《廣韻》似嗟切，《合韻》如聲席茄切繼承了此音，約合今音 xié。《圖經》此處依據《合韻》如聲斜匣切，約合今音 xiá，或爲方俗音，或爲叶音讀。

14. [illegible]，《五音集韻》烏郎切，《合韻》平聲慷岡切繼承了此音，約合今音 āng。《圖經》此處依據《合韻》平聲哀他切，約合今音 ā，失去鼻音，應屬方俗音。訓“古百”，答應聲。

15. 阿，《廣韻》烏何切，《合韻》平聲安哥切繼承了此音，約合今音 ē。《圖經》此處依據《合韻》去聲矮納切，約合今音 à，《合韻》不收此讀，其下注“方言”，應屬方俗音。

16. 呵，《廣韻》虎何切、呼箇切，《合韻》平聲亨珂切、去聲海渴切，繼承此二音，約合今音 hē 或 hè，一訓“虛氣”，一訓“呵斥”。《圖經》此處依據《合韻》平聲哈他切，約合今音 hā，應屬方俗詞，訓“呵呵，笑貌”，今作“哈”。

17. 合，《廣韻》侯閤切、古沓切，《合韻》如聲寒翎切、去聲根絡切繼承了此二音，約合今音 hé 或 gè，入果摄。《圖經》此處入假攝，約合今音 há，《合韻》不收，應屬方俗音。

18. **拉**，《廣韻》盧合切，《合韻》去聲覽荅切繼承了此音，約合今音 là，訓“折也”。《圖經》此處依據《合韻》平聲冷他切，約合今音 lā，訓“拉扯”，讀書音來母入聲字變去聲，此處變陰平，應屬方俗音，今普通話摧折義和拉扯義均讀平聲，以俗爲正。

19. **劙**，《廣韻》良涉切，《合韻》去聲柳滅切繼承了此音，入拙攝，約合今音 liè。《圖經》此處依據《合韻》如聲藍雜切，讀書音來母入聲字變去聲，此處讀陽平，又入假攝，約合今音 lǎ。應屬方俗音，訓“刀劙”，今北京口語有此音。

20. **妠**，《廣韻》女刮切、奴荅切、奴紺切，《合韻》去聲蝻辣切、努宼切、乃贊切繼承了《廣韻》的讀音，約合今音 nà、nuà、nàn。《圖經》此處讀上聲，約合今音 nuǎ，《合韻》不收，訓“婠妠，小兒肥皃”，是方俗聯綿詞的特殊讀法。

21. **發**，《廣韻》方伐切，《合韻》去聲番跨切繼承了此音，約合今音 fà。《圖經》此處依據《合韻》平聲夫花切，約合今音 fā，訓“俗，生發”，確屬方俗音，今普通話以俗爲正。“發”“髮”本同音，均爲方伐切，“發”今普通話讀陰平，是方俗音層次，而“髮”讀去聲，是讀書音層次，今簡化字“发”因此成爲多音字。

22. **灋**，同“法”。《廣韻》方乏切，《合韻》去聲番跨切繼承了此音，約合今音 fà。《圖經》此處依據《合韻》上聲封哷切，約合今音 fǎ，訓“俗音，又方法”，確屬方俗音，今普通話以俗爲正。

23. **媽**，《廣韻》莫補切，《合韻》上聲蠻睹切繼承了此音，入祝攝，約合今音 mǔ。但《圖經》此處依據《合韻》平聲猛瓜切，約合今音 mā，訓“爹媽”，應屬方俗音。今普通話以俗爲正。

24. **濡**，《廣韻》而緣切，《合韻》如聲如喘切繼承了此音，約合今音 ruán。《圖經》此處依據《合韻》如聲如麻切，約合今音

ruá，普通話無此音節，應屬方俗音，訓爲“手搓物攘曰搁”。

25. 吴，《廣韻》胡化切，《合韻》去聲烘跨切繼承了此音，約合今音 huà，訓“大口”。《圖經》此處依據《合韻》上聲烘咵切，約合今音 huǎ，訓“吴敗”，① 應屬方俗詞。

26. ⿱䜌瓦，《五音集韻》力華切，《圖經》此處依據《合韻》如聲欒杷切，正合《五音集韻》的音切，約合今音 luá，今普通話無此音節，應屬方俗音，訓“瓦器”。②

## （九）拙攝

1. ⿰扌解，《漢語大字典》未注音，訓“搓”。《合韻》不收，《圖經》此處應在《合韻》拙攝的江野切，但江野切下無此字，約合今音 jiě。江野切下只有“解”“䚷”二字。“解”的讀書音在蟹攝，方俗音則讀入拙攝，今普通話以俗爲正。這同時説明，《合韻》時代“解”等字在方俗音系統中開始由 kiai 類音向 kiɛ 類音轉變。

2. 貼，《廣韻》他協切，《合韻》去聲梯屑切繼承了此音，約合今音 tiè。《圖經》此處依據《合韻》平聲梯些切，約合今音 tiē，注“俗”，確屬方俗音。今北京音以俗爲正。

3. 怗，《廣韻》他協切，《合韻》去聲梯屑切繼承了此音，約合今音讀 tiè。《圖經》此處依據《合韻》上聲偷寫切，約合今音 tiě，應屬方俗音。偷寫切下還有“鐵”“帖”等字，表明《合韻》《圖經》中清入變去這一條規律只適用於讀書音系統，而方俗音中已有變其他聲調的可能了。

4. 偏，《漢語大字典》作“㐌”，《改併四聲篇海》引《川篇》

① 或爲“垮”之音變，“吴敗”即“垮敗”，不得而知。

② 《正字通》“⿱䜌瓦”字下“今竈突烟囪員瓦，如竹筒不析開者是也。故俗名之曰⿱䜌瓦”。

注奴也切。與《圖經》此處依據的《合韻》上聲年野切一致，約合今音 niě，今普通話無此音節。訓“皮寬”，應屬方俗詞。

5. 斃，《廣韻》毗祭切、便滅切。《合韻》去聲邊計切、如聲鼻桀切繼承了此二音，約合今音 bì 或 bié。《圖經》此處依據《合韻》平聲兵癟切，約合今音 biē，其下只有此字，應爲方俗音。無注釋，其義不明。

6. 瞥，《廣韻》普滅切。《合韻》去聲批妾切繼承了這一讀音，約合今音 piè。《圖經》此處依據《合韻》[1] 平聲批蝎切，約合今音 piē，訓“瞥䁋”，應屬方俗聯綿詞，今普通話只讀陰平，以俗爲正。

7. 掊，《漢語大字典》以爲同“抔”。抔，《廣韻》薄侯切，訓“手掬物也”；芳杯切，訓“披抔”。按照音義關係，此處應取芳杯切，《合韻》平聲潘盃切繼承了此音，約合今音 pēi。《圖經》此處依據《合韻》上聲偏且切，約合今音 piě，訓“手掊物開”，應屬方俗音。[2]

8. 咩，《龍龕手鑒》迷爾切，約合今音 mǐ。《圖經》此處依據《合韻》平聲眇爹切，約合今音 miē，應屬方俗音，訓“羊聲”，今普通話以俗爲正。

9. 虵，《集韻》時遮切。《合韻》如聲韶宅切繼承了此音，約合今音 shé。《圖經》此處依據《合韻》平聲池舌切，約合今音 ché，其音下只有此字，訓“水蛇”，[3] 今普通話無此音節，應屬方俗音。

10. 噎，《廣韻》烏結切，《合韻》去聲衣揑切繼承了此音，約合今音 yè。《圖經》此處依據《合韻》平聲英爹切，約合今音 yē，訓“噎食，俗作”，確屬方俗音。今普通話以俗爲正。

---

① 《合韻》遺漏反切，依《四聲領率譜》作批蝎切。北圖本有《四聲領率譜》，是《合韻》小韻首字和反切的集合。

② 今北方話中有讀 piě 表示掰開義的詞，可見此方俗詞使用範圍比較廣。

③ 韶宅切下訓“水名”。

11. ⿰臭害，《廣韻》火犗切，《合韻》去聲掀烗切繼承了此音，入蟹攝，約合今音 hài。《圖經》此處依據《合韻》上聲希且切，入拙攝，約合今音 xiě，應屬方俗音，訓“⿰臭害醬”，“酒味臭熏”之義。

12. 撅，《廣韻》居月切，《合韻》去聲居劣切繼承了此音，約合今音 juè。《圖經》此處依據《合韻》平聲居曰切，約合今音 juē，應屬方俗音。今普通話以俗爲正。

13. ⿰金曲，《漢語大字典》未收。《圖經》此處依據當是《合韻》上聲居拙切，約合今音 juě，但此切下只有“钁”“蹶”二字，“⿰金曲”應當爲“钁”之异體。钁，《廣韻》居縛切，《合韻》居劣切繼承了此音，約合今音 juè。此處應屬俗字俗讀。

14. 雪，《廣韻》相絶切。《合韻》去聲須缺切繼承了此音，約合今音 xuè。《圖經》此處依據《合韻》上聲須拙切，約合今音 xuě，應屬方俗音，今普通話以俗爲正。

15. 噦，《廣韻》呼會切，訓“鳥聲”；於月切、乙劣切，并訓“氣逆”。《合韻》去聲烘退切、雍絶切繼承了此二音，約合今音 huì 或 yuè。《圖經》此處依據《合韻》上聲雍拙切，約合今音 yuě，應屬方俗音，今普通話以俗爲正。訓“乾噦，口吐聲”，是從“氣逆”引申而來的新義。

## （十）臻攝

1. 陯，《集韻》他根切，在《合韻》的系統中“吞”等舌音開口字（包括“陯”字）已變合口，讀推昏切，但還有一些字在方俗音中保留了開口的讀法，成爲例外讀音。《圖經》此處依據《合韻》貪哏切，約合今音 tēn，訓“阬也”。今普通話無此音節，其下只有“陯”“嗿”二字。

2. ⿰扌吞,《集韻》佗恨切,《合韻》去聲疃噀切繼承了此音，但變合口。而《圖經》此處依據《合韻》胎恨切，約合今音 tèn,[1] 訓“振也”。今普通話無此音節，開口的讀音可能保留在了方俗音中。

## （十一）山攝

1. 喃,《廣韻》女咸切,《合韻》如聲能藍切繼承了此音，約合今音 lán。《圖經》此處依據《合韻》平聲瑙安切，約合今音 nān，讀書音泥母平聲字變陽平，此處却讀陰平。訓“呢喃”，應屬方俗聯綿詞的特殊讀法。

2. 喒,《集韻》子感切，訓“喒喒，味也”,《合韻》上聲增覽切繼承了此音，約合今音 zǎn。元明時期，此字借作第一人稱,《字彙》“喒，俗云我也”，確屬方俗詞。《中原音韻》仍在咸銜韻中，尚讀 m 尾,《圖經》此處依據《合韻》如聲蹔忏切，已讀 n 尾，約合今音 zán，今普通話讀此音。

3. ⿱髟監,《廣韻》力甘切,《合韻》平聲樓南切繼承了此音，約合今音 lán。《圖經》此處依據《合韻》平聲冷干切，約合今音 lān，讀書音來母平聲字變陽平，此處却讀陰平，訓“⿱髟監鬖”[2]，應屬方俗聯綿詞的特殊讀法。

4. 顢,《廣韻》目官切,《合韻》如聲模欒切繼承了此音，約合今音 mán。《圖經》此處依據《合韻》平聲猛官切，約合今音 mān，讀書音明母平聲字變陽平，此處却讀陰平，訓“顢頇，大面貌”[3]，

---

① 《漢語方言大詞典》“⿰扌吞”字下，引江淮官話，即讀開口。

② 《集韻》銜韻“⿱髟監”字下，訓“毛髮長皃”,《漢語方言大詞典》“⿱髟監”字下，有“⿱髟監鬖”一詞，見吴語，義爲“邋遢貌”，當爲其引申義。

③ 《漢語方言大詞典》“顢”字下，有“顢頇”一詞，北京官話中，義爲“糊塗而馬虎”。

應屬方俗聯綿詞的特殊讀法。

### （十二）宕攝

1. 貥，《漢語大字典》不收。《合韻》作“[貝工]”，讀如聲告郎切，約合今音 gáng，讀書音系統中無此音節，應屬方俗詞。訓“竊物”，和通攝的“[貝更]”音義接近，應是同一個詞的不同變體。

2. 抗，《廣韻》苦浪切、胡郎切，《合韻》平聲豪唐切、去聲開吭切，約合今音 háng 或 kàng。《圖經》此處依據《合韻》如聲犒郎切，約合今音 káng，訓“以手舉物在肩曰抗”，應屬方俗音，今作“扛”，今普通話讀此音。《集韻》有“㧏”字，訓“山東謂擔荷曰㧏，或作扛”，讀虎項切，應是山東地區的方俗讀法。

3. [貝當]，《漢語大字典》未收。《圖經》此處依據的是《合韻》如聲達郎切，約合今音 dáng，今普通話無此音節。其訓“俗呼賊曰[貝當]”，確屬方俗詞。

4. 瑯，同“琅”。《廣韻》魯當切，《合韻》如聲勞囊切繼承了此音，約合今音 láng。《圖經》此處依據《合韻》平聲老岡切，約合今音 lāng，訓“瑺也”，“琅瑺”是聯綿詞，形容器物碰撞發生的清脆聲響。此處應屬方俗聯綿詞的特殊讀法。

5. [illegible]，典籍未載，《漢語大字典》收録，注音 náng，義爲“[月囊]巴，懦弱無能”。《圖經》此處依據《合韻》平聲乃岡切，約合今音 nāng，① 訓“[月囊]懦”，應屬方俗詞。

6. 量，《廣韻》吕張切、力讓切，《合韻》領絳、梨娘二切繼承了此音，約合今音 liáng 或 liàng。《圖經》此處依據《合韻》平聲了

---

① 《漢語方言大詞典》“[月囊]”字下，引東北官話，即讀此音，義爲“軟弱”。

漿切，約合今音 liāng，讀書音來母平聲字變陽平，今讀陰平，訓“俗，思量”，確屬方俗音。

7. [illegible]，此字漫漶，北圖本作“攮”。《廣韻》匿講切，《合韻》上聲能坱切繼承了此音，約合今音 nǎng，在開口篇中。但《圖經》此處却放在合口篇中，依據《合韻》上聲奴往切，約合今音 nuǎng，訓“撞也、刺也”，應屬方俗音。

8. [illegible]，此字漫漶，北圖本作“饢”。《廣韻》奴冬切、女江切，《合韻》如聲那峣切繼承了奴冬切，約合今音 nóng；《廣韻》女江切，約合今音 náng，均讀開口。但《圖經》此處却在合口篇[1]中，依據《合韻》去聲弩望切，約合今音 nuàng，今普通話無此音節，應屬方俗音。訓“食無”，《集韻》尼降切下訓“食無廉”，《合韻》脱廉字，義爲“飲食無度”。[2]

9. 牻，《廣韻》莫江切，《合韻》如聲蒙王切，繼承了此音，約合今音 máng。《圖經》此處依據《合韻》平聲猛光切，約合今音 māng，讀書音明母平聲字變陽平，此處變陰平，訓“俗詞，牻牛”[3]，確屬方俗音。

## （十三）流攝

1. 妯，《廣韻》直六切，《合韻》如聲濁蜀切繼承了此音，入祝攝，約合今音 zhú。《圖經》此處依據《合韻》如聲宅柔切，約合今音 zhóu，入流攝，其音下還有“軸”“柚”兩個字，“軸”字下注“車軸，俗”，確屬方俗音，今普通話以俗爲正。

---

① 此例和上例都反映了江攝滋生 u 介音，今普通話知組（除娘）外滋生 u 介音，但此處的方俗音反映了娘母也曾滋生過 u 介音。

② 《集韻》講韻“饢”下，訓“河朔謂强食不已爲饢”。

③ 《漢語方言大詞典》“牻”字下，訓“公牛”，在冀魯官話中使用。

2. 揂，《廣韻》即由切，訓“聚也”。《合韻》平聲煎丢切繼承了此音，約合今音 jiū。《圖經》此處依據《合韻》如聲集牛切，約合今音 jiú，今普通話無此音節。訓“手揂物斷也”，前代典籍無此音義，應屬方俗詞。

3. [illegible]，《漢語大字典》未收。《圖經》此處依據《合韻》平聲冉鄒切，約合今音 rōu，今普通話無此音節。訓“抝攑，扔擲物聲”，應屬方俗聯綿詞的特殊讀法。

4. 澑，《廣韻》力救切，訓“水溜”，《合韻》去聲領就切繼承了此音，約合今音 liù。《圖經》此處依據《合韻》領鳩切，約合今音 liū，來母平聲字變陽平，此處變陰平，訓“滴溜”，[①] 應屬方俗聯綿詞的特殊讀法。

## 三

經過以上的分析，我們得出《圖經》以及《合韻》方俗音層次的一些規律性的認識：

1. 這些白字陰文不符合讀書音的音變規律，多數屬方俗音的層次。比如，按照《合韻》讀書音的音變規律，次濁平變陽平，但“喵”“妮”等字在方俗音層次中却讀陰平。又如，《合韻》讀書音清入變去聲，在讀書音中“雪”“黑”等字都讀去聲，但在方俗音中“雪”却讀上聲、“黑”讀平聲。這對於我們研究現代北京話入聲規律的例外，尤其是清入字的歸派問題來説，是很重要的材料。今普通

① 早期白話中多用，多表示圓轉貌或快速旋轉貌，如元李好古《張生著海》第二折“明滴溜冰輪出海角”。今普通話讀 liū，有逃跑義，或與快速旋轉貌有關，是比較後起的音義。

話很多以俗爲正，因此造成了清入歸派的混亂。入聲除了調的問題，還有韻的分派也存在文白的層次，如“妯”“軸”等字，白讀入流攝，文讀入祝攝；又如“雹”“鑿”等字，白讀入效攝，文讀入果攝；又如“得”“黑”等字，白讀入壘攝，文讀音拙攝。文白層次在《圖經》中表現得很鮮明。以上例子中，還有聯綿詞的問題，它的語音形式記載在典籍中，一般不會變化，因此遵循讀書音的音變規律，但在口語中，則會隨着語音的變化而調整，比如“滴溜”，一般來母字不讀陰平，但在聯綿詞中可以，因爲它記録的是口語，不太受讀書音變規律的影響。但我們發現，白字陰文也不都是方俗讀音。還有一些是叶音讀[①]、折合不當的舊音[②]或訛讀[③]等，但都屬於音系的邊緣、例外的成分。

2. 白字陰文，在《合韻》的訓釋中，常常被標明是“俗、俗用、俗作”，更表明這些都是當時的方俗讀音，證明《圖經》的音系中有着不同的層次。其實不僅僅是《圖經》，在《合韻》中，標明“俗用”的例子也非常多，其中不僅僅是語音層次的問題，還涉及大量的方俗詞彙需要我們去整理。但本文的首要目的在於揭示《圖經》的語音層次，因此文章并没有花力氣考釋《合韻》中的方俗詞義。實際上，音義是不能分開的，讀書音和方俗音層次的分析更離不開音

---

① 如假攝的“蛇、些、寫、斜”按照讀書音的音變已入拙攝，《中原音韻》已歸車遮韻，此處却仍讀假攝，目前無法確定是方俗音，還是叶音讀。我們還是暫列入正文討論。

② 如臻攝的“捺、[illegible]”，臻攝的開口舌音字，按照讀書音的規律應變合口，但此二字保留開口，成爲例外，不知是方俗音中保存了合口，還是因爲二字非口語中的詞，按照典籍折合讀音，折合時没有考慮開口變合口的規則，因此折合不當呢？

③ 如流攝開口篇中的“镾”字，《合韻》迷有切，注“出篇”，折合今音 miǔ，“镾”應是“镾”的异體字，《説文》有“镾”字，訓“久長也”，後作“彌”，我們疑惑篇海類辭書將義訓訛爲注音，《改併四聲篇海·長部》引《搜真玉鏡》“镾”，彌久切，《字彙補·長部》“彌久切，繆上聲，出海篇”。《重訂直音篇》有“彌同，長久”，脱奪而成彌久切，《合韻》又折合爲“迷有切”。

義的辨析，因此我們在文中也對一些方俗詞義進行了簡單説明。

3. 本文題目中的“方俗音”，在實際中有兩種情况：第一種情况是方俗詞，就是它的形音義都不在雅言系統中，都是口語的。如“贜”字，在典籍和書面語的文獻中没有它的身影，同時它的讀音也不符合讀書音的規律。第二種情况是方俗音，就是這個詞雖然在雅言系統中，但它的讀音是口語的，它有讀書音和方俗音的區别。如“妯”字，讀書音讀 zhú，方俗音讀 zhóu。這兩種情况在《圖經》收録的白字陰文中都有反映，我們在具體的分析中已有説明。

總之，《圖經》及《合韻》是一份很難得的材料，它的性質頗爲複雜，因爲它有着不同的層次——有雅俗之别，有文白層次。雅的層次、文的層次與前代典籍有着相承的關係，這一層次我們可以稱之爲北京官話讀書音，這一系統比起《洪武正韻》所代表的正音官話系統，已經有了革新性的變化。而俗的層次、白的層次也被作者兼容并蓄進來，我們可以稱之爲北京方俗音。因此這份材料對於實際語音的反映及其所具有的革新性應該從這兩方面去看待。前代學者主要研究其官話讀書音的層次，而我們希望今後能够在方俗音的層次上挖掘其價值。

## 参考文獻

耿振生，1992，《明清等韻學通論》，語文出版社。

郭力，1987，《等韻圖經研究》，北京大學碩士學位論文。

韓道昭，1992，《校訂五音集韻》，甯忌浮校訂，中華書局。

漢語大字典編輯委員會（編），2010，《漢語大字典》（第 2 版），四川辭書出版社。

陸志韋，1947，《記徐孝〈重訂司馬温公等韻圖經〉》，《燕京學報》第

32 期。
陸志韋，1956，《北京話單音詞詞彙》，科學出版社。
梅膺祚，1995，《字彙》，《續修四庫全書》編纂委員會（編）《續修四庫全書·經部》第 232 册，上海古籍出版社。
宋濂，1995，《篇海類編》，屠龍訂正，《續修四庫全書》編纂委員會（編）《續修四庫全書·經部》第 229 册，上海古籍出版社。
許寶華、宮田一郎（主編），1999，《漢語方言大詞典》，中華書局。
薛鳳生，1999，《漢語音韻史十講》，華語教學出版社。
張玉來、耿軍（校），2013，《中原音韻校本》，中華書局。
張元善（校勘）、徐孝（合并），1995，《合併字學集韻》（罕見本），《罕見韻書叢編》，香港文化出版社。
張元善（校勘）、徐孝（合并），1997，《合併字學篇韻便覽》（西北本），《四庫全書存目叢書》編纂委員會（編）《四庫全書存目叢書·經部》第 193 册，齊魯書社。
張元善（校勘）、徐孝（合并），2013，《合併字學集韻》（北圖本），中國國家圖書館（編）《原國立北平圖書館甲庫善本叢書》第 42、43 册，國家圖書館出版社。
張元善（校勘）、徐孝（合并），無年代，《合併字學篇韻便覽》（江西本），江西省圖書館藏。
趙蔭棠，1932，《重訂司馬温公等韻圖經述》，《中原音韻研究》，商務印書館。
趙振鐸，2012，《集韻校本》，上海辭書出版社。
周賽華，2005，《〈合併字學篇韻便覽〉研究》，湖北人民出版社。
周祖謨，2004，《廣韻校本》（第 3 版），中華書局。

# 據古文字確定幾個魚部一等字的開合*

張富海

上古魚部的一等韻開口-a和合口-wa兩個韻母演變爲中古的模韻系，其元音高化爲o；由於o元音之前很難保持有無-w-介音的對立，故上古的開合兩韻在中古相混，如："姑ka"爲開口，"孤kwa"爲合口，但中古音兩字完全同音。這個演變結果造成了判斷某些字的上古開合的困難。由於舌齒音聲母上古不拼魚部合口韻母（即不存在twa、tswa之類的音節），脣音聲母開合不對立，故魚部一等韻存在開合口不同的僅限於牙喉音聲母字。

魚部一等韻牙喉音聲母字包含如下聲首：

古聲、鼓聲、兆聲、夃聲、蠱聲、賈聲、瓜聲、庫聲、户聲、互聲、壺聲、五聲、午聲、吴聲、虎聲、乎聲、于聲、烏聲。

另有"股""羖"兩字，《說文》以爲"殳"聲，非是（詳下）。

首先應該肯定，同一聲首的字開合口相同，如"瓜"字爲合口，則"孤"字必是合口。不同於一等韻，魚部二等韻和三等韻牙喉音聲母的開合口中古音仍然保持了對立。魚部二等韻開口演變爲中古麻

* 本文原載華學誠主編：《文獻語言學》第6輯，中華書局2018年，第157—161頁。

二韻系開口，魚部二等韻合口演變爲中古麻二韻系合口。魚部三等韻開口演變爲中古魚韻系，魚部三等韻合口演變爲中古虞韻系。所以，上列聲首的魚部字大部分僅僅根據其中古音及諧聲假借等關係就能判斷出開合口。比如：從“古”聲的“居”字屬於中古魚韻，上古音爲開口，故“古”字亦爲開口。“于”字屬於中古虞韻，上古音爲合口，故從“于”聲的“污”“刳”等字亦爲合口。從“吴”聲的“虞”字屬於中古虞韻，上古音爲合口，故“吴”字亦爲合口。從“虎”聲的“虚”字屬於中古魚韻，上古音爲開口，故“虎”字亦爲開口。“虖”字爲“虎、乎”兩聲，故“乎”字亦爲開口。“賈”又讀麻二韻系開口，故一等韻的“賈”亦爲開口。“烏”與“於”本一字，“於”屬於中古魚韻，上古音爲開口，故“烏”字亦爲開口。“夃”字，《説文》引《詩》“我夃酌彼金罍”，“夃”通作“姑”，故亦爲開口。“庫”字，《説文》以爲會意，但應與“車”有語源關係，“車”爲開口字，故“庫”字亦應爲開口。“蠱”字，古書中與“冶”通（高亨、董治安，1989：394—395），[①]“冶”是開口字，故“蠱”亦爲開口。“壺”字，古書中常與“狐”通（高亨、董治安，1989：858），又“壺”與“瓠”同源，“狐”“瓠”爲合口字，故“壺”亦爲合口。

上列少數聲首的開合口不太容易判斷，包括：鼓聲、兆聲、户聲、互聲。另外，“股”“羖”兩字的開合也不容易判斷。“兆”字，《説文》讀若“瞽”，其開合同於“鼓”。下面依次討論這些字的開合口。

## 一、鼓

《説文》五上壴部：“鼓，郭也。春分之音。萬物郭皮甲而出，

① “蠱”通“冶”，又見馬王堆帛書《養生方》（叁白於藍，2012：226）。

故謂之鼓。從壴，支，象其手擊之也。……，籀文鼓。從古聲。”許慎以“郭”訓鼓，屬於聲訓；“郭”讀廓，擴張之義。以“郭”訓鼓又見於《釋名·釋樂器》。《説文》另有從支的“鼓”，以爲動詞，實際上與“鼓”是一字之變。

對於“鼓”字的開合，學者有不同意見。王力（1987：62）歸開口，白一平-沙加爾亦歸開口，[①] 而董同龢（1948：160），周法高（1973：34），郭錫良（2010：148），鄭張尚芳（2013：338），陳復華、何九盈（1987：170）等學者都歸合口。[②] 按，根據《説文》和《釋名》的聲訓，“鼓”字應屬於合口，因爲“郭”是鐸部合口字。但如果依據籀文從“古”聲，則“鼓”應屬於開口。兩者有矛盾，須要利用更多材料加以辨正。西周春秋金文中“鼓”字作、、等形（容庚，1985：329），其左旁之“壴”即鼓之象形，右旁象手執鼓槌（或省去鼓槌）。又有形，左旁鼓形之下增口旁，即作“喜”形。古文字中加口旁往往是無意義的增飾。《説文》籀文從“古”，於古文字無徵，應該就是口旁的訛變（參季旭昇，2010：412）。對籀文“鼓”的字形解釋，小徐本《説文》僅作“從古”，無“聲”字，而徐鍇注認爲“古”是聲旁。大徐本大概是根據徐鍇説改的。否定籀文“鼓”從“古”聲之後，“鼓”字就可以依據聲訓判定爲合口了。“鼓”是合口，那麼從“鼓”聲的“瞽”和《説文》讀若瞽的“兆”同樣是合口字。

郭店楚簡《唐虞之道》9號簡：“古者吴（虞）㚇（舜），笸（篤）事寞，乃弋（試）丌（其）孝。”“寞”又見於24號簡，

① William H. Baxter and Laurent Sagart, Baxter-Sagart Old Chinese reconstruction, version 1.1(20 September 2014), http://ocbaxtersagart.lsait.lsa.umich.edu。下引白一平-沙加爾的擬音皆同此出處。

② 唐作藩《上古音手册》(2013) 魚部一等韻未分出開合口。

無疑都是指舜父瞽瞍（或作“瞽叟”）。①，李家浩（1999）釋爲“兆”，黄德寬、徐在國（1998）認爲此字從“瓜”得聲。“瓜”聲之説應可信。“瓜”是合口字，證明“瞽”和“鼓”確屬於合口。

## 二、户

《説文》：“户，護也。半門曰户。象形。”《釋名·釋宫室》：“户，護也，所以謹護閉塞也。”皆以“護”訓“户”，屬於聲訓。《説文》以“所”字爲從“户”得聲。

對於“户”字以及從之得聲的“雇”“顧”“扈”等字的開合，諸家意見也不統一。王力（1987：62），董同龢（1948：155），周法高（1973：27），郭錫良（2010：149、151），陳復華、何九盈（1987：170、172）等學者都歸入開口，鄭張尚芳（2013：355）歸入合口，白一平-沙加爾將“雇”和“顧”歸入合口，而將“户”和“扈”的聲母擬作 m-qˤ，帶 m-前綴。從《説文》和《釋文》的聲訓來看，“户”字應屬於合口，因爲“護”是鐸部合口字。但從“户”聲的“所”是開口字，這似乎是一個反證。據何景成（2008）研究，“所”字本不從“户”聲，而是一個從斤從肩字初文的會意字。

古文字中還有其他可以證明“户”及從之得聲之字屬於合口的證據。《説文》七下宀部：“寡，少也。從宀從頒。頒，分賦也，故爲少。”許慎將“寡”字去掉宀旁的部分看作上下結構的“頒”字，

① 按上博簡《陳公治兵》2號簡之地名“莆寞”，《左傳》桓公十一、十三年作“蒲騷”。流行《讀上博楚簡九劄記》（簡帛網2013年1月8日，http://m.bsm.org.cn/?chujian/5974.html）認爲“寞”是“蒐”之誤，讀爲“騷”。上博簡《平王問王子木》“寵（蒐）”作，與“寞”形近。此説可從。此“寞”字亦“寵（蒐）”之誤，讀爲“瞍”。

顯然很荒唐。寡，西周金文作、（容庚，1985：529）。已有學者指出“寡”字宀下部分是“顧”的表意初文，其形正象人作回顧狀（黄德寬，2011：188）。“寡”是合口字，則“顧”必定也是合口字，“户”及其他從之得聲的字當然并屬合口。

楚簡中“顧”字皆作“䫜”，如郭店簡《緇衣》34—35號簡：“古（故）君子䫜（顧）言而行，以成其信。”其原形作，左從竗（視），右旁即“寡”字省寫，可以看作聲旁。楚簡“顧”從合口字“寡”得聲，進一步證明“顧”是合口字，也證明“户”及其他從之得聲的字屬於合口。

《古璽彙編》2867有“瓝”字（羅福頤，1981：273），又見於清華簡《良臣》2號簡之“臣瓝（扈）”。“瓝”字“户、瓜”兩聲，這是“户”爲合口的又一明證。

## 三、互

《説文》五上竹部：“笠，可以收繩也。從竹，象形。中象人手所推握也。互，笠或省。”《説文》從“互”聲的字有“枑”和“罟”。“互”和“枑”“罟”都讀胡誤切，没有非一等的音，不能據中古音判斷其上古開合。《周禮·天官·掌舍》：“設梐枑再重。”鄭注：“故書枑爲柜。”“巨”是中古魚韻系字，上古屬於開口，此异文可以證明“互”爲開口字。“互”及從之得聲的字，諸家一致定爲開口。① “互”字不見於出土古文字材料。章太炎（1999：428）認爲：“互、牙古音相近。互借爲牙……是交錯者，正當言牙。隸書牙、互相

① 《古韻通曉》將“互、枑”等字與“瓠、婟”列在一起，不知是開還是合（陳復華、何九盈，1987：173）。白一平-沙加爾將“互”和“枑”的聲母擬作 m-qˤ。

似，其爲交牙義者，多書作牙，世人乃謂是互之誤，蹟矣。或云：互本牙之或字，形體小變……《周官》謂縣肉格爲互，正謂牙字。《説文》謂笠可以收繩者，牙之孳乳字耳。”季旭昇（2010：384）也認爲“互”由“牙”字分化。此説若可信，也是“互”屬開口的證據。清華簡《芮良夫毖》20號簡：“女（如）閘（關）柭扃（扃）叄（管），緐（繩）剸（斷）既政（正），而五（互）想（相）柔訛（比）。”22號簡：“女（如）閘（關）柭不閟，而緐（繩）剸（斷）達（失）楑（揆），五（互）想（相）不疆（彊）。”兩處簡文都假借“五”爲“互”，“五”字屬於開口，證明“互”及從之得聲的字確實屬於開口。

## 四、股　羖

《説文》四下肉部：“股，髀也。從肉殳聲。”《説文》四上羊部：“羖，夏羊牡曰羖。從羊殳聲。”“殳”字在上古侯部，但因爲《詩經》中“股、羖”與魚部字押韻，所以自江永《古韻標準》開始，古音學家就將“股、羖”兩字歸入魚部而不歸入侯部。當然，根據中古音，“股、羖”兩字也應該歸入魚部。從聲母來看，“股、羖”之與“殳”字也有牙舌之別。所以，《説文》的諧聲是有問題的，“股、羖”兩字應非殳聲。

對於“股、羖”兩字的開合，學者間也有歧見。王力《漢語語音史》（1987：62）歸開口，《同源字典》（1997：126—127）認爲“羖”與二等開口字“豭、麚”是同源詞。鄭張尚芳（2013：338）也將“股、羖”兩字構擬爲開口，但又在“股”字後同時列出合口的擬音。其他如董同龢（1948：160），周法高（1973：34），郭錫良（2010：148），白一平-沙加爾，陳復華、何九盈（1987：170）等學者都將這兩字歸入合口。看來歸合口是多數學者的看法，其理由大概就是《説文》之從“殳”聲，“殳”是侯部字，其元音 o 較 a 而言更近於 wa。但這個理由是不能成立的。

關於“股”字的構形，《説文》之説自不可信，而趙平安《關於夃的形義來源》一文已經基本解决了這個疑難。該文認爲《説文》之“夃”即“股”之初文，本爲指事字，是在側面人形上加指事符號而成，後來加意符肉旁，又訛變爲從“殳”旁的“股”(趙平安，2009：103)。即“股”所從的“殳”旁由“股”的初文訛變而來，“羖”字的聲旁“殳”也是“股”的初文之訛變。

戰國竹簡中已見從“夃”的“股”和“羖”字。清華簡《良臣》7 號簡：“秦穆公又（有）肦（羖）大夫。”[①] 肦，原形作，即“股”字。整理者據《史記・秦本紀》載百里奚號“五羖大夫”，指出“肦（羖）大夫”即百里奚（李學勤，2012：161)。清華簡《鄭文公問於太伯》“畓（奮）亓（其）股拡（肱)”之“股”，甲本 6 號簡作“肦”(原形作)，乙本 4 號簡作“胋”，改從“古”聲。從“夃”聲的“羖”見新蔡葛陵簡、望山簡和天星觀簡，而包山簡“羖”字作“羖”(參滕壬生，2008：371—372)，改從“古”聲。

“股、羖”兩字本從“夃”聲，且有從“古”聲的异體，皆可證其爲開口字無疑。

## 參考文獻

白於藍，2012，《戰國秦漢簡帛古書通假字彙纂》，福建人民出版社。

---

① “夫”下原簡文衍重文號。

陳復華、何九盈，1987，《古韻通曉》，中國社會科學出版社。

董同龢，1948，《上古音韻表稿》，《歷史語言研究所集刊》第18本，商務印書館。

高亨、董治安，1989，《古書通假會典》，齊魯書社。

郭錫良，2010，《漢字古音手册》（增訂本），商務印書館。

何景成，2008，《釋"花東"卜辭的"所"》，中國古文字研究會、吉林大學古文字研究室（編）《古文字研究》第27輯，中華書局。

黄德寬，2011，《開啓中華文明的管鑰——漢字的釋讀與探索》，北京師範大學出版社。

黄德寬、徐在國，1998，《郭店楚簡文字考釋》，吉林大學古籍整理研究所（編）《吉林大學古籍整理研究所建所十五周年紀念文集》，吉林大學出版社。

季旭昇，2010，《説文新證》，福建人民出版社。

李家浩，1999，《讀〈郭店楚墓竹簡〉瑣議》，《中國哲學》編輯部、國際儒聯學術委員會（編）《中國哲學》第20輯，遼寧教育出版社。

李學勤（主編），2012，《清華大學藏戰國竹簡（叁）》，中西書局。

羅福頤（主編），1981，《古璽彙編》，文物出版社。

容庚（編著），1985，《金文編》，張振林、馬國權摹補，中華書局。

唐作藩，2013，《上古音手册》（增訂本），中華書局。

滕壬生，2008，《楚系簡帛文字編》（增訂本），湖北教育出版社。

王力，1987，《漢語語音史》，《王力文集》第10卷，山東教育出版社。

王力，1997，《同源字典》，商務印書館。

章太炎，1999，《小學答問》，上海人民出版社（編）《章太炎全集》第7册，上海人民出版社。

趙平安，2009，《新出簡帛與古文字古文獻研究》，商務印書館。

鄭張尚芳，2013，《上古音系》（第2版），上海教育出版社。

周法高，1973，《新編上古音韻表》，臺北三民書局。

# 學術呈螺旋式發展的一個案例*

## ——從名物化到指稱化

宋紹年

人類歷史在曲折中前進，呈螺旋式發展。學術史也不乏這樣的案例。

## 一

“名物化”是漢語傳統語法研究的一個重要概念，簡單講，名物化就是認定謂詞性成分出現在主、賓語等特定句法位置上就轉變爲名詞了。百多年前，馬建忠的《馬氏文通》（以下簡稱《文通》）構建了第一個完整的漢語文言語法體系，在《實字卷》的“名字”章，馬氏說：“要之，名無定式，凡一切單字、偶字，以至集字成頓成讀，用爲起詞、止詞、司詞者①，皆可以名名之。”又說：“（讀作起詞或止詞時）‘用’……與名字無异。”句讀理論是《文通》語法體系的核心部分，所謂“讀”，是馬氏受西方語法中動詞不定式短語、分詞短語和從句可以充任句法成分的啓示而設立的漢語句法概念，“讀”

* 本文原載華學誠主編：《文獻語言學》第11輯，中華書局2020年，第7—12頁。

① 馬氏所説之“起詞”即今所謂“主語”，“止詞”即指“賓語”，“司詞”即指“介詞賓語”。

在《文通》系統中是指處於非陳述性謂語核心位置上的各類謂詞性句法結構。馬氏把處於起詞、止詞位置上的各類語法成分，特别是“讀”，定性爲“與名字無异”，這可以看作是“名物化”概念的起點。

《文通》的這一認知帶有明顯的模仿西方語法的痕迹，例如，英語有資格充任主、賓語的成分除了從句、不定式短語、分詞短語、動名詞短語之外，只能是體詞性成分，而這些體詞性成分中很大一部分是由謂詞加上名詞性後綴轉化而成的。馬氏在漢語語法系統中建立起“讀”概念是對西方語法學的成功借鑒和引進，但是漢語没有詞形變化，謂詞處於主賓語句法位置不會改變形態，根據西方語法認定漢語主、賓語位置上的謂詞都已經轉變爲名詞的理由并不充分。

## 二

20世紀50—60年代，我國語言學界展開了對名物化概念的討論和批評，其間最有影響的一篇學術論文是朱德熙、盧甲文、馬真三位先生合作的《關於動詞形容詞“名物化”的問題》（以下簡稱《問題》）。文章指出“（名物化）是自從《馬氏文通》《新著國語文法》以來許多語法書的共同主張”，由此可見名物化觀念影響之深遠，它涉及了關乎漢語語法全域的基本問題。《問題》全面揭示、分析并批評了名物化概念不符合漢語語言事實的諸多方面，指出“漢語的語言事實完全不支援名物化的説法”；重點分析批評了名物化説法在漢語語法詞類劃分方面引起的混亂，指出“事實上幾乎所有的動詞和形容詞都能作主語和賓語，因此這就等於説漢語的動詞和形容詞基本上都能轉成名詞”，“如果我們接受名物化的説法……這樣就不但可以有‘名物化’的説法，還可以有‘性狀化、行爲動作化’等等説法”，其結果就是根據句子成分定詞類，導致“依句辨品，離句無品”，其實質就是“漢語實詞不能分類”。

對於名物化問題的討論和批評推進了對漢語語法自身特點的深入發掘和把握，推動了一個重要共識的形成：漢語不同於西方語言，漢語的句法成分同詞類不是一一對應的，在漢語中，謂詞性成分完全有資格充任主、賓語等句法成分，而不一定轉化爲名詞。

## 三

20年後，20世紀80年代，謂詞性成分指稱化（與之相關聯的還有體詞性成分陳述化）成了人們關注的熱點問題之一。朱德熙先生率先發表了《自指和轉指——漢語名詞化標記“的、者、所、之”的語法功能和語義功能》（以下簡稱《自指和轉指》），《自指和轉指》打通古今漢語語法研究，提出了一系列嶄新的概念，更多地關注了語法研究中的語義因素，爲漢語語法研究開闢了新道路，該文章具有劃時代的意義。

文章指出“從語義的角度看，謂詞性成分名詞化有兩種”，“前一種名詞化造成的名詞性成分與原來的謂詞性成分所指相同，這種名詞化可以稱之爲自指；後一種名詞化造成的名詞性成分與原來的謂詞性成分所指不同，這種名詞化可以稱爲轉指”。文章還認爲“凡是真正的名詞化都有實在的形式標記。所謂‘零形式名詞化’，對於漢語來説，只是人爲的虛構”。在這裏，名詞化等同於指稱化。

文章提出了“句法成分提取”這一重要概念，指出提取是同轉指聯繫在一起的，“‘者t’是提取主語的，所以在‘VP者t’裏，主語必須缺位”，“（在‘所 VP’中）‘所’提取的是賓語”。因爲“者”也可以出現在表示自指的結構中，所以《自指和轉指》把“者”分爲兩個，者 t 和者 s。由於分别提取了施事成分和受事成分，“VP 者 t”和“所 VP”都完成了各自的名詞化（含人物化和事物化），這一點學界應該都有共識。

文章認爲自指結構不含有提取，“VP 者 s”和“N 之 V”都是表示自指的結構，一般來説，這兩種結構都不再表達陳述，而是在表達一種事件，也就是自指。文章認爲不管是轉指還是自指都是名詞化。

漢語語法裏，同謂詞性成分指稱化相關聯的還有體詞性成分陳述化問題。朱德熙先生在《關於先秦漢語裏名詞的動詞性問題》一文中指出，先秦漢語在“N+而/則+V”結構中，“（名詞）有陳述性，并不能證明名詞有動詞性”。這一現象説明漢語裏體詞性成分有陳述化的現象，并且陳述化并不等同於動詞化，在這裏，朱德熙先生似乎對體詞性成分的陳述化和動詞化做出了區分，可是在《自指和轉指》中對謂詞性成分的指稱化和名詞化却没有做出區分。謂詞性成分的指稱化同體詞性成分的陳述化都是漢語語法研究的重要課題。

## 四

站在新的理論高度展開經典重讀，重新審視《文通》裏的一些觀點，會有一些不同於前的感受。《文通》也探討了謂詞性成分指稱化和體詞性成分陳述化問題，儘管《文通》的探討還是比較粗糙的，但也不乏一些獨到的觀察和有意義的論述。

關於謂詞性成分指稱化問題，馬氏提出了“讀”概念，馬氏的“讀”是指稱化了的謂詞性成分，馬氏還指出“其、者、所、之”等幾個語素是“讀之記”，即“讀”的形式標記。馬氏説：“凡有起詞、語詞而辭氣未全者，曰讀。”根據這個定義，似乎只有主謂結構纔有資格充任“讀”，實則不然，馬氏説：“句讀之成，必有起、語兩詞。起詞者，爲所語也；語詞者，所爲語也。[①] 起詞或可隱而不書，而語詞則句讀之所爲語者，不可不書。”通觀《文通》，“讀”是指處於非句之謂語核心位置上的各類謂詞性句法結構，有形式標記的固然是“讀”，但是同時存在大量無形式標記的“讀”，也就是説“讀”可以帶形式標記，也可以不帶形式標記，同樣的欄位前文帶有標記，後文就可能不帶。例如：

民之望之，若大旱之望雨也。（《孟子·滕文公下》）

民望之，若大旱之望雲霓也。（《孟子·梁惠王下》）

如果認爲“民之望之”同“民望之”分屬不同性質的句法結構，有標記的“讀”就已經完成了名詞化，無標記的“讀”仍是謂詞性的，理論上就顯得不够周延，不能形成自洽的邏輯閉環。我們應該嚴格區分指稱化和名詞化兩個不同的概念，也就是説指稱化不等同於名詞化，含有提取的指稱化（即轉指）已經完成了人物化或事物化，可以認定其名詞化；不含提取的指稱化（即自指）只是完成了事件化，則不能認定其名詞化。這一處理方式同漢語動詞中存在一類可以表達事件的名動詞（如“勞動”“學習”）相符合。把指稱化完全等同於名詞化，并且以有無形式標記作爲是否實現了指稱化的唯一標準，是否也還殘存着以西方語法爲標準的痕迹呢？朱德熙先生在堅持

---

① “起詞者，爲所語也”，即起詞是陳述的對象；“語詞者，所爲語也”，即語詞是所作的陳述。

指稱化等同於名詞化的同時，也對自指化的“N 之 V”結構的謂詞性質有所察覺，他説：“‘N 之 V’……能够表示假設意義。前邊可以有‘若’字，也可以没有。這個時候，‘N 之 V’帶着明顯的謂詞性。”其實，這裏所説的謂詞性就是典型的陳述性。就“N 之 V”結構的語法功能來看，它不僅可以作主語、作賓語，還可以作狀語，甚至可以獨立成句，例如：

楚之無惡，除備而盟。(《左傳·宣公十二年》)

予之不仁也。(《論語·陽貨》)

兩例“N 之 V”結構，例 1 作狀語，例 2 獨立成句，同一般主謂結構表達的語義没有什麼不同，我們不應該因爲它帶有“讀”之記就判定“N 之 V”是名詞性的。自指化的“VP 者 s”結構存在同樣的性質認定問題，例如：

魯無君子者，斯焉取斯？(《論語·公冶長》)

從山上望牛者，若羊。(《荀子·解蔽》)

兩例“VP 者 s”結構都表達假設條件，表達的語義同 VP 没有不同，把“VP 者 s”確定爲名詞性的理由并不充分。

就指稱化問題而言，轉指結構可以等同於名詞化，而自指結構仍然是謂詞性的。這一結論同樣適用於位於主、賓語位置上的單個謂詞。這一現象在現代漢語裏更爲突出，例如：

他導演了這部戲。

導演是一種職業。

他不是編劇，是導演。

例1“導演”作謂語核心，是典型動詞；例2“導演“位於主語位置，發生自指化，仍是動詞；例3“導演”位於賓語位置，發生了轉指化，是名詞性的。

王力先生在《關於漢語有無詞類的問題》一文中指出“詞類的分別除了句法基礎以外，還有更深刻的基礎——語義的基礎”，正是在語義和句法的雙重基礎上王力先生提出了“詞彙·語法範疇”這一重要概念，王力先生指出“詞彙·語法的範疇和語法範疇并不是不相容的東西；前者是補充後者的，而不是排斥後者的”，“詞彙範疇和語法範疇正是密切相關的，把詞類看成詞彙·語法的範疇，是把問題看得更全面些”。王力先生的這些意見相當中肯，值得我們遵循。

《文通》關於名物化的説法是需要揚弃的，但是，我們可以認爲是馬氏率先觀察到了漢語的謂詞性成分處於主、賓語等特定的句法位置上都會發生指稱化。在漢語裏，謂詞性成分發生指稱化比較自由，不一定需要形式標記，句法位置是發生指稱化的基本動因。漢語語法研究應該嚴格區分名詞化和指稱化，這對於漢語詞類系統的構建，特别是連詞和介詞系統的構建，對漢語句類系統的構建（張雙棣、張聯榮等，2015），都具有重要意義。

關於體詞性成分的陳述化，《文通》也有明確的論述。馬氏分兩處談到了這個問題，一是位於“動字假借”章，指出名字位於謂語核心位置就陳述化了。例如：

曹子手劍而從之。（《左傳·莊公十三年》）

左右欲兵之。(《史記·伯夷列傳》)

這類體詞性成分的陳述化可以認爲是動詞化，馬氏的認定是準確的。這類陳述化可以稱之爲完全陳述化，可以類比於轉指化，即名詞化。

二是位於“承接連字”章，馬氏指出“‘而’字之爲連字……惟用以爲動静諸字之過遞耳”，“若‘而’字之前若後惟有名字者，則其名必假爲動字矣”。例如：

余狐裘而羔袖。(《左傳·襄公十四年》)

南冠而縶者誰也。(《孟子·公孫丑上》)

此類陳述化似可以稱之爲非完全陳述化，并未動詞化。漢語體詞性成分陳述化研究也應該嚴格區分陳述化和動詞化兩個不同的概念。

## 五

回顧上述漢語語法研究史的片段，從名物化→否定名物化→自指和轉指的提出→站在新的理論高度重新審視《文通》構建的系統，可以看出這一過程構成了一個完整的學術螺旋式發展的案例，螺旋的上層同底層總是存有密切的聯繫，但又絕不是重複，螺旋的上層總是高於底層，比底層更深入，比底層産生更多的知識和更完善的理論。我們揚弃《文通》簡單模仿西方語法建立的“名物化”學説，保留了“名物化”的合理内核。應該承認，是馬建忠首先發現了漢語的指稱化和陳述化現象，并且觀察到了漢語的謂詞性成分發生指稱化比較自由，其基本動因是位於特定的句法位置，指稱化可以帶有形式標記，也可以不帶形式標記。儘管由於時代的局限，馬氏還遠未達到我們今天的認識水準，但《文通》對於我們形成今天的認識仍然具有不可磨滅的價值。歷史學科的研究注重叩問我們是誰，我們從哪裏來、要到哪裏去。學術研究，特別是人文社會科學的研究，也常常需要返回原點重新出發，站在新的理論高度展開經典重讀，梳理學術發展的脉絡，這是學術不斷創新的必備條件，也是學術研究的正途。

## 參考文獻

馬建忠，2010，《馬氏文通》，商務印書館。

宋紹年，2004，《〈馬氏文通〉研究》，北京大學出版社。

王力，1955，《關於漢語有無詞類的問題》，《北京大學學報》第 2 期。

張雙棣、張聯榮等（編著），2015，《古代漢語知識教程》（增訂版），高等教育出版社。

朱德熙，1983，《自指和轉指——漢語名詞化標記“的、者、所、之”的語法功能和語義功能》，《方言》第 1 期。

朱德熙，1988，《關於先秦漢語裏名詞的動詞性問題》，《中國語文》第 2 期。

朱德熙、盧甲文、馬真，1961，《關於動詞形容詞“名物化”的問題》，《北京大學學報》（人文科學版）第 4 期。

# "否則"型轉折複句與"邢氏困惑"*

張　猛

## 一、引言

讀邢福義《漢語複句研究》"自序"，其中説到從事複句研究的感受："研究工作無限艱辛。而且，越研究，問題越多，越有更多的糊塗。在本書第四編第十二章《轉折句式總覽》結尾處，這麼寫道：'轉折句式和跟轉折有關的種種問題，不是一兩個章節的文字能够講清楚的，也不是短期内所能全部回答的。到目前爲止，筆者對許多問題仍然感到困惑。'這是由衷之言。"(邢福義，2001：2)

邢福義先生如此申明自己對複句研究，尤其是"轉折句式"的糊塗困惑，值得注意。

科學探索過程中，隨着對事實的瞭解逐步加深，認識也會逐步升華。邢福義先生數十年如一日，對漢語複句做了長期的、專注的研究，曾先後主持國家哲學社會科學"七五"(1985年)、"九五"(1997年）規劃中有關現代漢語複句研究的部分，主持了國家教育委員會"八五"(1992年）規劃、國家漢語國際推廣領導小組辦公室項目中的"現代漢語複句研究"(1996年）部分。2001年，其研究成果在商務

* 本文原載華學誠主編：《文獻語言學》第9輯，中華書局2019年，第124—140頁。

印書館出版，共700多頁，即《漢語複句研究》。該書獲中國高校人文社會科學優秀研究成果一等獎（2006年）。所以，他對於現代漢語轉折複句問題的困惑，在當前現代漢語複句研究領域是有代表性的。本文特稱之爲“邢氏困惑”。

轉折句式的關聯詞語中有個“否則”。邢福義采納吕叔湘《現代漢語八百詞》（1999：211）中關於“否則”的説法：“後句指出從前句推論的結果，或提供另一種選擇。”

吕叔湘的説法涉及兩個方面：一是“從前句推論的結果”，即因果關係。二是“另一種選擇”，即另一個選項的選擇關係。可見在吕叔湘的思路裏，“轉折”不是一般的複句現象。對此，本文特稱之爲“吕氏思路”。

問題是：邢福義按照“吕氏思路”，圍繞“後句”與“前句”的關係，從因果、選擇（即“廣義并列關係”［參邢福義，2001：42—44］）等方面入手，針對轉折句式寫了200多頁（其中關於“否則”寫有包含八小節的專門一章），爲什麽還會在其著作的序言中提出“邢氏困惑”呢？

## 二、説“轉折”

所謂“轉折”，觀其字面義，應當與動作有關。

一個最簡單的動作，必涉及三個要素：一是動力自何處來？二是動作向何處去？三是誰在動？前者是動作之所起所因，次者是動作之所向，後者是動作的載體。這三個要素缺一不可。缺少動作之所起所因，動作不能發生；缺少動作之所向，動作不能進行；缺少動作的載體，動作不能成立。

"轉折"作爲動作，自然也要具備動作三要素。譬如山地上賽車，車道上自然是彎道多、轉折處多。賽車手和賽車作爲主體并提供動力，從起點出發，沿賽道行駛，一路上順彎道改變方向，最後到達終點。途中自然會有種種轉折發生。假如没有賽車手和賽車，或者賽車手和賽車没有出發，轉折不會發生。如果有賽車手和賽車，而且他們出發了，但是賽車在賽道上不肯改變方向而最終衝出了賽道，那麽，轉折仍然不會出現。

轉折的關鍵特徵是動作所向發生了變化。轉折之前，動作的所向是一個方向；轉折之後，動作的所向是另外一個方向。因此，轉折不是一個簡單的動作，而是由兩個所向不同的動作組合而成的一種動態。

從文獻語言學的角度通過訓詁對"轉折"二字進行分析，也可以看出轉折的上述特徵。

轉，《廣韻》兩讀，一讀上聲陟兖切，一讀去聲知戀切。段玉裁以爲"淺人分别上、去异義，無事自擾"。今普通話音仍兩讀，讀上聲的常用爲行爲動詞，讀去聲的常用爲狀態動詞或量詞。轉的本義爲繞軸循環運轉，《説文》車部："轉，運也。"小徐本作"還也"。如《詩經·邶風·柏舟》："我心匪石，不可轉也。"《樂府詩集·雜曲歌辭二·悲歌行》："心思不能言，腸中車輪轉。"引申爲改變行動方向，《廣雅·釋詁一》："轉，行也。"如《楚辭·離騷》"路不周以左轉兮，指西海以爲期"，王逸注："轉，行也。"洪興祖补注："不周在西北海之外，自右而之左，故曰指西海以爲期也。"本來是由南向北而行，"左轉"之後改爲由東向西而行。今語轉彎、轉移、轉向燈等，均含有改變原來所向的意思。

折，本字作㪿。本義爲折斷，《説文》艸部："折，斷也。從斤斷草。”含有中斷而成爲兩個部分的意思。如《詩經·鄭風·將仲子》：“無折我樹杞。”《荀子·勸學》：“鍥而捨之，朽木不折。”引申爲綫型運動而改變徑向，《禮記·玉藻》：“周還中規，折還中矩。”規指弧綫形的轉折，即“彎”“轉”；矩指直綫帶夾角的轉折，即“曲”“折”。《廣雅·釋詁一》：“折，曲也。”如上海豫園九曲橋，只帶夾角，不帶拱弧，故以“曲”爲名。《晋書·陶潛傳》：“吾不能爲五斗米折腰。”指大丈夫身形頂天立地一杆旗，容不得半分曲折。這些都是説變向之前之後，軌迹會由一條變成兩條，形成折曲之狀貌。

轉折二字連文，指道路曲折不直，如《徐霞客游記》卷二下：“循小溪，至崖西亂石間，水窮於下，竅啓於上，即麻葉洞。洞口南向，僅斗大，在石隙中，轉折數級下。”明曹學佺《蜀中廣記》卷二十五：“四面峭絶，獨西南二徑，凌險轉折而上，誠一夫當關之勢。”也可指輾轉變遷，如宋馬端臨《文獻通考》卷一百四十八《樂考·夷部樂》：“所謂清商三調者，本中華之樂。晋室播遷而入於凉州，張氏亡而入於秦，姚氏亡而入於江南，陳氏亡而復入北。其轉折如此。”還可指身體轉側，如宋劉次莊《法帖釋文》卷十《王獻之》：“僕近動散委頓，雖轉折，猶惙然。”引申指詩文中的語意或音聲由一個方向轉到另一個方向，如明謝榛《四溟詩話》卷三：“然子美七言，近體最多，凡上三句轉折抑揚之妙，無可議者。”諸種用法，其語義均涉及動作方向的改變。

轉折由兩個所向不同的動作構成。根據動作的載體，轉折可分爲兩類情況。一是由單個載體自行改變所向後的兩個動作構成；一是兩個所向不同的動作各有其載體，相交而成。這兩類情況反映到語言中都是轉折複句。所以，轉折複句也有兩種情況。一種是由同一施事（載體）主導的兩個所向不同的動作構成，恰似一條折綫；另一種是由兩個施事分别主導的所向不同的動作構成，恰似兩條相交的直綫。

黎錦熙（1924：225）認爲“不共主語，便成轉折的複句”。上文已經論述了轉折的關鍵特徵是動作所向發生了變化，轉折是由兩個所向不同的動作構成的。由此推知，主語是否相同，并不能作爲判定轉折複句的標準。黎錦熙之説可商。

## 三、説“否則”

邢福義引用“吕氏思路”説轉折問題的時候，涉及轉折複句中的關聯詞語“否則”。

從文獻語言學角度來看，“否則”不是一個簡單的現代漢語中的關聯詞語，而是其來有自，是從數千年前文獻語言中的一個句型裏脱胎出來的。

“否則”一語，《尚書》《左傳》已有用例。如：

（1）格則承之、庸之，否則威之。（《尚書·益稷》）①

（2）義則進，否則奉身而退。（《左傳·襄公二十六年》）

一般來説，上述二例會被視爲由前後兩個分句加中間一個關聯詞語“否則”而構成的轉折複句。如表1所示：

**表1　《尚書》《左傳》“否則”型複句的常規分析法示意表**

| | | | |
|---|---|---|---|
| **例（1）** | **格則承之、庸之，** | **否則** | **威之。** |
| **例（2）** | **義則進，** | **否則** | **奉身而退。** |
| **一般句法形式** | 前句（分句1） | 關聯詞語 | 後句（分句2） |
| **一般複句關係** | 轉折 | | |

① 本文所引儒家經典，除特別注明外，都引自《十三經注疏》（阮元，1980）。

這種看法忽略了兩點，一是關聯詞語“否則”的用法特點，二是“否則”前後兩個部分的内部結構。例（1）（2）的前後兩個分句中各有一個“則”字。前句“則”字位於兩個動詞性成分之間：在例（1）中是“格”與“承之、庸之”，在例（2）中是“義”與“進”。所以，該“則”字用作連詞，連接兩個動詞性成分，構成條件關係。後句“則”分别位於“否”與“威之”、“否”與“奉身而退”之間。文獻語言中，“否”本是一個動詞性成分。《説文解字·不部》：“否，不也。”段玉裁注：“不者，事之不然也。否者，説事之不然也。”段玉裁的意思用今天的話來説便是：“不”是在陳述中表示事件或狀態的“不然”的情况；而“否”是直接説出對事件的否定，即用言語的形式直接表明説話人對事件的否定。假設某事件或狀態用“此”或“然”指代，則“否”表示與該事件或狀態對立的情况，即“非此”或“不然”。例（1）（2）中的“否”，針對的是前句中表示條件的事項“格”和“義”，意思是“不格”和“不義”。如下：

（1）’格則承之、庸之，否（不格）則威之。

（2）’義則進，否（不義）則奉身而退。

“否”針對前句中表示條件的事項，所以有一定的指稱功能，同時又有表示否定的功能，可獨立使用，相當於現代漢語裏的“不是那樣”（即文獻語言中的“不然”）。所以，後句中的“則”仍然是位於兩個動詞性成分之間的連詞。

由此可見，“否”和“則”本來不是一體的，而是兩個各自獨立的詞。“否則”連言，不是一個詞，也不是一個詞組，而是一個殘句。該殘句收束在連詞“則”上，因缺少後面的動詞性成分，不能完成連詞的全部功能，從而無法終止，具有不續不休的趨勢。這導致凡有“否則”，必有下文，從而使人們視“否則”爲關聯詞語。

漢語文獻語言的白文中，動詞性成分是讀者劃分白文句讀的基礎。一個動詞及其相關成分所構成的語段，可以作爲一個“讀”而自然成立。這樣的“讀”叫作“自然讀”。文獻白文句讀的“一述一讀”（參濟寬，2016）原則據此而來。所以，連詞“則”或“而”等連接的如果是兩個動詞性成分，那麽該連詞前面的動詞性成分便可作爲一個自然讀而讀斷。即：

（1）”格，則承之、庸之；否，則威之。（《尚書·益稷》）

（2）”義，則進；否，則奉身而退。（《左傳·襄公二十六年》）

由上可知：

1. 例（1）（2）都不能説是僅由兩個分句構成的轉折複句，而是由四個分句兩兩組合，構成的兩個條件（或因果）複句，然後再上一層，構成一個前提相互對立、後果也相互對立的兩兩對立的選擇（或并列）複句。[①] 關於例（1），《尚書·益稷》孔傳正是按照四個分句來注解的：“天下人能至於道，則承用之、任以官；不從教，則以刑威之。”孔傳用“不從教”解釋“否”，而用“至於道”解釋前句的“格”。“不從教”與“至於道”是對立的。

2. 不論是例（1）還是例（2），其中“否則”的“否”針對并

① 如果將“承之、庸之”視爲并列關係，則本文中的例（1）便是一個三重複句了。

且否定的都是前一個複句中的前一分句的內容，即表示條件或原因的部分。

3. “否”在結構上相當於第二複句的第一分句，在語義上與第一複句的第一分句相對立。所以，凡有“否則”充當關聯詞語的複句，必爲二重複句。

將例（1）（2）重新讀斷之後，其句法形式、語義關係、複句關係如表2所示：

**表2 《尚書》《左傳》“否則”型複句的二維分析法與常規分析法之對照表**

<table>
<tr><td>例（1）</td><td>格，</td><td>則</td><td>承之、庸之；</td><td>否，</td><td>則</td><td>威之。</td></tr>
<tr><td>例（2）</td><td>義，</td><td>則</td><td>進；</td><td>否，</td><td>則</td><td>奉身而退。</td></tr>
<tr><td>句法形式Ⅰ</td><td>前句1<br>（分句1）</td><td>連詞1</td><td>後句1<br>（分句2）</td><td>前句2<br>（分句3）</td><td>連詞2</td><td>後句2<br>（分句4）</td></tr>
<tr><td>語義關係Ⅰ</td><td>前提1<br>（此起因）</td><td>關聯語</td><td>結果1<br>（此結果）</td><td>前提2<br>（彼起因）</td><td>關聯語</td><td>結果2<br>（彼結果）</td></tr>
<tr><td>複句關係Ⅰ</td><td colspan="3">條件（邢氏廣義因果類）</td><td colspan="3">條件（邢氏廣義因果類）</td></tr>
<tr><td>句法形式Ⅱ</td><td colspan="3">前複句</td><td colspan="3">後複句</td></tr>
<tr><td>語義關係Ⅱ</td><td colspan="3">正</td><td colspan="3">反</td></tr>
<tr><td>複句關係Ⅱ</td><td colspan="6">對立・選擇（邢氏廣義并列類）</td></tr>
</table>

例（1）大意爲：“格，那麼承之、庸之；否（不格），那麼威之。”例（2）大意爲：“義，那麼進；否（不義），那麼奉身而退。”

## 四、先秦兩漢文獻“否則”用例簡釋

以下爲先秦兩漢傳世經史文獻中“否則”的部分用例。各例下面略加按語，介紹“否則”型轉折複句的整句結構和語義情況。希望有助於讀者瞭解“否則”型轉折複句以及其中“否”的用法。

（1）我德則睦，否則携貳。（《左傳・襄公四年》）

【按】否：不然。這裏指不德。整句的語義構成是：我德，則睦；否（不德），則携貳。

（2）力能則進，否則退，量力而行。（《左傳・昭公十五年》）

【按】否：不然。這裏指不能。整句的語義構成是：力能，則進；否（不能），則退，量力而行。

（3）義則進，否則退，敢不唯子是從？（《左傳・哀公六年》）

【按】否：不然。這裏指不義。整句的語義構成是：義，則進；否（不義），則退，敢不唯子是從？

（4）故君使其臣，得志則慎慮而從之，否則孰慮而從之。（《禮記・表記》）

【按】鄭注："否謂非己志也。"否：不然。這裏指不得志。慎慮：慎重考慮謀劃而行事，務求達到目的。孰慮：即深思熟慮之熟慮，周到地考慮謀劃，即使達不到目的也要儘量從形式上做到完美。整句的語義構成是：故君使其臣，得志，則慎慮而從之；否（不得志），則孰慮而從之。

（5）聽則進，否則退。（《國語・晋語九》）

【按】否：不然。這裏指不聽。整句的語義構成是：聽，則進；否（不聽），則退。

(6) 陽生前，頓首曰："可則立之，否則已。"(《史記·齊太公世家》)

【按】否：不然。這裏指不可。整句的語義構成是：陽生前，頓首曰："可，則立之；否（不可），則已。"

(7) 德優則行，否則止，與内奢泰而外爲詭服以釣虚譽者殊科。(《史記·平津侯主父列傳》)

【按】否：不然。這裏指不優，劣。整句的語義構成是：德優，則行；否（不優），則止，與内奢泰而外爲詭服以釣虚譽者殊科。

(8) 言大臣之義，當觀賢人，知其性行，推而貢之，否則爲聞善不與，兹謂不知，厥异黄，厥咎聾，厥灾不嗣。(《漢書·五行志》)

【按】否：不然。這裏指非大臣之義，不觀賢人，不知其性行，不推而貢之。整句的語義構成是：言大臣之義，當觀賢人，知其性行，推而貢之，則謂之知；否（非大臣之義，不觀賢人，不知其性行，不推而貢之），則爲聞善不與，兹謂不知，厥异黄，厥咎聾，厥灾不嗣。

(9) 言大臣得賢者謀，當顯進其人，否則爲下相攘善，兹

謂盜明，厥咎亦不嗣，至於身僇家絶。（《漢書・五行志》）

【按】否：不然。這裏指不顯進其人。整句的語義構成是：言大臣得賢者謀，當顯進其人，則不至於身僇家絶；否（不顯進其人），則爲下相攘善，兹謂盜明，厥咎亦不嗣，至於身僇家絶。

（10）凡殖貨財産，貴其能施賑也，否則守錢虜耳。（《後漢書・馬援列傳》）

【按】否：不然。這裏指不能施賑。整句的語義構成是：凡殖貨財産，貴其能施賑也，則非守錢虜也；否（不能施賑），則守錢虜耳。

（11）三刻，中黄門持兵，引太史令、八能之士入自端門，就位。……八能士各書板言事。文曰："臣某言，今月若干日甲乙日冬至，黄鐘之音調，君道得，孝道褒。"商臣，角民，徵事，羽物，各一板。否則召太史令各板書，封以皂囊，送西陛，跪授尚書，施當軒，北面稽首，拜上封事。尚書授侍中常侍迎受，報聞。（《後漢書・禮儀志》）

【按】否：不然。這裏指八能士未書板。整句的語義構成是：三刻，中黄門持兵，引太史令、八能之士入自端門，就位。……八能士各書板言事。文曰："臣某言，今月若干日甲乙日冬至，黄鐘之音調，君道得，孝道褒。"商臣，角民，徵事，羽物，各一板，則太史令不板書。否（八能士未書板），則召太史令各板書，封以皂囊，送西陛，跪授尚書，施當軒，北面稽首，拜上封事。尚書授侍中常侍迎受，報聞。

（12）善則久要不忘平生之言，惡則忠告善誨之，否則止，無自辱焉。(《後漢書・朱穆傳》注引蔡邕論略)

【按】否：不然。這裏指不善則止而不行"久要不忘平生之言"之事，不惡則止而不行"忠告善誨之"之事。整句的語義構成是：善則久要不忘平生之言，惡則忠告善誨之；否（不善則止而不行"久要不忘平生之言"之事，不惡則止而不行"忠告善誨之"之事），無自辱焉。

## 五、現代漢語"否則"用例簡釋

下面是吕叔湘《現代漢語八百詞》中所列與"否則"相關的部分現代漢語例句。在現代漢語中，"否則"型轉折複句保持了其在先秦漢語中的結構特點和語義特點。

（1）除非臨時有事，否則八點一定動身。(1999：125)

【按】否：不然。這裏指没有事。整句的語義構成是：除非臨時有事，八點不能動身；否（没有事），則八點一定動身。

（2）他一定有要緊事找你，否則不會接連打三次電話來。(1999：211)

【按】否：不然。這裏指他没有要緊的事。整句的語義構成是：他一定有要緊事找你，纔會接連打三次電話來；否（他没有要緊的事），則不會接連打三次電話來。

（3）看來他已經離開上海了，否則爲什麼没有回電？（1999：212）

【按】否：不然。這裏指他還没離開上海。整句的語義構成是：看來他已經離開上海了，所以没有回電；否（他還没離開上海），則會有回電。

（4）必須到基層去工作一段時間，否則怎麼能瞭解下情？（1999：212）

【按】否：不然。這裏指不去基層工作。整句的語義構成是：必須到基層去工作一段時間，纔能瞭解下情；否（不去基層工作），那怎麼能瞭解下情？

下面是邢福義《漢語複句研究》中所列與“否則”相關的部分例句：

（5）幸虧也有人找他，否則没有人敢找我。（2001：45）

【按】否：不然。這裏指没人找他。整句的語義構成是：幸虧也有人找他，所以纔有人敢找我；否（没人找他），則没有人敢找我。

（6）你應該學打拳，否則應該多跑步。（2001：47）

【按】否：不然。這裏指不學打拳。整句的語義構成是：你應該學打拳，少跑步；否（不學打拳），則應該多跑步。此句爲二重複句，由兩個選擇複句構成對立關係。屬於吕氏思路中“提供另一種選擇”之類。雖然不涉及因果關係，但保持了兩個複句四個分句之間兩兩對立的關係，并且仍然是從前一複句的前一分句轉到後一複句的後一分句。

（7）她一定還不曉得她的心上人走失，否則不會那麼愉快。（2001：319）

【按】否：不然。這裏指曉得她的心上人走失。整句的語義構成是：她一定還不曉得她的心上人走失，纔那麽愉快；否（曉得她的心上人走失），則不會那麽愉快。

（8）當今之世，除非是師父下山，否則不知還有誰能勝得過他。（2001：319）

【按】否：不然。這裏指師父不下山。整句的語義構成是：當今之世，除非是師父下山，能勝得過他；否（師父不下山），則不知還有誰能勝得過他。

（9）這話該説了，否則會讓瑩瑩太難堪。（2001：328）

【按】否：不然。這裏指這話不説。整句的語義構成是：這話該説了，别讓瑩瑩太難堪；否（這話不説），則會讓瑩瑩太難堪。

## 六、“否則”的轉型

“否”和“則”本非一體，“否則”連言而構成一個殘句，即不完整的複句，具有不續不休的趨勢。凡有“否則”，必有下文，這種關聯下文的作用是促使“否則”成爲關聯詞語的有利條件。

“否則”從殘句轉型爲關聯詞語，有四個現象值得注意。一是“否則”後面從直接接續動詞到可以接續主謂結構的分句。二是“否則”後面接續一個能够頂替“則”的副詞“就”，令“則”的功能虚化。三是“否則”下可以斷句，獨立成讀。四是“否則”後面接續“的話”并且獨立成讀，令“否則”正式作爲一個分句而獨立。

### （一）“否則”後續主謂結構的分句

“否”的語義相當於一個分句，因此，“則”的後面不僅可以直接接續動詞性成分，也可以接續分句。既然是分句，自然包括主謂結構的分句。

(1) 三月之末，擇日，翦髮爲鬌，男角女羈；否則男左女右。（《禮記·内則》）

鄭注：“鬌，所遺髮也。夾囟曰角，午達曰羈也。”翦：剪。鬌：剪過之後留下的頭髮。角：孩子囟門兩側類似獸角生長的位置。這裏指給男孩剪頭髮時留下“角”的位置上的頭髮不剪掉。羈：即午達，指在頭頂上一縱一横留下兩道頭髮，形似相交而通達的十字路口。否：不然。這裹指男子不“角”而只留左邊的頭髮，女子不“羈”而只留右邊的頭髮。整句的語義構成是：三月之末，擇日，翦髮爲鬌，男角女羈；否（不然），則男左女右。

此例“則”下面連接的是并列的主謂結構“男左、女右”，顯示出“則”在連接動詞性成分的時候功能有所增加，形式更加自由，不限於無主語的動詞性成分。這種情況在先秦兩漢文獻中少見，但在現代漢語中常見，可以説是“否則”由兩個詞的組合向關聯詞語轉型的初始狀態。以下是先秦兩漢經史典籍例和吕叔湘、邢福義所舉現代漢語例。

**1. 先秦兩漢經史典籍例**

(2) 朱崖之絶，捐之之力也。否則介鱗易我衣裳。（《法言·孝至》）

【按】朱崖：即珠崖，西漢郡名。捐之：人名，賈捐之。介鱗：本指魚鱉蝦蚌之類，這裹喻指异族文明。衣裳：這裹喻指華夏文明。否：不然，這裹指珠崖不絶，即不放弃珠崖郡。整句的語義構成是：珠崖之絶，捐之之力也；否（珠崖不絶），則介鱗易我衣裳。

(3) 詔曰：“古之立太學，將以傳先王之業，流化於天下也。儒林之官，四海淵原，宜皆明於古今，温故知新，通達國體，故謂之博士。否則學者無述焉。”(《漢書·成帝紀》)

【按】否：不然。這裹指不能“明於古今，温故知新，通達國體”的儒林之官。整句的語義構成是：……儒林之官，四海淵原，宜皆明於古今，温故知新，通達國體，故謂之博士（而學者有述）；否（不然），則（不可謂之博士而）學者無述焉。

（4）古者，進退趨業，無私游之交，相見以公朝，享會以禮紀，否則朋徒受習而已。(《後漢書·朱穆傳》注引《絶交論》)

【按】否：不然。這裏指不以公朝則不相見，不以禮紀則不享會。整句的語義構成是：古者，進退趨業，無私游之交，相見以公朝，享會以禮紀，非止朋徒受習而已；否（不以公朝則不相見，不以禮紀則不享會），則朋徒受習而已。

**2. 吕叔湘《現代漢語八百詞》所用現代漢語例**

（5）除非你去，否則他不會去。(1999：125)

【按】否：不然。這裏指你不去。整句的語義構成是：除非你去，他纔會去；否（你不去），則他不會去。

（6）除非你去，他纔會去，否則他不會去。(1999：125)

【按】此例已出現三個分句，比上例完整一些。否：不然。這裏指你不去。整句的語義構成是：除非你去，他纔會去；否（你不去），則他不會去。

（7）除非有特殊情況，否則原計劃不可改變（=除非有特殊

情況，原計劃纔可以改變，否則不可改變）。（1999：212）

【按】否：不然。這裏指没有特殊情況。整句意思吕叔湘先生已經用括注指出了大部分。

（8）好在有他幫忙，否則我更吃不消了。（1999：262）

【按】否：不然。這裏指没有他幫忙。整句的語義構成是：好在有他幫忙，我還吃得消；否（没有他幫忙），那我更吃不消了。

**3. 邢福義《漢語複句研究》所用現代漢語例**

（9）想必有人找他，否則他不會這麼高興。（2001：45）

【按】否：不然。這裏指没人找他。整句的語義構成是：有人找他，他就高興；否（没人找他），則他不會這麼高興。

（10）他們天天打拳，否則身體不會這麼好。（2001：46）

【按】否：不然。這裏指不是天天打拳。整句的語義構成是：他們天天打拳，所以身體這麼好；否（不是天天打拳的話），則身體不會這麼好。

（11）除非你答應結婚，否則我不理睬你！（2001：53）

【按】否：不然。這裏指你不答應結婚。整句的語義構成是：除非你答應結婚，我就理睬你；否（你不答應結婚），則我不理睬你！

（12）除非他臨時有事，否則他肯定會來！（2001：53）

【按】否：不然。這裏指他不是臨時有事。整句的語義構成是：除非他臨時有事，就不會來；否（他不是臨時有事），則他肯定會來！

（13）可惜師伯那時不在，否則令狐大哥也不會身受重傷了。（2001：312）

【按】否：不然。這裏指師伯在。整句的語義構成是：可惜師伯那時不在，結果令狐大哥身受重傷；否（師伯在），則令狐大哥也不會身受重傷了。

（14）她猜想一定發生了什麽意外，否則黄成賓不會不來。（2001：317）

【按】否：不然。這裏指没發生什麽意外。整句的語義構成是：她猜想一定發生了什麽意外，黄成賓纔没有來；否（没發生什麽意外），則黄成賓不會不來。

（15）除非是發暗器之人的本門解藥，否則毒性難除。（2001：320）

【按】否：不然。這裏指不是發暗器之人的本門解藥。整句的語義構成是：除非是發暗器之人的本門解藥，毒性可以解除；否（不是發暗器之人的本門解藥），則毒性難除。

（16）除非你離開這兒，否則他怎麽會放過你？（2001：321）

【按】否：不然。這裏指你不離開這兒。整句的語義構成是：除非你離開這兒，他會放過你；否（你不離開這兒），則他怎麽會放過你？

（17）請別這樣激動，否則我就證實了他是對的。（2001：325）

【按】否：不然。這裏指這樣激動。整句的語義構成是：請別這樣激動，使我證實不了他是對的；否（這樣激動），則我就證實了他是對的。

## （二）“否則”後續副詞“就”

現代漢語裏，“就”是常用副詞，并經常充當複句中的關聯詞語，引進表示結果的分句。如“一……就……”“如果……就……”等。“就”的這一功能本來是“則”的，但是“則”作爲文言虚詞，在現代漢語口語中使用率比較低，不如“就”之廣爲人知。因此，人們在“否則”後面續上副詞“就”，從而越過并忽略掉不熟悉的“則”。從語法上看，就是“則”的作用弱化，其功能被“就”頂替了。或者説，“則”字虚化，成爲“否”的附庸。

以下是吕叔湘《現代漢語八百詞》中的兩個例子。

（18）遇事要調查研究，否則就會脱離實際。（1999：211）

【按】否：不然。這裏指不調查研究。整句的語義構成是：遇事要調查研究，別脱離實際；否（不調查研究），那麼就會脱離實際。

（19）最好下午去，否則就明天一早去。（1999：211）

【按】否：不然。這裏指下午不去。整句的語義構成是：最好下午去，別明天一早去；否（下午不去），那麼就明天一早去。

以下是邢福義《漢語複句研究》中的一個例子。

（20）幸虧脂肪極其豐滿，否則就傷及血管、骨頭或神經了。（2001：310）

【按】否：不然。這裏指脂肪不豐滿。整句的語義構成是：幸虧脂肪極其豐滿，没有傷及血管、骨頭或神經；否（脂肪不豐滿），則就傷及血管、骨頭或神經了。

### （三）"否則"下斷句，獨立成讀

漢語文獻語言中，"否則"是個未完成的殘句"否，則……"，用法相當於現代漢語的"不然，那麼……"。現代漢語中，"那麼"作爲關聯詞語，可以獨立成讀。例如"那麼，請嘉賓上臺""那麼，留給後人去解决吧"等。所以，"否則"下斷句并且獨立成讀，對於現代漢語使用者來説并非不可理解。

一旦能够獨立成讀，便與"因此""所以""那麼""雖然""但是”等關聯詞語成爲同類，“否”相當於一個分句的功能更容易被忽略。

吕叔湘《現代漢語八百詞》中未見此類用例，邢福義《漢語複句研究》中舉出了若干例。

（21）幸好四人幫打倒了，幸好馮局長是個明白人，否則，他起碼也是一個“蕭伯仲的黑後臺、大紅傘”……（2001：310）

【按】否：不然。這裏指四人幫不打倒，馮局長不是個明白人。整句的語義構成是：幸好四人幫打倒了，幸好馮局長是個明白人，他纔没成爲“蕭伯仲的黑後臺、大紅傘”；否（四人幫不打倒，馮局長不是個明白人），則他起碼也是一個“蕭伯仲的黑後臺、大紅傘”……

（22）“加拿大只答應貸一千五百萬美元與我們；而美國人原來露出口風願貸五千萬元與我們，只是由於孔祥熙在其中作怪，否則……”他摇了摇頭，表示深有感觸的樣子。（2001：314）

【按】否：不然。這裏指孔祥熙不在其中作怪。説話人的整句的語義構成是：“加拿大只答應貸一千五百萬美元與我們；而美國人原來露出口風願貸五千萬元與我們，只是由於孔祥熙在其中作怪，貸款的事纔出了問題；否（孔祥熙不在其中作怪），則貸款的事不會……”

（23）要麽照我的意思辦，否則，我饒不了你！（2001：323）

【按】否：不然。這裏指不照我的意思辦。整句的語義構成是：

要麼照我的意思辦，我饒了你；否（不照我的意思辦），則我饒不了你！

### （四）“否則”後續“的話”

“否則”的“則”下面接的不是動詞性成分，而是通過“的”接上名詞“話”。這顯示出“否”的語義雖然保持不變，但“則”本有的連接兩個動詞性成分的功能已經完全消失。“否則”後面接續“的話”并且獨立成讀，令“否則”作爲一個關聯性成分的功能更加突出。

此類用例在吕叔湘《現代漢語八百詞》中多見：

（24）最好你去，否則的話，只有叫老高去試試了。（1999：163）

【按】否：不然。這裏指你不去。整句的語義構成是：最好你去，别叫老高去；否（你不去），那樣的話，只有叫老高去試試了。

（25）看問題必須全面，否則的話，就難免以偏概全。（1999：212）

【按】否：不然。這裏指看問題不全面。整句的語義構成是：看問題必須全面，避免以偏概全；否（看問題不全面），那樣的話，就難免以偏概全。

（26）最好讓小蘭去，否則的話，只有你自己去一趟。（1999：212）

【按】否：不然。這裏指小蘭不去。整句的語義構成是：最好讓小蘭去，你别去；否（小蘭不去），那樣的話，只有你自己去一趟。

（27）他大概不同意，否則的話，爲什麽一句話也不講？（1999：212）

【按】否：不然。這裏指他同意。整句的語義構成是：他大概不同意，所以一句話也不講；否（他同意），那樣的話，爲什麽一句話也不講？

邢福義《漢語複句研究》中的用例不多：

（29）這種女人絶不應是對現代倫理有清醒知覺，對現代文明有熱烈向往的那種女性，否則的話，格格不入的追求，就會使情感發生危機，使先天的悲劇愈演愈慘。（2001：327）

【按】否：不然。這裏指這種女人是對現代倫理有清醒知覺，對現代文明有熱烈向往的那種女性。整句的語義構成是：這種女人絶不應是對現代倫理有清醒知覺、對現代文明有熱烈向往的那種女性，不會格格不入地追求而使情感發生危機、使先天的悲劇愈演愈慘；否（這種女人是對現代倫理有清醒知覺，對現代文明有熱烈向往的那種女性），那樣的話，格格不入的追求，就會使情感發生危機，使先天的悲劇愈演愈慘。

顯然，這種用法更容易令“否則”中那個相當於一個分句的“否”字被忽略，從而令“否則”被視爲一個純粹的關聯詞語，關聯的是一前一後兩個分句，組成的是一個簡單的複句而不是二重複句。

## 七、“呂氏思路”和“邢氏困惑”的局限

至此，可以理解“呂氏思路”，明白呂叔湘《現代漢語八百詞》中關於“否則”是“後句指出從前句推論的結果，或提供另一種選擇”的説法了。

“呂氏思路”關注到了“否則”的語義特點，看到了“否則”既涉及因果關係又涉及選擇關係：

1. 呂叔湘所言“後句指出從前句推論的結果”與“則”字相關。因爲“則”字前面的部分表示前提條件，即起因；“則”字後面的部分表示結果。

2. 呂叔湘所言“提供了另一種選擇”與“否”字相關。因爲“否”字在語義上與前一複句對立，從而提供了第二選項。

但是，呂叔湘未能指出并説明“否則”型轉折複句與因果、選擇之間的關係。同樣，邢福義也未能指出并説明“否則”型轉折複句與因果、選擇之間的關係。

“否則”關聯的轉折複句是個二重複句，其中一重是條件複句，而邢福義將條件複句歸入了廣義因果類；另一重是選擇複句，而邢福義將選擇複句歸入了廣義并列類。由於邢福義没有注意到“否則”所關聯的複句其實是一個二重複句，從而將“否則”型轉折複句歸入廣義轉折類的“假轉句”①。

對於邢福義來説，漢語複句總共分爲因果、并列、轉折三大類，而從“否則”型轉折複句中，他顯然已經感覺到有因果複句和選擇複句的强烈氣息隱隱透出且揮之不去。所以他一方面將“否則”相關的句子

① 邢福義（2001：46）：“所謂‘假轉’，即假言否定性轉折。這類複句，先指明甲事，接着指出如果不這樣就會成爲乙事。以‘……否則……’爲標志。”

統統歸入轉折複句，一方面却又認同了涉及因果和選擇的“吕氏思路”。

一個複句，横跨因果、并列、轉折三大類！這種三頭六臂的怪物，恐怕就是導致“邢氏困惑”産生的一個原因吧。

邢福義《漢語複句研究》第四編“廣義轉折與有牽連的句式”之第二章“‘p，否則 q’句式”是關於“否則”的專章。其中討論了“否則”型轉折複句的八種句式。在該章小結中，邢福義（2001：309、329—331）將這八種句式按照 p 和 q 之間的語義關係分爲六類：釋因式（幸虧、可惜、因爲）、推因式（想來）、條件式（除非）、選言式（要麽）、祈使式（還是）、能願式（不能）。這種分類看來是參照 p 的關聯詞語的語義操作的。若此，則理論上還可以有讓步式（即使、就算）、目的式（爲了）等等，將分不勝分。恐怕這也是導致“邢氏困惑”的一個原因。

“否則”的作用主要是通過“否”來否定前面的部分（即 p），同時肯定後面的部分（即 q），語義關係上，p 和“否則”的“否”是對立關係，“否”和 q 是因果關係。p 與 q 之間并没有直接的語義關聯，所以纔稱之爲“轉折”。

比吕叔湘、邢福義更早注意到轉折句和選擇句之間具有相關性的是黎錦熙。黎錦熙《新著國語文法》將“轉折句”與“平列句”“選擇句”“承接句”一起，歸爲“等立複句”。他説：“兩個以上的單句，彼此接近，或互相聯絡，却都是平等而并立的，這種複句，叫‘等立句’。等立句可不分主從、正副，彼此都叫‘分句’。從它們的關係上，可分等立句爲四類——就是四種‘複述語’[①] 的擴張（參照

① “複述語”見《新著國語文法》第十二章“單句的複成分”下 113 節：“一個主語而有兩個以上之述語的，叫做複述語。賓語和補足語，原是述語連帶的成分；述語複了，它們複不複，不用管。複述語可分爲四類，就是四種‘等立複句’的基本。”又“(4) 轉折的，用轉折連詞。若是不共主語，便成轉折的複句”(黎錦熙，1924：220、257)。

113 節）。”（黎錦熙，1924：265）黎錦熙雖然看到了轉折句和選擇句之間的相關性，但似乎忽略了轉折句與因果句之間的相關性。

## 八、結語

轉折是由兩個所向不同的動作組合而成的一種動態。

所有的轉折複句都是在兩個複句共四個分句的基礎上構成的。常見的是由兩個因果類複句構成。

轉折複句的兩個複句在語義上是一一對立的。假設前一複句是因果類複句的正因與正果，那麼後一複句必定是語義與之對立的反因與反果。

轉折複句的最簡形式可以由兩個分句和一個關聯詞語構成：

前一複句（如因果類複句的原因分句）+關聯詞語+後一複句（如因果類複句的結果分句）

轉折複句的最簡語義關係是：

正因+表轉折的關聯詞語+反果

轉折複句中的關聯詞語一般不可以省略。如果關聯詞語是“否則”，則不得省略。

“否則”裏的“否”，結構上等值於後一複句的第一分句；語義上則與前一複句的第一分句是對立關係，同時與後一複句的第二分句是因果之類的關係，從而構成“轉折”。

## 參考文獻

班固，1962，《漢書》，中華書局。

范曄，1965，《後漢書》，中華書局。

濟寬，2016，《一述一讀 一主一句——先秦句讀原則與條例》，華學誠（主編）《文獻語言學》第 2 輯，中華書局。

黎錦熙，1924，《新著國語文法》，商務印書館。

吕叔湘（主編），1999，《現代漢語八百詞》（增訂本），商務印書館。

馬建忠，1983，《馬氏文通》，商務印書館。

阮元（校刻），1980，《十三經注疏（附校勘記）》，中華書局。

司馬遷，1959，《史記》，中華書局。

汪榮寶，1987，《法言義疏》，陳仲夫點校，中華書局。

邢福義，2001，《漢語複句研究》，商務印書館。

徐元誥，2002，《國語集解》，王樹民、沈長雲點校，中華書局。

# 《韓非子》中的“NP之所VP”結構*

邵永海

## 一、“NP之所VP”結構及其變體

“NP之所VP”結構是指如下的句法形式（NP表示體詞性成分，VP表示謂詞性成分，下同）：

（1）夫嚴刑者，民之所畏也；重罰者，民之所惡也。（《奸劫弑臣》）

（2）故法之所非，君之所取；吏之所誅，上之所養也。（《五蠹》）

（3）明日坐，視美珥之所在而勸王以爲夫人。（《外儲説右上》）

（4）今所與備人者，且曩之所備也。（《南面》）

（5）凡敗法之人，必設詐托物以來親，又好言天下之所希有。（《飾邪》）

上述五例“之”後成分爲“所VP”結構，“之”前的NP與VP

* 本文原載華學誠主編：《文獻語言學》第1輯，中華書局2015年，第132—144頁。

之間在語義上一般爲施事與行爲動作的關係，如例（1）中的“民”，例（2）中的“法、君、吏、上”；有時 NP 是當事，如例（3）中的“美珥”；NP 還可以是其他語義成分，如例（4）中的“曩”是時間成分，例（5）中的“天下”是處所成分。

“NP 之所 VP”結構中的“之”可以不出現，例如：

（6）寡人所好者，音也，子其使遂之。（《十過》）

（7）君之所未嘗食唯人肉耳，易牙蒸其子首而進之，君所知也。（《十過》）

（8）趙武所薦四十六人，及武死，各就賓位，其無私德若此也。（《外儲説左下》）

“NP 之所 VP”結構也可以“其所 VP”的形式出現，例如：

（9）故聖人陳其所畏以禁其邪，設其所惡以防其奸，是以國安而暴亂不起。（《姦劫弑臣》）

（10）人主之過，在已任臣矣，又必反與其所不任者備之。（《南面》）

例（9）中，“其所畏”相當於“聖人之所畏”，例（10）中，“其所不任者”相當於“人主之所不任者”。

如果“VP”前面出現介詞“以、與、爲、由、道”等，這時“所”提取的一般是介詞支配的對象，這種結構形式可以表示爲“NP 之所以 VP”。例如：

（11）此明君之所以禁其邪。（《愛臣》）

（12）側室公子，人主之所親愛也；大臣廷吏，人主之所與度計也。（《八奸》）

“NP 之所以 VP”也可以“NP 所以 VP”和“其所以 VP”兩種形式出現。例如：

（13）此孝子所以養親，忠臣之所以事君也。（《內儲説下六微》）

（14）故明君有權有政，亂君亦有權有政，積而不同，其所以立异也。（《心度》）

《韓非子》中“所”字共出現 848 次。其中用於“NP 之所 VP”結構 220 例；用於“NP 所 VP”結構 39 例；用於“其所 VP”結構 65 例；用於“NP 之所以 VP”結構 111 例；用於“NP 所以 VP”結構 33 例；用於“其所以 VP”結構 23 例。本文以這些用例爲研究對象，描寫上述結構的構造特徵和句法功能，分析“NP 之所 VP”與“NP 之 VP”兩種結構形式的關係。

## 二、“NP 之所 VP”中的 VP

從形式上看，“NP 之所 VP”的構造可以分析爲 VP 使用標記“所”發生轉指，這種轉指的“所 VP”結構在語法性質上是體詞性的，因而可以帶上定語 NP，定語 NP 與“所 VP”之間一般使用連詞“之”，這個“之”也可以不用。NP 的位置上能够出現的語義角色受到了相當嚴格的限制，一般只能是 VP 表示的行爲動作的施事者，少數情況下可以是當事或時間成分。下面重點考察可以出現在“NP 之所 VP”結構中 VP 位置上的動詞。

通過對《韓非子》語料全面的調查分析，我們將出現在“NP 之所 VP”格式中 VP 位置上的動詞全部列舉如下（各動詞右下角的數字爲其在該格式中出現次數，下同）：

安（以爲安）$_{1}$，備（防備）$_{1}$，察$_{4}$，長（擅長）$_{1}$，臣（作爲臣子）$_{1}$，耻（以爲耻）$_{1}$，出$_{1}$，出入$_{1}$，導制$_{1}$，道（由）$_{1}$，多（稱贊）$_{1}$，奪$_{1}$，惡（厭惡）$_{6}$，非（以爲非，否定）$_{3}$，伏（潜伏）$_{1}$，官（掌管）$_{1}$，貴（以爲貴，重視）$_{2}$，過（認爲錯誤）$_{2}$，害（陷害）$_{1}$，害（認爲是禍患）$_{1}$，好（喜好）$_{2}$，合$_{1}$，患（擔憂）$_{2}$，毁（詆毁）$_{2}$，惛（覺得糊塗）$_{1}$，惑（迷惑）$_{1}$，禍（認爲是禍害）$_{2}$，稽（匯集）$_{1}$，及$_{8}$，急（急需）$_{2}$，加$_{7}$，見$_{1}$，矜（得意）$_{1}$，禁$_{1}$，樂（快樂）$_{2}$，禮（尊重）$_{1}$，利（得到利益）$_{3}$，僈（輕慢）$_{1}$，難$_{8}$，能$_{9}$，欺$_{1}$，親愛$_{1}$，去（去除）$_{1}$，然$_{1}$，然（認爲是對的）$_{1}$，任（任用）$_{1}$，善（以爲善）$_{2}$，設$_{3}$，生$_{3}$，師$_{2}$，師法$_{1}$，食$_{1}$，識$_{2}$，是（認爲正確）$_{1}$，弒$_{1}$，守$_{1}$，税$_{1}$，肅（敬）$_{2}$，索$_{1}$，聽（聽從）$_{1}$，外（排除）$_{1}$，危$_{1}$，畏$_{1}$，謂$_{15}$，聞$_{3}$，務$_{1}$，喜$_{3}$，下$_{1}$，賢（以爲賢）$_{1}$，行（做）$_{1}$，言$_{5}$，養$_{2}$，倚$_{1}$，易$_{5}$，因$_{2}$，應$_{1}$，用$_{3}$，由$_{2}$，有$_{4}$，予$_{1}$，語$_{1}$，欲$_{4}$，譽$_{4}$，在$_{8}$，斬$_{2}$，彰$_{1}$，知$_{3}$，執$_{2}$，至$_{3}$，制$_{1}$，致$_{1}$，誅$_{2}$，燭$_{1}$，屬（管轄）$_{1}$，尊$_{1}$，作（創作）$_{1}$。

值得注意的是，出現在“NP 之所 VP”格式中的動詞有不少是通常所説的詞類活用的情形，如“安、賢、善、禍、害、然、是、非”等在“NP 之所 VP”格式中表現出來的意義一般可看作意動用法；“屬”的“管轄”義其實是“歸屬”義的使動用法；“外、利、臣”等是名詞活用作動詞。[①] 例如：

(15) 故明主除人臣之所苦，而立人主之所樂。(《用人》)

(16) 今人臣之所譽者，人主之所是也，此之謂同取；人臣之所毀者，人主之所非也，此之謂同舍。(《奸劫弑臣》)

例 (15) 中，“苦”義爲“覺得痛苦”，“樂”義爲“覺得快樂”。例 (16) 中，“是”義爲“認爲正確”，“非”義爲“認爲錯誤”。“察”用於“NP 之所 VP”格式中時，意義有變化：

(17) a. 此六者，主之所察也。(《内儲説下六微》)

b. 楊朱、墨翟，天下之所察也，干世亂而卒不决，雖察而不可以爲官職之令。(《八説》)

“主之所察”中“察”義爲“考察”；“天下之所察”中“察”由“仔細看”的意思引申指“看得清楚”，“所察”指“認爲是看得清楚的人”。

根據我們的觀察，“NP 之所 VP”結構由於“所”對動詞的及物性有嚴格的要求，因此出現在該格式中的動詞都是高及物性的。

下列各例中，“NP 之所 VP”的 VP 部分爲述賓結構：

---

① “安”的用例如《安危》：“危人於所安。”“賢”的用例如《難四》：“是去所愛而用所賢也。”“善”的用例如《八奸》：“群臣百姓之所善，則君善之。”“禍”的用例如《和氏》：“則法術者乃群臣士民之所禍也。”“害”的用例如《安危》：“利人之所害。”“然”的用例如《八説》：“以愚人之所惽，處治事之官而爲其所然，則事必亂矣。”“屬”的用例如《喻老》：“在骨髓，司命之所屬，無奈何也。”

（18）桓公之所應優，非君人者之言也。(《難二》)

（19）臣之所不弑其君者，黨與不具也。(《揚權》)

（20）臧獲之所願托其足於驥者，以驥之可以追利辟害也。(《外儲説右上》)

例（18）中動詞“應”的意思是“針對優的言論做出相應的回答”，“應”在這個意義上可以通過“曰”引出應答的内容。例如：

（21）人應之曰：“以子之矛，陷子之楯，何如?”(《難勢》)

從文義上看，“所應優”相當於“所以應優”，意思是“用來應對優的話”。同樣，例（19）中“所不弑其君者”相當於“所以不弑其君者”；例（20）中“所願托其足於驥者”相當於“所以願托其足於驥者”。由這三例可知，“所VP”結構中的“所”可以直接提取VP的工具格和原因格，這樣的用法在先秦文獻中并不罕見。

除“弑、應、願”之外，動詞“同”“導制”和“能”也出現在“NP之所VP”結構中，且VP是動賓結構。

動詞“謂”經常出現在“NP之所VP”中，從形式上看，言説的内容可以直接出現在“謂”的後面。例如：

（22）a. 夫施與貧困者，此世之所謂仁義。(《奸劫弑臣》)

b. 雖古之所謂聖王明君者，其勤身而憂世不甚於此矣。(《説疑》)

（23）哀公不知選賢，選其心之所謂賢，故三子得任事。(《難三》)

（24）物之所謂難者，必藉人成勢而勿使侵害己，可謂一難也。（《難三》）

“謂”是一個用法相當複雜的動詞，前輩時賢做過深入細緻的研究（參何樂士，1982；李佐豐，1991，1997）。一般認爲“謂”有“告訴”“説”“叫做”等若干義項，其中與我們討論的問題相關的是“説”“叫做”兩個義項，下面把“言説、意指”義的“謂”記作“謂[1]”，把“稱爲、叫作”義的“謂”記作“謂[2]”。就《韓非子》的語言材料分析，謂[1]和謂[2]在句法上的主要區别在於，謂[1]可以與“所”組合，而謂[2]一般不與“所”組合；謂[1]有“N之謂”的用法，而謂[2]不出現在這一格式中；謂[2]可以作遞系結構的前動詞，而謂[1]不可以；謂[2]可以同“可”組合，而謂[1]没有這樣的用法。試各舉數例如下：

（25）a. 仁者，謂其中心欣然愛人也。（《解老》）

b. 舅犯所謂“不厭詐僞”者，不謂詐其民，謂詐其敵也。（《難一》）

c. 所謂貴者，無法而擅行，操國柄而便私者也。（《人主》）

d. 此鄙諺所謂“虜自賣裘而不售，士自譽辯而不信”者也。（《説林下》）

e. 世有三亡，而天下得之，其此之謂乎？（《初見秦》）

（26）a. 資其輕者，輔其弱者，此謂廟攻。（《内儲説下六微》）

b. 無山林澤谷之利而入多者，謂之窕貨。（《難二》）

c. 言出於無法，教出於無用者，天下謂之察。（《忠孝》）

d. 此謂君不仁，臣不忠，則可以霸王矣。(《六反》)

e. 人所以謂堯賢者，以其讓天下於許由。(《外儲説右下》)

f. 凡功者，其入多，其出少，乃可謂功。(《南面》)

比較上述兩組例句中的 a 例可以看出謂$^1$ 和謂$^2$ 之間在語義上的對立，其句法上的差异其實是互相聯繫的。從二者在語義表達上的根本區别來説，謂$^2$ 表達的是一種命名行爲，帶有致使義；而表言説義的謂$^1$ 不具有這種致使義。表致使義的動詞一般不跟“所”組合，如典型的致使義動詞“使”在全部 426 個用例中，只有 4 例與“所”組合，其中 2 例“使”乃使用義，另 2 例出現在同一語境中，爲“所使學者”，在層次構造上，“所”是跟“使學”組合，而非“所使”直接組合；“令”在全部 263 個用例中没有一個與“所”組合的用例。

觀察謂$^1$ 與“所”組合的各例，從形式上看，包含“所謂”的這類句子中存在多種切分形式的可能性，以“世之所謂仁義”爲例，該句可有兩種切分形式（單斜綫表示第一層切分，雙斜綫表示第二層切分）：

A. 世/之所謂//仁義

B. 世//之所謂/仁義

按 A 切分，有兩重定語，即“所謂”作“仁義”的定語，“所謂仁義”意思是“所説的仁義”；“世”作“所謂仁義”的定語。按 B 切分，“世之所謂”充當定語，對“仁義”起修飾限定作用。這兩種切分似乎并不妨害對句子的理解。不過我們注意到有時“N 之所謂”可以直接充當賓語，如《外儲説右上》：“景公歸，思，未醒，而得師曠之所謂。”“師曠之所謂”就是“師曠説的話”；“N之所謂”也可以作判斷謂語，如《五蠹》：“子言非不辯也，吾所欲者土地也，非斯言所謂也。”這些例子都表明，“N之所謂”的N同“所謂”之間的句法語義關係比較密切，不宜割裂開，所以我們不采用A種切分；B種切分比較簡明，即“NP之所謂”充當定語。

## 三、“NP之所VP”的句法功能

從功能上看，“NP之所VP”結構可以充任主語、賓語、判斷謂語和定語。充當判斷句主語者（共46例），例如：

（27）且韓子之所斬若罪人，子奚分焉？（《難一》）

（28）主之所用也七術，所察也六微。（《内儲説上七術》）

（29）平公曰：“寡人所好者，音也，子其使遂之。”（《十過》）

“NP之所VP”結構充當動詞謂語句的主語（共30例）時，謂語動詞可以是關係動詞“如、若、謂、曰”，或存現動詞“有、無”等。例如：

（30）臣之所聞曰：臣事君，子事父，妻事夫。（《忠孝》）

（31）且人所急無如其身，不能自使其無死，安能使王長生哉？（《外儲説左上》）

謂語部分爲小句的情形比較多見：

(32) 利之所在民歸之，名之所彰士死之。(《外儲説左上》)

(33) 法之所加，智者弗能辭，勇者弗敢爭。(《有度》)

(34) 凡御之所貴：馬體安於車，人心調於馬，而後可以進速致遠。(《喻老》)

例（32）中，“利之所在”處在主語位置上，“民歸之”中的“之”複指“利之所在”。此類主語都帶有比較明顯的話題特徵，爲後續句提供談論的對象或陳述的背景等。其後續句經常是小句或小句組的形式；後續句與話題語之間存在判斷或描寫等語義關係，如例（33）和（34）。比較下面的例句可以看出，由於上古漢語的判斷句不使用判斷詞，因此充當條件小句的判斷句如果判斷主語不出現，那麼在形式上便與話題重合：

(35) 窮危之所在也，民安得勿避？(《五蠹》)

(36) 大國之所索，小國必聽；强兵之所加，弱兵必服。(《八姦》)

(37) 群臣百姓之所善，則君善之；非群臣百姓之所善，則君不善之。(《八姦》)

從形式上分析，例（35）中“窮危之所在也”與例（32）“利之所在、名之所彰”及例（33）“法之所加”處在相同的句法位置，由於句末“也”的使用，將其分析爲條件小句在語感上并無不妥。例（37）與例（32）在形式上也存在明顯的平行，“君善之”的“之”複指句首的“群臣百姓之所善”；不過，連詞“則”顯示出前後兩個小句之間存在假設關係，而且下一句“非群臣百姓之所善”由於否定詞“非”的使用，使該小句作爲後一小句“則君不善之”的假設分句的性質比較明顯；因此“群臣百姓之所善”同樣也應該分析爲一個假設分句，其中判斷主語隱含。

下例中“NP之所VP”結構充當受事主語：

（38）今所治之政，民間之事，夫婦所明知者不用，而慕上知之論，則其於治反矣。（《五蠹》）

“NP之所VP”結構充任形容詞謂語句的主語共10例。舉例如下：

（39）所謂重刑者，奸之所利者細，而上之所加焉者大也。（《六反》）

（40）勢之於治亂，本未有位也，而語專言勢之足以治天下者，則其智之所至者淺矣。（《難勢》）

（41）破趙而三分其地，又封二子者各萬家之縣一，則吾所得者少，不可。（《十過》）

“NP之所VP”結構充當判斷謂語的用例如：

（42）此皆盡力畢議，人主之所必聽也。（《八奸》）

（43）此數物者，險世之說也，而先王之法所簡也。（《有度》）

（44）矜而好能，下之所欺。（《揚權》）

例（44）中判斷主語省略，全句意思是：如果君主自大逞能，就會成爲臣下欺瞞的對象。

"NP 之所 VP" 結構可以充任動詞賓語（共 85 例），也可以充任介詞賓語（共 28 例）。例如：

（45）不伐樹，未有罪也；知人之所不言，其罪大矣。（《説林上》）

（46）將治天下，釋庸主之所易，道堯、舜之所難，未可與爲政也。（《難一》）

（47）太宰因誡使者："無敢告人吾所問於女。"（《内儲説上七術》）

（48）樗里疾，秦之將也，恐犀首之代之將也，鑿穴於王之所常隱語者。（《外儲説右上》）

（49）性命者，非所學於人也，而以人之所不能爲説人，此世之所以謂之爲狂也。（《顯學》）

例（47）中，"吾所問於女" 充當動詞 "告" 的直接賓語。

"其所 VP" 充當賓語的用例占其全部用例的 87%：

（50）凡説之務，在知飾所説之所矜而滅其所耻。（《説難》）

（51）故聖人陳其所畏以禁其邪，設其所惡以防其奸，是以國安而暴亂不起。（《奸劫弑臣》）

（52）明主之守禁也，賁、育見侵於其所不能勝，盜跖見害於其所不能取。（《守道》）

"NP 之所 VP" 結構可以充任定語。例如：

（53）詔以韓客之所上書，書言韓子之未可舉，下臣斯。（《存韓》）

（54）荆王所愛妾有鄭袖者。（《内儲説下六微》）

（55）田嬰復謂曰："群臣所終歲日夜不敢偷怠之事也。"（《外儲説右下》）

例（53）中，"韓客之所上"充當"書"的定語；例（54）中，"荆王所愛"充當"妾"的定語。"韓客之所上"與"書"存在同指的關係。

綜上所述，從功能特徵上看，"NP 之所 VP"是體詞性比較强的一種結構。在《韓非子》中，"NP 之所 VP"結構可以用"者"複指：

（56）臧獲之所願托其足於驥者，以驥之可以追利辟害也。（《外儲説右上》）

（57）伯樂教其所憎者相千里之馬，教其所愛者相駑馬。（《説林下》）

（58）此其説必與其所任者爲仇，而主反制於其所不任者。（《南面》）

這種複指的"者"主要出現在"NP 之所 VP"充當主語（例［56］）和賓語（例［57］［58］）兩種句法條件下。

## 四、"NP 之所 VP"與"NP 之 VP"的關係

《馬氏文通·虛字卷之七》在論述介詞"之"字的用法時，將

“之”介於動字和名字之間的用法概括爲三個小類，第二小類爲起詞與坐動之間介以“之”字，構成“讀”，即後來一般所謂的“主之謂”結構，其中便包括“讀有所字先乎坐動者”（馬建忠，1983：248—254）。馬氏把“NP 之所 VP”結構與“NP 之 VP”結構放在一起討論，認爲二者有一定的共性。在《實字卷之二》，馬氏將“所”分析爲代字，因此，對“馬者，王之所愛也”（《史記・滑稽列傳》），馬氏説“所”是“用以代‘馬’也”，在句法上“居賓次”；如此，“所 VP”與“VP”均爲謂詞性成分，因而在整體的結構性質上，“NP 之所 VP”結構與“NP 之 VP”結構就取得一致。下面是馬氏舉出的一個實例：

道盛德至善，民之不能忘也。（《禮記・大學》）

“民之不能忘也”即“民之所不能忘也”。馬氏認爲“文内間有應用代字之處，其顯豁者，不用固無害於義，亦有不用而文晦者”（馬建忠，1983：42）。

“NP 之 VP”在句法構造上存在三種可能性：

甲、VP 轉指與 NP 組合，“NP 之 VP”是定中結構，“之”是定中關係的標記。例如：

（59）除君之惡，惟恐不堪。（《難三》）

比較：“誅罰殺戮者，民之所惡也，臣請當之。”（《韓非子・外儲説右下》）

“除君之惡”等於説“除君之所惡”，《韓非子校注》譯作“除掉君主所憎恨的人”，將“惡”理解爲無標記轉指。

乙、VP 自指與 NP 組合，“NP 之 VP”是定中結構，VP 仍保留了謂詞的句法特徵，“之”是定中關係的標記。例如：

(60) 故父母之愛不足以教子，必待州部之嚴刑者，民固驕於愛、聽於威矣。(《五蠹》)

丙、“NP+VP”作爲主謂結構，通過“之”實現指稱化，指稱該主謂結構陳述的事件自身。例如：

(61) 母之愛子也倍父，父令之行於子者十母；吏之於民無愛，令之行於民也萬父。(《六反》)

由於甲類情形的存在，“NP 之所 VP”結構與“NP 之 VP”結構在表達功能上確實有重合的現象。不過，從《韓非子》一書中兩種句法格式的具體表現來看，二者的區別是明顯的。下面首先從出現在兩種句法格式中的 VP 進行觀察。

對《韓非子》中出現在“NP 之所 VP”格式中 VP 位置上的 97 個動詞的考察表明，這些動詞大部分不出現在“NP 之 VP”格式中，亦即在“NP 之 VP”和“NP 之所 VP”兩種格式中 VP 大致呈現出互補分布的格局。有些動詞表面上看起來能出現在兩種句法格式中，實際上，有的動詞在兩種句法格式中表現出來的意義并不相同，有的動詞在兩種格式中出現的句法條件不同。

1. “言、語、害、患、急、能、尊、食”等動詞通過詞義構詞引申出新的義項形成兼類詞，如“言”兼動詞義的“説話”和名詞義的“話、言論”；“患”兼動詞義的“擔憂”和名詞義的“禍患”(擔憂的事情)，“急”兼動詞義的“急需”和名詞義的“急迫”。出現在“NP之所VP”格式中時是動詞義；而出現在“NP之VP”格式中時，實際是名詞義，因而應該是“NP之NP”。比較：

(62) a. 君以臣之言告二主乎？(《十過》)

b. 知人之所不言，其罪大矣。(《説林上》)

(63) a. 此賁、育之所患，堯舜之所難也。(《守道》)

b. 夫仁義者，憂天下之害，趨一國之患，不避卑辱謂之仁義。(《難一》)

這類動詞中，“所言”與名詞義的“言”、“所患”與名詞義的“患”所指稱的對象是相同的。

有的動詞的轉指義是臨時義，未固定爲新的義項，這種情況下我們認爲最好處理爲句法現象，即動詞受其所處句法位置的制約而實現爲無標記轉指，例如“愛”本爲動詞，義爲“喜歡”，當其處在主賓語位置上時往往轉指喜愛的人，如：

(64) a. 愛孽不使危正適，專聽一臣而不敢偶君，此則可謂三難也。(《難三》)

b. 用術，則親愛近習莫之得聞也，不得滿室。(《難三》)

“善”出現在“NP之所VP”格式中有兩種情况，一是轉指有善名的人，相當於“善者”，如下例a；二是指稱“善”這種品性，如下例b中“善”指“太仁，太不忍人”的品性：

(65) a. 私門之官用，馬府之世絀，鄉曲之善舉，官職之勞廢，貴私行而賤公功者，可亡也。(《亡徵》)

b. 王曰："太仁，太不忍人，非善名邪?"對曰："此人臣之善也，非人主之所行也。"(《内儲説上七術》)

當"善"出現在"NP之所VP"格式中時，表示"以爲善"，"所善"意思是"認爲具有善這種品性的人"。例如：

(66) 群臣百姓之所善，則君善之；非群臣百姓之所善，則君不善之。(《八姦》)

2. 有時同一個動詞雖然可以出現在"NP之VP"和"NP之所VP"兩種格式中，但是在兩種格式中出現時的句法條件不同。這包括兩種情況。

一種情況是當一個動詞出現在"NP之VP"格式中時，後面必須帶上賓語；而在"NP之所VP"格式中則不帶賓語。由於"所"的功能是提取賓語，因此在"NP之所VP"格式中不帶賓語是自然的。如"好"出現在"NP之VP"中時須要帶上賓語，或與"惡"結合爲"好惡"。例如：

(67) a. 鬻寵擅權，矯外以勝内，險言禍福得失之形，以阿主之好惡。(《三守》)

b. 太子雖置，然而君之好色不已。(《内儲説下六微》)

“好”在《韓非子》中共出現106次，作爲動詞表喜愛義96例，其中用於“NP之VP”3例，2例帶賓語，1例“好惡”連用。《韓非子》中，兩個具有反義關係的形容詞或動詞組成聯合結構時往往指稱化，“好惡”的連用形式也完全符合這一規則，除上面a例之外，另有“好惡”作主語者5例，作賓語者6例，我們有充分的理由相信，上面a例中“好惡”爲指稱形式。如果“好”出現在“NP之所VP”格式的VP位置上，則總是以光杆形式出現，《韓非子》中有6個“NP之所好”的實例，均合乎這一常規，例如：

（68）a. 平公曰：“寡人之所好者，音也，願試聽之。”（《十過》）

b. 慶賞賜予者，民之所好也，君自行之。（《外儲説右下》）

另一種情況是，一個動詞出現在“NP之VP”格式中時，後面并沒有帶上賓語，不過此時動詞的受事成分位於“之”字前。例如：

（69）賞厚，則所欲之得也疾；罰重，則所惡之禁也急。（《六反》）

比較：“此五者，明君之所疑也，而聖主之所禁也。”（《説疑》）

（70）救火者，吏操壺走火，則一人之用也；操鞭使人，則役萬夫。（《外儲説右下》）

比較："主之所用也七術，所察也六微。"(《内儲説上七術》)

(71) 晋之分也，齊之奪也，皆以群臣之太富也。(《愛臣》)

比較："故非其分而取者，衆之所奪也；辭其分而取者，民之所予也。"(《難四》)

上面三例中動詞"禁"的受事成分爲"所惡"，動詞"用"的受事成分爲"一人"，動詞"奪"的受事成分爲"齊"，均位於"之"字之前；而相應的"NP 之所 VP"格式中，"之"字之前的成分均爲施事成分。

由於"所"提取行爲動作的受事、處所等語義成分，"NP 之所 VP"格式中 NP 的位置上能够出現的語義角色受到了相當嚴格的限制，一般只能是行爲動作的施事；而"NP 之 VP"格式中 NP 的位置上可容納多種語義角色，如施事、受事、與事、時間等。同時，"NP 之所 VP"格式由於"所"對動詞的及物性有嚴格的要求，因此出現在該格式中的動詞都是高及物性的；"NP 之 VP"格式則没有這方面的限定，這正是兩種格式中動詞分布不均衡的根本原因。由此可以證明，"NP 之所 VP"不可能直接轉化爲"NP 之 VP"。

"NP 之所 VP"與"NP 之 VP"兩種格式在句法功能上也存在一定差异，尤其是在判斷謂語的句法位置上，"NP 之所 VP"經常出現，達到其全部用例的 45%；而"NP 之 VP"作判斷謂語的用法數量不多，只有 13 個用例，僅占其全部用例的 2%。《馬氏文通》認爲可以理解爲省略了"所"的"NP 之 VP"一般出現在判斷謂語的位置上。下面是《韓非子》中的例子：

（72）燕噲雖舉所賢而同於用所愛，衛奚距然哉？則侏儒之未可見[1]也。（《難四》）

（73）夫藥酒忠言，明君聖主之以獨知也。（《外儲説左上》）

通過上面的討論可以看出，“NP 之所 VP”與“NP 之 VP”兩種句法格式有一定的共性，這主要是指兩者都是使用一定的句法手段造成謂詞性結構的指稱化；兩種句法格式的區别在於“NP 之 VP”通過“之”使“NP+VP”轉爲自指；而“NP 之所 VP”則通過“所”使“NP+VP”發生了轉指，特别是當處在“NP 之所 VP”中的 VP 是複雜形式時，這一過程可以看得更清楚：

（74）a. 君之所未嘗食唯人肉耳。（《十過》）

b. 樗里疾，秦之將也，恐犀首之代之將也，鑿穴於王之所常隱語者。（《外儲説右上》）

正因爲“所”的功能是從句法上造成謂詞性成分的轉指，因此動詞前面仍然保留了帶有明確時間性特徵的修飾語“未嘗”“常”等。

## 參考文獻

《韓非子校注》組（編），1982，《韓非子校注》，江蘇人民出版社。
陳啓天，1969，《增訂韓非子校釋》，臺北商務印書館。
陳奇猷（校注），1974，《韓非子集釋》，上海人民出版社。

---

① 迂評本、趙用賢本等“未可見”作“未見”。

大西克也，1994，《秦漢以前古漢語中的“主之謂”結構及其歷史演變》，高思曼、何樂士（主編）《第一届國際先秦漢語語法研討會論文集》，岳麓書社。
郭錫良，1994，《先秦漢語構詞法的發展》，高思曼、何樂士（主編）《第一届國際先秦漢語語法研討會論文集》，岳麓書社。
郭錫良，1998，《介詞“以”的起源和發展》，《古漢語研究》第1期。
何樂士，1982，《論“謂之”句和“之謂”句》，中國社會科學院語言研究所、古代漢語研究室（編）《古漢語研究論文集（一）》，北京出版社。
何樂士，1989，《〈左傳〉的［主·“之”·謂］式》，《〈左傳〉虛詞研究》，商務印書館。
李佐豐，1991，《〈左傳〉的“語”“言”和“謂”“曰”“云”》，北京大學中文系《語言學論叢》編委會（編）《語言學論叢》第16輯，商務印書館。
李佐豐，1997，《先秦漢語的分類動詞》，北京大學中文系《語言學論叢》編委會（編）《語言學論叢》第19輯，商務印書館。
馬建忠，1983，《馬氏文通》，商務印書館。
宋紹年，1996，《關於“名（代）+所+動”結構的切分》，《中國語文》第2期。
宋紹年，1998，《古代漢語謂詞性成分的指稱化與名詞化》，郭錫良（主編）《古漢語語法論集》，語文出版社。
王洪君，1987，《漢語表自指的名詞化標記“之”的消失》，北京大學中文系《語言學論叢》編委會（編）《語言學論叢》第14輯，商務印書館。
王克仲，1982，《關於先秦“所”字詞性的調查報告》，中國社會科學院語言研究所、古代漢語研究室（編）《古漢語研究論文集（一）》，北京出版社。
王力，1988，《漢語史稿》中册，《王力文集》第9卷，山東教育出版社。
王先慎，1998，《韓非子集解》，鐘哲點校，中華書局。

姚振武，2000，《指稱與陳述的相容性與引申問題》，《中國語文》第6期。
張猛，1998，《〈左傳〉謂語動詞研究》，北京大學博士學位論文。
朱德熙，1983，《自指和轉指——漢語名詞化標記"的、者、所、之"的語法功能和語義功能》，《方言》第1期；後收録於《語法叢稿》，上海教育出版社1990年。
朱德熙，1990，《關於先秦漢語名詞和動詞的區分的一則札記》，《王力先生紀念論文集》編委會（編）《王力先生紀念論文集》，商務印書館。

# 重論上古漢語語氣詞“者”的語法功能及其來源*

梁銀峰

## 一、引言：三種相關用法的討論

### （一）近代漢語的祈使語氣詞“者（着、咱、則個）”

在討論上古漢語語氣詞“者”的語法功能之前，需要説明的是，在近代漢語中，尤其是元代以前，“者”也用作語氣詞，其作用在於“宣達發言者之意志，而尤以加諸彼方，以影響其行爲”（吕叔湘，1941），“表示説話人的意志、要求，帶有敦促、命令或請求之意”（孫錫信，1999：85）。不過在字形上更常見的寫法是“着”，個别作“咱”“則個”，這幾個字實爲同一語氣詞之不同書寫形式（參見吕叔湘，1941；袁賓，1992：234）。[①] 在元代直譯體文獻中，語氣詞

---

* 本文原載華學誠主編：《文獻語言學》第14輯，中華書局2022年，第17—34頁。

① 袁賓（1992：234）指出：“以上‘者’、‘着’、‘咱’、‘則’、‘着者’、‘則個’等祈使語氣詞，似乎具有同源關係，可以看作一個系統。它們的出現和使用，很可能帶有時間差异或地域差异的因素。”孫錫信（1999：119、127）則認爲“咱”由“者”出，“則個”由“着”變化而來：“者”本音章也切，章母馬韻，音［tɕĭa］，元以後“者”的語音變爲［tʂĭɛ］，口語中以家麻韻的“咱”（［tsa］）來記録；“着”由“者”得聲，《廣韻》直略切，澄母藥韻，音［ɖĭak］，是入聲字，澄母從唐到宋元經歷了ɖ-tɕ-tʂ的變化，介音也可能在使用中逐漸弱化以至失落，因此在宋元之際“着”的

“者”的使用極爲活躍，據祖生利（2002）、小澤重男（2004：73）的研究，“者”的大量使用是對譯中古蒙古語動詞祈使式附加成分的結果（有時也用“教/交［V］者”來對譯）。[①] 受此影響，在同時期的其他白話文獻，如直講體文獻以及高麗人學習漢語口語的會話教科書（古本《老乞大》）中也常見使用，甚至擴展到了元代及元代以後漢人的作品中，可見語氣詞“者”在一定程度上已經進入當時的口語。相關用例可參見上述學者的著述，這裏不再舉例。關於近代漢語語氣詞“者”表示祈使、命令等語氣的用法與上古漢語語氣詞“者”之間的關係，孫錫信先生（1999：85）説“者”表示祈使、命令等語氣的用法“在唐代以前未見用例，是‘者’字作爲語氣詞的新發展”。據筆者考察，“者”在唐代以前表祈使、命令等語氣的用例并非完全没有，但確實比較少見。[②] 另外，正如上文所言，在元代以前

---

實際讀音大約讀［tʂak］（今贛語、客家話讀［tsɔk］，粵語讀［ʧœ］），［tʂak］分讀則爲［tsə̆k ka］（“則個”）。孫先生還指出，宋元時期“者”的讀音由［tɕǐa］變成［tʂǐɛ］後，與同時期章母紙韻上聲的“只”讀音［tʂǐe/tɕǐe］接近，因而有時也用“只”代替“者”。孫先生舉的文獻中用“只”的例子如下：“婆婆，拖住只!”(《相國寺公孫汗衫記》第二折。“只”表命令。)“這襆頭呵除下來與你戴只，(做除襆頭科) 這羅襴呵脱下來與你穿只（做脱羅襴科)。”(《臨江驛瀟湘秋夜雨》第二折。“只”表吩咐。)“他前面引只，我背後把他跟隨。”(《黑旋風雙獻功》第三折。“只”表聲明或説明某個事實。)

① 祖生利（2002/2010）指出，元代直譯體文獻之所以不用“着”字來對譯，是因爲在直譯體文獻中“着”字已被用來對譯蒙古語并列式和聯合式副動詞附加成分-ǰu/-n，表示該動作與其他動作同時或先後進行。

② 例如：“蔡侯曰：‘息夫人，吾妻之姨也。吾請爲饗息侯與其妻者，而與王俱，因而襲之。’”(《吕氏春秋·長攻》。此例“者”表建議。)“張孟談曰：‘臣聞之：“亡弗能存，危弗能安，則無爲貴智矣。”君釋此計者！臣請試潛行而出，見韓、魏之君。’”(《韓非子·十過》。“君釋此計者”，《戰國策·趙策一》作“君釋此計，勿復言也”，句末未使用“者”字，可見“者”已無實義。）另外還有一例，其中的“者”是否爲表示祈使語氣的句末語氣詞尚在疑似之間，如下：“秦惠王車裂商君以徇，曰：‘莫如商鞅反者！’遂滅商君之家。”(《史記·商君列傳》。聯繫上古漢語“者”的整個用法，也可以把這個例子中的“者”分析爲附在主謂短語“商鞅反”之後的自指標記，而不必分析爲附在整個句子之後的句末語氣詞。)

的漢語中，這一系統的語氣詞更常見的寫法是“着”，而不是“者”，而“着”與上古漢語的語氣詞“者”之間是否存在淵源關係尚未可知，而且兩者之間語法功能差异較大，因此這一問題暫且留待將來作專門研究，本文不作深入討論。

## （二）上古漢語中用於比擬等相關句式後的“者”

在討論上古漢語的比擬助詞（或稱作“語氣詞”）“者”時，學界有時會舉出如下用例：

（1）孔子於鄉黨，恂恂如也，似不能言者……過位，色勃如也，足躩如也，其言似不足者。攝齊升堂，鞠躬如也，屏氣似不息者。（《論語·鄉黨》）

（2）孔子過泰山側，有婦人哭於墓者而哀。夫子式而聽之，使子路問之曰：“子之哭也，壹似重有憂者。”（《禮記·檀弓下》）

（3）於是公子立自責，似若無所容者。（《史記·魏公子列傳》）

孫錫信（1999：21）認爲這種用法的“者”位於全句末尾，是個語氣詞，表示擬測，猶如“……似的”。楊伯峻、田樹生（1983：360）認爲這種用法的“者”是個助詞，它與“似、若”等詞配合，表示比擬，可以譯成“……的樣子”。袁毓林（1997）認爲“者”是個表示比擬的助詞，“者”類似於現代漢語的“似的”，其意義和功能跟同時期的比擬句式“如/若……然”中的“然”類似。江藍生（1999）的看法與楊伯峻、田樹生和袁毓林的看法接近，她認爲這種用法的“者”在比擬式中，是個比擬助詞，但與同時期的比擬助詞

“然”的語法意義又不完全等同：使用“然”的比擬式主要表示比喻和比擬，同時又表示一種疑似判斷語氣；使用“者”的比擬式，其語義雖然也有比擬成分，但其側重點却在不肯定的判斷語氣，像義動詞（“似、如”等）略相當於副詞“似乎”。與上述學者的看法略有不同，李佐豐（2003：276）將上述用例中的“VP者”看作動詞“似”的賓語，朱德熙（1983）把其中的“者”看作表自指，不過他同時指出“似不能言者”可以理解爲“好像不善於説話的樣子”（餘例同），“者”似乎又并非完全失去詞彙意義。學界看法分歧的焦點在於句末的“者”到底是附在“VP”之後還是整個小句之後。

我們認爲，在上古漢語中，“者”不像一般指示代詞那樣位於其他成分前起指示作用，而是位於其他成分後起指代作用。當它位於名詞性成分後面時，最初是對前面這個名詞性成分的複指，比如大家熟知的句子“陳勝者，陽城人也”（《史記·陳涉世家》），我們固然可以認爲“陳勝”後面的“者”已經虚化，在功能上用作話題標記，同時起到提頓語氣的作用，但另一方面也可以認爲它還殘留着一定的指代性，理解爲“陳勝這個人”也勉强説得通。而當“者”位於謂詞性成分（典型的如狀態詞或上述表示比擬的句子，關於狀態詞的例子見下文）後面時，也還殘留着指示代詞的某些痕迹，含有“……的樣子”一類意思（這一點幾乎是上述學者在分析帶“者”字的比擬句式時的共識）。從這一認識角度出發，我們認爲以往研究所謂“者”用於比擬句式末尾作比擬助詞或者語氣詞的觀點似可再斟酌，不能輕易地將這種用法的“者”看作成熟的比擬助詞或語氣詞。

我們注意到，“者”的這種用法也有前面不用像義動詞“似、如、若”等而改用其他詞語，或者乾脆前面不用詞語的例子。例如：

(4) 陽虎僞不見冉猛者，曰："猛在此，必敗。"(《左傳·定公八年》；此例轉引自何樂士，2004)

(5) 吾視郭解，狀貌不及中人，言語不足采者。然天下無賢與不肖，知與不知，皆慕其聲，言俠者皆引以爲名。(《史記·游俠列傳》)

(6) 是日見范雎，見者無不變色易容者。(《戰國策·秦策三》)

據何樂士（2004）的統計，《左傳》一書中"僞……者"句式共出現5例，可見這類句式在先秦不是偶然使用。何樂士先生認爲"僞不見冉猛者"有兩解：一、"僞"是副詞，"僞"與"者"組成的"僞……者"是分句，"者"的作用似介於語氣詞與結構助詞（即一般所謂表示轉指的後置代詞用法）之間，可以把"者"視爲語氣詞而不去追究它的含義，也可以把它當作結構助詞而理解爲"……的樣子"一類意思；二、"僞"是動詞，其後面的"……者"是賓語，"者"是結構助詞，表示"……的人"或"……的樣子"之意。何樂士先生采用前一種理解，因爲從"僞"的用法看，都在動詞前出現，按其作用應視爲副詞，另把"者"視爲語氣詞，於此類句子都講得通，無須解爲"……的人"或"……的樣子"。後兩例劃线的部分之前没有像義動詞或乾脆不用詞語，句末的"者"也較爲虚化。但這兩例與例（4）以及前述用於比擬句式末尾的三個例子的共同點是："者"前面的成分都是對人的神態、形貌、心理、言語等的描摹，因而句末的"者"都殘留着指代義，都帶有"……的樣子"一類的意思，從這個角度説，這三例"者"也不能算是成熟的比擬助詞或語氣詞。

“者”用於狀態詞後面的例子如下：

(7) 微生畝謂孔子曰：“丘何爲是栖栖者與？無乃爲佞乎？”(《論語·憲問》。引者按：是，如此，這樣。栖栖，忙碌貌。)

(8) 滔滔者天下皆是也，而誰以易之？(《論語·微子》。引者按：“滔滔者”置於“天下”之前是爲了强調。)

(9) 陳王聞之，乃召見，載與俱归。入宫，見殿屋帆帳，客曰：“夥頤！涉之爲王沈沈者！”(《史記·陳涉世家》。引者按：夥，楚人謂多爲“夥”。頤，語末助詞。沈沈，宫室深邃貌。)

古漢語學界一般將上述用於狀態詞之後的“者”看作詞尾（或後綴），從功能上説，狀態詞詞尾“者”與上述用於比擬句式末尾（包括前面不用像義動詞而改用“僞”以及乾脆前面不用詞語）的“者”并無根本的不同：“者”用作狀態詞詞尾時，是對人的動作的狀態（動態）、事物形體的狀態（形態）、顔色等的描摹，“者”用於比擬句式末尾時，主要是對人的神態、形貌、心理、言語等的描摹，都是用來摹狀，只不過前者附在詞語之後，後者附在小句之後。從源流上看，“者”最初用於詞語之後，後來擴展到用於小句之後。

與上述例（1）—（6）類似的“者”還有如下用例：

(10) 於是左右既前殺軻，秦王不怡者良久。(《史記·刺客列傳》。引者按：不怡者，意為不愉快，不高興。“者”無實義，秦王不怡者=秦王不怡。)

與上述例（1）—（6）中的“者”位於句子末尾（大部分位於

全句末尾，個别位於分句末尾）不同，上例的“者”位於句中，[①] 將“者”分析爲句末語氣詞顯然是不妥的。在句法上，“者”與前面的成分（“秦王不怡”）共同作後面的成分（“良久”）的主語。撇開句法位置不談，此例中的“者”與例（1）—（6）中的“者”都是對人的神態的描摹，“者”都帶有“……的樣子”一類的意思，即都含有指代性。

## （三）上古漢語位於專有名詞之後的“者”

先看下面兩例：

（11）見舞《象箾》《南籥》者，曰：“美哉！猶有憾。”見舞《大武》者，曰：“美哉！周之盛也，其若此乎！”見舞《韶濩》者，曰：“聖人之弘也，而猶有慚德，聖人之難也。”見舞《大夏》者，曰：“美哉！勤而不德，非禹，其誰能修之？”見舞《韶箾》者，曰：“德至矣哉，大矣！如天之無不幬也，如地之無不載也，雖甚盛德，其蔑以加於此矣。觀止矣！若有他樂，吾不敢請已！”(《左傳・襄公二十九年》)

（12）晉有羊舌鮒者，瀆貨無厭，亦將及矣。(《左傳・昭公十三年》)

何樂士（2004）將上述兩例中的“者”視爲用於複句中偏句末尾的語氣詞，我們不敢苟同。例（11）是記述吴國公子季札到魯國觀周樂的故事，從上下文來看，誠如何樂士先生所言，吴國公子季札

① 若在“秦王不怡”和“良久”中間點斷，會造成語氣的中斷，我們不取這種解讀。

看到《象箾》《南籥》《大武》等舞蹈是針對舞蹈做出的評論，而不是針對那些舞蹈者的，“者”的指代義確實已經弱化，但從句法地位看，“者”應是附於《象箾》《南籥》《大武》等舞蹈名之後，而不是附在整個分句末尾之後，所以這幾個“者”是自指標記（還殘留着一定的指代義），而不是語氣詞。只是由於“者”還有後續小句，所以“者”兼表停頓語氣。例（12）也類似，“者”應是附於人名“羊舌鮒”之後，這種用法上古甚多，在語法性質上與用於判斷句中位於主語之後的“者”并無本質不同，所以這個“者”也是自指標記。①

值得注意的是，在近代漢語中有一種特殊的判斷句式“……（是）……的便是”，② 用於介紹人物姓名的名詞之後經常帶個“的”，劉敏芝（2004）認爲這個“的”是個表自指的結構助詞，它繼承了上古漢語中位於人名之後的“者”，兩者之間存在淵源關係。例如：

（13）貧道是司馬德操的便是了。（《元刊雜劇三十種·關大王單刀會》）

（14）貧道陳摶先生的便是，能通陰陽妙理。（《元刊雜劇三十種·泰華山陳摶高卧》）

（15）俺是東京八十萬禁軍教頭王進的便是，這槍棒終日博

① 朱德熙（1983）早就指出用於判斷句的主語或者處在“有NP者”格式中的“者”具有自指功能。他舉的例子是：“虎者戾蟲，人者甘餌也。”（《戰國策·秦策二》）“有顔回者好學，不遷怒，不貳過。”（《論語·雍也》）關於自指標記“者”，後文還要詳談。

② 句式中有兩個“是”，是受到中古蒙古語SOV語序的影響，江藍生（2003）對此句式做過深入研究，她稱作句式的“疊加”，可參看。明初成書的長篇白話小説《水滸傳》中仍見使用這種特殊判斷句式，應是元代語言特點的殘留，而不是明代口語的反映。

弄。(《水滸傳》第二回)

(16) 那楊志拍着胸道:“洒家行不更名,坐不改姓,青面獸楊志的便是!”(《水滸傳》第十七回)

筆者認爲劉敏芝的觀點是可信的,我們也曾專文論證過近代漢語的結構助詞“底”與上古漢語表轉指、自指的“者”之間在語法功能上存在高度的一致性,在語音上也存在明顯的演變關係(參見梁銀峰,2011)。假如我們認可近代漢語用於人名之後的“的”的自指性,那麽就没有理由懷疑上古漢語中用於人名之後的“者”也具有這一語義功能。

## 二、上古漢語語氣詞“者”的語法功能

### (一) 前人的研究以及存在的問題

關於上古漢語語氣詞“者”的語法功能,學界經常提到的用法如下(參見中國社會科學院語言研究所古代漢語研究室編《古代漢語虚詞詞典》“者”字條):

1. 用在全句末尾,與前面的疑問代詞“誰、何”等呼應,構成反問句或疑問句。可譯爲“呢”等。例如:

(17) 盧蒲姜告之,且止之。弗聽,曰:“誰敢者!”(《左傳·襄公二十八年》)

(18) 晉師將盟衛侯於鄟澤,趙簡子曰:“群臣誰敢盟衛君者?”涉佗、成何曰:“我能盟之。”(《左傳·定公八年》;此例轉

引自何樂士，2004）

（19）希言自然，故飄風不終朝，驟雨不終日，孰爲此者？天地。（《老子》第二十三章）

（20）子貢反，報曰："孰謂晏子習於禮乎？夫《禮》曰：'登階不歷，堂上不趨，授玉不跪。'今晏子皆反此，孰謂晏子習於禮者？"（《晏子春秋·内篇雜上》）

（21）地者，先君之地；君亡在外，何以得擅許秦者？（《史記·晋世家》）

2. 用在前一分句末尾，"者"之前或有"所以"與之配合，提示某一事實，後句申述緣由。可譯爲"……的原因"，或在後一分句加上表示原因的詞語（如"以"）。例如：

（22）井蛙不可以語於海者，拘於虚也；夏蟲不可以語於冰者，篤於時也；曲士不可以語於道者，束於教也。（《莊子·秋水》）

（23）事不同，皆王者，時异也。（《商君書·畫策》）

（24）上索我者，以我有美珠也。（《韓非子·説林》）

（25）漢王所以具知天下厄塞，户口多少，强弱之處，民所疾苦者，以何具得秦圖書也。（《史記·蕭相國世家》）

（26）人之所以生者，精氣也。（《論衡·論死》）

3. 用在前一分句末尾，提示假定的事實，或有假設連詞"即、使、若"等與之配合。可譯作"……的話""如果……的話"，或不譯出。例如：

（27）使醫除疾而曰“必遺類焉”者，未之有也。（《左傳·哀公十一年》；此例轉引自何樂士，2004。引者按：大意爲“如果讓醫生治病却説‘一定要給人留下病根’，是從來没有的”。）

（28）若不得者，則大憂以懼，其爲形也亦愚哉！（《莊子·至樂》）

（29）即有所取者，是商賈之人也。（《戰國策·趙策三》）

（30）戰士怠於行陳者，則兵弱也；農夫惰於田者，則國貧也。（《韓非子·外儲説左上》）

（31）伍奢有二子，不殺者，爲楚國患。（《史記·楚世家》）

關於語氣詞“者”用於疑問句末尾，其本身是否表疑問語氣的問題，學界的意見并不統一。持否定看法的人認爲疑問語氣是疑問句式本身帶來的，并非“者”本身的語法功能（參見李小軍，2013：125），我們贊同這種觀點。但這種觀點又認爲，疑問句中位於句末的“者”仍是個指代詞，則恐怕過於保守。比如上舉例（20），前文云“孰謂晏子習於禮乎”，後文云“孰謂晏子習於禮者”，兩個句子都是反問句，表達了子貢對晏嬰在出使魯國面見魯君時因没有完全按照《周禮》“登階不歷，堂上不趨，授玉不跪”的規定而執行禮儀的嘲弄語氣，“乎”和“者”是完全對應的，“乎”是個成熟的語氣詞，“者”也應做如是分析，若再將“者”分析爲指代詞就有點牽强了。

後文我們將會討論語氣詞“者”有用於陳述句末尾表示肯定和確認語氣的用法（見後一小節），但顯然我們不能説語氣詞“者”用於陳述句末尾表示肯定和確認語氣，用於疑問句末尾又表示疑問語氣，這實際上涉及語氣詞“者”是單功能還是多功能的問題。傳統的古漢語語法論著往往將語氣詞的語法功能和它們所處的句類（即陳述句、疑問句、祈使句和感嘆句等四大句類）聯繫起來，這樣做很容易導致一種一個語氣詞可以表達多種語氣的觀點，即所謂“多功能説”。而郭錫良（1988，1989）認爲漢語的語氣詞都是單功能的，任何一個句尾語氣詞都是表示某一特定語氣的，一個語氣詞在不同類型的句子中所表示的語氣可能有某些變化，但是它所表達的基本語氣應該是固定的。我們不能完全接受郭先生的觀點，因爲對於某些再生性的語氣詞（指某些語氣詞的前身是指示詞或動詞等其他詞類，後來經歷了一個語法化的過程）而言，它們的語法功能在歷時發展演變中會有一定的發展變化；有些歷時的發展演變會在共時層面上反映出來，從而在一定程度上或一定階段呈現出多功能性（參見李小軍，2013：6）。另外，對於同一個語氣詞而言，如果處在不同的語法位置（比如句末和句中），其功能也會有所不同（參見姚振武，2015：359—360）。不過就語氣詞“者”而言，雖然其前身是表示轉指的後置代詞，但由於其語氣詞的功能發展得并不像語氣詞“也”那樣完善，我們認爲它用於祈使句和疑問句時所表達的語氣應該是一樣的，即都是表示確認或加强肯定語氣，在主觀上起主觀認定作用（下一小節還要詳細闡述）。這就如同現代漢語的句末語氣詞“的”，無論它用在陳述句末尾還是疑問句末尾，其功能都是一致的，即都表示確認或加强肯定語氣。

關於《古代漢語虚詞詞典》“者”字條所列的第二種用法，李小軍（2013：46、48）認爲是其從用作指稱標記的自指代詞用法（即“$者_{自}$”）經過重新分析發展而來的，“$者_{自}$”發展爲語氣詞的句法語境是：$S_1$（NP $者_{自}$或 VP $者_{自}$），$S_2$（説明或評述性話語）。也就是説，“$者_{自}$”出現在上一分句末尾，并且前一分句“NP $者_{自}$”或“VP $者_{自}$”的句意并未完結，後面往往還接有表示説明或評論性的話語。

在這種語境下，“者”的指代性容易弱化，而逐漸向表示停頓語氣和兼作話題標記的語氣詞轉化。從李小軍先生的論述來看，他所説的這種句法語境典型者爲古漢語中常見的“……者，……（也）”式判斷句。位於“者”前面的一般是名詞性成分（例［32］—［35］），也可以是動詞性成分（例［36］與［37］）。例如：

（32）兵者，凶器也。（《韓非子・存韓》）

（33）韓子盧者，天下之疾犬也；東郭逡者，海内之狡兔也。（《戰國策・齊策三》）

（34）陳勝者，陽城人也。（《史記・陳涉世家》）

（35）天下者，高祖天下。（《史記・魏其武安侯列傳》）

（36）養性者，習也；長性者，道也。（《上海博物館藏戰國楚竹書・性情論》）

（37）故臣曰：亡國之廷無人焉。廷無人者，非朝廷之衰也；家務相益，不務厚國；大臣務相尊，而不務尊君；小臣奉禄養交，不以官爲事。（《韓非子・有度》）

作爲起指稱化作用的自指標記，“者”位於判斷句中名詞主語之後時仍帶有指代詞的痕迹，在表提頓語氣以引出後面的謂語的同時，也起到複指主語的作用（如前四例）；但當主語由動詞性成分充當時（如後兩例），“者”的後置代詞性減弱，就開始向表示停頓語氣和兼作話題標記的句中語氣詞轉化。

至於《古代漢語虛詞詞典》“者”字條所列的第三種用法，李小軍（2013：52）認爲是在第二種用法的基礎上進一步發展而來的。具體來説，語氣詞“者”本來處在前一分句末尾，表停頓，兼作話題標記，隨着這種用法的“者”大量用於表示假設關係的前一分句中，“者”字慢慢沾染上了假設義，後來這一意義逐漸定型。李小軍先生説，“者”從表停頓到表假設，經過了語用推理，這一變化的完成時間是魏晋南北朝時期。李小軍先生認爲，上古漢語中“者”用於假設句的用例不多，大量出現是在魏晋南北朝時期。由於上古時期“者”用於假設句的用例不多，當偶爾用於假設句時，“者”仍是表示提頓語氣，所謂的假設語氣，其實是句子的句式義。鑒於話題標記和假設語氣詞具有跨語言的同一性，我們認爲第二種用法和第三種用法之間的確存在密切關係，由於因果關係複句和假設關係複句都可看作廣義的“話題—説明/評述”句，我們認爲在語法功能上將“者”的這兩種用法合并也未嘗不可。

不過需要指出的是，上古漢語語氣詞“者”用於假設複句表示假設語氣的用法并非如李小軍先生所説的出現得那麼晚，語氣詞“者”表假設語氣的用法在上古時期并不少，有大量用例可以證明。除上面所引例（27）—（31）外，又如：

（38）將盟，鄭六卿……及其大夫、門子，皆從鄭伯。晋士莊子爲載書，曰：“自今日既盟之後，鄭國而不唯晋命是聽，而或有异志者，有如此盟！”公子騑趨進曰：“……自今日既盟之後，鄭國而不唯有禮與强可以庇民者是從，而敢有异志者，亦如之！”(《左傳・襄公九年》)

（39）公子曰：“所不與舅氏同心者，有如白水！”(《左傳・僖公二十四年》)

（40）然則爲匹夫計者，莫如修仁義而習文學。（《韓非子・五蠹》）

例（38）“而……者”在形式上是一種“名而動”結構，該結構在上古漢語中較爲常見，“名”和“動”之間是主謂關係，連詞“而”位於主謂結構之間，表示一種逆接（轉折）關係。我們雖然不能接受何樂士（2004）所謂“而”本身表“假設”之意的觀點，但這種“名而動”結構表示假設關係是無可懷疑的，它與後面的主句構成主從複合句，整個句子表示以此爲條件做出的推論或評斷（後面的主句或者采用反問句的形式，相關討論請參見梁銀峰，2016：73）。例（39）是公子重耳對着黄河發誓。在上古漢語中，“所……者，有如/若……”是古人發誓時的慣用句式。何樂士（2004）明確指出，“者”在此類誓詞中幾乎必不可少，它除了有加强語氣、表示語音停頓、引出下文的作用外，似還有配合上下文表示假設的功能。另根據梅廣（2019：110）的研究，這個“所”雖然處在假設分句中，但在語法性質上不是假設連詞，而是關係代詞，[①] 但在誓詞的用法中，“所”所關聯的不是賓語，而是句子所表達的事件。當代句法理論把事件也看作論元結構中的一部分，稱爲事件論元（event argument），“所”所關聯的正是這個事件論元。梅廣先生指出，在誓詞中，“所”表達的是一件非實然的事，即一個可能的情况，而誓詞的正句（即主句）則表達在此情况下會有什麽樣的後果發生。可見“者”用於假設分句無疑。這樣的例子還有不少，兹再轉引幾例如下：

（41）秦伯曰：“若背其言，所不歸爾帑者，有如河！”（《左傳·文公十三年》）

---

① 何樂士（2004）將“所”看作假設連詞，表示“如果”之意。本文采用梅廣先生的意見。

(42) 乃復撫之曰:“主苟終,所不嗣事於齊者,有如河!”(《左傳·襄公十九年》)

(43) 蔡侯歸,及漢,執玉而沉,曰:“余所有濟漢而南者,有若大川!”(《左傳·定公三年》)

(44) 子見南子,子路不說。夫子矢之曰:“予所否者,天厭之!天厭之!”(《論語·雍也》。引者按:後三句意爲“我若不是爲了政事[纔去跟南子見面],上天厭弃我!上天厭弃我!”)

我們認爲,不管是用於複句中表示假設語氣的“者”,還是用於判斷句中位於主語之後表示提頓語氣和用於複句中表示因果關係的“者”,它們的共同點是引出一個話題:假設分句之後的“者”是引出一個假定的、尚未實現的話題,結果分句之後的“者”是引出一個已經實現的話題,而主語之後的“者”實際上是引出一個已經語法化的話題,因而可以把出現於這三種句法環境中的“者”用一種統一的功能來解釋。①

關於“者”表假設語氣的用法,袁毓林(1997)認爲是從其表示比擬的用法發展而來的(表示比擬的用例參見本文第一節所引)。具體來説,同樣是“若/即……者”句式,它本來表示比擬(把非A當作A看待),後來演變成表示假設(把未實現或不可實現的事當作已實現的事看待),這樣,“者”就獲得了表示假設的專門意義,演變成類似於現代漢語“的話”的助詞。但兩種句式是怎麽轉變的,袁文并未做進一步論述。本文第一節所引諸例表明,用於比擬句式末尾的“者”一般位於全句之末,句義是自足的,而用於假設從句末

① 江藍生(2002)有過類似的表述,我們采用江先生的觀點。

尾的“者”位於從句之後，句義是不自足的，後面還有表示推論的主句，兩者的句法位置差异較大。從“者”本身的詞義來看，位於比擬句式末尾的“者”還殘留着指代性，帶有“……的樣子”一類的意思，而位於假設從句末尾的“者”已經喪失了指代性，不再帶有“……的樣子”一類的意思。從實際用例來看，用於比擬句式末尾的“者”和用於假設從句末尾的“者”之間涇渭分明，很難尋找出兩者之間的直接轉化軌迹。

## （二）上古漢語語氣詞“者”可以表示肯定和確認語氣

我們認爲，上古漢語的語氣詞“者”除了學界一般談到的上述三種用法外，實際上還有表示肯定語氣或者起强調作用的功能，即表示某種情况確實如此，體現了説話人在主觀上的確認態度，[①] 這一用法多爲學界所忽略。試比較（本小節中的有些例子轉引自梁銀峰，2019，下面不再一一指明）：

（45）a. ［子］曰：“惡此之奪朱也，惡鄭□之乳樂也，惡利口［之覆］……［家也］。”（《定州漢墓竹簡·論語·陽貨》。引者按：此，即“紫”。乳，“亂”之形誤。）

b. 子曰：“惡紫之奪朱也，惡鄭聲之亂雅樂也，惡利口之覆邦家者。”（《論語·陽貨》）

（46）a. ……［其力］於仁矣乎？我［未見力不足］也。

① 這一用法與語氣詞“也”的用法接近，所以二者可以構成連用形式“也者”。例如：“凡人之患，偏傷之也。見其可欲也，則不慮其可惡也者；見其可利也，則不顧其可害也者。”（《荀子·不苟》）“安見方六七十如五六十而非邦也者？”（《論語·先進》）

蓋有之矣，我未之見也。(《定州漢墓竹簡·論語·里仁》)

b. 有能一日用其力於仁矣乎？我未見力不足者。蓋有之矣，我未之見也。(《論語·里仁》)

在上面兩組例子中，字句完全相同，句末的“者”與表示確認和肯定語氣的“也”在句法位置上完全對應，可見兩者的功能也十分接近。

有時在同一段話中，“者”和“也”可以交替使用，也可以證明兩者的語法功能接近。例如：

(47) 孩提之童，無不知愛其親者；及其長也，無不知敬其兄也。(《孟子·盡心上》)

上例中，前文云“無不知愛其親者”，後文云“無不知敬其兄也”，兩句句意接近，“者”與“也”完全對應，“者”所表達的語氣與“也”應當非常接近。

在其他傳世文獻中，“者”作爲句末語氣詞使用時多出現在陳述句末尾，表示肯定或加强確認語氣的用法并不罕見。例如：

(48) 世之富貴者，其於聲色滋味也，多惑者。(《吕氏春秋·本生》)。

此例中有兩個“者”，前一個“者”是表示轉指的後置代詞，後一個“者”是語氣詞。

（49）孔子哭子路於中庭，有人吊者，而夫子拜之。（《禮記·檀弓上》）

（50）趙盾已朝而出，與諸大夫立於朝。有人荷畚自閨而出者。（《公羊傳·宣公六年》）

（51）靈公心怍焉，欲殺之。於是使勇士某者往殺之。勇士入其大門，則無人門焉者；入其閨，則無人閨焉者；上其堂，則無人焉。俯而窺其户，方食魚飧。（《公羊傳·宣公六年》）

（52）大王之入武關，秋豪無所害，除秦苛法，與秦民約，法三章耳，秦民無不欲得大王王秦者。於諸侯之約，大王當王關中，關中民咸知之。大王失職入漢中，秦民無不恨者。（《史記·淮陰侯列傳》）

（53）以試人，血濡縷，人無不立死者。（《史記·刺客列傳》。引者按：血濡縷，刺傷出血，僅能沾濕絲縷，此言傷口很小。）

與“者”用於比擬句等句式時重在描摩人的神態、形貌、心理、言語等不同（見本文第一節所舉例［1］—［6］），上面例子中的“者”位於陳述句末尾，在語法功能上重在强調前面所陳述的内容或確認某件事情/狀態的真實性，對事情/狀態真實性的確認涉及命題的現實性與非現實性情態，這體現爲語氣詞的情態功能（或稱作傳信功能）。[①]“者”表示確認、肯定語氣的功能可看作説話人對言語客觀性内容所采取的主觀認同傾向，但這種主觀認同傾向的强弱程度（即傳信度）與其他用於陳述句的語氣詞（如“矣”）相比較弱（即

① 方梅（2016）指出語氣詞的功能分爲語氣功能、情態功能和互動功能三種類型。關於語氣詞情態功能的論述詳參方文。

所表達的語氣相對較弱），所以當它用於陳述句（尤其是肯定句）末尾時，我們有時無法明確感知到它所表達的語氣意義（如例［48］—［50］），但當它用於否定句（如例［51］），尤其是雙重否定句（如例［52］［53］）時，“者”所表達的肯定或確認語氣就能够被明顯感受到了。①

表示確認、肯定語氣的“者”在中古、近代漢語中仍見使用，雖然不能完全排除出於仿古的可能性，但至少説明這種仿古用法淵源有自，上古的確存在這種用法。例如：

(54) 武子喪時，名士無不至<u>者</u>。(《世説新語·傷逝》)

(55) 魏武常云：“我眠中不可妄近，近便斫人，亦不自覺。左右宜深慎此！”後陽眠，所幸一人，竊以被覆之，因便斫殺。自爾每眠，左右莫敢近<u>者</u>。(《世説新語·假譎》)

(56) 子巡將張亮云：“今差夫一人，將和尚隨身衣服到第二船處。到山南即覓驢馱去。在此無處借賃驢馬<u>者</u>。”(《入唐求法巡禮行記》卷一)

(57) 巡因一見問姓名，其後無不識<u>者</u>。(韓愈《〈張中丞傳〉後叙》。引者按：巡，張巡。)

(58) 今之士大夫，問以五音、十二律，無能曉<u>者</u>。(《朱子語類》卷九十二)

---

① 漢語的否定詞不單純表否定，它同時還具有充當焦點標記的作用，否定和焦點具有密切的關係。徐杰、李英哲（1993）曾經指出，否定詞除了具有否定功能［+Neg］外，還有强化焦點［+F］(focus) 的作用。否定詞的這兩種功能在雙重否定句中可以更清楚地看出來。如：a. 他會知道。(肯定) b. 他不會知道。(否定) c. 他不會不知道。(雙重否定) d. 他是會知道（的）。(强調) 比較 a 和 c 就會發現，在 c 中，否定意義在雙重否定中被抵消了，但它們的强調功能并没有被抵消，反倒加强了（一個變成了兩個）。可見雙重否定并不等於簡單的肯定，這句話可以表示爲：雙重否定—簡單肯定=强調。

（59）話説魯肅言："東北有赤壁坡，見有負恩劉備，可以求救。"又言："玄德、孔明、關公、張飛若來，無有不破者。"（《三國志平話》卷中）

（60）是夜宿於室中，二人同床。女真四人亦在室中，二人至曉無敢説一言者。（《大宋宣和遺事·貞集》）

我們發現，句末語氣詞"者"與近代漢語表示肯定和確認語氣的"底"（"的"的前身）在語法位置上正好對應，這不由得讓我們懷疑兩者之間是否存在某種聯繫。[①] 如下例中的"底"就與上面例（54）（57）（58）（60）中的"者"很類似：

（61）師入園取菜次，乃畫圓相，圍却一株，語衆曰："輒不得動着這個。"衆不敢動。少頃，師復來，見菜猶在，便以棒趁衆僧云："這一隊漢，無一個有智慧底。"（《景德傳燈録》卷七《廬山歸宗寺智常禪師》）

本文第一節已經指出，近代漢語中位於人名之後的"的"與上古漢語中位於人名之後的"者"之間存在淵源關係，現在我們看到近代漢語的句末語氣詞"底（的）"與上古漢語的句末語氣詞"者"在語法位置上也是對應的。鑒於近代漢語的"底（的）"位於句末時表示肯定和確認語氣的用法屢見不鮮，我們似乎没有理由否認上古漢語的句末語氣詞"者"也具有此種語法功能。

① 我們曾經專文探討過近代漢語句末語氣詞"底（的）"的來源（參見梁銀峰，2019），拙文的基本結論是：A. 句末語氣詞"底（的）"雖然不是直接來源於上古漢語句末語氣詞"者"，但在形成過程中受到了後者的影響；B. 結構助詞"底"重新分析爲句末語氣詞"底"是演變的内因，句末語氣詞"者"的類化是演變的外因，這兩股力量共同促成了句末語氣詞"底"的産生。

## 三、上古漢語語氣詞“者”的來源

上古漢語語氣詞“者”的來源無非有兩種可能性，一是來自於表示轉指的後置代詞“者”的直接虛化，二是來自於表自指的“者”的進一步蛻變。我們認爲，在探討語氣詞“者”的來源時，要考慮到它所在的句法位置與語法功能，以及是否還殘留着指代性。句法位置不同，具有的語法功能不同；是否還殘留着指代性，很可能意味着來自於不同的“者”，遵循了不同的形成路徑。

根據本文第二節的研究，上古漢語語氣詞“者”有四種用法（或者説出現在四種語境中），這裏概述總結如下：1. 用於疑問句或反問句末尾（疑問代詞一般是“誰、何”等），構成反問句或疑問句，但“者”本身不表疑問語氣，仍起表確認或加强肯定語氣的作用。2. 用於因果關係複句中的結果分句末尾，提示某一事實，後面的原因分句申述緣由。3. 用於假設關係複句中的假設分句末尾，提示假定的事實，後面的主句表示在某個假定事實的基礎上做出的推論。4. 用於陳述句末尾，表示肯定或加强確認語氣。本文第二節第一小節指出，第二種用法和第三種用法之間存在密切關係，由於因果關係複句和假設關係複句都可看作廣義的“話題—説明/評述”句，因而可以將“者”的這兩種用法合并爲一種，“者”的作用主要在於引出一個假定的或者已經存在的話題，這種位於複句中從句末尾的用法本質上與用於句中成分（如主語）之後表示停頓語氣（兼作話題標記）的用法是一樣的。與這兩種用法構成鮮明對照的是：第一、第四兩種用法的“者”位於全句末尾（極個别例子除外，如例［4］［49］），其共同的語法功能是表示確認或加强肯定語氣。第二、第三兩種用法與第一、第四兩種用法的另外一個區别是：第二、第三兩種用法的“者”的指代性已經基本弱化，已發展成一個較爲成熟的語氣詞，而第一、第四兩種用法的“者”有時還殘留着指代性，有些用例中的“者”模模糊糊還有指示代詞的影子。比如本文第二節第一小節在討論語氣詞“者”用於疑問或反問句的時候曾引述了李小軍先生的看法，他認爲用於疑問句或反問句末尾的“者”仍是個指代詞，這一看法固然有些保守，但某些用例確實還殘存有指代性却也是個不争的事實。如下例：

（62）昔者鄭武公欲伐胡，故先以其女妻胡君以娱其意。因問於群臣：“吾欲用兵，誰可伐<u>者</u>?”大夫關其思對曰：“胡可伐。”(《韓非子・説難》)

“誰可伐者”在形式上與第二節第一小節所舉例（17）—（21）完全相同，但“誰可伐者”有兩解：一、“誰可伐者”義猶“誰可伐”，意即“哪一個國家值得（堪）討伐”，“者”已無實義，可看作語氣詞；二、“誰可伐者”義猶“誰爲可伐者”，意即“哪一個國家是值得（堪）討伐的（國家)”，整個句子是判斷句，“者”是表示轉指的後置代詞。由此可見，用於疑問句或反問句末尾的語氣詞“者”與表示轉指的後置代詞“者”關係密切。

用於陳述句末尾的語氣詞“者”也是如此。如本文第二節第二小節所舉例（48）中“多惑者”的“者”除了可以分析爲句末語氣詞以外，把“多惑者”看作表判斷也説得通，“世之富貴者……（爲）多惑者”是個判斷句，如此則“者”是表轉指的後置代詞（意思是“……的人”)。下面兩例雖然出自明代文獻，但在某種程度上也可以作爲上述論斷的佐證：

(63) 我這無根水，非此之論，乃是天上落下者。(《西游記》第六十九回)

(64) 伯欽道："母親呵，他是唐王駕下差往西天見佛求經者。"(《西游記》第十三回)

兩例中的"者"字前面有"是"，整個句子是判斷句，句末的"者"既可分析爲表示肯定語氣的語氣詞，又可分析爲表示轉指的後置代詞。

上面的論述表明，用於疑問句（包括反問句）末尾的語氣詞"者"與用於陳述句末尾的語氣詞"者"應當來自表示轉指的後置代詞"者"的直接虛化，如果我們再把用於比擬等相關句式的"者"聯繫起來，就更加可以證實這一論斷。前文指出，用於比擬等相關句式末尾的"者"還殘留着指示代詞的某些痕迹，含有"……的樣子"一類意思，所以"者"不能算是成熟的比擬助詞或語氣詞（參見第一節第二小節）；由於比擬等相關句式重點是對人的神態、形貌、心理、言語等的描摩，句子是描寫句，所以句末的"者"還有一定的指代性，而當用於陳述句末尾的"者"重在强調前面所陳述的内容或確認某件事情/狀態的真實性時（即具有了情態功能），"者"的指代性已很弱，已經完成從後置代詞向句末語氣詞的轉化（參見第二節第二小節）。我們注意到，"者"用於比擬等相關句式重在描摩，與用於陳述句重在表確認或肯定語氣，這兩種用法不是截然分開的，這有力地證明這兩種語境下的"者"存在發展演變關係（語法化斜坡）。例如：

（65）使擊筑而歌，客無不流涕而去者。（《史記·刺客列傳》）

如果我們注重於“者”所在的句子是對“客”的神態的描摩（關鍵詞語是“流涕”），那麼此例與本文第一節第二小節所舉例（6）“見者無不變色易容者”就没有本質區别，就可以認爲句末的“者”還殘留着指代性；而如果我們注重於“者”所在的句子是對“客”的動作行爲的敘述（主要動詞是“去”，“流涕”是從屬的），那麼此例與第二節第二小節所舉例（52）“秦民無不欲得大王王秦者”就没有本質區别，就可以認爲句末的“者”已是語氣詞。我們發現，對句子解讀的不同，會導致對句末的“者”的語法性質的判定差异，可見從後置代詞“者”到句末語氣詞“者”只是一步之遥。

現在我們再看第二、第三兩種用法的語氣詞“者”（即用於結果從句末尾和假設從句末尾的語氣詞“者”）的來源。本文第二節第一小節已經指出，假設分句之後的“者”是引出一個假定的、尚未實現的話題，結果分句之後的“者”是引出一個已經實現的話題，而主語之後的“者”是引出一個已經語法化的話題，因而可以把出現於這三種句法環境中的“者”用一種統一的功能來解釋。從源流上説，位於主語之後表停頓語氣（兼作話題標記）的“者”顯然産生在先，位於結果分句和假設分句之後引出話題的“者”産生在後，那麼位於主語之後的“者”又是怎麼來的呢？根據前述李小軍先生的研究，它本身就是起指稱化作用的自指標記，因此最合理的解釋是，位於結果分句和假設分句末尾的語氣詞“者”來自自指標記“者”的蜕變——這一蜕變在上古時期應當經歷了一個較長時期的功能擴展和重新分析過程。

這裏還要補充一點，我們認爲，自指標記“者”的句法位置本來是十分自由的，當它從自由充當句法成分到固定於主語之後表示停頓語氣（兼作話題標記），這是其日後發生功能擴展和重新分析過程的開始。略舉數例自由充當句法成分的自指標記"者"，如：

（66）又與爲人君者之不惠也，臣者之不忠也，父者之不慈也，子者之不孝也，此又天下之害也。(《墨子·兼愛下》。引者按："臣者、父者、子者"與第一句"爲人君者"對舉，然"爲人君者"之"者"爲後置代詞，後三個"者"爲自指標記。)

（67）曾皙曰："夫三子者之言何如？"(《論語·先進》)

（68）丘也嘗使於楚矣，適見㹠子食於其死母者，少焉眴若，皆弃之而走。(《莊子·德充符》。引者按：㹠子，小猪。㹠，即"豚"。)

（69）廣令其騎張左右翼，而廣身自射彼三人者，殺其二人，生得一人，果匈奴射雕者也。(《史記·李將軍列傳》)

上面例子中的"者"作爲自指標記，其意義都已經基本虚化，所以它發展爲同樣没有詞彙意義的複句中分句末尾的語氣詞是很自然的演變。

上文的分析表明，位於全句（包括陳述句和疑問句）末尾的語氣詞"者"和位於複句中分句（包括結果分句和假設分句）末尾的語氣詞"者"有不同的來源，各自有不同的演化途徑，前者來自表示轉指的後置代詞"者"的直接虚化，後者來自表示自指的"者"的進一步蜕變（經歷了功能擴展和重新分析過程）。當然，表自指的"者"最終也要追溯到表示轉指的後置代詞"者"，但就位於複句中分句末尾的語氣詞"者"來説，其直接來源當是表自指的"者"，而不是表轉指的“者”，這是本文所主張的觀點。

## 四、結語

文章的主要觀點如下：1. 在上古漢語中，“者”不像一般指示代詞那樣位於其他成分前起指示作用，而是位於其他成分後起指代作用。當它位於名詞性成分後面時，是對前面這個名詞性成分的複指，而當它位於謂詞性狀態詞後面時，也還殘留着指示代詞的某些痕迹，含有“……的樣子”一類意思。從這一認識角度出發，文章認爲既往研究所謂“者”用於比擬句式末尾用作比擬助詞（猶如“……似的”）或者表示不肯定的判斷語氣的觀點似可再斟酌，不能輕易地將這種用法的“者”看作成熟的比擬助詞或語氣詞。2. 上古時期相當數量的用例表明，句末語氣詞“者”存在表示肯定和確認語氣的用法，這種用法與同時期的句末語氣詞“也”較爲接近，但在數量上兩者無法相提并論。與之有關的一個問題是，用於疑問句末尾的“者”與用於陳述句末尾的“者”在語法功能上是一樣的，所謂語氣詞“者”本身有表疑問語氣的觀點值得商榷。3. 不管是用於判斷句中位於主語之後表示提頓語氣的“者”，還是用於複句中假設分句和結果分句之後的“者”，它們的共同點是引出一個話題：假設分句之後的“者”是引出一個假定的、尚未實現的話題，結果分句之後的“者”是引出一個已經實現的話題，而主語之後的“者”實際上是引出一個已經語法化的話題，因而可以把出現於這三種句法環境中的“者”用一種統一的功能來解釋。從來源上看，我們同意李小軍先生的看法，即前兩種語境中的語氣詞“者”是從位於單句中主語之後的“者”通過功能擴展并經由重新分析發展而來的。4. 從位於狀態詞之後充當詞尾的“者”，到位於比擬句式末尾的“者”，再到位於陳述句末尾表確認和肯定語氣的“者”，三者之間存在一個語法化鏈條，指代義越來越虚，語氣義越來越强，直至最終發展爲句末語氣詞。

## 參考文獻

方梅，2016，《再説“呢”——從互動角度看語氣詞的性質與功能》，中國語文雜志社（編）《語法研究和探索》（18），商務印書館。

郭錫良，1988、1989，《先秦語氣詞新探（一）（二）》，《古漢語研究》（1988 年）創刊號及（1989 年）第 1 期；後收録於《漢語史論集》（增補本），商務印書館 2005 年。

何樂士，2004，《〈左傳〉的“者”》，《〈左傳〉虚詞研究》，商務印書館。

江藍生，1999，《從語言滲透看漢語比擬式的發展》，《中國社會科學》第 4 期。

江藍生，2002，《時間詞“時”與“後”的語法化》，《中國語文》第 4 期。

江藍生，2003，《語言接觸與元時期的特殊判斷句》，北京大學中國語言研究中心《語言學論叢》編委會（編）《語言學論叢》第 28 輯，商務印書館。

李小軍，2013，《先秦至唐五代語氣詞的衍生與演變》，北京師範大學出版社。

李佐豐，2003，《上古漢語語法研究》，北京廣播學院出版社。

梁銀峰，2011，《漢語結構助詞“底”來源考論》，復旦大學漢語言文字學科《語言研究集刊》編委會（編）《語言研究集刊》第 8 輯，上海辭書出版社。

梁銀峰，2016，《漢語史主從句和從屬句的產生及其演變》，上海人民出版社。

梁銀峰，2019，《句末語氣助詞“的”的來源和形成機制》，復旦大學漢語言文字學科《語言研究集刊》編委會（編）《語言研究集刊》第 23 輯，上海辭書出版社。

劉敏芝，2004，《近代漢語中表自指的結構助詞“的”》，北京大學中國語言研究中心《語言學論叢》編委會（編）《語言學論叢》第 29 輯，商務印書館。

吕叔湘，1941，《釋〈景德傳燈録〉中在、著二助詞》，華西協合大學中國文化研究所（編）《華西協合大學中國文化研究所集刊》第 1 卷第 3 期；後收録於《漢語語法論文集》（增訂本），商務印書館 1984 年。

梅廣，2019，《上古漢語語法綱要》（修訂二版），臺北三民書局。

孫錫信，1999，《近代漢語語氣詞：漢語語氣詞的歷史考察》，語文出版社。

小澤重男，2004，《中世紀蒙古語諸形態研究》，呼格吉勒圖、胡樹、南敬銘等譯，内蒙古教育出版社。

徐杰、李英哲，1993，《焦點和兩個非綫性語法範疇：“否定”“疑問”》，《中國語文》第 2 期。

楊伯峻、田樹生，1983，《文言常用虛詞》，湖南人民出版社。

姚振武，2015，《上古漢語語法史》，上海古籍出版社。

袁賓，1992，《近代漢語概論》，上海教育出版社。

袁毓林，1997，《“者”的語法功能及其歷史演變》，《中國社會科學》第 3 期。

中國社會科學院語言研究所古代漢語研究室（編），1999，《古代漢語虛詞詞典》，商務印書館。

朱德熙，1983，《自指和轉指——漢語名詞化標記“的、者、所、之”的語法功能和語義功能》，《方言》第 1 期。

祖生利，2002，《元代白話碑文中助詞的特殊用法》，《中國語文》第 5 期；後收録於《漢語史中的語言接觸問題研究》，語文出版社 2010 年。

# 明代北京話文獻的挖掘及對語言研究的價值*

魏兆惠　徐瑋琳

## 一、明代北京話研究現狀

黎錦熙（1957：18）指出：“（元代以後）以首都（燕京、大都、北京）的方言爲基礎形成了一種‘新雅言’，就是‘官話’、‘京腔’和讀書的‘正音’①。也創造了一些新文藝（如500年前的元北曲、雜劇，300年前的《紅樓夢》，80年前的《兒女英雄傳》小説等）。”他特别强調：“這600年間應當專篇評述。”黎錦熙的“600年”指從元代到1895年②。這段時間北京的政治、經濟和文化都發生了巨大的變化，語言上既有舊質的傳承，也有新質産生。以元雜劇爲代表的元大都語言研究成果非常豐富，有影響的如吕叔湘、李崇興、江藍生等的研究，此不贅述。清代《紅樓夢》《兒女英雄傳》及京味兒小説的出現，更是留下了豐富的研究材料。《明清民國時期珍稀老北京話歷史文獻整理與研究》（2014—2015）和《早期北京話珍本典籍校釋與研究》（2017—2019）兩套叢書收録了明清及民國（主要是清中葉到

---

* 本文原載華學誠主編：《文獻語言學》第14輯，中華書局2022年，第1—16頁。

① “官話”，即作爲現代普通話基礎方言的北方話；“正音”，即作爲現代普通話語言標準的北京讀音。

② 黎錦熙“以中日戰役爲主要標志”，遂以1895年爲下限。

民國末年）反映早期北京話面貌的珍稀文獻，太田辰夫、蔣紹愚、郭鋭、張美蘭等學者對清代北京話多有研究。

明代則較爲特殊。由於統治大權在蒙漢民族之間易手，以及明成祖遷都北京，北京的居民組成發生了很大的變化，語言也受到影響，“京師爲四方之極，其語爲海内共傳。然中淪左衽，不無一二侏𠌯”（徐昌祚，1602）。太田辰夫（1994）早就認識到“關於明代北京話的資料特別少”。相對來講，明代北京話語音資料存量要樂觀一些，如明末北京人徐孝的《合併字學篇韻便覽》、莫銓的《音韻集成》等都是記録明代北京語音的文獻。馮蒸（2014）根據語音文獻把北京話分爲唐代幽州話，北宋、遼金北京話，元代大都話，明代、清代、民國和當代北京話八個時期。耿振生（2005）根據語音特點指出明代北京話不是元大都方言的自然延續，而是來自屬於幽燕方言山後地區的衛所軍籍移民和大量來自河北、山西、山東和江蘇等地的移民方言彼此融合的結果。

總的來看，目前明代北京話的研究，尤其是詞彙和語法的研究成果不多見，除了針對《老乞大》《朴通事》等明代初期漢語教科書的研究外，太田辰夫（1994）和汪維輝、許峻瑋（2018）的兩篇文章是爲數不多的關於明代北京話詞彙的研究成果。由於明代北京話文獻的缺乏，且學者所據角度不一，明代北京話語言研究，尤其是詞彙和語法研究有待於進一步加强。只有挖掘更多的語料，纔能從語音、詞彙、語法等各方面揭示明代北京話的面貌，纔能使北京話的研究不至於斷層。

## 二、明代北京話及北京話文獻

### （一）明代“北京”行政區劃及“北京話”的範圍

明清時期“北京”的管轄範圍比今天的北京市要大，明代以北平爲北京，改北平府爲順天府，清沿明制，下設四路廳。不過“從秦漢到隋唐、再到元明清三代，甚至一直到今天，北京的政區劃分都没有脱離先秦時期的燕地範圍”（王崗，2010：4）。據《北京市行政區劃》（北京市民政局，2003），明代京畿八府的順天府包括通州（下設三河、武清、寶坻、漷縣四縣）、涿州（下設房山縣）、昌平州（下設順義、懷柔、密雲三縣）、霸州（下設大城、文安和保定三縣）、薊州（下設玉田、遵化、豐潤、平谷四縣）等，除此之外，還有宛平、大興、良鄉、固安、永清、東安、香河等七縣。

林燾（1987）認爲“北京官話”和“北京話”是兩個完全不同的概念，“北京話指的只是北京城區話。以北京市城區爲中心，東至通縣（今通州區），西至昌平，南至豐臺，北至懷柔，説的都是北京城區話，只占北京市總面積三分之一左右。……從我國東北地區（包括内蒙古自治區的東部）經過河北省東北部的圍場、承德一帶直到北京市城區，形成一個東北寬闊、西南狹窄的區域。在這個相當廣大的區域内，各方言的聲韻系統十分相近，調類完全相同，調值極其相似，無疑應該同屬於一個方言區，這個方言區可以稱爲北京官話區”。本文所指的北京話，不僅僅是北京城區話，但範圍也絶没有林先生的“北京官話”那麽寬，而是順天府這個行政區劃内的人所説的話。

## （二）明代北京話語料選取的依據

太田先生在《中國語歷史文法》跋中説："在語言的歷史研究中，最主要的是資料的選擇。資料選擇得怎樣，對研究的結果起着決定性的作用。"蔣紹愚、曹廣順（2005：5）也指出："語言史的研究，材料是基礎，基礎打得不牢，研究得出的結論就不會可靠。"選取口語性强的代表性語料是研究明代北京話的基礎。

### 1. 依據作者籍貫或者寄籍

周振鶴、游汝杰（2015：190）指出鑒定作者籍貫最好從方言的語音或語法入手。書中指出《張協狀元》有温州方言成分，如"豆腐一頭酒一頭，也一擔擔"，"一頭"是量詞，"半擔"的意思；"爲孩兒特特來蜀地"，"特特"是"特地"的意思，今温州方言作"特特能"，這都是温州話。《水滸傳》一般認爲有山東方言色彩，但是文中有"怎生鬥得他過""打那虔婆不過"的説法，吴語中也有，如"打無伊過""捉無伊牢"等，由此可推斷《水滸傳》"并非一人一時所作"。《金瓶梅》第五十三至五十六回有"可曾吃些粥湯"這樣的反復問句，第五十三至五十七回"我每""我們"不區分排除式和包括式等，由此可判斷這幾回是江南人所增補。既然可以從方言語音、詞彙、語法來判斷作者身份和籍貫，反之，也可以從作者的籍貫或者寄籍來討論其作品中的方言語音、詞彙、語法現象。如明初劉君錫的籍貫是北京，其創作的雜劇可以説是當時北京話的代表語料；劉效祖幼年就遷居并長期寄居北京，其創作的散曲也可以説帶有北京話的特徵。

### 2. 依據文獻所記載的内容

有些文人筆記，雖然作者并不是北京人，但是對北京話有比北京人更强的敏感性，如《宛署雜記》的作者沈榜是湖南臨湘人、《長安里語》的作者徐昌祚是江蘇常州人，他們長期任職於京師，書中記録了不少北京詞語。更有朝鮮人筆記如“朝天録”“燕行録”及朝鮮時代的北京話教科書，也是北京話語料的來源之一

## （三）明代北京話文獻分類

### 1. 本土文獻

（1）雜劇和散曲

元代文學的繁榮，主要體現在戲劇上。大都（今北京）是當時全國最大的北雜劇創作和演出中心。鍾嗣成《録鬼簿》所記載的北雜劇作家，屬於大都籍的就有19人之多。今人曾大興（2013：308—309）統計了出身大都的文學家共25位：曹鑑、關漢卿、費君祥、費唐臣、梁進之、楊顯之、庾天錫、馬致遠、王實甫、王仲文、紀君祥、李時中、李子中、張國賓、趙明道、孫仲章、李寬甫、石子章、秦簡夫、宋本、宋褧、曾瑞、何失、貫雲石、高拭。他們創作了大量帶有大都語言特徵的元雜劇和散曲，爲研究元代語言提供了豐富的資料。

元末明初雜劇中心南移。方志遠（2004：273）指出：“無論是理學家還是文學家，在明代都集中產生在江南地區。比較而言，江西是理學家的搖籃，南直和浙江，則是文學家的樂園。”明代的長江中下游和沿海地區“歷史演義、神魔公案風靡暢銷”，有《三遂平妖傳》《水滸傳》《西游記》《金瓶梅詞話》《清平山堂話本》及馮夢龍“三言”、凌濛初“二拍”等。相比而言，北京的小説創作却非常蕭條。這跟“明王朝的文化專制和言論禁錮嚴密”有關（張泉，2010：20）。但“京師居北辰之所，惟人文之藪……是以代有紀載，時有述

作”(朱彝尊，1984)。程莉萍（2007：17—18）對明代京畿八府的作家有細緻的研究，梳理了明清各家對明代京畿作家的統計，其中順天府作家見表1：

**表1　明清各家對明代京畿作家的統計**

| 出處 | 明代京畿作家 |
| --- | --- |
| （明）錢謙益《列朝詩集小傳》① | 李延興 鼇正 郭登 張詩 蘇志皋 頓鋭 劉效祖 崔子忠 馮有經 阮漢聞 懷海（僧）鎮澄（僧）明河（僧）王翺 張維 錢明相 |
| （明末清初）王崇簡《畿輔明詩》 | 李延興 鼇正 郭武 郭登 張綸 頓鋭 白悦 蘇志皋 王遴 劉效祖 楊綵 翟汝孝 張詩 王緘 曹子登 王嘉謨 朱陽明 馮有經 章堯相 王樂善 王愛 李本緯 郝勳 米萬鍾 劉餘澤 張國鋭 張邦紀 張維垣 馮爾發 于奕正 崔子忠 張永禎 金鉉 范邦瞻 張永禧 紀克揚 王崇大 毛鋭 |
| （清）朱彝尊《静志居詩話》 | 曹静照 李延興 鼇正 郭登 頓鋭 張詩 劉效祖 王嘉謨 米萬鍾 金鉉 于奕正 崔丹 韓畕 王翺 張維 |
| （清）陳田《明詩紀事》 | 李延興 頓鋭 鼇正 蘇志皋 張詩 劉效祖 王嘉謨 王樂善 史可法 梁以楠 梁以樟 于奕正 劉文炤 崔丹 米萬鍾 丁乾學 郭登 郭武 |

曾大興（2013：382）也羅列出籍貫（或占籍）爲順天府的作家，如蘇志皋、頓鋭、鼇正、朱瞻基、張文臺、陶縣區、周秋汀、劉士昌、米萬鍾、劉君錫、薛論道、劉效祖等。

這其中多數作家的詩文是比較典雅的，口語性不强，如前期的大都人馬中錫的小説《中山狼傳》就是用文言寫成，不是研究語言的好材料。但是劉效祖、薛論道的散曲，劉君錫的雜劇倒是頗具口語色彩，較能反映明代北京話的特點。

① 程莉萍列舉的是：李延興、鼇正、郭登、郭武、張詩、蘇志皋、頓鋭、劉效祖、崔子忠、馮有經、阮漢聞、鎮澄（僧）、王翺、張維。經查錢謙益《列朝詩集小傳》，現增加懷海（僧）、明河（僧）、錢明相，删去郭武。

劉君錫（約1368年前後在世），元末明初戲曲作家，燕山（今北京）人，元末官省參。所作樂府，行於世者極多，惜今皆佚。作雜劇三種，今存《龐居士誤放來生債》。生平事迹見《録鬼簿續編》。《來生債》基本繼承了元雜劇的詞彙語法特點，如元關漢卿《山神廟裴度還帶》第二折："大剛來則是我時兮命矣！"這裏的"大剛來"是表示揣測的語氣副詞，意爲"大概"(雷文治，2002：28)。《來生債》第一折也有："我爲甚一生瀟散不戀那一生錢，大剛來這十年富貴也只是十年運。"

劉效祖（1522—1589），祖籍濱州，幼年即遷居宛平。沈榜《宛署雜記》（1980：180）說："其子孫蕃衍，至今爲京師右族。"劉效祖著有《雲林和稿》《空中語》《閑中一笑》《裁冰剪雪》《都邑繁華》《蓮步新聲》等，惜當時就多散佚，僅存輯本《詞臠》一卷。鄭振鐸在《中國俗文學史》（2014：539、535、540）中曾稱劉效祖等人的散曲是"破天荒的一種工作"，他們"不甘爲古舊的規則所拘束，寧願冒同輩的譏嘲而去擬仿俗曲的……勇敢地把俗曲作爲自用的了"，鄭振鐸甚至褒揚《鎖南枝十六首》"哪一首不是絶妙好辭呢"。如：

> 團圓夢，夢見他。笑臉兒歸來，連聲問我：我在外幾載經過，你在家盼望如何？説一會功名，敘一會間闊。唤梅香把酒果忙排，與俺二人權作賀。萬種相思一筆勾抹，猛追魂三唱鄰雞，急睁眼一枕南柯。

這一段寫女子大膽潑辣的愛情心理，幾乎都保持了口語生動活潑的特點，顯得自然真實，非常貼近生活。

另一順天府作家薛論道（1531—1600）的散曲有《林石逸興》十卷，每卷100首，如卷六載有諷刺慳吝者的《桂枝香》四首，其中一首云：

舌尖留唾，針尖下銼。一文錢便是財神，兩個客天來大禍。算今年運低，分毫不挫。虚慌掏火，假意刷鍋。家親去了忙加額，外祟出門就念佛。

“掏火”“刷鍋”這些口語詞在現代北京話中依然使用。

（2）民間説唱和民歌時曲

張瀚的《松窗夢語》（1985：77）卷四：“余嘗數游燕中，睹百貨充溢，寶藏豐盈，服御鮮華，器用精巧，宫室壯麗，此皆百工所呈能而獻技，巨室所羅致而取盈。蓋四方之貨，不産於燕，而畢聚於燕”。“百工所呈能而獻技”之“技”，就包括説書（平話）、彈詞、小唱、倒喇等北京主要的説唱形式。明代北京民間説唱等俗文學形式的發達，爲我們開啓了瞭解北京話的另一扇窗。

（3）文人筆記及方言志

明代還有一批文人筆記及方言志是值得注意的。沈德符《萬曆野獲編》、陸容《菽園雜記》、沈榜《宛署雜記》、史玄《舊京遺事》、徐昌祚《長安里語》、徐懋賢《忠貞軼記》、蔣一葵《長安客話》、李東陽《燕對録》、火原潔《華夷譯語》記録了當時部分北京話詞語。其中《宛署雜記》和《長安里語》有《方言》卷。太田辰夫（1994）特别指出：“《宛署雜記》和《燕山叢録》這兩本書附録了明代北京語録集（也可以叫作詞彙集），因此在漢語史上極爲重要。”

《宛署雜記》成書於明神宗萬曆二十一年（1593），爲明代順天府宛平縣知縣（後又升任户部主事）沈榜（1540—1597）所纂修。涉及内容豐富，有山川、街道、民俗、方言、掌故、街巷、壇廟、陵園、賦役、宫莊、土地、馬政、商税、契税等，對於研究明代北京的政治、經濟、文化、歷史、風土人情、地理等方面都有非常重要的價值。傅芸子説："治北京歷史風土者，莫不知明有臨湘沈榜《宛署雜記》一書。"如《雜記》卷一抄録了白話體的宣諭文：

> 朔旦，文書房請旨傳宣諭一道，順天府府尹率宛、大二縣知縣，自會極門領出，府首領一員捧之前，至承天門橋南，召兩縣耆老面諭之。月一行，著爲令。語隨時易。

因爲是針對普通百姓的"面諭"，口語性强，且"語隨時易"，故而是對明代北京話較爲真實的記録。除了前言後語，宣諭文正文共計 16 段，録自正德十二年（1517）至萬曆十九年（1591），記録的是正德、嘉靖、隆慶、萬曆四朝的聖諭。第十七卷《民風》中，單列了"方言"條，這也是明代北京方志體例的一個創新。書中記録北京方言 80 餘條，據此可知，現在的北京方言中，有不少詞是沿襲明代而來的。這是迄今所存最早的北京方言志，是研究北京社會生活史的可貴史料（段柄仁，2013：82）。

徐昌祚（約明神宗萬曆三十年［1602］前後在世）所著《燕山叢録》第二十二卷《長安里語》卷下云："余蹀躞長安，日耳於市廛間語，得其可笑及與南音异者輒録之。"《長安里語》記録并解釋北京話詞語 300 餘條。《四庫全書總目》評價其"尤爲鄙俚"，太田辰夫（1994）認爲這是"充滿汗味的庶民的語言"。

李東陽（1447—1516），字賓之，祖籍湖廣長沙府茶陵州，寄籍京師（今北京），著有《懷麓堂集》《懷麓堂詩話》等。他在《燕對録》中記録了君臣間的全部對話，内中朱厚照時而裝傻，時而耍橫，個性表露無遺，君臣對話也頗簡單、直白。如：

> 言未畢，上遽曰："有翰林院最好，考據古今大典禮，須用翰林院。"又曰："有科道乎？"皆對曰："有。"上又曰："好。"少頃曰："别無説話，回去辦事。"

這些對話材料很多是口語的實録，可以作爲研究北京話的參考語料。

**2. 域外文獻**

（1）朝鮮時代會話類北京話教科書

元、明的會話書主要是當時的外國人爲傳教、經商等目的學習中國境内語言的漢語教科書，雖然算不得文學作品，但是其在北京話研究中有一定的價值。最典型的就是古代高麗和李朝時期人們學習漢語所廣泛使用的會話教科書，如《老乞大》和《朴通事》。隨着語言的變化發展，兩種教科書都經歷了改編和修訂，現存有許多版本。目前所見《朴通事》主要有三種本子：《朴通事諺解》《翻譯朴通事》《朴通事新釋》。《朴通事諺解》是 1483 年經過中國使臣葛貴等人修改過的本子，已不同於元時的初版本，汪維輝認爲可以代表明初北京話的特點。《翻譯朴通事》（1517）是崔世珍對《朴通事》所作的諺解，與《朴通事諺解》差异不大（汪維輝，2005：208）。《朴通事新釋》是《諺解》的修訂本，清乾隆三十年（1765）由金昌祚等編訂，邊憲、李洙等刊出。《老乞大》的版本主要有五種：《古本老乞大》

《翻譯老乞大》《老乞大諺解》《老乞大新釋》《重刊老乞大》。江藍生（2003：1）認爲“會話課本《老乞大》《朴通事》的語言跟直講體十分接近，比直講體還要口語化，更能反映當時北方漢語口語的真實面貌”。

除此以外，朝鮮李朝時期的《訓蒙字會》《童蒙先習》都是兒童蒙學讀物，文字淺顯而通俗。《語録解》是教授學生書寫信函而用的書，這些都是口語性很强的教科書。

（2）《李朝實録》和朝鮮使者的“朝天録”中的口語部分

《李朝實録》（又名《朝鮮王朝實録》），記録了朝鮮王朝從太祖到哲宗共25代國王的歷史。姜緯堂（1985）總結了《實録》中保留的關於北京的建置、宫闈、政治、經濟、社會、文化、宗教、灾异、軍事、科技、外國人在京活動、與朝鮮關係等12個方面的史料。“朝天録”是朝鮮赴明使節在途中以及在明朝京城記録所見所聞的詩文集的總稱。除了詩文，“朝天録”還包括日記、散文、筆記等。楊雨蕾（2011：314—319）統計明朝“朝天録”共100種，如裴三益《朝天録》《裴三益日記》、鄭澈《鄭松江燕行日記》、崔溥《漂海録》、金誠一《朝天日記》《朝天録》、鄭昆壽《赴京日録》等。崔溥《漂海録》記録了大量與官民的筆談對話，雖不是完全的口語，但有相當程度的口語成分，代詞“您、我每”多見（葛振家，1995：40）。李恒福《朝天録》“兩南流民，皆就傭於軍中，名曰幫子”，記録了“幫子”這一當時對奴隸的鄙稱。天啓元年（1621）安璥在《駕海朝天録》中有《路程里數記》，記載了航海途經的地點及相距的里程：“自廟島至登州百里許，通共三千三百餘里云。”“通共”這個表示統計的副詞在明代北京口語中常常使用。

# 三、明代北京話文獻對語言研究的價值

## （一）爲考察某些詞語的音、義來源和衰落提供綫索

以語音爲例。《長安里語》稱呼語有："稱妻曰媳上聲婦子。"徐昌祚在"媳"字下注"上聲"。明代北京話入聲逐漸消失，徐昌祚已經注意到了這個問題，并特别注明，説明他有一定的語言敏感性。劉援朝（1992：89）統計，在《中原音韻》的音系中，清入派上聲比例相當大，從元代到明代，比例逐漸下降到 80%，從上聲分流到陽平和去聲的比例在逐漸增加，到了清代北京人李汝珍的《李氏音鑒》時期，上聲字只剩 9%。所以我們看到現代北京話中，這個上聲"媳"已由上聲變成陽平，但在一些老派北京人或者京郊人口中還是讀作上聲的。

再以程度副詞"太"和"忒"爲例。"太"是上古就已産生的程度副詞，《古代漢語虚詞詞典》："太，義同'泰'。先秦兩漢多用'泰'，後世多用'太'。"（中國社會科學院語言研究所古代漢語研究室，1999：567）《説文》心部："忒，更也。"段注："忒之引申爲已甚，俗語用之。或曰大，他佐切，或曰太，或曰忒。俗語曰忒殺。"太田辰夫（1958/2003：251）不認可"忒"的程度副詞義是從"更改"之本義引申的説法，認爲可能是"太"音轉而成的，也可能是從"特"發展而來的。湯京普等（2008）指出自宋以來，程度副詞"忒"的使用頻率顯著增高。宋元時期"忒"修飾形容詞并無積極、消極之分，如《朱子語類》第三十五卷"而今都回互箇聖人，説得忒好，也不得"。這種用法一直延續到明代，如：

(1) 這橋梁橋柱，比在前忒牢壯，這的捱十年也壞不得。(《老乞大諺解》上)

這裏的"牢壯"和上文的"好"都是積極意義的形容詞，"忒""太"用法無异。但是清代以後，"太"修飾的形容詞無消極、積極之分，而"忒"就只用於消極意義。美國傳教士狄考文《官話類編》(1892/2017) 第二十四課有"你的衣服忒骯髒（癩歹)"，就特别注釋："忒，too，excessive；an exaggeration of 太；-mostly used of things that are in some way displeasing[①]。"

再如副詞"底似"。《詩詞曲語辭匯釋》卷一收有"抵死"："猶云分外也；急急或竭力也；亦猶云終究或老是也。"《漢語大詞典》也指出"抵死"是"分外、格外"之義，宋代俗語。王安石《與微之同賦梅花》詩之三："向人自有無言意，傾國天教抵死香。"金秦略《賦樂真竹拂子》詩："覓個龜毛抵死難，直教擊碎釣魚竿。""底似""抵死"是一個詞語的异寫形式。元代《古本老乞大》作"底似"："休要底似肥的，帶肋條肉買者。"

《老乞大諺解》多改作"十分"：

(2) 休要十分肥的，帶肋條的肉買着。(《老乞大諺解》上)

再如《古本老乞大》"你底似的休早行"在諺解本則作：

(3) 你十分休要早行，我聽得前頭路澀。(《老乞大諺解》上)

① 即"大部分用於不開心的事情"。

古本“怕底似的賤時，且停些時”在諺解本則作：

（4）有價錢時賣了着，怕十分的賤時，且停些時。（《老乞大諺解》上）

古本“伴當每，恁底似的休多索”在諺解本則作：

（5）客人們，你不要十分多討。（《老乞大諺解》下）

古本“底似的漢兒言語説不得的上頭，不敢言語”，諺解本作：

（6）他漢兒言語説不得的，因此上不敢説語。（《老乞大諺解》上）

在諺解本裏，“底似”只有1處殘留：

（7）紐子不要底似大，恰好着，大時看的蠢坌了。（《朴通事諺解》中）

可知，在明代“底似”作程度副詞的用法就已經衰落了。

### （二）較爲真實地記録明代北京的方言俚語

《宛署雜記》《長安里語》都記録了一些明代北京稱謂語，其中都有一條：“呼舅母曰妗子。”“舅母”一詞在南北朝文獻中就已可見。《辭源》"舅母親"條云："母的兄弟的妻，即舅母。北齊顏之推《顔氏家訓・風操》：'思魯等第四舅母親，吴郡張建女也。'思魯，子推子。"[①] "妗子"一詞出現較晚，始見於宋代，《集韻》沁韻："俗謂舅母曰妗。"宋蔡絛《鐵圍山叢談》卷一有："今七夕節在近，錢三貫與娘娘充作劇錢，千五與皇后，七百與妗子充節料。"章炳麟《新方言・釋親屬》："幽侵對轉，舅妗雙聲。故山東謂舅妻爲妗。"這裏的意思是"舅""妗"二字存在音近通假的關係，林根（1991）也認爲，"舅"對應"妗"，"舅"的韻尾 u 受後續音節"母"之聲母的同化而變爲雙唇鼻音 m，即 giəmməu，於是形成了"妗母"。由於其語義重心在"妗"，故"母"的讀音由弱化而失落，"妗"便成爲獨立的語素。我們認爲"妗"是"舅母"的縮音，也就是"母"的韻母 u 脱落，只剩下聲母 m，與"舅"構成了 kiəu-m，繼而合成音節 kiəum，并假借了《説文》中表示"善笑貌"的"妗"來記録。隨着北方話中-m、-n 韻尾合流，見組字（尤其是細音）顎化，形成了如今 tɕiən 的讀音。其實合音説早在宋代張耒《明道雜志》中就已經被提出："王聖美嘗言經傳中無'嬸'與'妗'字。考其説，'嬸'字乃'世母'字二合[②]呼也，'妗'字乃'舅母'字二合呼也。"(張耒，1985：9）元陶宗儀《南村輟耕録》也肯定并引述了張耒的觀點。

元明的北京話中都有"妗子""妗妗"的説法。元關漢卿《金綫池》第三折："妾身張嬤嬤，這是李妗妗。"《古本老乞大》有："今日備辦了些個茶飯，請咱每衆親眷閑坐的翁翁、婆婆、父親、母親、伯伯、叔叔、哥哥、兄弟、姐姐、妹妹、外甥、侄兒、侄女、舅舅、女

① 楊華（2007）認爲當斷作"思魯等第四舅母，親吴郡張建女也"。
② "二合"如真言中合兩字音爲一。

婿、妗子。”明劉侗、于奕正《帝京景物略》録有《元宵曲》：“姨兒妗子此門誰，問着前門佯不知。籠手觸門心暗喜，郎邊不説得釘兒。”

不過清代北京話作品中可見“舅母”“舅媽”“妗子”三説。《紅樓夢》只用“舅母”，《兒女英雄傳》有“舅母”84例，“舅媽”2例，“妗子”1例。“舅母”是安公子稱呼舅太太的：

(8) 公子本來生怕舅母攔他，聽了這話，早急得滿面通紅，兩眼含淚的説道：“好舅母别攔我了！我聽見這信，心裏已經急的恨不得立刻就飛到淮安見着面纔好。再要攔着我不教去，我必别出一場大病來，那時死了……”這句話没説完，就放聲大哭起來。把個舅太太慌的，拉着他的手説道：“好孩子，好娃娃！你别着急，别委屈！咱們去，咱們去，有舅母呢！”

2例“大舅媽”和1例“大妗子”指的是一個人，都是指進京打工却不幸早亡的詹典的孀妻。

(9) 怎麽没人兒會呀？你親家母就會，他詹家大妗子也會，你只問閨女，他説得不會呀？(《兒女英雄傳》第三十三回)

(10) 却説張老讓他三個坐下，便高聲叫道：“大舅媽，拿開壺來！”那個詹嫂聽得公子來了……(同上第三十七回)

清代梁章鉅撰《稱謂録》卷三“母之兄弟之妻”有：“妗，《集韻》巨禁切，音琀，俗謂舅母曰妗。”美國傳教士富善（Chauncey Goodrich）1898年編寫的大型北京官話工具書《官話萃珍》説：“（北京話）俗稱舅母曰妗母，大妗子小妗子，鄉語。”《兒女英雄傳》

中的“詹大妗子”正好印證了上述説法，詹典早亡後，其妻在張家當傭，因是張太太老家人，被人面稱“舅媽”，背稱“大妗子”，敘述文字稱“詹嫂”。“妗子”是用於口語的，或是針對地位較低的普通人的，現在京郊平谷馬坊話仍有“妗子”的説法。《紅樓夢》林黛玉稱王夫人、邢夫人這種貴人，自然是稱“舅母”。“舅媽”又比“舅母”口語化了一些。現代北京話情況又發生了變化，老舍作品只有早期 2 例“舅母”，其他均用“舅媽”，達 30 餘處，未見“妗子”。這 2 例“舅母”情況也很特殊，其中 1 例引自《兒女英雄傳》第 22 回：

（11）即如這何玉鳳姑娘，既打算打破樊籠身歸淨土，無論是誰，叫舅母就叫舅母，那怕拉着何仙姑叫舅母呢。

老舍 1928 年 4 月創作的長篇小説《趙子曰》是這樣説的：

（12）不是還有别的路徑哪嗎！不必非拉着何仙姑叫舅母啊！

《兒女英雄傳》中的確是有何玉鳳管舅太太叫“舅母”的描寫，以至於在後來的北京話裏“拉着何仙姑叫舅母”就成了一個熟語，甚至有歇後語：“拉着何仙姑叫舅母——沾點兒仙氣。”

老舍在 1962 年創作的《正紅旗下》中有 20 例“舅媽”。刊載於 1951 年 5 月 15 日《北京文藝》第 2 卷第 3 期的《怎麼寫通俗文藝》：

（13）其實呢，莎士比亞的偉大，并不是我們自己的偉大，我們大可不必拉着何仙姑叫舅媽。

有意思的是，根據《京郊方言》《平谷縣志》《門頭溝文化遺産精粹——京西齋堂話》《密雲縣志》《懷柔縣志》的記載，平谷、門頭溝、房山等京郊地區現在都稱“舅媽”爲“妗子”。可見“妗、妗子”在元明清北京話中都使用，只是相對於“舅母、舅媽”而言，“妗”更爲俚俗，偏於“鄉語”。應該説《宛署雜記》《長安里語》用簡短的文字記録了最真實的市井用語。

## （三）爲考察明代與元代及清代漢語的關係提供承上啓下的珍貴資料

“很/狠/哏”的程度副詞用法可以在元代見到，主要作狀語。這一點太田辰夫（1958/2003：251）、楊榮祥（2005：346）等都已經明確指出，也成爲學界的共識。元代一般作“哏”。

（14）漢兒小厮每哏頑，高麗小厮每較争些個。（《古本老乞大》）

（15）待不要罪過呵，哏分外的一般有。（《元典章・刑部》）

（16）那幾個守户閑官老秀才，他每都哏利害，把老夫監押的去游街。（《元刊雜劇三十種・散家財天賜老生兒》）

太田先生（1958/2003：251）説：由於“哏”只在某些文獻中出現，“可以想像是和蒙古人接觸較多的北方人之間使用的俗語。在元曲中也只是偶爾一用，恐怕漢人是不太使用的”。

明代的“很”則更多地出現於具有南方方言背景的文獻中，且主要作補語。如《西游記》中的4例“A得很/狠”：

(17) 這家子遠得狠哩。(第二十二回)

(18) 他這等熱得狠，你這糕粉自何而來。(第五十九回)

《金瓶梅詞話》第五十三回有1例：

(19) 適值小玉出來請李桂姐吃夜飯，説道："大娘在那裏冷清清，和大姐、劉婆三個坐着講閑話。這裏來這樣熱鬧得狠!"

正如周振鶴、游汝杰（2015：204）所講，一般認爲《金瓶梅》有山東方言背景，但明代沈德符《萬曆野獲編》、清代阮葵生《茶餘客話》就曾指出《金瓶梅》第五十三至五十七回有吴語成分，殷曉杰、任丹（2015）從詞彙角度再次證實這五回是南方人所補。

明清吴語民歌《挂枝兒》多處可見"很/狠"作補語的：

(20) 同般樣的相思也，(我) 相思又害得狠。(《明清民歌時調集・挂枝兒・想部三・相思》)

明代北京話中"很"不多見，太田辰夫、楊榮祥等均指出《長安里語》中有1例：

(21) 婦女淫曰浪起來，極曰很浪，又曰怪浪。

這個例子説明明代北京口語延續了元代"很/狠"作狀語的用法。

但其實《長安里語》還有1例。《宛署雜記・方言》有"事物不潔曰臟”一句，到了《長安里語》中，補充爲：

（22）事物不潔曰臧、臧極曰臧根（狠）。

太田辰夫（1994）認爲“根”是“狠”字之誤，汪維輝、許峻瑋（2018）表示“其説可從”。但本人認爲這種現象可能是受了作者徐昌祚自身方言的影響。徐昌祚爲吴語區人，根據曹志耘《漢語方言地圖集》，程度補語“X 很、X 極、X 險”是吴語區的程度補語表達方式。一方面北京話至今未見“A 很/狠”的表達，另一方面“……得很/狠”的結構未必在明代北京話中就出現了。大多數程度副詞具有唯狀性，張誼生（2000）認爲部分程度副詞具有可補性，另有部分具有唯補性。從上文可以看出，元代的“很/哏”具有唯狀性，可修飾動詞、形容詞及謂詞性短語。從明代《長安里語》看，明代北京口語中保留了狀語用法，補語的用法是否存在是存疑的，“臧狠”這種説法在北京話中自始至終没有存在過。而明代南方方言的“很/狠”則具有唯補性，這從《西游記》、《金瓶梅》（第五十三回）、《挂枝兒》等可以看出，“很/狠”用於補充形容詞所表達的狀態程度。

直到清代北京話“X 得很”表達方式纔較多地出現。表 2 是清代“很”作狀語和補語的情況統計：

**表 2　清代“很”語法功能**

| 文獻 | 狀語 | 補語 | 方言背景 |
|---|---|---|---|
| 紅樓夢 | 159 | 50 | 北京話 |
| 兒女英雄傳 | 57 | 8 | 北京話 |
| 春阿氏 | 162 | 15 | 北京話 |

續表

| 文獻 | 狀語 | 補語 | 方言背景 |
| --- | --- | --- | --- |
| 小額 | 32 | 0 | 北京話 |
| 歧路燈 | 53 | 38 | 河南話 |
| 官場現形記 | 189 | 49 | 官話（作者有江淮方言背景） |
| 儒林外史 | 0 | 6 | 官話（作者有江淮方言背景） |
| 風流悟 | 0 | 0 | 吴語 |
| 海上花列傳 | 5 | 7 | 吴語 |
| 何典 | 0 | 0 | 吴語 |

補語“X得很”表達方式在北京話和北方官話系統中是存在的。不過越是典型的北京口語，“很”的唯狀性就表現得越明顯，如《小額》中只有作狀語、没有作補語的用例。因此太田辰夫認爲“很”作狀語是清代北京話的7個語法特徵之一。而“很”在南方方言中的使用不甚普遍，相較而言，補語的用例要略多於狀語的用例，《風流悟》《何典》中甚至没有“很”。據《漢語方言地圖集·語法卷》，除“A得很”外，各地方言另有21種程度補語表達法，其中吴語的用法最多，占近四分之一，如“熱得緊、熱得猛、熱得極、熱得險、熱得踏、A得野、A得勢”等。唐賢清等（2014）指出從地緣的角度來看，北方的阿爾泰語系及漢語北方方言的程度補語系統不發達，南方的壯侗語與南方方言的程度補語系統發達，這是比較明顯的分布差异。當然，南方方言和北方方言互相影響，所以清代狀語“很”也見於南方方言文獻中，但不普遍；補語“很”也見於北方方言文獻中，也不是主流。

明代北京話中作狀語的程度副詞“很”的使用似乎在衰落，狀語用法在《長安里語》中有記載，補語用法只出現在南方方言中。但這種衰落可能是假象，也許明代這個帶有地域色彩的詞只是没有進入文人階層的話語體系，但應該已經活躍於北京人的口語中。這種珍貴的蛛絲馬迹的記録，爲“很”在元至清代北京話一直保持使用這一假設提供了難得的證據，也爲清代北京話中“很”的復興找到了合理的解釋。

## （四）揭示元代到明代甚至清代北京話的繼承與發展關係

我們發現明清北京話的詞彙和語法系統和元代相比有繼承，也有發展。以副詞後綴“兒”爲例。一般認爲“兒”作爲構詞要素是從唐代産生的，如太田辰夫（1958/2003：88）認爲唐代“兒”用在動物名稱後，表示小或可愛，如“猫兒、狗兒”，但他認爲語音上發生兒化是在清初。李思敬（2000）則認爲漢語北方話的兒化音是在明代中期産生，到明代後期的隆慶、萬曆年間（也就是16世紀）成熟的。以副詞爲例，元代大都話已經産生兒化，但不普遍。元代兒化副詞只有一個“一霎兒”。明代則數量增多，有“連聲兒、悄聲兒、偷眼兒、一頓兒、故意兒、一霎兒、半霎兒、一會兒、險些兒、一點兒、有些兒”，到了清代北京話帶有兒綴的副詞則有“低聲兒、一疊（迭）連聲兒、一溜兒、一順兒、就事兒、就勢兒、挨排兒、挨次兒、挨門兒、巴巴兒、活脱兒、迭忙兒、偷偷兒、一邊兒、一頓兒、齊打夯兒、齊打夥兒、趁勢兒、就手兒、一死兒、白白兒、故意兒、動不動兒、遭遭兒、幌幌兒、時不常兒、乍乍兒、剛剛兒、一例兒、普裹普兒、綽總兒、抄總兒、差一點兒、可哥兒、險些兒、咋兒、差不多兒、多（一）半兒、地根兒、底根兒、歸根兒、到了兒、一準兒、巴不得兒、巴不能够兒、有些兒”。

明代的“三言”具有鮮明的吴方言色彩，從張振羽（2012：285）對其中副詞的統計來看，693個副詞只有“險些兒”這唯一一個兒化副詞。相較而言，元明清時期北京話副詞可加兒綴是共同的特徵。但是，從元代到清代，兒化顯然是越來越豐富的。

從副詞的兒綴可以看出，明代北京話對元、清的北京話有承上啓下的作用。

## 四、結語

相對而言，明代北京話文獻較爲缺乏，這對於全方位認識明代北京話的面貌非常不利。我們所搜集的文學作品、文人筆記和方志、官話教科書、朝鮮“朝天録”等幾大類文獻，總體口語化程度較高，時間跨度從明初到明末，數量也較爲可觀，對於相關領域的研究應該有所裨益。

從歷史的角度看，明代北京話可能不是那麼“純”；從文獻的角度看，明代北京話的語料體裁不一，有的語料偏書面一些，比如散曲、戲曲，有的偏口語一些，比如教科書。明代的北京話，根據使用者地域、民族、職業、階層以及使用的場合（文言、白話、風雅語、俗話）可以區分爲很多種，它們是混在一起的。這就更顯出北京話的豐富和生動，也是北京話多層次疊置的語言事實的呈現，比如既有通語底層，也有其他方言，甚至少數民族語言的借入。至於這些層次的排列順序，是一個非常複雜的問題。這些文獻可以做到互補和互證，也可以爲從詞彙和語法的角度判斷與元代、清代北京話的關係提供參考。

儘管“600 年間”的北京話的詞彙和語法有較大的變化，但是底層應該是變化不大的，“一二侏儷”的外來語在發展中始終不是主流。正如康拉德所形容的中國：“中國也有全國分裂的時候，這就會影響漢族的統一……但是這些侵略的歷史對於我們來說，不足以證明漢族的分裂，相反地，證明了它的力量和完整性。”

## 參考文獻


《密雲縣志》編纂委員會（編），1998，《密雲縣志》，北京出版社。
《平谷縣志》編纂委員會（編），2001，《平谷縣志》，北京出版社。
北京市方志館（編著），2015，《京郊方言》，中國書店。
北京市民政局（編），2003，《北京市行政區劃》，中國社會出版社。
曹志耘（主編），2008，《漢語方言地圖集·語法卷》，商務印書館。
程莉萍，2007，《明代京畿作家研究》，上海師範大學碩士學位論文。
狄考文（編著），1892/2017，《官話類編》（全二册），北京大學出版社。
段柄仁（主編），2013，《北京舊志評校文叢》，中國書店。
方志遠，2004，《明代城市與市民文學》，中華書局。
馮蒸，2014，《北京話的歷史分期及各期音韻文獻匯考》，張維佳（主編）《地域文化與中國語言》，商務印書館。
傅芸子，1942，《沈榜〈宛署雜記〉之發見》，《中和月刊》第 3 卷第 5 期。
富善，1915，《官話萃珍》，石山福治校訂，東京文求堂書店。
葛振家，1995，《崔溥漂海録研究》，社會科學文獻出版社。
耿振生，2005，《從歷史上的人口遷徙看近代北京音系的遞嬗延續》，“近代漢語官話音系國際學術研討會”會議論文，北京大學。
懷柔縣縣志編纂委員會（編），1999，《懷柔縣志》，北京出版社。
江藍生，2003，《序》，李泰洙《〈老乞大〉四種版本語言研究》，語文出版社。
姜緯堂，1985，《朝鮮〈李朝實録〉中的北京史料》，北京市社會科學研究所《北京史苑》編輯部（編）《北京史苑》第 3 輯，北京出版社。
蔣紹愚、曹廣順，2005，《近代漢語語法史研究綜述》，商務印書館。
康拉德，1954，《論漢語》，彭楚南譯，中華書局。

黎錦熙，1957，《漢語發展過程和漢語規範化》，江蘇人民出版社。
李思敬，2000，《現代北京話的輕音和兒化音溯源——傳統音韻學和現代漢語語音研究結合舉隅》，《語文研究》第3期。
梁章鉅，1996，《稱謂録》，中華書局。
雷文治（主編），2002，《近代漢語虚詞詞典》，河北教育出版社。
林根，1991，《"妗"與"舅母"》，《新疆大學學報》（哲學人文社會科學版）第4期。
林燾，1987，《北京官話溯源》，《中國語文》第3期。
劉援朝，1992，《一百七十年來北京話清入上聲字調類的改變》，北京市語言學會（編）《語言研究與應用》，商務印書館。
任半堂，1931，《散曲概論》，上海中華書局。
沈榜（編著），1980，《宛署雜記》，北京古籍出版社。
太田辰夫，1950/2013，《論清代北京話》，陳曉譯注，遠藤光曉校，北京大學中國語言研究中心《語言學論叢》編委會（編）《語言學論叢》第48輯，商務印書館。
太田辰夫，1958/2003，《中國語歷史文法》，蔣紹愚、徐昌華譯，北京大學出版社。
太田辰夫，1988/1991，《漢語史通考》，江藍生、白維國譯，重慶出版社。
太田辰夫，1994，《〈燕山叢録〉に見る明代北京語》，《中國語研究》第36期。
湯京普、路濤、商華，2008，《近古漢語副詞"忒、忒煞"雜議》，《蘭州教育學院學報》第4期。
唐賢清、羅主賓，2014，《程度副詞作補語的跨語言考察》，《民族語文》第1期。
王崗，2010，《前言》，傅秋爽（主編）《北京文學史》，人民出版社。
汪維輝（編），2005，《朝鮮時代漢語教科書叢刊》，中華書局。
汪維輝、許峻瑋，2018，《〈燕山叢録·長安里語〉中的晚明北京話》，北京大學中國語言研究中心《語言學論叢》編委會（編）《語言學論叢》

第 58 輯，商務印書館。
徐昌祚，1602，《長安里語》，《新刻徐比部燕山叢録》卷 22，李叔春校，明萬曆三十年刊本。
楊華，2007，《〈辭源〉等“舅母親”條訂誤》，《辭書研究》第 3 期。
楊榮祥，2005，《近代漢語副詞研究》，商務印書館。
楊雨蕾，2011，《燕行與中朝文化關係》，上海辭書出版社。
殷曉杰、任丹，2015，《〈金瓶梅詞話〉第 53 至 57 回爲南方人所作補證》，浙江大學漢語史研究中心（編）《漢語史學報》第 15 輯，上海教育出版社。
張瀚，1985，《松窗夢語》，盛冬鈴點校，中華書局。
張耒，1985，《明道雜志》，《過庭録（及其他一種）》，中華書局。
張泉，2010，《概述》，傅秋爽（主編）《北京文學史》，人民出版社。
張萬順，2007，《門頭溝文化遺産精粹——京西齋堂話》，北京燕山出版社。
張誼生，2000，《程度副詞充當補語的多維考察》，《世界漢語教學》第 2 期。
張振羽，2012，《〈三言〉副詞研究》，湖南師範大學出版社。
曾大興，2013，《中國歷代文學家之地理分布》，商務印書館。
鄭振鐸，2014，《中國俗文學史》，中國和平出版社。
中國社會科學院語言研究所古代漢語研究室（編），1999，《古代漢語虚詞詞典》，商務印書館。
周振鶴、游汝杰，2015，《方言與中國文化》，上海人民出版社。
朱彝尊，1984，《天府廣記序》，孫承澤《天府廣記》，北京古籍出版社。